Occitanie

INSOLITE

La région Occitanie vous réserve son lot de surprises, d'expériences insolites et de sensations fortes. A la clé : de grands moments à vivre et de beaux souvenirs à engranger. Partez en safari en Afrique ou au milieu des buffles, osez le lancer de hache, le saut à l'élastique, la randonnée palmée ou le rafting. Explorez les grottes et les gouffres, parcourez gorges et canyons, cheminez sur les crêtes et le long des berges, à la découverte d'une nature sauvage.

Observez le savoir-faire des artisans et initiez-vous à la fabrication d'un couteau ou d'un savon. Visitez le musée du scaphandre et celui de la dentelle. Laissez-vous gagner par le vertige des hauteurs pyrénéennes puis redescendez sous terre pour visiter des grottes féeriques et des pépites préhistoriques.

Vos nuits apporteront leur contribution à un séjour insolite en Occitanie. Optez pour une cabane dans les arbres, un classique presque ! Charme aussi avec les roulottes, les yourtes, les tipis ou les tentes-lodges implantés dans des sites naturels. Original : le bivouac dans un refuge d'altitude ou la nuit dans un tonneau. Et pour vos nuits vertes, vous avez le choix entre éco-lodge, éco-gîte et éco-camping. Partez en itinérance avec des ânes, sur un bateau habitable sans permis, une péniche de luxe, un chariot tracté par des chevaux. Insolites et craquantes à la fois, il y a les maisons des hobbits... Mais notre préférence va à cette bulle transparente, en altitude, où vous vous couchez en regardant les étoiles dans les yeux.

PEFC
10-31-1510
Certifié PEFC
Ce produit est issu de forêts gérées durablement et de sources contrôlées.
pefc-france.org

Retrouvez cette offre en page 190

SOMMAIRE

© DIGITAL_EYE - ISTOCKPHOTO.COM

4 : ARIÈGE

Territoire montagnard, l'Ariège vous convie à des découvertes souterraines et préhistoriques remarquables. Parmi les expériences insolites : la visite d'une carrière de talc, d'une fabrique de peignes en corne, d'un village des métiers oubliés...

18 : AUDE

Voguez sur le Canal du Midi sur une gabare historique ou à bord d'une goélette à voile, partez en safari dans la réserve africaine de Sigean ou découvrez l'Australie qui a aussi son parc dédié. De belles aventures vous attendent dans l'Aude !

32 : AVEYRON

L'Aveyron, avec ses terres rouges et ses coulées de lave, ses causses et ses tourbières, offre des paysages insolites. Complétez votre découverte du territoire avec la visite de caves de Roquefort, du musée du scaphandre, du grand marché aux bestiaux de Laissac...

47 : GARD

Des sources de Perrier à la rivière souterraine de Bramabiau, des piscines naturelles du Gardon aux fosses de Fournès, le Gard

© ANIBAL TREJO - SHUTTERSTOCK.COM

regorge de sites naturels. Profitez-en pour descendre le Gardon en canoë, visiter la Bambouserie d'Anduze ou encore faire de l'aéroplume dans la grotte de la Salamandre.

63 : GERS

Sur les terres de la Gascogne, partez à la découverte du canard et de l'armagnac ! Pour les activités insolites, cheminez dans les bois à la recherche d'œuvres de land art, faites du paddle sur le lac de Castera-Verduzan ou montez dans une remorque 4x4 pour un safari au milieu des buffles.

76 : HAUTE-GARONNE

Dans l'air, sur terre ou sur l'eau, la Haute-Garonne offre des activités et expériences variées : explorez le ciel avec la Cité de l'espace, fabriquez du savon dans un éco-gîte et rendez-vous sur les péniches de la Garonne, certaines font épicerie et d'autres chambres d'hôtes !

89 : HAUTES-PYRÉNÉES

Profitez d'activités originales dans des sites naturels à couper le souffle du territoire : saut à l'élastique depuis le Pont Napoléon, une nuit à l'observatoire du Pic du Midi, une journée comme soigneur au parc animalier des Pyrénées... Magique !

103 : HÉRAULT

L'atelier de la peluche à Montpellier, le musée des Arts modestes à Sète, les neuf écluses de Fonseranes à Béziers ou l'écluse ronde d'Agde, l'Hérault vous réserve bien des découvertes originales !

© STÉPHANE MARÉCHAL _ ICONOTEC _ GRAPHICOBSESSION

146 : PYRÉNÉES-ORIENTALES

Embarquez à bord du Train Jaune qui passe par la gare la plus haute de Frace, et admirez les panoramas qu'offrent les Pyrénées-Orientales. Pour la nuit, les logements insolites ne manquent pas : yourte mongole à Sorède, kota à Saint-André...

161 : TARN

Que ce soit par les visites culturelles (musée de la broderie ; du sucre et du chocolat), ou les visites en pleine nature (les étonnants rochers du Sidobre) qu'il offre, le Tarn ne cessera de vous étonner !

175 : TARN-ET-GARONNE

Bienvenue dans un territoire où les sites de charme ne manquent pas ! Observez les oiseaux à la longue-vue et les étoiles au télescope. Arpentez les rues de Caussade, capitale du diamant noir, et découvrez le Musée des jouets de Montauban.

118 : LOT

Le Lot abrite des sites étonnants comme le musée Ichnoscape de Luzech, consacré aux traces de dinosaures ou les Phosphatières du cloup d'Aural, anciennes mines de phosphate. Vous pourrez aussi y passer des nuits dans des bulles ou des yourtes à dômes translucides pour voir les étoiles.

132 : LOZÈRE

Sur les terres sauvages de la Margeride, rencontrez l'auroch, ancêtre de notre vache, puis découvrez la réserve de bisons d'Europe à Sainte-Eulalie-en-Margeride, la maison des Vautours de Saint-Pierre-des-Tripiers... Laissez-vous surprendre par ce territoire !

© MIDGARDSON - STOCK.ADOBE.COM

© OT CAUTERETS

ARIÈGE

L'Ariège, territoire montagnard en partie classé au sein du Parc naturel régional des Pyrénées ariégeoises nous convie à des découvertes souterraines et préhistoriques remarquables et somptueuses. Parmi les expériences insolites que ce territoire vous réserve, on peut citer la découverte d'une carrière de talc, d'une fabrique de peignes en corne ou du musée de la magie. Visitez une église rupestre ou cet étonnant village des métiers oubliés (60 au total !) ou partez au Pays des traces animales, retrouvez les gestes de nos ancêtres qui gravaient leurs dessins sur les parois des grottes et chassaient avec des propulseurs. Le soir venu, dormez dans une cabane de contes de fées, ou au sein d'un village d'igloos (en hiver), de yourtes et de tipis après un périple en traîneau à chiens ou tiré par un cheval de Mérens. Ou alors grimpez en 3h de randonnée jusqu'au refuge d'En Beys, à 1 970 m d'altitude, pour un bivouac inoubliable.

CAMPING DOMAINE DE LA SERRE €€

D625 - **AIGUES-VIVES**
✆ 05 61 03 06 16
www.camping-la-serre.com
Fermé du 1er novembre au 14 mars. Terrain de 70 ha. 60 emplacements. Sous conditions.

Coup de cœur pour ce lieu enchanteur animé par Françoise et Robert Bireben parmi les pionniers en matière d'écotourisme et d'environnement. Vous êtes ici au calme et au sein d'une nature préservée, refuge d'une trentaine d'espèces d'orchidées. Emplacement très vastes, chalets et mobile homes. Les aménagements sont faits avec goût, murs en pierre et bois dominent. Terrains de jeux, belle piscine... Un écomusée jouxte le camping avec expositions sur la flore. Sentier pédagogique.

LES SABOTS DE BETHMALE

Hameau d'Aret - **ARRIEN-EN-BETHMALE**
✆ 05 61 96 78 84
www.artisan-bois-sabots.fr
Entreprise du Patrimoine Vivant.

Les sabots de Bethmale à longue pointe effilée, habillés de cuir et richement décorés de clous dorés dessinant un cœur, devait être offerts à Noël par le fiancé à sa promise. Plus la pointe est longue et plus l'amour est grand, raconte Pascal Jusot qui sculpte ses modèles, à la main, à partir de deux arbres courbés en angle droit. Creusés à l'aide de cuillères, les sabots sèchent plusieurs mois avant finition. L'artisan sabotier taille aussi des sabots de jardin classiques, ainsi que des objets traditionnels de maison ou de décoration en bouleau, noyer ou hêtre.

LA BOUTIQUE DE LA FERME

Place du Breilh - **AX-LES-THERMES**
✆ 05 61 01 54 63
www.laboutiquedelaferme.com
Ouvert tous les jours de 9h30 à 12h30 et de 15h30 à 19h. Fermée lundi hors vacances.

Cette boutique propose des produits pyrénéens, ariégeois et artisanaux. En rayon : épicerie fine, huiles de toutes sortes, cave à vins, charcuterie, miel, viandes, fromages, biscuits, bonbons, épices… Toutes les semaines dégustation de vins, de fromages, de charcuterie… Plus original encore, le pique-nique ou le repas à emporter. Laurent qui chaque été organise randonnées et balades historiques saura aussi vous faire partager avec ses amis, éleveurs en montagne, la rencontre des troupeaux en transhumances et appréciez les denrées élaborés par leurs soins.

CASA MAURICIO €€

3, avenue Delcassé - **AX-LES-THERMES**
✆ 05 61 02 91 27
http://casamauricio.fr
Menus de 11,90 € à 26,90 €. Formule du midi : 13,90 €. Accueil des groupes.

Cette vraie bodega tenue par Lionel Muller est la reine des tapas et des spécialités espagnoles en Ariège ! Vous avez le choix entre une vingtaine de tapas, des moules à la vinaigrette aux farcis au fromage de chèvre en passant par les gambas à l'ail… Parmi les brochettes il y a la fameuse pique à Maurice avec agneau et magret de canard. Citons aussi la paella, la zarzuela, le cassoulet d'oie, le confit de canard, la seiche grillée à la plancha, les salades XXL, la daurade catalane… Ambiance musicale ibérique. Service traiteur. Et *Viva España !*

LES CASCATELLES €€

Route de l'Aude - **AX-LES-THERMES**
✆ 05 61 64 22 79
www.lescascatelles.com
Ouvert toute l'année. 5 chambres. Chambre double à partir de 80 €. Petit déjeuner inclus.

Ce château de charme, ancienne maison de maître du début du XXe siècle du ministre des Affaires étrangères Théophile Delcassé, se situe sur la route d'Ascou, au-dessus de la ville d'Ax-les-Thermes. Proche à la fois de la station alpine d'Ascou-Pailhères et du domaine nordique du Chioula, elle est également à 10 km d'Ax 3 Domaines. Dans un grand parc arboré, le château des Cascatelles domine la vallée et les chambres ont une vue splendide sur les Pyrénées. Quelques chambres et appartements à louer été comme hiver, dans une demeure historique au calme.

LA GRANDE CORDÉE €€

31, avenue du Docteur-Gomma - **AX-LES-THERMES**
✆ 05 61 65 77 00
www.grande-cordee.com
Chambre double 60 €. Petit déjeuner : 9 €. Chèque Vacances. Wifi gratuit. Restauration.

Ce n'est pas un hôtel, ni un gîte, ni un refuge, ni une maison d'hôtes, mais un gîte-hôtel dans l'esprit d'une maison d'hôtes-refuge. Un hébergement de capacité moyenne, destiné à l'accueil d'une clientèle de séjour, dans un cadre chaleureux. Les chambres sont simples et confortables dotées d'une petite salle de bains avec douche. Elles sont adaptées aux demandes des familles comme des randonneurs. Possibilité de pension ou demi-pension. Vous vous régalerez d'authentique repas pyrénéens élaborés à partir de produits frais. Séjours rando en été, raquettes en hiver.

HÔTEL-RESTAURANT LE GRILLON €€

5, rue Saint-Udaut
AX-LES-THERMES
✆ 05 61 64 31 64
www.hotel-le-grillon.com
12 chambres. Forfaits curistes. Wifi gratuit. Restauration.

Ce joli chalet de style basque construit en 1935 est orchestré par Sylviane et Robert Feuvrier. Vous séjournez dans une ambiance familiale, douillette, près de la nature. Un petit chalet a été construit à l'extérieur pour entreposer le matériel de ski, une délicate attention en cet établissement situé au Pays d'Ax Trois Domaines. Si le ski ne vous tente pas, vous avez le choix entre randonnées, visites, escalades, VTT ou... thermalisme. Bonne table. En été, le grillon chante !

RIVIÈRE SOUTERRAINE DE LABOUICHE

Avenue Labouiche
BAULOU
✆ 05 61 65 04 11
www.labouiche.com
Ouvert du 1er avril au 11 novembre. Adulte : 11,40 €. Enfant : 9,40 €

Une excursion insolite et très spectaculaire sur 1,5 km, en barque de 12 personnes à 60 m sous terre sur la plus longue rivière souterraine navigable d'Europe. Cette croisière dévoile des paysages souterrains de toute beauté et vous conduit de salles en galeries, de concrétions en gours. La visite guidée et commentée dure 75 minutes en 2 portions séparées par une petite marche. Point restauration, de juin à fin août. Boutique, aire de pique-nique.

LA LIMONADE DE FONTESTORBES

23, route de Fontestorbes
BÉLESTA
✆ 07 88 17 81 14
www.limonade-de-fontestorbes.com
Possibilité de visite.

© LIANEM - STOCK.ADOBE.COM

Elle est élaborée à partir de l'eau de la fontaine de Fontestorbes et à proximité de cette merveille de la nature depuis 1885. Achetée à la famille fondatrice et relancée avec efficacité par Laurent Michau, elle connaît une seconde jeunesse. L'eau de Fontestorbes est additionnée de sirop de sucre, d'essence naturelle de citron et de gaz carbonique, tout simplement. On aime ses bouteilles vintage en verre consignées, bouchon de porcelaine et belle étiquette.

CABANES DE CAMON

3, Place Philippe de Lévis
CAMON
✆ 05 61 68 83 76
Ouvert toute l'année. Visites guidées en juillet aout. Tous les jours et les jours fériés. Gratuit.

Héritage de la tradition viticole, les cabanes servaient autrefois d'abri et remise aux paysans vignerons. On retrouve réparties sur de nombreuses terrasses environ 120 cabanes, témoins de cette activité disparue. Un sentier thématique permet de découvrir ce petit patrimoine rural tout en appréciant un magnifique panorama. En été, il est possible de se faire accompagner par un guide de l'office de tourisme de Camon qui commentera votre découverte. Le dénivelé ne dépassant pas 150 m, la promenade est accessible à tous, y compris les enfants.

CAMPING DES VIGNES €

DUN
A partir de 45 € la nuit la petite tente, 85,50 € la grande. Espace barbecue et espace jeux.

L'hébergement insolite dans sa version simple et abordable. Situé au cœur de la vallée du Douctouyre, dans un environnement sauvage préservé, vous logez sur le domaine d'Âme Saveurs, jeune exploitation bio de production et transformation de petits fruits. Ce camping vous propose deux tentes lodges sur leur petite plateforme de bois. Une pour 2 personnes, l'autre pour 4 personnes. Pas de petit déjeuner. Table à l'intérieur, plaque de cuisson et salon de jardin. Dans le bâtiment d'exploitation, situé à 400 m de la tente, réfrigérateur, lave-linge et wifi.

PAPETERIE LÉON MARTIN

La Forge
ENGOMER
✆ 05 61 96 81 11
www.papeteriesmartin.fr
Entreprise du Patrimoine Vivant.

En activité depuis 1895, la papeterie Léon Martin n'est pas près de tourner la page. Héritier de 4 générations, Thomas Martin et sa quarantaine de salariés perpétuent un savoir-faire familial dans les métiers du papier initié par son arrière-grand-père à Couserans. La société fabrique du papier mince, de 18 à 60 g/m², lisse ou mini-crêpé, blanc ou coloré, papier de soie ou papier mousseline, à partir de fibres vierges provenant de forêts gérées durablement ou de fibres recyclées. L'entreprise est labellisée Patrimoine Vivant depuis 2016.

CHARCUTERIE ROUCH

Place Saint-Volusien - **FOIX**
✆ 05 61 65 04 62
www.charcuterie-rouch.fr
Ouvert du mardi au samedi de 7h30 à 12h30 et de 15h30 à 19h30.

En Ariège, il y a des institutions comme le château de Foix, la mounjetade, la chasse et... la charcuterie Rouch en boutique et sur les marchés. Depuis 1870, la maison élabore dans les règles de l'art une charcuterie fraîche, sèche ou cuite confectionnée avec des cochons reçus entiers et élevés dans le Sud-Ouest. La boucherie, elle, est exclusivement ariégeoise. Les charcuteries traditionnelles et spécialités ariégeoises de la maison Rouch sont élaborées dans un laboratoire à proximité de Foix. D'autres bonnes maisons charcutières sont également à tester à Foix.

FOIX CANOË KAYAK EAU VIVE

Stade d'eau vive du Rebech
FOIX
✆ 06 52 50 10 22
www.foixeauvive.com/

L'Ariège est riche de plus de 500 km de cours d'eau dont 400 km praticables et accessibles aux sports d'eau vive. Les rivières sont classées de 1 à 6 selon la difficulté du parcours. Du particulier au groupe organisé, vous trouverez à Foix toutes les formules et activités : location, descente accompagnée, initiation, perfectionnement, stages. En outre, le stade d'eau vive du Rebech propose des activités encadrées : canoë, kayak, raft, kayak gonflable et nage en eau vive.

LES GRANDES HALLES SAINT VOLUSIEN

12, rue du 19-Mars-1962
FOIX
✆ 05 34 09 85 23
www.grandeshalles-saintvolusien.com
Ouvert du lundi au samedi de 8h30 à 12h30 et de 14h30 à 19h30.

A l'orée de Foix, face au Camping du lac, vous découvrirez deux fois 400 m² dédiés au bien manger et au bien boire, avec un grand choix de produits frais de terroir et de qualité le choix : fruits et légumes, jus de fruits, confitures, gâteaux, foies gras. S'ajoutent des thés et des chocolats et côté cave, des vins d'Ariège et d'ailleurs du grand cru en bouteille au bon vin au détail, alcools et sur place un sommelier, grand connaisseur de whiskies écossais et japonais !

FRANÇOIS BASSAS, LA GASTRONOMIE LOCAVORE ET DÉMOCRATISÉE

A 43 ans, en dépit de la crise sanitaire, le chef François Bassas va de l'avant et a décidé d'ouvrir un restaurant gastronomique à Pamiers, en Ariège, avec son épouse Marie, sommelière. Leur objectif est de mettre en valeur les produits locaux et de redynamiser le centre-ville en investissant l'ancien bâtiment à arcades qui abritait jusque-là l'office du commerce et des entreprises, place des Trois-Pigeons François.

Fabas a officié à Paris, à l'hôtel Matignon, au Ritz et au Pré-Catalan, puis à Toulouse, au Pastel et finalement, en 2004, à Pamiers, à l'hôtel de France auquel il a donné un bib gourmand. Tombé sous le charme du terroir ariégeois et de ses producteurs agricoles, il a décidé d'y rester et même d'y ouvrir son propre restaurant à l'enseigne de La Providence.

Son crédo : faire de la gastronomie très haut de gamme à des prix abordables, faire plaisir aux gens et leur faire découvrir des saveurs inédites. En attendant l'ouverture de son restaurant courant 2021, le chef a repris du service à Toulouse et ne s'est pas encore penché sur la carte de son nouveau restaurant. D'ailleurs, de carte, il n'y en aura pas ! François Bassas élaborera son menu en fonction de ce qu'il trouvera sur le marché. Car pour François, c'est le produit qui commande et pour cette nouvelle table, il fait le pari du 100% ariégeois. Il ne s'agit certainement pas pour ce chef intègre et inspiré de travailler des produits qui viennent de l'autre bout de la France. https://pap-tourisme.fr

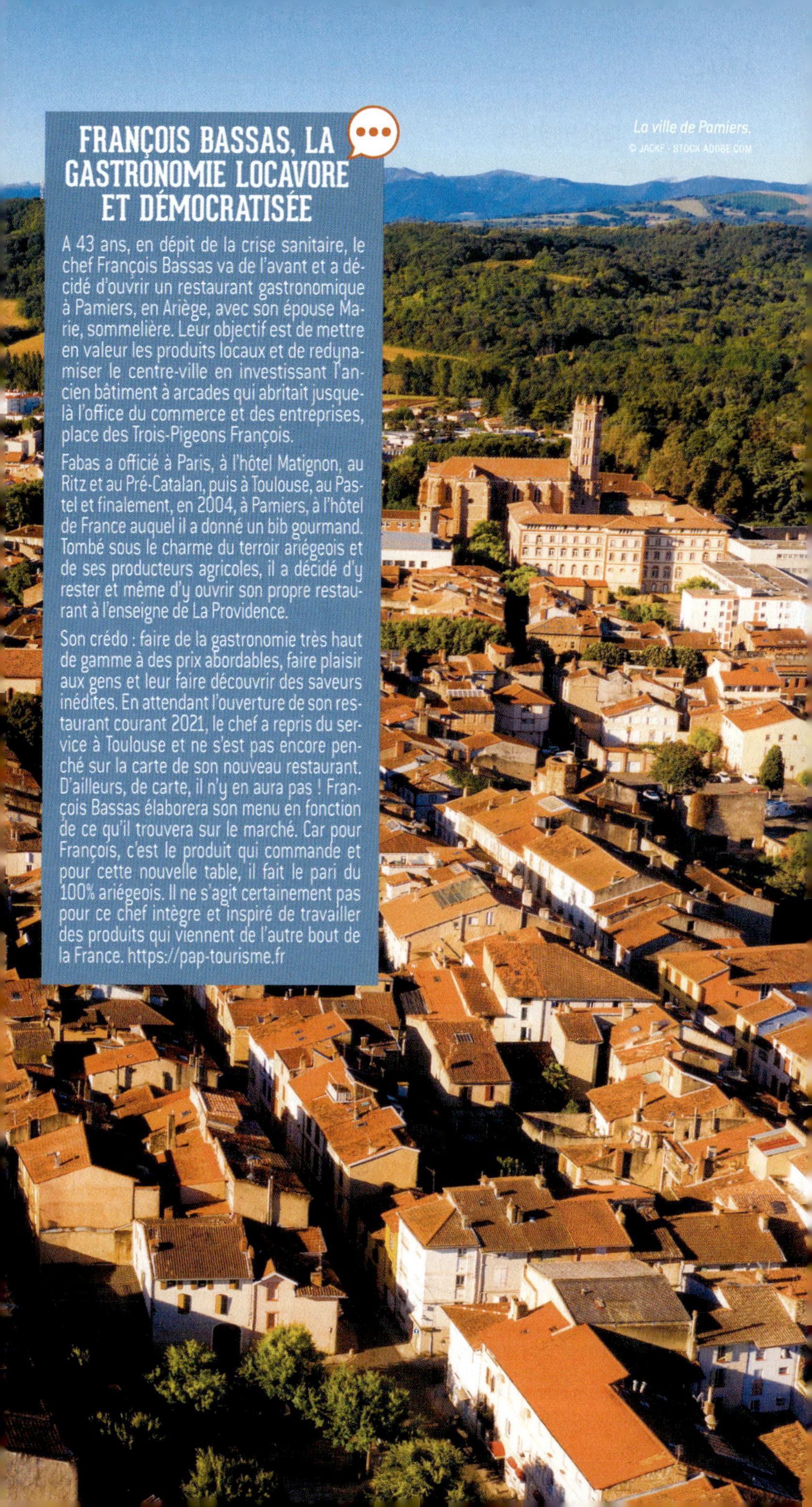

La ville de Pamiers.

L'IVRE LIVRE BOUQUINISTE CHEZ GÉGÉ

21, rue Lafaurie
FOIX
✆ 05 61 65 36 54
Ouvert du mardi au vendredi de 10h à 12h et de 14h38 à 19h.

C'est le plus important bouquiniste d'Ariège avec environ 25 000 livres anciens, du XVIIIe siècle à nos jours, du livre de poche au livre précieux. Le régionalisme y occupe une bonne place. Vous trouvez aussi des cassettes, des disques microsillons et des CD. L'Ivre programme des expositions, concerts et conférences-débats. Vous apprécierez l'accueil du patron, bien informé sur la vie locale et d'excellent conseil de lecture. Vous ne repartirez pas les mains vides !

OSHO VIPASSANA

lieu-dit « La Rochelle «
FOIX
✆ 07 80 30 53 05
www.oshovipassana.net
Possibilité de formules tout compris stage avec repas et hébergement.

Ce Centre de Méditation propose des méditations actives hebdomadaires ainsi que des ateliers, stages, retraites en silence et formations aux méditations et aux thérapies méditatives. Il est installé dans une ancienne forge du XIXe siècle qui accueille aussi le restaurant réputé de La Ciboulette. Un ruisseau traverse la propriété renforçant les bienfaits de la méditation. Vous pouvez loger sur place, dans l'une des trois chambres d'hôtes avec salles de bains privées. Endroit idéal pour combiner nourritures terrestres et spirituelles.

PÂTISSERIE MAZAS

16, allées de Villote
FOIX
✆ 05 61 65 01 83
Ouvert tous les jours et les jours fériés à partir de 8h et jusqu´à 19h30.

Cette maison familiale a plus de 40 ans et une vingtaine d'employés et travaille à base d'ingrédients naturels et de qualité supérieure. Outre les délicieux chocolats maison, elle confectionne croustades, forêts noires, bavarois, éclairs et autres gourmandises. Pour ses chocolats qu'elle est seule à fabriquer à Foix, elle utilise le chocolat Valrhona. Parmi les insolites on aime particulièrement les glaces 'esquimo' maison et le choix incroyable de petits fours salés et sucrés, sans oublier les sculptures en chocolat véritables œuvres d'art.

LA RÉBENNE

1, place du 8 mai 1945 - **FOIX**
✆ 05 61 65 20 93
www.larebenne.com/fr
Ouvert du lundi au vendredi de 9h à 12h30 et de 14h à 17h30.

Pour le randonneur à pied qui aime aussi pédaler ! La Rébenne, agence spécialisée dans le voyage à vélo, le cyclotourisme comme le cyclosportif, la randonnée VTT ou VTC, vous accompagne sur les routes et chemins des Pyrénées. Avec elle, franchissez les cols, traversez les montagnes, rejoignez mer et océan et profitez d'une logistique de grande qualité ! Traversée des Pyrénées à vélo, canal du Midi en VTC, châteaux cathares à vélo. En itinérance ou en étoile, avec moniteur, accompagnateur ou en liberté, avec ou sans assistance… Des séjours sur mesure.

LES STEAKERS

32, avenue du Général-de-Gaulle
FOIX
✆ 06 24 36 33 08
www.lessteakeurs.com
Commande en ligne.

Depuis 2018, la marque ariégeoise des Steakers regroupe des éleveurs du département soucieux de valoriser la viande de leurs jeunes bovins. Jusqu'alors, leurs bêtes partaient vers l'Espagne ou l'Italie, aussitôt sevrées. Aujourd'hui, elles sont abattues et transformées sur le territoire. Les Steakers mettent un point d'honneur à produire de manière responsable. Leur marque, disponible dans certaines grandes surfaces de l'Ariège et de Haute-Garonne, se décline en steak, faux-filet, côte ou pavé, saucisses 100 % bœuf, émincés, tranches fines pour la plancha.

OH LES BEAUX JOURS €€

Route de Montségur, - **FOUGAX-ET-BARRINEUF**
✆ 05 61 01 64 42
oh.lesbeauxjours.free.fr
Chambre double à partir de 60 €.
Petit déjeuner inclus. Lit supplémentaire : 15 €.
Rez-de-chaussée accessible PMR.

Véronique et Maurice Birebent, éleveurs de chèvres angora, vous accueillent dans une maison traditionnelle où ont été aménagées cinq chambres d'hôtes très spacieuses, dont une accessible aux personnes à mobilité réduite ou en fauteuil roulant. Le matin vous profiterez d'un petit déjeuner copieux et plus tard de la cuisine mise à disposition pour vos repas, à prendre pourquoi pas devant la cheminée en hiver. Pour vous distraire, vous pourrez rendre visite aux chèvres angora du couple et découvrir leur activité autour du mohair.

LES CABANES MAGIQUES DES ENCATADAS €€

Le Sivarol
IGNAUX
✆ 05 61 64 28 20
A partir de 70 € la nuit.

Elles sont deux dans la montagne, un peu biscornues comme des maisonnettes de contes de fées. Le domaine se situe à 1 000 m d'altitude, au calme. En hiver, sous la neige, les cabanes sont encore plus fériques. En été, vous partez de la cabane pour randonner. A votre arrivée : votre lit est fait, vous avez du linge de toilette et du savon, des confitures et un verre de bienvenue. Pas de petit déjeuner, mais l'eau courante, l'électricité et une terrasse commune aux 2 cabanes du domaine.

FABRIQUE DE PEIGNES EN CORNE

Route de Bélesta
L'AIGUILLON
✆ 05 61 01 71 46

L'Ariège et le pays d'Olmes, furent longtemps associés à l'industrie du peigne en corne. De cette industrie florissante du XIXe siècle, ne reste que deux manufactures dont celle de José Da Fonseca. Cet artisan prend le temps d'expliquer les phases de fabrication d'un peigne en corne. Outre le peigne décliné sous toutes ses formes, du peigne à moustache au démêloir en passant par le peigne à poux, José Da Fonseca réalise en corne pelle à gâteau, repose-couteaux, bracelets...

FERME DES REPTILES ★

Brouzenac
LA BASTIDE-DE-SÉROU
✆ 05 61 65 82 13
Fermé en janvier. Adulte : 9,50 €. Enfant : 7 €.

Du boa nain au caïman en passant par la tortue hargneuse, vous découvrez plus de 70 espèces de tous continents. Les visites guidées explicitent leur mode de vie, vous assistez aux manipulations et aux repas. Osez un boa ou un python autour du cou. Un parc de 600 m² est dédié aux tortues géantes d'Aldabra, tortues d'Afrique, méditerranéennes et asiatiques. Des bassins accueillent les tortues aquatiques dont la protégée cistude d'Europe. Un parcours extérieur présente iguanes et varans. S'ajoutent le vivarium des caïmans et celui des venimeux dont le mamba vert.

LA FERME AUX BISONS

Coufetery - **LAPENNE**
✆ 05 61 67 60 74
www.lafermeauxbisons.com
Haute saison ouvert tous les jours de 10h30 à 18h. Adulte : 14 €. Enfant de moins de 12 ans : 10 €.

Sur ce domaine de 70 ha vivent des bisons, des daims, des yacks, des cerfs et autres espèces animales. Au cours d'une visite d'environ 1h15, sur 5 km de piste à bord d'une remorque tirée par un tracteur, vous observez cette faune au naturel. Sur place : salle d'exposition, salle pédagogique, aire de pique-nique, buvette, boutique et ferme-auberge. Également vente des pâtés, rillettes, daubes, civets, saucissons de la ferme. Accueil adorable de Aida Aleix et de son père Marc au volant du tracteur/remorque bâché par temps de pluie et de soleil. Une visite insolite !

Le bison européen.

CONSTRUIRE SON IGLOO

Il neige ! Vous savez faire un bonhomme de neige, bien sûr. Mais un igloo ? Imaginez dormir sous le ciel étoilé dans un igloo fait de vos mains, garni de peaux de bêtes dans un bon duvet… c'est l'aventure que vous propose l'Ariège. Dôme édifié en brique de neige, l'igloo est l'habitat traditionnel des Inuits qui partent à la chasse. Il permet de maintenir une température positive dans l'abri en dépit d'un froid polaire. Avec la construction d'un igloo encadré de professionnels de la montagne, vous vous offrez la possibilité d'une nuit insolite en pleine nature. Scier, découper, assembler… la construction de l'igloo se fera dans la tradition nordique. Plusieurs accompagnateurs en montagne ariégeois vous proposent de passer une nuit sous igloo après une balade en raquettes ou au cours d'un week-end trappeur avec ou sans construction préalable.

Mais le bivouac sous igloo ne convient pas à tout le monde : pour les plus frileux existe aussi la possibilité de construire son igloo juste pour le fun sans dormir dedans. Ce sont des ateliers ludiques proposés sur la demi-journée. Bien entendu rien n'empêche de créer également un classique bonhomme de neige ou même de dormir sous un igloo déjà construit et de créer votre bonhomme de neige devant. Toutes les formules peuvent être imaginées ! Ces activités neige et glace peuvent se faire à Beille, à Ax-les-Thermes ou aux Monts d'Olmes, ainsi que dans les espaces nordiques, les stations de ski, avec les accompagnateurs en montagne. www.pyrenees-ariegeoises.com

FERME DE GREOULOU

Hameau de Gréoulou
LAVELANET
✆ 05 61 01 80 98
www.fermedegreoulou.com
Ouvert tous les jours.

Ce couple d'agriculteurs-éleveurs transforme sa production sur place et exploite 16 ha dans un domaine de 70 ha de forêts et de landes. A la clé d'excellents produits de la ferme à base de canards, poulets, pintades, lapins, porcs et agneaux. Le foie gras reste le produit phare. S'ajoutent magret fumé, cassoulet, saucisson 100 % canard, rillettes de canard aux raisins et à l'armagnac, pintade sauce chasseur, coq au vin, confit de lapin. Pour garder leur saveur d'origine, les conserves sont mises en bocaux de verre, sans colorant ni conservateur.

LE GRAND BISON

70 bis, avenue du Maréchal-Joffre
LAVELANET
✆ 09 73 23 37 93
www.legrandbison.fr

Cette brasserie en Ariège évoque le bison peint dans la grotte de Niaux. Marie Guera, la brasseuse des lieux, fait ainsi référence à l'émotion provoquée par ce bison dans son enfance. La bière proposée est artisanale, élaborée avec des matières premières issues de l'agriculture biologique (malt, houblon et sucre) et se décline en Pimprenelle, Perce-neige, CroMignone, Tribale, Fontilla, Flambeuse ou encore Raaahaa ! On trouve les bières en vente directe à la brasserie et dans de nombreux établissements locaux. Cette brasserie est devenue une référence ariégeoise !

GROTTE ET MUSÉE DU MAS D'AZIL ★★

LE MAS-D'AZIL
✆ 05 61 05 10 10
www.sites-touristiques-ariege.fr
Voir calendrier d'ouverture sur Internet. Adulte 9, enfant 5,5 €, pass famille 24 €.

© PHOVOIR

Curiosité géologique et géante de la Préhistoire cette grotte vous emporte dans sa magie par l'immensité des cavités, la mise en lumière moderne et les vestiges préhistoriques qu'elle recèle. Votre visite se déroule en trois temps : le centre d'interprétation pour découvrir la vie des premiers hommes qui ont occupé le site, la visite guidée pour revivre les fouilles des archéologues et, à 1,5 km, le musée avec une collection d'objets préhistoriques provenant de la grotte.

VILLAGE NORDIQUE ANGAKA €€

Plateau de Beille - **LES CABANNES**
✆ 05 61 01 75 60
www.angaka.com
Ouvert toute l'année. Nombreuses activités sur mesure donc tarifs différents. Voir sur le site internet.

A 1 800 m d'altitude, au plateau de Beille, c'est le Grand Nord. En hiver, au milieu des yourtes et des igloos, au contact de la nature et des animaux, vous pouvez faire une escale confortable. Possibilité de promenades en traîneaux, tractés par des chiens ou un cheval de Mérens ou de balades en raquettes encadrés par des professionnels. En été, ce sont des promenades en calèche tirée par le cheval de Mérens, avec bivouac sous un tipi, et des randonnées avec les chiens… Un endroit hors du temps pour des vacances originales et authentiques !

CARRIÈRE DE TALC DE TRIMOUNS ★★

LUZENAC
✆ 05 61 64 68 05
Visites du lundi au vendredi hors jours fériés de mi-mai à mi-octobre. Tarifs : Adultes 6,60 € - Enfants : 4 €

Au-dessus du village de Luzenac, bourg où se situe l'usine d'exploitation, à 1 800 m d'altitude, se trouve la plus grande carrière de talc d'Europe. On peut visiter cette mine à ciel ouvert qui offre ses gisements blancs taillés en gradins, en car, avec un guide officiel. Dans cet immense cirque au paysage lunaire, des machines d'une taille titanesque œuvrent à extraire la roche la plus tendre et la plus douce qui soit, d'avril à novembre. Un voyage étonnant.

CHARCUTERIE FONTÈS

11, rue Gaston-de-Foix
MAZÈRES
✆ 05 61 69 42 36
www.charcuterie-fontes.com
Entreprise du Patrimoine Vivant. Ouvert du mardi au samedi. Ouvert le dimanche (matin).

Une adresse du « patrimoine vivant » plus que centenaire. La charcuterie Fontès, et son fameaux Galavard du Terrefort, porc lourd élevé en Ariège bénéficie de cette distinction. Christian Fontès travaille avec 3 éleveurs de ce Galavard transformé à la charcuterie en jambon sec, saucisse, plats cuisinés régionaux. Les productions de Christian Fontès sont également disponibles à la charcuterie Vié à Pamiers. Ceux qui n'aiment pas le cochon peuvent faire provision d'excellents foies gras d'oie ou de canard, de confits, de magrets, de cou farci...

DOMAINE DES OISEAUX

Route de Calmont - **MAZÈRES**
✆ 05 61 69 12 97
Ouvert toute l'année. Accès libre. Visite guidée payante sur réservation avec un spécialiste en ornithologie.

Sur près de 100 hectares le domaine est une halte migratoire et un lieu de reproduction privilégié pour la faune ornithologique. Chaque année au printemps et à l'automne, des millions d'oiseaux survolent les Pyrénées pour rejoindre leur destination. Près de 160 espèces ont été répertoriées. Un système de vidéosurveillance permet de suivre leur évolution sur un écran géant. Sur les sentiers vous trouverez deux observatoires, une volière d'élevage de cigognes blanches, un petit musée paysan, une grange aux outils anciens, un verger-conservatoire et un pigeonnier.

LES GITES DE MIREPOIX - LE PRESBYTÈRE €€

9, cours du Docteur-Chabaud
MIREPOIX
✆ 06 21 01 17 95
Ouvert toute l'année. Tarifs variables selon saison et hébergement. CB non acceptée.

Situé à Mirepoix au cœur de la cité médiévale en pays Cathare, l'ancien presbytère du village joliment rénové dispose de jardins à l'ancienne, terrasses et autres coins de détente. Vous avez un accès direct aux randonnées, visites culturelles, restaurants gourmands, ateliers d'artisans, rivières, piscine du village, etc. Plusieurs hébergements vous sont proposés : suites de luxe, gites équipés, chambres, cottages, dortoir pour les randonneurs du Chemin de Saint-Jacques-de-Compostelle.

LA MAISON DES CONSULS €€€

6, place des Couverts - **MIREPOIX**
✆ 05 61 68 81 81
www.maisondesconsuls.com
Ouvert toute l'année. 7 chambres (+ 2 suites). De 95 € à 175 € selon chambre et saison.

La Maison des Consuls est une demeure historique située sur la place médiévale de Mirepoix. Pour la moitié, ses chambres, équipées de meubles anciens, donnent sur les Couverts avec une vue exceptionnelle sur la cathédrale. Les chambres sont superbes avec un confort et des matériaux nobles, mêlant l'authentique aux dernières technologies. Dotées de belles salles de bains spacieuses et modernes, elles sont toutes différentes et chacune fait référence à un Mirapicien illustre. Somptueux ! Planches de charcuterie et de fromages de pays.

RELAIS DE MIREPOIX €€€

8, rue du Maréchal-Clauzel - **MIREPOIX**
✆ 05 61 60 19 19
www.relaisdemirepoix.com
Ouvert toute l'année. 5 chambres (3 suites). A partir de 90 € la chambre double, 160 € la suite.

Cet ancien hôtel particulier, de 500 ans d'âge, est situé dans la bastide médiévale de Mirepoix. La cour intérieure installe d'emblée une impression de luxe. Les pièces disposent de très hautes fenêtres, le sol aux tomettes traditionnelles ajoute à l'ambiance chaleureuse lorsque le feu crépite. Les portes sont en noyer massif, de style Louis XIV, et le superbe escalier dessert les chambres et suites spacieuses et de grand confort. La piscine est chauffée. La table est à l'avenant... gastronomique. Le service discret et efficace. Une adresse d'exception.

L'ATELIER D'ESCLARMONDE

20, Le Village
MONTSÉGUR
✆ 05 61 01 98 61
Haute saison : ouvert tous les jours.

Retour vers le passé dans cette échoppe très originale. Située au centre-bourg du village de Montségur, cette jolie boutique d'artisanat et de produits locaux a pour thème l'époque médiévale. Vous y trouvez en rayon des costumes, des épées, des peintures, des objets, des bijoux, un grand choix de souvenirs, de jouets en bois, d'ouvrages... et même des terrines élaborées selon les vraies recettes médiévales. S'y trouvent également des objets forgés à Montségur, bijoux en bronze ou en étain, bijoux minéraux et des articles ésotériques.

CHAPELLE NOTRE DAME DE LA GOUTTE ✞

MONTARDIT

Gratuit.

La Goutte est un lieu-dit. On imagine qu'il fait référence à un endroit humide où l'eau s'écoule goutte à goutte. On trouve à Montardit une curieuse petite chapelle édifiée entre 1968 et 2001 par l'Abbé Jean-Marie Piquemal, fils d'agriculteurs, né en 1924 au hameau de Massat. Celui-ci apprend très tôt à travailler dur. A chaque saison sa corvée : planter les patates, faire les foins, couper le bois... Ordonné prêtre en 1949, l'abbé rejoint Arnave près de Tarascon où il découvre une petite chapelle romane sur la colline dont il restaure l'intérieur et décide de construire un abri pour la pierre dite miraculeuse, réputée pour guérir de l'épilepsie. Nommé à Montardit en 1951, il prend en charge dès 1964, la pastorale de 6 villages : Sainte Croix, Lasserre, Mérigon, Mauvezin, Montardit et Contrazy. Après des travaux de restauration menés dans l'église de Sainte Croix, il entreprend le chantier de la chapelle, ramassant des cailloux, des galets et des pierres alentour, faisant intervenir un maçon. La chapelle terminée, il édifia un chemin de croix à l'extérieur. Jean Marie Piquemal était un bâtisseur dans l'âme. Il a été aidé dans son œuvre par un petit groupe de collaborateurs le plus souvent des bénévoles. En 1985 la chapelle est devenue lieu de pèlerinage officiel. Le pèlerinage est le 15 septembre, fête liturgique de Notre-Dame des Sept Douleurs. Il émane du site une force tranquille. On aime venir s'y recueillir que l'on soit croyant ou non.

FORGES DE PYRÈNE - VILLAGE INOUBLIÉ 🏛 ★

route de Paris

MONTGAILLARD

✆ 05 34 09 30 60

www.forges-de-pyrene.com/

Du 10 juillet au 31 octobre. Ouvert du mardi au samedi de 10h à 18h. Adulte 6,20 €, enfant 6,80 €, pass famille 32 €.

Cette collection de 56 métiers et plus de 4 000 outils est la plus grande collection des métiers d'autrefois. Les Forges de Pyrène sont comme un livre d'histoire. Le musée vous invite à entrer dans le secret des vieux métiers regroupés autour de plusieurs thèmes : les métiers ambulants, ceux de l'agriculture et de l'élevage, de la vie domestique, de l'habitat, de l'habillement. Les granges animées vous invitent à découvrir les différents ateliers vivants autour de la place du village : le forgeron, l'école 1900, le four à pain, la forge à martinet… Vous découvrirez la dernière forge à martinet en activité, classée monument historique, qui a gardé son aspect d'antan ainsi que son ambiance sombre et mystérieuse. Vieille de 450 ans, avec une existence attestée dès le Moyen Age, la Forge de Montgailhard est à l'origine de la fabrication de barres de fer. A ne pas manquer, la démonstration du fonctionnement de la forge à martinet. Vous partagerez aussi un moment d'émotion à l'espace Âges de la vie où Baptistou raconte sa vie d'Ariégeois à son arrière-petite-fille. Un voyage dans le temps inoubliable... dans un village inoublié. Ici, tout est conçu pour un bon accueil : un grand parking et un chenil gratuit, une aire de pique-nique au bord d'un plan d'eau, un espace de jeux pour les enfants, un auditorium pour vos évènements et même une galerie d'art. Dernières nouveautés : sentier découverte à parcourir en famille et le musée du fer entièrement rénové.

FILATURE DE NIAUX

5, rue de la Filature

NIAUX

✆ 06 32 75 13 80

www.filaturedeniaux.com

Héritière d'un savoir-faire qui se perpétue depuis 1869, la Filature de Niaux tissait du fil, fabriquait matelas et coussin à partir de laine de mouton. L'outil de production est désormais géré par l'association Sibada Laines constituée en société coopérative pour sauver ce patrimoine unique en Occitanie. Un financement participatif vient de permettre sa survie et la poursuite de cette activité emblématique de la région. A la clé du travail à façon : cardage de laine amenée par les éleveurs de la région et lavage de la laine des matelas à la demande.

GROTTE DE NIAUX 📷 ★★★

D56 - **NIAUX**

✆ 05 61 05 10 10

www.sites-touristiques-ariege.fr

Voir calendrier d'ouverture sur le site Internet. Réservation obligatoire. Adulte : 14 €. Enfant : 10 €.

Par l'ampleur de ses salles et la variété de ses décors, la grotte de Niaux compte, avec Altamira et Lascaux, parmi les plus belles du monde. Dans le salon Noir, vous serez subjugué par les œuvres d'art préhistoriques. Plus de 100 dessins évoquent les grands mammifères de la faune magdalénienne que vous pourrez découvrir en fac-similé au parc de la Préhistoire à Tarascon. La grotte de Niaux, chef-d'œuvre de l'art pariétal, est une des rares grottes ornées à être encore ouverte au public et reste un des sites incontournables de la Préhistoire.

OBSERVATOIRE DE LA MONTAGNE

Les Forges d'Orlu - **ORLU**
✆ 05 61 03 06 06
www.observatoire-montagne.com
Fermé du 1er avril au 30 octobre. Gratuit. Accueil enfants. Visite guidée. Boutique.

L'Observatoire abrite un espace muséographique et un parcours d'environ 1h30 pour découvrir un milieu unique. Dans le hall se trouve la maison de la réserve d'Orlu avec bornes interactives. L'Observatoire est ouvert toute l'année, mais la visite du musée et de la centrale hydroélectrique se fait seulement pendant les vacances scolaires. L'Observatoire et l'ONCFS proposent des randonnées (à pied et en raquettes) à l'affût des animaux dans leur habitat ou de leurs empreintes.

REFUGE D'EN BEYS €

Forges d'Orlu - **ORLU**
✆ 05 61 64 24 24
www.refuge-enbeys.com
Dortoir 15,22 € la nuit. Demi-pension : 42 €. Nuit enfant moins de 12 ans : 12,50 €. Les 13-18 ans : 18 €.

On atteint ce refuge situé à 1 970 m d'altitude en 3h de marche. Il abrite 5 dortoirs séparés, 3 de 15 places et 2 de 12 places. Chaque couchage est équipé d'un matelas et de couvertures. L'approvisionnement de la plus grande partie des marchandises s'effectue par héliportage. Les aliments frais sont acheminés par les gardiens en sac à dos. L'embrasement des parois granitiques des Pics Rouges au coucher du soleil et l'observation des isards jouant dans les névés au petit matin sont les bonheurs du refuge d'En Beys. Soirées à thème en été.

FLOCONS D'ARIÈGE

10, chemin du Crieu
PAMIERS
✆ 05 61 60 01 05
Ouvert du lundi au samedi de 8h à 12h et de 14h à 18h.

Cette confiserie artisanale et spécialité de terroir est constituée d'une tendre enveloppe de meringue parfumée à la vanille fourrée d'un onctueux praliné noisette, de la taille d'une noix et très légère. Le praliné est fabriqué à partir de noisettes locales. L'Ariège est un gros producteur de ces fruits secs. On trouve les Flocons dans les pâtisseries, boulangeries et épiceries fines du département et à Toulouse. Variantes : les Flocons à la violette et les Flocons à la pâte à tartiner, un régal de Flocons délicatement croustillants, délicieusement fondants...

LE MUSÉE DE LA MAGIE

20, rue de la république - **PAMIERS**
✆ 06 70 84 02 19
www.lesstarsdelamagie.fr
Ouvert du mardi au vendredi de 10h à 12h30 et de 14h à 19h30 ; le week-end de 10h à 19h30. Gratuit.

Entrez dans le monde merveilleux de la magie. Rares sont les musées sur ce thème. Vous y découvrez une collection unique au monde d'affiches, d'objets, de costumes et bien sûr d'illusions ! Vous irez à la rencontre des plus grands magiciens de tous les temps et peut-être apprendrez-vous leurs secrets… Beaucoup d'activités sont proposées en marge de votre visite telles qu'une chasse aux trésors, une école de magie pendant les vacances scolaires… Vous pouvez même privatiser le musée pour des soirées… magiques ! Boutique pour les amateurs et les plus chevronnés.

Grotte de Niaux.

© PHOVOIR

Le Palais des Évêques - Saint-Lizier.

LES JARDINS DE NANIE

Hameau de Rabaute
PÉREILLE
✆ 06 85 74 06 27
lesjardinsdenanie.com
Ouvert le jeudi de 14h à 19h. Et sur les marchés de la région.

Roses rouges, roses jaunes, abricot-menthe, échalotes et oignons, cynorhodons ou mirabelles, fraises, rhubarbe et framboises… Naomie Morez-Pons met de la magie dans ses pots de confitures élaborés au pied de Montségur. De subtiles associations composent ses chutneys et confits. Passionnée de fruits, plus particulièrement en pâtes, mais aussi en confits, gelés ou compote, Naomie cultive, cueille, assemble et concocte de façon artisanale de fabuleux mélanges : pesto d'orties, gelée de Chardonnay ou de vin rouge aux épices…

LA CASCADE TUFFIÈRE

ROQUEFORT-LES-CASCADES
Gratuit.

Au-dessus du village de Roquefort-les-Cascades, la cascade tuffière d'une trentaine de mètres de haut offre une apparence singulière en raison de son eau très calcaire qui dépose un tuf de couleur blanche à beige sur les herbes et les mousses au bas de la cascade formant une croûte fragile dont la texture rappelle celle d'une éponge. Venez au printemps, période à laquelle l'eau est abondante suite à la fonte des neiges. En hiver la cascade de glace vaut également le détour. Nombreux sites ombragés pour un pique-nique le long des sentiers qui montent à la cascade.

BRASSERIE GALEMYS

30, avenue des Pyrénées
SAINT-JEAN-DU-FALGA
✆ 06 48 86 53 84
www.galemys.fr
Ouvert du jeudi au samedi.

Alexandre Dupuy a découvert la brasserie en Irlande à l'occasion d'un stage. Une passion était née ! Formation et diplômes en poche, il ouvre sa propre brasserie au nom du Desman des Pyrénées ou rat-trompette. Galemys produit ses bières et propose les bières invitées du mois. Ainsi la maison entend accueillir au fil des saisons le top des meilleurs brasseurs artisanaux de France. Si vous souhaitez vous perfectionner dans la connaissance de la bière, il est possible de participer à des ateliers dégustation. Vous pouvez aussi louer sur place une tireuse.

PALAIS DES ÉVÊQUES - NOTRE-DAME-DE-LA-SÈDE ★

Route de l'Evêché - **SAINT-LIZIER**
✆ 05 61 05 10 10
www.sites-touristiques-ariege.fr
Fermé en janvier, février hors vacances scolaires. Horaires variables. Adulte 5 €, enfant 3 €, pass famille 15 €.

Les évêques ont bâti ici ce palais somptueux et sa riche cathédrale, embellis du XIe au XVIIIe siècle. Le site abrite le musée départemental riche de collections couvrant 2 000 ans d'histoire locale, de l'Antiquité à nos jours. Y sont présentés : la présence romaine en Couserans, de la cité gallo-romaine à l'évêché du Couserans, le Palais des Evêques, histoire et architecture, Vivre dans une vallée pyrénéenne au début du XXe siècle. La visite inclut la cathédrale.

AU PAYS DES TRACES

8, route de Miguet - **SAINT-LIZIER**
✆ 05 61 66 47 98
www.paysdestraces.fr
Haute saison ouvert tous les jours de 13h30 à 18h30. Adulte : 12 €. Enfant de 3 à 12 ans : 10 €.

Catherine et Jean-Louis, naturalistes chevronnés, accompagnés d'une équipe de passionnés font découvrir cette science. Indices de présence d'animaux, empreintes et adaptations morphologiques, étude des oiseaux, insectes et reptiles. Visite de la grotte du loup, la sépulture préhistorique du troglodyte, le parc animalier végétal avec indices de la faune pyrénéenne. Atelier de moulage de traces, simulation d'avalanche. Sans oublier le village à mouler et un parcours d'observation d'ossements préhistoriques. Exposition Les traces sous toutes leurs formes.

LE DAHU ARIÉGEOIS

SERRES-SUR-ARGET
✆ 06 02 35 81 41
https://dahu-ariegeois.fr
Tarifs variables selon les activités. 33 € pour une rando raquettes, 139 € la nuit en couple dans un igloo...

Les meilleurs guides vous accompagnent dans les aventures nature et de la montagne proposées par le Dahu, en hiver comme en été. Partez avec des chiens de traîneau, ou en raquettes, partez en randonnée, bivouaquez, faites escale dans le restaurant du Dahu, en pleine nature, entraînez-vous au trail, apprenez à construire un igloo, suivez un jeu de piste en famille, venez pour un jour ou un séjour à l'occasion d'un stage. De nombreuses aventures originales en immersion dans la nature et des expériences sportives sont au programme de ce site.

ÉGLISE RUPESTRE DE VALS ★

VALS ✆ 05 61 68 83 76
www.tourisme-mirepoix.com
Ouvert toute l'année. Tous les jours à partir de 9h et à partir de 19h. Gratuit. Restauration.

Creusée dans un bloc de rocher, cette église rupestre est un joyau d'où il émane une atmosphère toute particulière. A l'intérieur vous pourrez admirer de superbes fresques romanes d'origine catalane. Ces dernières datent du XIIe siècle et présentent des similitudes avec celles de la Catalogne espagnole voisine. Trois périodes de la vie de Jésus sont illustrées. La construction de cette église en trois niveaux en fait son originalité. Un bar-musée archéologique est situé au pied de l'édifice qui vous prolongera le temps de la découverte.

PARC DE LA PRÉHISTOIRE ★★

Route de Banat - **TARASCON-SUR-ARIÈGE**
✆ 05 61 05 10 10
www.sites-touristiques-ariege.fr
Ouvert de début avril à début novembre. Fermé lundi hors vacances. Adulte 11,50 €, enfant 8 €, pass famille 36 €.

Rendez-vous dans l'un des plus beaux sites de l'Ariège à la découverte de la vie quotidienne des Magdaléniens dans un environnement d'animaux géants, bisons, mammouths ou mégacéros, sorte de cerf de taille préhistorique. Comparez les défenses de mammouths à la corne de rhinocéros laineux, faites un bras de fer avec le bison, mesurez-vous à la vitesse d'un lion des cavernes. Des animations et des ateliers immersifs, ouverts à tous, sont organisés tous les jours, permettant de plonger en immersion dans la Préhistoire : l'atelier de fouilles archéologiques, l'atelier d'art pariétal : en conditions de lumière préhistorique testez vos aptitudes à la peinture préhistorique, ou encore essayez-vous à la chasse avec le maniement du propulseur. Dans un campement reconstitué qui évolue en fonction des saisons, vous assisterez à des démonstrations de taille du silex et d'allumage du feu à la méthode Cro-Magnon. De nombreuses autres activités vous attendent dont le labyrinthe des sons, le panorama de la chasse ou le sentier des traces. Côté animations, Ca bouge chez les préhistophiles, Chasse aux œufs de mammouth fin mars (les œufs sont bien sûr en chocolat) et, en juin, La Nuit de la Préhistoire et les Journées nationales de l'archéologie. Autour des lacs, un restaurant, une boutique, une aire de pique-nique sont également à votre disposition. Bien plus qu'un simple parc d'attractions, vous découvrez une (pré) histoire, un environnement à travers un musée interactif où culture et nature évoquent le mystère des origines.

LE RELAIS DE POCHE

2, rue de la République
VERNIOLLE
✆ 05 34 01 68 37
www.relaisdepoche.org
Ouvert toute l'année. Tarifs différents selon les spectacles ou ateliers. Tartines entre 10 € et 15 €.

Voici un endroit totalement unique dans le département. Un lieu qui réunit tous les épicuriens de la vie. Vous y trouverez toutes sortes de nourritures, terrestres et spirituelles. Le Relais propose des expos, des concerts, une tartinerie, des ateliers culturels pour les grands et les petits, une librairie, du théâtre... À midi, on déguste une délicieuse tartine accompagnée de sa salade et d'une soupette. C'est également une résidence d'artiste. Un lieu de rencontres culturelles et gustatives animé par le sympathique Dominique Mourlane.

GROTTE DE LOMBRIVES ★★★

USSAT ✆ 06 49 44 45 00

www.grottedelombrives.com

Ouvert toute l'année. Horaires variables. Adulte 12 €, enfant 8 €, pass famille 34€. American Express, Chèque Vacances.

Lombrives, ce sont des randonnées guidées de 2h, des explorations spéciales et des ateliers pour les enfants, des randonnées spéléologiques à la demi-journée, des apéros-concerts au sein de l'une des grottes les plus vastes d'Europe. Le site fait partie d'un réseau karstique de 14 km, ce qui en fait une des plus vastes grottes d'Europe. Abris pour les Magdaléniens, lieu de sépulture à l'âge de Bronze, refuge pour les protestants... Vous trouverez à Lombrives les traces de nos ancêtres, mais aussi de nombreuses signatures et symboles mystérieux laissés par les hommes qui la fréquentèrent. On se passionne pour les nombreuses histoires, légendes et mythes contés par les guides. On découvrira notamment la signature du futur Roi Henri IV, les raisons de sa venue à Lombrives sont incroyables. On admirera le tombeau de la princesse Pyrène qui selon les Grecs de l'Antiquité, marque la genèse de la création des Pyrénées. Le réseau est immense, ce n'est pas une simple grotte naturelle, mais des grottes à parcourir au fil de nombreuses salles différentes et remarquables. A chaque nouveau virage c'est un émerveillement. Dans l'exceptionnelle galerie de la Carène, on peut s'engouffrer à l'intérieur d'une faille sismique, admirer son esthétique extraordinaire sur près de 80 m. La Cathédrale est une salle dont la hauteur sous plafond atteint plus de 80 m, l'acoustique y est exceptionnelle. Des concerts y sont donnés toute l'année. A noter, les très belles concrétions, parmi lesquelles le Mammouth ou la Sorcière.

Le Tombeau de la princesse Pyrene.

AUDE

Vous voici au pays des Cathares et du canal du Midi, du diamant noir et de l'olive, des bons vins et du cassoulet, du bien vivre et du bien manger. Visitez un centre de dégustation des produits du terroir, une école du vin et une maison de la truffe. Embarquez à bord d'une péniche épicerie, d'une gabare historique pour voguer sur le canal du Midi ou à bord d'une goélette à voile pour caboter au gré du vent le long de la côte audoise. Louez un bateau électrique et partez naviguer sur l'étang de Gruissan. Jetez l'encre pour pêcher, nager, pique-niquer. Partez en safari dans la réserve africaine de Sigean refuge pour plus de 3 800 animaux sur plus de 300 ha. A moins que vous ne préfériez l'Australie qui a aussi son parc. Et pour dormir vous avez le choix des hébergements insolites : une tente lodge dans un camping sympathique, une cabane dans un arbre en Robinson, un gîte au-dessus d'un musée de paléontologie...

CABANE DE JOUCLA €€€

ALZONNE

✆ 06 03 38 55 13

www.domaine-joucla.fr/

De 320 € à 380 € selon saison. 7% de remise à partir de 5 nuits 10% de remise à partir de 7 nuits.

C'est la version grand luxe de la cabane perchée. Aux portes de Carcassonne, à l'orée d'une forêt, perchée à 8 m de haut, cette vaste cabane se rejoint par un chemin serpentant entre les chênes, sur un plateau vaste et dégagé, cachée dans son écrin de nature. Vous avez de multiples petits plaisirs d'accueil à consommer, votre minibar est plein (eaux, sodas, jus de fruits, dosettes Nespresso et tisanes), votre petit déjeuner continental sera livré discrètement, vous profitez d'un sauna et d'un bain bouillonnant privés. C'est le paradis !

LE TRAIN ROUGE DU PAYS CATHARE ET DU FENOUILLÈDES

18-19, rue du 19-Mars-1962 - **AXAT**

✆ 04 68 20 04 00

www.tpcf.fr

Ouvert d'avril à fin octobre et en décembre avec le train du père Noël. Visite guidée.

Envie de découvrir le pays cathare par les rails ? Ce petit train rouge propose différents parcours au départ de la nouvelle gare d'Axat. Vous traversez la forêt de la Haute-vallée de l'Aude et la plaine du Roussillon, vous explorez les orges de Galamus, passez les viaducs et Fenouillèdes, croisez les vestiges des châteaux cathares. Si l'aventure vous tente, rendez-vous dans la caravelle de 130 places ou dans une voiture baignoire tractée par une locomotive diesel à l'ancienne.

CHÈVRERIE COMBEBELLE

BIZE-MINERVOIS

✆ 04 67 38 05 38

De mars à fin octobre. Lundi : 10h à 12h. Mardi au samedi : 10h à 12h et 16h à 19h. Visite gratuite. Boutique. No CB.

A la sortie de Bize-Minervois sur une jolie petite route étroite entourée de garrigue, vous trouverez cette petite exploitation artisanale. Dès votre arrivée, vous serez accueilli par les poules et le cochon de la bergerie ! Petits et grands ne voudront pas manquer la traite des chèvres, tous les jours, à partir de 17h, un moment à la fois ludique et fascinant. Passez ensuite à la dégustation, maître renard a eu un coup de cœur pour l'Ecu du pays cathare et le Caprichon un fromage de chèvre à pâte molle. Une visite plaisir et gourmande à partager en famille.

LE MOULIN À PAPIER ★

Lieu-dit Cambou - **BROUSSES-ET-VILLARET**

✆ 04 68 26 67 43

www.moulinapapier.com

Lundi à vendredi sur rdv. Visites guidées WE, jours fériés (11h/14h30/15h30/16h30). Gratuit jusqu'à 4 ans, Adulte 8,50 €

A 20 minutes de Carcassonne, découvrez le dernier moulin à papier du Languedoc, avec ses moteurs hydrauliques, ses machines anciennes et la production artisanale de ces précieuses feuilles. A chaque visite guidée, la magie opère, le papier naît de tee-shirts en coton, de vieux jeans, ou plus étonnant encore, de crottin d'éléphant. Après la visite, dans l'atelier, enfants et adultes peuvent réaliser eux-mêmes, leur feuille de papier filigranée qu'ils emportent après la séance. Le moulin est un lieu d'échanges et de rencontres : expositions, concerts, conférences...

L'ATELIER DE LA TRUFFE

51, rue Trivalle
CARCASSONNE
✆ 06 30 35 52 71
www.barriere-truffes.com
Fermé 15 jours en avril et 15 jours en octobre et le lundi.

Cette boutique-bar-restaurant insolite présente une sélection des meilleurs produits « dignes » d'être associés à la truffe. Soit une centaine de références de vins : du Minervois, du Cabardès, des Corbières de Limoux, du muscat de Saint-Jean Minervois, également des huiles d'olive naturelles ou aromatisées, tapenades et olives locales. Et bien sûr, selon saison, truffe d'automne, truffe blanche d'Italie ou truffe d'été. Philippe Barrière a su s'imposer dans le milieu. Son tiramisu à la truffe n'est pas étranger à cette réussite...

CHÂTEAU AUZIAS - CAVEAU

Chemin de Paretlongue - **CARCASSONNE**
✆ 04 68 47 28 28
www.auzias.fr
Groupes, sur rdv lundi à samedi 9h / 17h30 : visite & dégustation. Particuliers, lundi à vendredi 9h / 17h.

Le Château Auzias, existe depuis la conquête romaine, il est devenu célèbre au XIIe siècle avec la fondation de l'Abbaye de Pareti-Loungi. Le Wine Tour est une visite complète qui comprend l'historique du château, un parcours au sein du vignoble, une visite de la cave avec les différentes étapes d'élaboration des vins jusqu'à la mise en bouteilles. Après la visite, une initiation à la dégustation des cuvées, et la création de votre propre vin, vous sont proposées. Vous pourrez ainsi repartir avec votre réalisation, un beau souvenir de votre passage au château.

HÔTEL DE LA CITÉ €€€

Place Auguste-Pierre-Pont - **CARCASSONNE**
✆ 04 68 71 98 71
www.hoteldelacite.com
Au coeur de la cité, ouvert tous les jours 24h/24. 59 chambres prix suivant saison. Piscine extérieure chauffée. Parc.

Construit au début du XXe siècle sur le site de l'ancien palais épiscopal, au cœur de la cité, ce palace dresse fièrement ses murs en pierres apparentes, ses boiseries et ses vitraux. Ici tout n'est que volupté, les chambres luxueuses et raffinées, sont très spacieuses. A noter les trois suites Villa, dans un bâtiment indépendant, idéales pour les familles et groupes. Profitez du parc à la vue imprenable et sa piscine chauffée. Le restaurant étoilé de l'hôtel, La Barbacane, met en exergue la cuisine de Jérôme Ryon par des associations de saveurs inédites.

L'ODYSSÉE DE L'OLIVIER

4, hameau de Cabezac
BIZE-MINERVOIS
✆ 04 68 41 88 88
www.loulibo.com
Toute l'année (Janvier/février sur résa). Adulte : 6€. Enfant (- de 16 ans) : 4 €. Visite guidée. Boutique. Animations

Depuis les années 1940 la coopérative oléicole l'Oulibo élabore avec passion des huiles d'olive et olives de table particulièrement la variété Lucques avec la volonté de l'excellence. L'Oulibo vous invite à vivre l'aventure de l'olive et de l'huile d'olive sur son site de visite guidée : L'Odyssée de l'Olivier - 5 escales pour un voyage dans le monde de l'olivier. Vous suivrez pas à pas votre guide dans une oliveraie de 400 arbres pour découvrir les secrets de l'arbre béni des dieux : la cueillette, les variétés, les soins, et toutes les étapes pour suivre l'olive jusqu'au moulin… Vous remonterez le temps de la Grèce antique jusqu'à notre époque et suivrez l'aventure de l'olive sur écran géant. Le spectacle son et lumière vous permet de vivre l'effervescence du moulin comme en période de récolte.. La dernière étape est sans doute la meilleure puisqu'il s'agit d'une initiation à la dégustation des huiles d'olive et des olives ! Vous pourrez relever le défi et partir en famille à la poursuite du diamant vert, la nouvelle chasse aux trésors pour les 6-12 ans mais également les visites thématiques les mardis et jeudis matin avec «l'art de la dégustation» et la «visite et concours tapenade». Toute l'année l'Oulibo propose des évènements et des ateliers de cuisine ou de taille de l'olivier. Possibilité de réserver et d'acheter les visites sur l'e-billetterie. Alors n'attendez plus, rendez-vous à l'Oulibo pour une visite. A savoir : la coopérative a obtenu le label « Entreprise du Patrimoine Vivant ».

© HERVE LECLERC

GOUFFRE GÉANT DE CABRESPINE ★★★

D 112 - **CABRESPINE** ✆ 04 68 26 14 20
www.gouffre-de-cabrespine.com
Ouvert tous les jours, de février à début décembre. Entrée : 11,60 €. Accro-grotte : 39 €. La Rivière Souterraine : 48€.

Voici le plus grand gouffre aménagé d'Europe, connu dans le monde entier pour sa richesse minéralogique. On y trouve des disques, excentriques, aragonites, draperies, colonnes, ou encore des cascades. Géant, n'est pas un terme galvaudé, il est profond de 250 m pour un volume de plus de 1 500 000 m^3, il pourrait presque abriter la Tour Eiffel. Grâce à des aménagements astucieux, le parcours est en partie accessible de plain pied et donc au plus grand nombre (parents avec poussette comme personnes en fauteuil roulant). Par ailleurs, une passerelle de verre de 8 m de long s'élance de la paroi rocheuse à 200 m au-dessus du vide, les premières craintes passées, elle permet de découvrir des espaces du gouffre jusqu'alors inaccessibles au public. Le belvédère des disques permet de se rapprocher au plus prêt de la voûte afin d'observer ses concrétions uniques en forme de disque. Des visites exceptionnelles sont prévues fin août comme « L'envol des chauves-souris », spectacle impressionnant mettant en scène les charmants chiroptères du gouffre à la tombée de la nuit. L'Aventure Parc regroupe 2 activités situées à 250 m au fond du gouffre, parcours acrobatique et exploration de la rivière souterraine mêlent amusement et découverte, que du fun. Question sécurité, vous êtes bien encadrés par de vrais professionnels qui connaissent la cavité dans ses moindres recoins. Soyez-en sûrs, après toutes ces émotions, le Gouffre Géant de Cabrespine restera à jamais gravé dans vos mémoires !

Aventure Parc, Gouffre Géant de Cabrespine.

LE PARC AUSTRALIEN ★

Chemin des Bartavelles - **CARCASSONNE**
✆ 04 68 25 86 83
www.leparcaustralien.fr
Haute saison ouvert tous les jours et jours fériés de 9h30 à 19h. Adulte : 10,90 €. Enfant de 4 à 11 ans : 7,90 €

Venez découvrir ce fabuleux continent qu'est l'Australie, de façon ludique et interactive. Les kangourous, autruches, dromadaires et la faune sauvage vous attendent. Avec un animateur, entrez dans les enclos et dans la volière pour nourrir les perruches ondulées. A voir aussi, le village aborigène reconstitué, pour découvrir leur mode de vie ancestral. Le village des pionniers permet de s'immiscer dans l'histoire des premiers colons et des chercheurs d'or. Aires de pique-nique. Application pour suivre la visite à votre rythme. Animations et Austalian espace game.

PÉNICHE MIRAGE €€€

28, rue du Canal - **CARCASSONNE**
✆ 06 16 46 28 67
www.mirage-hotes.fr
De début avril à début novembre. Chambre double à quai 160 € (175 € à Noël).

A 5 min de Carcassonne, sur le canal du Midi, au niveau de l'écluse d'Herminis, cette ancienne péniche céréalière parfaitement rénovée et aménagée propose ses 3 cabines en chambres d'hôtes, avec salle d'eau et wc attenants et une bonne insonorisation. En prime, un salon avec bibliothèque partagé, une terrasse de 50 m² transformée en salon d'agrément et équipée de transats, de chaises et d'un bain bouillonnant. Diverses formules à thème sont possibles pour votre séjour dont la formule romantique. Possibilité également de croisière et de privatisation de la péniche.

LA CANTINE DU CURÉ €

16, avenue de l'Abbaye - **CAUNES-MINERVOIS**
✆ 07 67 54 94 67
www.lacantineducure.com
Fermé de janvier à avril. Juillet & août 7j/7 11h-2h. Plat du jour : 10 €. Vin au verre. Côte de boeuf : 32 €. Terrasse.

Dans ce restaurant-bodega, l'esprit festif est de mise, venez chez nous pour être comme chez vous ! Telle pourrait être leur devise. Benjamin et son équipe vous serviront des tapas variées, goûteuses et maison : jambon de pays et son *pan con tomate*, des encornets, des gambas à la plancha, etc., et de délicieuses frites ! Vous pourrez aussi vous laisser tenter par la savoureuse côte de bœuf à la braise. En plus de ses vins, Benjamin propose une carte des vins de plus de 80 références. En été, l'ambiance y est souvent très *caliente*, surtout les soirs de concert.

CARRIÈRE DE MARBRE ROUGE ★

Avenue du Stade - **CAUNES-MINERVOIS**
✆ 06 80 96 22 26
www.visitecarriere.fr
Ouvert de mai à septembre. Visite guidée de juin à septembre à 16h30. Tarif : 10€. Gratuit jusqu'à 12 ans.

C'est la terre du célèbre marbre rouge, en fait du marbre qui se décline dans les nuances de rose pâle à rouge sang, veiné de noir ou de blanc, dans une grande variété et surtout d'une très belle qualité. Caunes-Minervois est la capitale mondiale du marbre incarnat, ce marbre qui orne Versailles, le Grand Trianon, l'Opéra de Paris, Saint-Pierre de Rome, ou encore la grande mosquée de Cordoue pour ne citer que ces monuments prestigieux. Et ce prestige reste d'actualité. Le marbre occitan a été choisi par le richissime prince d'Arabie-Saoudite Al-Whalid Ben Talal pour le revêtement de la future « Kingdom Tower », dont les plans ont été conçus pour qu'elle soit la tour la plus haute du monde. Des carrières de la Cabrerisse, de Cervelas, de la Bouriette, à la célèbre carrière du Roy, ce marbre a connu une destinée hors du commun. Aujourd'hui, la carrière du Roy est exploitée épisodiquement par une prestigieuse société italienne toujours en quête de couleurs vives et originales pour réaliser des assemblages inégalés. Du rouge turquin à l'incarnat rouge et blanc, en passant par le griotte, le vert moulin et le gris ces teintes sont associées au blanc de Carrare qui en révèle toutes le chatoyement. Quant à la carrière de Villerambert, c'est la seule qui reste en fonction et c'est la seule qui soit ouverte à la visite. Le directeur en personne, Khalid Massoud, vous guidera à la découverte de ce noble matériau... Passionné et passionnant il saura vous captiver et les marbres n'auront plus de secrets pour vous.

THE COACH HOUSE BUS €€

chemin de la Vernède - **CONQUES-SUR-ORBIEL**
✆ 04 68 26 10 85
De 110 € à 170 € la nuit.

Vous dormez dans un bus anglais à impériale rénové typique de Londres. Vous disposez de trois chambres et d'un coin salon, de la climatisation, d'une machine à café Nespresso et d'une télévision à chaque étage. Aménagées à côté du bus, les salles de bains sont pourvues de deux douches, de toilettes et de lavabos. Vous profiterez également d'une piscine et d'une table de ping-pong. Un panier petit-déjeuner peut être fourni le matin (en supplément). Pendant votre séjour, vous bénéficierez d'un trampoline et d'un terrain de 1,6 ha. *Cute, isn't it* ?

CHÂTEAU DES DUCS DE JOYEUSE €€

1, Allée Georges Roux - **COUIZA** ✆ 04 68 74 23 50
www.chateau-des-ducs.com
Ouvert de mi mai à début novembre.34 chambre de 1 à 5 pers. Animaux acceptés. Réceptions. Wifi gratuit. Pas d'ascenseur.

Ce château fortifié du XVIe siècle, dans un parc aménagé, est classé Monument historique. Vous effleurerez la pierre authentique, les étoffes épaisses et le bois massif, l'ensemble offrant une parfaite harmonie. Rassurez-vous, ici on vit avec son temps et les chambres offrent tout le confort actuel. Vous apprécierez la piscine chauffée et côté restaurant, Paul Guilhem vous concocte une cuisine inventive, subtil mélange de modernité et de tradition à base de produits frais, de saison.

AUBERGE DE PANTOUQUET €€

Route de Lacombe - **FONTIERS-CABARDÈS**
✆ 04 68 26 64 87
www.pour-les-vacances.com/site-4776
Basse saison : du vendredi au dimanche. Juillet-août : 7/7 Grillades à partir de 17€ Réservation impérative.

C'est au cœur de la Montagne Noire que se cache l'Auberge de Pantouquet. Véritable oasis de verdure au milieu des arbres centenaires où évoluent canards, oies et mêmes des ânes pour le plus grand plaisir des enfants. Domi, à la grillade vous proposera de belles pièces de viande, alors, notre cœur balance entre une belle côte à l'os ou les écrevisses flambées au pastis. Tout est délicieux jusqu'aux desserts avec l'incontournable baba au rhum. Repas en terrasse au bord de l'étang ou dans la salle à l'ambiance chalet montagnard. Excellent accueil de Sylvie.

CABANES PERCHÉES DES FUMADES €€

FOURNES-CABARDÈS
http://cabanes-des-fumades.e-monsite.com
De 80 € à 140 € selon cabane et saison avec les petits déjeuners. Panier trappeur : 15 €. Panier gourmand : 25 €.

En pays cathare, au cœur de la Montagne noire, vous avez le choix entre deux magnifiques cabanes perchées dans les bois avec leur grande terrasse : la cabane écureuil ou la cabane chevreuil. Votre cabane, vaste et confortable, est déployée sur 20 m² et votre terrasse sur 22 m². Venez en famille, les enfants adoreront ! Votre petit déjeuner est posé dans le panier en bas, vous n'avez qu'à le remonter avec la poulie. Pour une robinsonnade en famille.

LES BATEAUX ÉLECTRIQUES GRUISSANAIS

Quai du Ponant - **GRUISSAN** ✆ 07 68 95 31 79
www.bateaux-electriques-gruissanais.fr
De avril à fin septembre. Bateau 5 places : de 35€ (1h) à 80€ (3h). Bateau 7 places de 40€ (1h) à 95€ (3h).

Les petits bateaux électriques de Nick et Marie font l'unanimité ! En famille ou entre amis, embarquez sur ces jolies embarcations de 5 à 7 places tout confort, silencieuses, et c'est parti pour l'aventure dans le vaste avant-port de Gruissan. Jetez l'ancre pour pique-niquer, pour profiter d'une baignade... à moins qu'une partie de pêche vous tente davantage. Vous découvrirez Gruissan sous un autre angle et des paysages magnifiques, effet «waouh» garanti ! Conseil : pensez à réserver.

CABANES DES PLAGES €€

Avenue des Courlis
GRUISSAN
✆ 04 68 32 23 48
Ouvert toute l'année. CB non acceptée. Jeux pour enfants.

La plage des chalets est un lieu très touristique, réaménagée dans les années 1990 et rendue célèbre par le film de Jean-Jacques Beineix, *37.2° le matin*. Le chalet de Peter et Rita est joliment rénové avec 4 meublés au premier étage et un grand appartement au rez-de-chaussée. Les cuisines sont neuves et la literie confortable. La mer est visible du balcon. Parasol, glacière et natte vous sont prêtés. Le couple possède un magnifique voilier à bord duquel vous pouvez passer une journée (pique-nique inclus) le long du littoral, sur réservation.

LES ILOTS DE GRUISSAN €€

Quai cap au large - **GRUISSAN** ✆ 06 13 08 32 51
www.allianceplaisance.com
De mars à novembre. Tarif : 90 € à 195 €. 35 LodgeBoats de 2 à 4 pers. Différentes Formules repas proposées sur commande

Vous rêvez de vivre l'expérience unique de pouvoir contempler un lever de soleil sur la mer depuis votre lit, c'est ce que propose les LodgeBoats. Ces hébergements flottants amarrés au port de Gruissan sont pensés comme un carré de bateau et dotés d'une ou deux chambres selon le modèle, d'un salon avec coin cuisine, d'une salle d'eau avec douche et d'une grande terrasse aménagée. Un service hôtelier est proposé à bord avec par exemple, un plateau de fruits de mer et champagne ou le champion de France de barbecue qui vient cuisiner rien que pour vous ! On adore !

CHÂTEAU DE PEYREPERTUSE ★★★

Le Château - **DUILHAC-SOUS-PEYREPERTUSE**
✆ 04 30 37 00 77
www.chateau-peyrepertuse.com
Ouvert toute l'année, tous les jours sauf le 24, 25 et 31 décembre. Gratuit jusqu'à 5 ans. Adulte : 7 €. Enfant : 4 €.

Peyrepertuse est le nom du rocher sur lequel siège la forteresse et signifie «pierre percée». Suspendu à 800 m au-dessus du vide – d'où la vue imprenable sur les Corbières et les Fenouillèdes jusqu'à la mer – avec ses 1,2 km de rempart, c'est le plus étendu des « fils de Carcassonne ». Les premières mentions de ce château remontent à 1070. La forteresse a peu souffert de la Croisade contre les Albigeois et ne connut pas de grande bataille. La citadelle de ce château gigogne se compose de trois parties qui superposent trois constructions des XIe et XIIIe siècles : l'enceinte basse, de forme triangulaire est protégée au nord par une muraille de 120 m (le vieux donjon et logis), l'enceinte médiane abrite un ensemble de ruines, parmi lesquelles celles d'un énorme bâtiment polygonal et au sommet, le donjon Saint-Jordi qui offre de fascinantes salles médiévales dont les meurtrières sont orientées suivant le lever du soleil au solstice d'été. On y accède par l'escalier Saint-Louis construit sur ordre de Louis IX en 1250). Peyrepertuse est l'exemple le plus abouti et le mieux conservé d'architecture médiévale en Languedoc. Sur les hauteurs, au loin, il est possible d'apercevoir le château de Quéribus, un autre modèle d'architecture royale, mais aussi de profiter de la vue, du calme et de la beauté de la nature. En période estivale, des animations ont lieu dans l'enceinte du château (Fête médiévale, spectacle de fauconnerie, festival 811 « musique et performance artistique ». Plus d'infos sur le site internet www.peyrepertuse.com.

Château de Peyrerpetuse.

PIERRE BIAU, BRONZIER D'ART

C'est un aristocrate de l'artisanat d'art en ce sens qu'il maitrise et exerce le métier rare de bronzier, spécialiste du travail sur bronze. Installé à Carcassonne, Pierre Biau vous ouvre son atelier et son show-room, sur rendez-vous, afin de vous dévoiler les techniques propres à ce métier particulier et vous présenter la variété des objets et des pièces qu'il est amené à réaliser dans les domaines des luminaires, de l'ameublement, de la statuaire de l'orfèvrerie ou encore de l'art liturgique. Ancien élève de l'Ecole Boulle de Paris, ce maître-artisan Bronzier d'Art qui a suivi une formation de trois années en tournage d'art sur bronze, maitrise également l'ébénisterie et la marqueterie. S'il peut aujourd'hui aussi bien intervenir sur le bois que sur le métal, ce qu'il préfère c'est le travail du bronze fondu. Artisan reconnu, Pierre Biau se fait un devoir de répondre aux demandes les plus pointues émanant d'une clientèle variée. Il peut aussi bien restaurer un objet de culte liturgique que créer des objets de luxe en bois et métal visant toujours la perfection.

Il fait devant vous démonstration de ciselure sur bronze au boulet, de tournage sur bronze à la volée, de polissage de pièces. Explicatif des autres techniques propres au métier. Il vous présente des pièces en cours de fabrication, de restauration ou de création et explicite le processus de création d'une pièce en bronze coulé ou en orfèvrerie à travers différents exemples. 44 rue Barbacane - 04 68 71 60 60 - www.pierbiau.com

© PIERRE BIAU

CIMETIÈRE MARIN ET CHAPELLE NOTRE-DAME-DES-AUZILS ★

Massif de la Clape - **GRUISSAN**
✆ 04 68 49 09 00
www.gruissan-mediterranee.com

Ouverture à partir de Pâques, du mercredi au dimanche. Nouveau : une visite guidée en juillet et août les mercredis

Sur les hauteurs du massif de la Clape, Notre-Dame-des-Auzils, dont le nom signifie « Aide » en latin et « Chêne Vert » en occitan, s'élève fièrement au-dessus de la mer. Célèbre lieu de pèlerinage, cette chapelle votive était une halte sur le chemin qui allait de Narbonne à Fleury. Ne soyez pas surpris de trouver des tombes vides sur le chemin qui y monte. En effet vingt-six cénotaphes rendent hommage à des marins disparus en mer partout dans le monde. C'est pourquoi ce chemin pentu et escarpé a été baptisé « Allée des Naufragés » par Paul Valéry. A mi-parcours, prenez le temps de visiter le jardin d'agrément du dernier ermite, Michel Cyprien, et sa maisonnette en pierre à l'ombre des pins, tout près de la source. Il est de tradition depuis le XVIIIe siècle que les pêcheurs et leurs familles s'y rendent en pèlerinage à Pâques et à la Pentecôte. Suite à une violente tempête qui engloutit trois bateaux de pêche et leur équipage, la chapelle fut ensuite consacrée à la Vierge protectrice des marins affligés. D'ailleurs, la chapelle rurale dégage une atmosphère tout à fait singulière avec ses nombreux ex-voto peints. Vous remarquerez que certains sont peints en trompe-l'œil car ils furent volés une nuit de juillet 1967. Une fois sur les hauteurs rocailleuses, admirez ce panorama d'exception : Saint-Pierre, Narbonne-Plage, Port-la-Nouvelle, Gruissan ou encore la garrigue, les vignes, l'étang et la mer... Véritable havre de paix, où il est agréable de se promener en toute quiétude.

LE BLEU €€

19, avenue de la Mediterranee - **LA FRANQUI**
✆ 07 81 00 81 45
www.lebleucafe.fr

Ouvert tous les jours. Service non stop. Formule : 26 € à 29,50 €. Concerts et soirées DJ : voir leur page Facebook.

Le Bleu, c'est un concept store alliant une boutique de mode, une seconde pour les funboarders et kitesurfers et aussi un club de voile, planche, paddle, etc. Pour le restaurant, que vous soyez en salle ou en terrasse, vous ferez face à la plage, le spectacle est garanti. Au menu, Zinou et son équipe ne vous proposeront que des produits frais de qualité subtilement travaillés : ceviche de gambas sauvages aux agrumes, salade thaïe aux gambas, daurade royale au four, côte de bœuf et potatoes maison... Tout ici est un délice, accueil compris. Le *Petit Futé* est fan !

LE SALIN DE GRUISSAN ★★

Le Salin de Gruissan - **GRUISSAN**
✆ 04 82 53 10 61
www.lesalindegruissan.fr/visite-guidee_11.html
Horaires variables selon les saison, se référer au site internet. Adulte : 8,90 €. Enfant (de 8 à 13 ans) : 6,90 €.

Dans un environnement protégé par une digue de 1,5 km de long, les salins s'étendent sur une superficie de 350 hectares environ. Vous y découvrirez le métier des maîtres sauniers et l'importance de l'activité du sel sur ce littoral audois. Créée en 1911, elle fut exploitée jusqu'en 2005 par la société des Salins du Midi, aujourd'hui c'est une SEM qui fait revivre le site en misant sur le côté artisanal de la production. La visite guidée d'une durée 1h20 environ vous mène sur un parcours pédestre au cœur des salins, elle vous révélera toutes les différentes phases de production : mouvement des eaux, concentration, cristallisation. Mention spéciale pour notre guide Emmeline, ce fut un régal de l'écouter ! Petites astuces : en juin vous aurez sûrement la chance de croiser des avocettes et de mi-août à fin septembre (en fonction de la météo) vous pourrez assister au ramassage du sel. L'écomusée en accès libre, vous invite à remonter le temps, par le biais d'un film, de photos et d'exposition d'outils ; vous revivrez la récolte du sel de 1900 à nos jours. La spacieuse boutique vous permettra de vous procurer du sel sous toutes ses formes : fleur de sel, sel aromatisé, sel brut... ainsi qu'une large gamme de produits du terroir. Sur le site vous trouverez également de quoi vous restaurer ou déguster des huîtres locales, mais aussi un bar qui propose de nombreux concerts pour les chaudes soirées d'été. La fête du Sel début juillet, un événement à vivre si vous avez la chance d'être dans la région.

TROTT'UP

Route de l'Ayrolles - **GRUISSAN**
✆ 07 68 50 95 07
www.trottup.com
Toute l'année, de 9h à 19h, sur réservation. Promenade guidée d'1h15 : 29€/personne. Location : à partir de 15€/30 min.

A l'heure où la trottinette fait fureur dans les grandes villes, celles de Jérôme Serny nous font littéralement craquer ! On ne parle pas ici de trottinettes urbaines classiques, mais de trottinettes tout terrain montées sur des grandes roues pour plus de stabilité, avec amortisseurs, freins à disques et propulsées par un moteur électrique. Les sensations sont garanties et cette activité est accessible à tous (à partir de 12 ans) ! Jérôme et Max en parfaits ambassadeurs du Grand Narbonnais connaissent le secteur comme leur poche. Ils vous emmèneront à la découverte de la Clape, des vignobles, l'île Saint-Martin, les fouilles romaines, en passant par des sentiers en forêt et vous offriront une vue panoramique sur le vieux Gruissan, c'est la randonnée panoramique et patrimoine, d'une durée de 1h30, avec départs à 11h et 14h. Une autre balade en partenariat avec le château L'Hospitalet vous propose de découvrir le plus grand domaine viticole d'Occitanie, sur un site de 1 000 hectares de pinède, vignes et garrigue. Cette balade ludique d'une heure, dans un lieu unique, part du château tous les samedis, à 10h. Une visite du caveau et une dégustation vous seront offertes par le château à l'issue de la balade. Les balades sont encadrées par des professionnels diplômés d'Etat et vous serez équipés comme il se doit pour profiter en toute sécurité. Pensez à bien vous chausser, les tongs sont proscrites ! Trott'up, une activité fun, ludique et culturelle et écologique. Départ au salin de Gruissan et sur la nouvelle base à Port Leucate

VIGLAMO GLAMPING €€€

Chemin des Coussoules - **LA FRANQUI**
✆ 04 68 45 74 93
www.viglamo.com
Ouvert d'avril à octobre. 2 nuits de 140€ à 680€ (selon période). Semaine : 490 € à 3190 €. Piscine. Restaurant. Bar.

Connaissez-vous le Glamping ? C'est le camping-glamour, un camping où règnent luxe et calme. Le Viglamo est situé sur la magnifique plage sauvage des Coussoules à la Franqui. Tout y a été pensé pour que vous passiez des vacances inoubliables, accès direct à la plage, spa, massages, jacuzzi, piscine chauffée, salle de fitness, restaurant et bar lounge sur la plage, animations pour les enfants, animation douce pour les adultes et sans voiture pour plus de zénitude. Vous séjournerez en écolodges ou dans les majestueux majestic-lodges dans une ambiance bohème chic.

© SASHA64F - SHUTTERSTOCK.COM

Le Salin de Gruissan.

PÉNICHE EPICIÈRE TAMATA

Allée de la Glacière
LE SOMAIL
✆ 06 69 53 67 18
Ouvert tous les jours et les jours fériés de 7h à 21h. Ouvert d'avril à octobre.

Changement de propriétaire en 2019 pour la péniche épicière. Cette belle hollandaise verte et jaune de 24 m de long, à coque noire date de 1927 et fait partie du paysage du Somail. On y déniche pain, viennoiseries, produits d'épicerie de base, vins, mais aussi des spécialités régionales : miel, fromages, gâteaux, friandises, paniers, cartes postales, épicerie fine locale... Les plaisanciers qui font escale au port du Somail dès les beaux jours apprécient. Venez découvrir l'épicerie flottante et, pour le petit-déjeuner, quelques tables sur la berge vous attendent.

LE TROUVE TOUT DU LIVRE

28, allée de la Glacière - **LE SOMAIL**
✆ 04 68 46 21 64
www.le-trouve-tout-du-livre.fr/
Fermé du 15 au 30 novembre. Fermé 25 décembre et 1er janvier. Ouvert de 9h à 12h et de 14h30 à 18h30.

Raymond Gourgues avait un rêve : ouvrir une librairie de livres anciens, vœux exaucé en 1980 dans le joli hameau du Somail, en bordure du Canal du Midi. Aujourd'hui, sa petite fille, Nelly est la gardienne du trésor : plus de 50 000 ouvrages, revues anciennes, éditions originales et beaux ouvrages sur le Canal du Midi, livres rares, livres beaux arts, bandes dessinées... Soit 1 000 m² sur 2 niveaux, avec grande mezzanine, étagères de 6 m de haut et vitrines. On aime le coin pour les enfants et l'espace pour les livres de poche avec des romans du terroir.

L'ECOLE DU VIN DU SIEUR D'ARQUES

Avenue de Carcassonne - **LIMOUX**
✆ 04 68 74 63 46
www.sieurdarques.com
Visite guidée musée, galeries de vieillissement en barrique (17 m sous terre, dégustation commentée. 10 € par personne.

La cave vous ouvre ses portes pour une visite et une dégustation. Vous découvrez le secret de la Première Bulle du monde et le fonctionnement de la cave coopérative, le travail de la vigne, les vendanges et la vinification. Depuis 1531, les vins de Limoux développent de fines bulles lors d'une deuxième fermentation en bouteille. Depuis 1946, les vignerons locaux et les équipes de la cave Sieur d'Arques font évoluer les vins de Limoux remarquablement. Visite libre du musée vigneron.

PÉNICHE D'HÔTES KAPADOKYA €€

Canal du Midi - **MAS-STES-PUELLES**
✆ 06 86 95 71 36
www.enpeniche.com
Cabine Toulouse : 70 € la nuit pour deux avec petit déjeuner. Cabine Sète 80 €. Cassoulet sur le pont : 32 €. Wifi.

Cette péniche traditionnelle propose deux coquettes chambres doubles, un living lumineux, deux terrasses et un espace repas extérieur. Une kitchenette permet de réchauffer des plats. Le propriétaire peut vous convoyer jusqu'à un restaurant alentour et la table d'hôtes vous accueille pour des menus régionaux ou exotiques selon l'humeur de la cuisinière. Chauffage central, poêle à bois et climatisation assurent votre confort. Et pourquoi pas une virée en vélo le long du canal ?

AUDE À LA CABANE €€

Fontalès - **MONTRÉAL**
✆ 06 15 40 26 23
audealacabane.com
De 140 à 160 €/nuit, de 670 à 920 €/semaine, selon cabane et saison, pour 2, avec petit déjeuner. Panier repas 18/28 €.

Alexandra et Cédric vous proposent de dormir dans l'une de leurs 2 cabanes en bois perchées dans les arbres, au cœur d'un domaine agricole de 3 ha. La déco de la cabane Lilou arbore une déco vigneronne : pied de table et porte-manteau faits de souches, fenêtre en forme de feuille de vigne, escalier en lattes de tonneaux. La cabane Ellia, la plus spacieuse, ravira les enfants avec son univers fantaisiste. Les deux sont très confortables. On aime le gel douche et le shampoing au lait d'ânesse et le petit déjeuner de produits labellisés « Pays cathares® ».

BISTROT LA NAUTIQUE €€

12, rue des Nauticards - **NARBONNE**
✆ 04 68 91 53 73
http://lanautiquenarbonne.com
Basse saison : ouvert du mercredi au dimanche le midi et le soir. Haute saison : tous les jours. Carte : 28 € environ

Le Bistrot La Nautique a une vue magnifique sur Bages et son étang. La terrasse est aménagée dans un esprit guinguette et la salle subtilement décorée et meublée de mobilier vintage et d'objets d'un autre temps. Carole Peyrichou nous régale de sa cuisine de saison et de bons petits plats : ceviche de pêche locale, chorizo ibérique grillé, ragoût de seiches sur base de cranquette ou encore pavé de thon de Méditerranée grillé et ses légumes du soleil. On aime suivre les conseils avisés de la sommelière parmi une sélection de vins de la région. Une belle adresse !

LIMOUX, LE CARNAVAL LE PLUS LONG AU MONDE

Depuis 400 ans, en hiver c'est Carnaval à Limoux ! Si la tradition veut que le carnaval se déroule entre Noël et la Semaine Sainte, celui de Limoux fait durer le plaisir en se déployant de décembre à avril. Chaque fin de semaine, trois bandes dansent au rythme de la musique traditionnelle de Limoux, sous les arcades médiévales, autour de la Place de la République. Le carnaval de Limoux est considéré comme étant le plus long du monde. L'ambiance y est forcément conviviale et la part belle est faite aux produit régionaux.

A l'origine, les meuniers célébraient la remise de leurs redevances au monastère de Prouille le jour du Mardi gras. Accompagnés par des ménétriers, ils parcouraient la ville en lançant des dragées et de la farine. Il s'agissait de faire claquer son fouet et de danser la farandole en jouant du hautbois et des tambours. On dit que la danse du Carnaval de Limoux s'inspire de la gestuelle du vigneron qui, pressant sa récolte à pied pour en récupérer le jus, lève les bras et soulève ses pieds l'un après l'autre. Depuis 2012, le Carnaval de Limoux est inscrit à l'Inventaire du patrimoine culturel immatériel français. Venez vous joindre à la foule en effervescence, venez voir les Pierrots majestueux. Carabènes et confettis virevoltent au-dessus des têtes. Un goudil déjanté, caché derrière son masque, vous invite à entrer dans la danse. La fête s'annonce pour durer toute la soirée et même toute la nuit…

Carnaval de Limoux.

© ANDREW FELIX SHEARS - SHUTTERSTOCK.COM

ABBAYE DE FONTFROIDE ✞ ★★★★

Route Départementale - **NARBONNE**
✆ 04 68 45 11 08
www.fontfroide.com

Ouvert toute l'année. Visite en autonomie, guidée, jeu de piste. Adulte à partir de 12,50 €. 6-17 ans à partir de 8€

A 15 minutes de Narbonne, nichée au cœur du Parc Naturel Régional de la Narbonnaise, découvrez l'abbaye de Fontfroide, un trésor du Moyen-âge. Fondée en 1093, Fontfroide se rattache en 1145 à l'Ordre de Cîteaux et devient une des plus puissantes abbayes cisterciennes de la Chrétienté. Elle joue un rôle crucial lors de la croisade contre les Cathares avant de connaître un long déclin. L'ensemble monastique est magnifiquement conservé, avec son cloître et sa salle capitulaire du XIIe siècle, une somptueuse église abbatiale et ses vitraux modernes, les bâtiments des frères convers et les aménagements des XVIIe et XVIIIe siècles. En 1908, Gustave et Madeleine Fayet rachètent l'abbaye et entament un vaste chantier de restauration et de décoration. Aujourd'hui encore, leurs descendants poursuivent avec la même passion l'entretien de l'ensemble monastique. De vastes jardins en terrasses ont été implantés à Fontfroide au XVIIe siècle. Entièrement restaurés, ces jardins sont aujourd'hui classés « Jardin remarquable » et « Refuge LPO ». L'abbaye de Fontfroide se visite en autonomie avec un dépliant ou une tablette numérique (parcours adulte et enfant), ou accompagné d'un guide conférencier. Une chasse au trésor permet aux grands et petits aventuriers de découvrir le site tout en s'amusant. Concerts, expositions, résidences artistiques, nocturnes et autres animations rythment la vie de Fontfroide tout au long de l'année, un agenda complet à découvrir sur fontfroide.com.

LE CANAL DE LA ROBINE ★★

NARBONNE

Cette entrée de voie d'eau de 32 km en cœur de ville donne à Narbonne toute son identité, coupée en deux quartiers par la Robine : Bourg au sud et Cité au nord. Ce canal inscrit au patrimoine mondial de l'Unesco relie le Canal du Midi à la Méditerranée et permet d'appréhender la ville autrement : en longeant ses berges aménagées à pied, à vélo, ou à bord de petits bateaux électriques en location. Le Pont des Marchands a des airs de «Ponte Vecchio » à Florence : pont piétonnier bordé de boutiques, reliant les deux quartiers de la ville.

MUSÉE NARBO VIA ★

2, avenue André Mècle - NARBONNE
✆ 04 68 90 28 90
www.narbovia.fr

Ouvert toute l'année sauf les lundis. De mai à septembre : 10h-19h ; d'octobre à avril : 11h-18h. +26 ans : 8 €, tarifs réduits.

Lieu de compréhension incontournable de l'Antiquité romaine et des enjeux de la recherche archéologique, riche d'une collection de plus de 7 000 pièces, Narbo Via rend ses lettres de noblesse à la capitale de la province de la Narbonnaise, Narbo Martius, dont il ne reste paradoxalement aujourd'hui presque aucune trace visible. Sur 2 600 m², le parcours présente, avec plus de 580 pièces, la cité de Narbo Martius sous l'Empire romain : organisation sociétale, urbanisme et architecture (vestiges monumentaux et décors fastueux des maisons du Clos de la Lombarde, plus belle collection de peintures gallo-romaines hors d'Italie) ; vie économique et portuaire, avec en filigrane un état des lieux des recherches et des fouilles en cours sur le territoire. De nombreux dispositifs de médiation, avec notamment des restitutions en trois dimensions du port antique, sont autant d'occasions de piquer la curiosité des visiteurs. Narbo Via est un projet scientifique et culturel ambitieux : doté d'un auditorium de près de 200 places, d'une librairie-boutique, d'espaces de recherche, de jardins pouvant accueillir des spectacles de plein air, ce lieu constitue un véritable lieu de vie et de rencontres ouvert à tous. Bien plus qu'un musée, Narbo Via est un établissement public de coopération culturelle (EPCC) qui regroupe en son sein deux autres entités : les galeries souterraines de l'Horreum, et le site-musée des potiers gallo-romains Amphoralis, à Sallèles-d'Aude. Pensez à réserver sur le site Internet du musée.

CHEZ BEBELLE €

1, boulevard Docteur-Ferroul - **NARBONNE**
✆ 06 85 40 09 01
www.chez-bebelle.fr

Du mardi au dimanche le midi. Ouverture du bar de 8h30 à 14h. Carte : 18 € environ. CB non acceptée.

Gilles Belzons, ancien capitaine du RCNM possède l'un des bars-restos les plus célèbres de la ville. Ambiance marché, rugby, bon enfant, purement narbonnaise ! Lorsqu'on passe commande, on est toujours surpris et amusé de voir Gilles commander au mégaphone sa viande à l'étal d'à côté. La viande (emballée) vole au-dessus de votre tête ! L'ex-troisième ligne rattrape le paquet, puis le fait passer au poste « plancha ». C'est « folklorique », convivial, bruyant, atypique et gourmand. Accompagnement : frites, salades, pan con tomate. À ne pas manquer !

GABARE LE SOLAL

Cours de la République
NARBONNE
✆ 06 79 55 93 43

D'avril à octobre. Horaires variables selon saison et météo. Adultes 10€, enfants 6€, famille 2 adultes et 2 enfants 30€

Découvrez le canal de la Robine à bord d'une gabare en bois, bateau traditionnel de transport de marchandise. Durant 1h de balade commentée au fil de l'eau, vous deviendrez incollable sur l'histoire de ce canal classé au patrimoine mondial de l'Humanité par l'Unesco. A noter, vous aurez la chance de passer une écluse... sans avoir à vous soucier des manœuvres ! L'embarquement se fait depuis les berges du canal, au niveau des promenades des Barques en centre-ville de Narbonne, proche de la passerelle. Groupes acceptés sur réservation.

CAMPING LA FALAISE - TOHAPI €€

8, avenue des Vacances - **NARBONNE-PLAGE**
✆ 04 30 05 29 85
www.camping-falaise-narbonne.fr

De début avril à fin septembre. Réservation impérative. Accueil jusqu'à 19h. 393 emplacements.

Ici, les enfants sont rois : espace aquatique avec toboggan, bassin et jeux, club enfant et aire de jeux en bois. Les adultes ne sont pas oubliés avec un espace bien-être : bain à bulles, sauna, hammam et massages. Tout est fait pour que vous profitiez de vos vacances ! La Falaise est un camping Tohapi 4 étoiles à 300 m de la plage facilement accessible à pied. Accueil fort sympathique, familial, paisible, ombre, emplacements spacieux, mobil-homes récents, tentes écoluxe toutes neuves.

LES VISITES ÉPIQUES ★

8, rue de la Mayral - **NARBONNE**
✆ 06 16 65 65 65
www.lesvisitesepiques.fr

Juillet et Août uniquement. Tarifs et horaires variables en fonction des visites

Envie de découvrir l'Histoire de la région de manière ludique et drôle avec des guides en costumes d'époque ? Alexandre et Jason, guides diplômés et comédiens, vous font visiter les sites emblématiques de l'Aude lors de visites théâtralisées exceptionnelles. Les deux compères ne sont pas avares en anecdotes sur les grands personnages de l'Histoire mais aussi sur les tragédies du Pays Cathare. Durant 1h30, laissez-vous guider par ces joyeux lurons empreints d'humour et de pédagogie. N'hésitez pas à les appeler ou à consulter leur site Web et réservez vos places.

H2O CHAMBRES D'HÔTES €€

11, rue de l'étang - **PEYRIAC-DE-MER**
✆ 06 60 92 54 66
www.h2o-bnb.com

Ouvert de mi-février à mi novembre. 5 Chambres à partir de 75 €. Petit déjeuner inclus. Piscine. Jeux de société.

Situé à deux pas de la place du village et de l'étang, H2O est l'endroit idéal pour se ressourcer, prendre le temps tout en profitant des nombreux attraits du village. Les cinq chambres, aux noms chantants offrent de belles prestations, une décoration soignée et de bon goût et des salles d'eau avec douche à l'italienne. Le coin piscine avec sa girafe multicolore invite au farniente et à la détente. Petit-déjeuner (bio) copieux agrémenté de pâtisseries maison, parfait avant de partir randonner. Excellent accueil de Madeleine et Laurent, les nouveaux propriétaires.

VOILIER LIMNOREIA

1, quai Eric-Tabarly - **PORT-LEUCATE**
✆ 06 20 60 43 72
www.limnoreia.com

Sorties en mer du 1er juin au 30 septembre. Plusieurs sorties et durées sont proposées. CB non acceptée.

C'est à bord d'une superbe goélette de 1929 que vous pouvez embarquer afin de découvrir la côte audoise et vous prendre pour un vrai loup de mer. En journée ou au soleil couchant, vous allez donc, toutes voiles dehors, faire une balade en mer exceptionnelle. Selon les périodes, il est possible de voir des dauphins mais aussi des poissons-lune. Eric vous parlera avec plaisir de sa passion pour la mer et vous pourrez hisser les voiles avec lui. Alors curieux et amateurs de sensations, embarquez ! C'est l'idéal pour une escapade en amoureux, en famille ou entre amis.

CHÂTEAU DE LASTOURS

PORTEL-DES-CORBIÈRES ✆ 04 68 48 64 74
www.chateaudelastours.com

Basse saison : ouvert du lundi au samedi de 10h à 12h30 et de 13h30 à 17h30. Haute saison : tous les jours de 10h à 19h.

Cent hectares de vignoble en terrasses qui poussent au milieu de plus de 600 hectares de collines escarpées et de canyons profonds, bienvenue au Château Lastours au cœur du massif des Corbières. Lastours s'est engagé dans une démarche de conversion en agriculture biologique. Le chai de 1400 m² a été conçu dans une logique éco-énergétique.

À voir le superbe chai à barrique puis, place à la dégustation au caveau où sont proposés des produits de terroir locaux. Le domaine est aussi réputé pour ses 90 km de pistes et ses activités tout-terrain.

TERRA VINEA ★★

15, chemin des Plâtrières - **PORTEL-DES-CORBIÈRES** ✆ 04 68 45 87 68

www.terra-vinea.com

Ouvert du 01/02 au 30/12 (sauf 24 et 25/12). Gratuit -4 ans. Adulte : 12,90€. Restaurant «Le Grenache». Boutique.

Ce voyage d'exception à 80 mètres sous le massif des Corbières, vous emmène à bord d'un petit train sur 800 mètres de galeries ! Suivez le guide et pénétrez dans cet univers magique où différentes scènes ont été reconstituées, de l'époque gallo-romaine au Moyen Âge. La cathédrale souterraine, aux volumes impressionnants, offre un majestueux spectacle son et lumière. Le dernier tableau expose notamment l'atelier d'un artisan tonnelier. La visite se termine par une dégustation de vins et un passage par la boutique de produits locaux à ne pas manquer !

DOMAINE DE LA VITARELLE €€

Route de Cuxac-Cabardès - **VILLANIÈRE**

✆ 06 16 04 83 85

www.camping-lavitarelle.fr

De mi-avril à mi-octobre. Terrain de 15 ha. CB non acceptée. Animaux acceptés.

C'est un domaine de glamping dans un environnement naturel de 10 ha abritant des hébergements insolites. Vous avez le choix entre 16 Safari Lodges, 8 Cabanes de Trappeur et 2 Luxury Lodges sous les cèdres, équipées d'une salle de bain privative, d'un coin cuisine et d'une décoration soignée. Vous dormez sous les étoiles avec tout le confort d'un hôtel ! Sur place vous profiterez de la grande piscine, du terrain de pétanque, de sentiers de randonnée et d'espaces conviviaux autour du bar/épicerie du domaine proposant une sélection de vins nature et produits locaux.

DOMAINE DE CAMPRAS €

16, rue des Pyrenees - **SAISSAC**

✆ 04 68 78 48 20

www.domainedecampras.fr

Ouvert toute l'année, 4 chambres, une roulotte, la cabane du trappeur et un loft. SPA. Chambre double 59 € Pdj inclus.

C'est dans un vrai paradis que Fred vous accueille. Vous aurez l'embarras du choix entre 4 jolies chambres en rez-de-chaussée de la maison avec accès indépendant et terrasse privative, l'étonnante roulotte, le chalet bâti en bois du pays, ou le nouveau loft avec sa vue panoramique sur les Pyrénées et la Cité de Carcassonne. Les enfants seront ravis de rencontrer canards, poules, Idéfix et Igloo les deux poulains. Le petit déjeuner est 100 % maison, avec jus de fruits, pâtisseries, confitures et pain tout juste sorti du four...un vrai coup de cœur.

LA MAISON DE LA TRUFFE D'OCCITANIE

32, avenue du Jeu-du-Mail

VILLENEUVE-MINERVOIS ✆ 04 68 72 35 47

www.maisondelatruffedulanguedoc.com

Ouvert toute l'année. Adulte 6,5 €, enfant 3,5 €. Visite interactive et projection. Parking voitures et autobus.

Depuis 2011, la Maison de la Truffe de l'Occitanie vous accueille à Villeneuve-Minervois, au cœur du Triangle du Diamant Noir. Au pays des grottes et des gouffres, c'est un bel espace de plus de 300 m² entièrement dédié à la truffe. Pas moins de cinq salles thématiques, bénéficiant d'équipements modernes, permettent aux visiteurs de découvrir ce trésor gastronomique de notre sous-sol. Circuit adapté pour les enfants avec une chasse aux trésors avec Trufette...

LES CABANES DANS LES BOIS €€

Domaine de Fourtou - **VILLALIER**

✆ 09 70 75 99 00

www.lescabanesdanslesbois.fr

Ouvert toute l'année. Cabanes de 2 à 7 personnes de 97 € à 277 €. Petit déjeuner : 11 €. Dîner panier : à partir de 20 €

Dans un vaste domaine préservé, vous attendent de superbes cabanes en bois, lovées au cœur de la forêt. Très confortables, spacieuses et meublées avec goût, dotées de belles terrasses, elles vous raviront. De nombreuses prestations vous attendent telles que les paniers-repas, les activités « nature », la grande piscine chauffée... Nul doute que cet hôtel le plus nature de la région, à seulement 10 min de la cité médiévale de Carcassonne, vous fera vivre une expérience inoubliable !

MOULIN À VENT BÉNAZETH

Route de Sallèles-Cabardès

VILLENEUVE-MINERVOIS ✆ 04 68 26 57 56

www.moulin-benazeth.fr

Gratuit - de 6 ans. Adulte : 9 €. Visite guidée. Boutique. Grand parking gratuit. Aire pique-nique. Animaux acceptés.

Qui n'a jamais rêvé aux moulins de Daudet ? A 15 min de Carcassonne, au milieu des vignobles du Minervois, découvrez le moulin de Villeneuve, exploité jusqu'en 1890, et bâti sur le lieu du Pech-Rouzaud pour compléter un moulin à eau existant. Tombé en décrépitude, F. Bénazeth, entreprit de le restaurer. Lors d'une visite guidée de 45 mn, vous pourrez admirer le superbe mécanisme en bois de chêne et de châtaignier, le meunier vous montrant la transformation du blé en farine jusqu'à sa mise en sac, en vente à la boutique. Un film de 25 min retrace sa rénovation.

© DIXMEN - ADOBE STOCK

RÉSERVE AFRICAINE SIGEAN ★★

19, chemin Hameau-du-Lac - **SIGEAN**
✆ 04 68 48 20 20
www.reserveafricainesigean.fr

Haute saison ouvert tous les jours et jours fériés de 9h à 18h30. Adulte : 32 €. Enfant de 4 à 14 ans : 23 €.

Depuis 45 ans, ce grand parc zoologique de 300 hectares, qui abrite plus de 3 800 animaux, vous accueille pour découvrir le monde de la faune sauvage ! Une partie de la visite s'effectue en voiture, puis le reste à pied ; vous observerez comment les animaux se nourrissent, élèvent leurs petits, communiquent entre eux, s'adaptent à leur environnement...Vous découvrirez ainsi plus de 140 espèces animales. Parcourez le safari voiture dans un minibus avec un guide du Parc. Astuce futée : acheter vos entrées sur Internet et économisez 1 € par personne.

AVEYRON

L'Aveyron impressionne par ses sites naturels : terres rouges et coulées de lave, causses et tourbières dessinent des paysages insolites. Cheminez dans les grottes et les canyons, suivez les gorges, découvrez les plateaux du Larzac ou de l'Aubrac. Visitez les châteaux et la route des seigneurs du Rouergue. Partez à la découverte des plus belles abbayes et des caves où s'affinent les fromages de roquefort doté d'une AOC depuis 1925 et dont le bleuissement provient de l'ajout de levure de *Penicillium roqueforti* issue du levain de seigle. Parmi les expériences originales citons : la visite du Musée du Scaphandre, la découverte du grand marché aux bestiaux de Laissac, la leçon d'histoire locale des bateliers du viaduc ou encore la fabrication d'un couteau Laguiole avec un coutelier. Ce territoire compte aussi son lot d'hébergements insolites dans les arbres, en roulottes, tipis, éco-camping, bulles sous les étoiles, glamping...

LES ÂNES DE MONÉDIÈS

Les Bréfinies - **ALMONT-LES-JUNIES**
✆ 05 65 43 19 51
http://monedies.fr

Des ânes pèlerins sur la voie du Puy ? Connaissant parfaitement le chemin de Compostelle pour l'avoir suivi de nombreuses fois, les ânes de Monédiès – basés dans l'Aveyron et se promenant régulièrement autour de la magnifique étape de Conques – vous aideront à parcourir la voie du Puy en portant vos bagages, voire les enfants, si vous partez en famille. La ferme des ânes de Monédiès organise pour vous des séjours de randonnée itinérante clef en main. La formule parfaite pour des itinérances originales, agréables et sans souci.

JARDINS DU CHÂTEAU DE BOURNAZEL

Rue Noire - **BOURNAZEL**
✆ 05 65 80 81 99
www.chateau-bournazel.fr/jardin
De début avril à fin octobre. Intérieur du château uniquement en visite guidée, jardin libre.

Les jardins ont été créés à la Renaissance par les commanditaires du château, Charlotte Mancip et son époux Jean de Buisson. Leur tracé géométrique reprend les proportions de la grande façade à serliennes de l'aile est. Ils se composent de deux espaces distincts. D'une part le verger, d'autre part le jardin clos limité par un grand mur de pierre qui abrite des parterres fleuris et taillés, un labyrinthe, des fontaines, une grande pièce d'eau et un jardin de chambres.

MUSÉE DE LA MINE ★

Allée du Musée
AUBIN
✆ 05 65 43 58 00
www.museedelamine-lucienmazars.fr
Entrée libre pour les particuliers. Entrée en groupe payante.

Sur les vestiges de la mine, le musée, créé en 1979, retrace l'histoire du bassin Aubin/Decazeville et des gueules noires. A partir d'archives, témoignages, photographies et documents – outils, documents – revivez la vie des mineurs. A travers les reconstitutions, revivez le coup de grisou – l'impressionnant accident qui endeuilla le bassin houiller – et l'univers emblématique de la région. Six petits films complètent la visite. A voir également, une très belle collection de lampes de mine ainsi que de plusieurs drapeaux et bannières corporatives.

CIRQUE DE BOZOULS

Rue du Trou
BOZOULS
www.tourisme-aveyron.com
Gratuit. Visite commantée en petit train en été.

Grand canyon en forme de fer à cheval, particularité géologique à laquelle Bozouls doit sa réputation, ce cirque naturel de 400 m de diamètre et de 100 m de profondeur a été creusé par le Dourdou dans le calcaire. Descendez dans le cirque par la rue de l'Hospitalet qui conduit jusqu'au vieux pont, les maisons nichées au pied de la paroi sont pour certaines d'anciens moulins à eau. Dans ce canyon, on croise une cascade, la source Gourg d'Enfer, et la grotte des Anglais. Un sentier botanique dévoile, à la belle saison, plus d'une centaine d'espèces végétales.

DESCENTE DES CARDELLES EN CANOË

La Salvanie
BROQUIÈS
✆ 05 65 99 44 76
Location de canoë. De mi-juin à mi-septembre. Canoe 2 places : 30 €.

Au cœur du Parc naturel régional des Grandes Causses, la base nautique Les Chemins de Traverse vous invite à défier les eaux tumultueuses du Tarn. Deux parcours sont proposés : la descente des Cardelles (7 km), et la descente de Connac (14 km). Le prix de location comprend un trajet en bus pour vous permettre de ne faire que la descente du cours d'eau. Ces itinéraires vous offrent les beaux paysages de la vallée du Tarn et une rencontre privilégiée avec la faune et la flore locale.

L'ESTIVAL €€

Peyre
COMPRÉGNAC
✆ 05 65 62 39 37
D'avril à octobre. Réservation recommandée. CB non acceptée.

Sûrement l'un des restaurants les plus pittoresques du département. Dans le charmant village de Peyre, vous déjeunerez, en saison, sur une terrasse avec une vue sur le Tarn et le viaduc de Millau. Ici, le chef vous concocte une cuisine du marché et du potager pleine de fraicheur et d'honnêteté. Tout est fait maison même le pain. Vous pourrez déguster une salade gourmande, un faux-filet d'Aubrac et ris d'agneau, une entrecôte avec sa garniture de légumes sautés et de frites avant de terminer par une délicieuse tarte aux figues.

© CYNOCLUB

Descente des Cardelles en canoë.

LA PETITE ROUL'HOTTE €

CALMONT
✆ 07 82 59 10 40
http://lapetiteroulhotte.com
Voir site Internet pour les emplacements. Ouvert du jeudi au dimanche le soir. Burgers dès 6,50 €. Formules dès 9 €.

Cette Petite Roul'hotte promène une certaine idée de la restauration rapide et du bien-manger en Aveyron, en proposant sa « street food dans la cambrouze ». Comprenez des burgers et des frites essentiellement. Mais pas n'importe comment ! Le pain est pétri tous les jours par un artisan boulanger, les steaks sont issus de viande française, les frites, sauces et desserts sont confectionnés quotidiennement par les deux pilotes de cette roulotte gastronomique. Inutile de vous préciser que le goût est au rendez-vous ! Et les clients fidèles !

ABBAYE SAINTE-FOY DE CONQUES

CONQUES-EN-ROUERGUE
✆ 05 65 69 85 12
Visite guidée de l'abbaye avec un frère 7 € par adulte.

Un sanctuaire de pèlerinage sur le chemin de Saint-Jacques-de-Compostelle. La fondation de cette abbaye remonte au VIIIe siècle, avec l'ermite Dadon. Sa prospérité est associée aux reliques de sainte Foy, mises à l'abri à Conques vers 866. L'abbaye devient dès lors une étape majeure sur le chemin de Compostelle au départ du Puy-en-Velay, la via Podensis. En 1873, les prémontrés de Saint-Michel de Frigolet répondent à l'appel de l'évêque de Rodez et redonnent vie au sanctuaire.

Extérieur du musée Soulages.

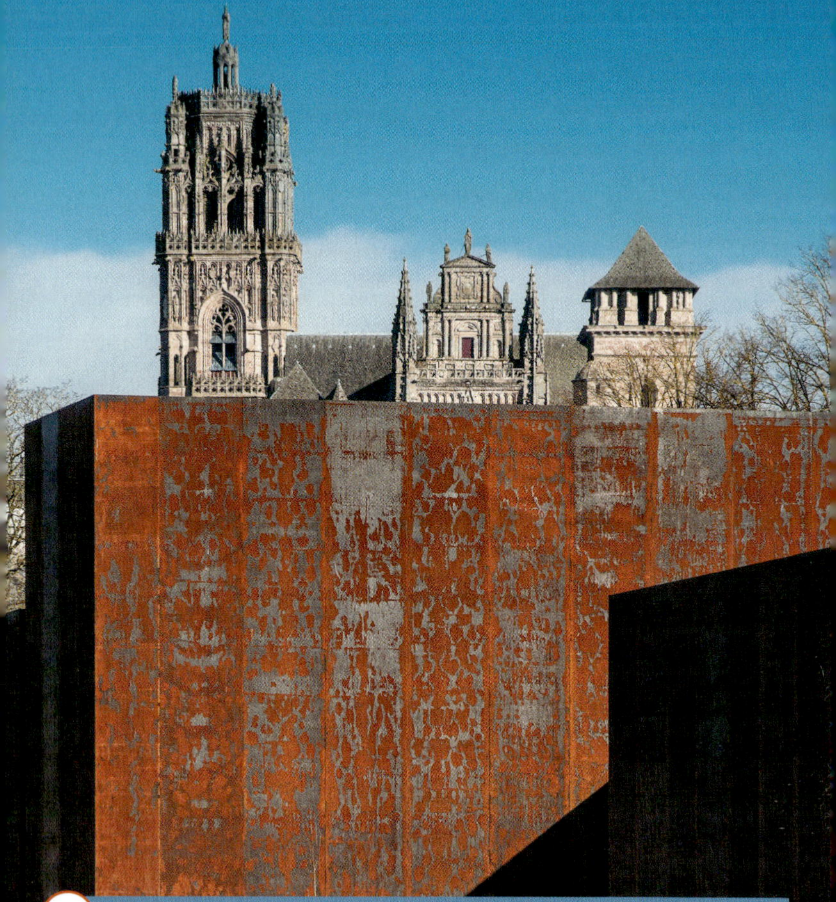

PIERRE SOULAGES, LE CENTENAIRE

En 2014, François Hollande le décrit comme « le plus grand artiste vivant dans le monde ». Né en 1919 à Rodez, Pierre Soulages, peintre et graveur est associé dès les années 1940 à l'art abstrait. Connu pour sa palette simplifiée et épurée jusqu'à l'utilisation exclusive du noir, il est l'un des principaux représentants de la peinture informelle. Son travail sur les reflets de la couleur noire, qu'il appelle « noir-lumière » ou « outrenoir » est tout à fait unique. Pierre Soulages a fêté ses 100 ans avec une rétrospective au Louvre. C'est le peintre français vivant le plus cher du monde. En 2019, une toile de Soulages s'est vendue, à Paris, au prix record de 9,6 millions d'euros à Paris. En 2014 était inauguré à Rodez le musée Soulages, le plus important qui lui soit consacré qui doit son existence à une première donation de 250 œuvres et autant de documents à sa ville natale, en 2005. En 2020, le maître de l'outrenoir annonce offrir au musée cinq peintures sur toile, marquant leur époque depuis 1949 jusqu'à la plus récente, une toile de 390x130 cm datant de mars 2019, et 17 peintures sur papier des années 1940-50 et un vase réalisé par la Manufacture de Sèvres, unique création céramique de l'artiste. À l'exception de la plus récente, quatre des cinq peintures sur toile étaient déjà en dépôt au Musée de Rodez, tout comme les peintures sur papier des années 1940-1950. Au soir de sa vie, l'un des artistes contemporains français les plus connus au monde n'a pas oublié sa ville natale.

LES CHAMBRES DE LUMIÈRE

21, rue de l'Église
CONQUES-EN-ROUERGUE
✆ 05 65 46 51 09
www.leschambresdelumiere.fr
De mi-avril à fin septembre. En octobre sur rendez-vous. Participation libre.

Lumineux et merveilleux ! Bastien Carré, artiste «lumigraphe», travaille la lumière. Il vous invite à découvrir ses «lumigraphies» dans un ancien couvent fondé en 1746 regroupant 4 maisons du XVe siècle communiquant entre elles, de configuration insolite. Immergés dans un dédale de pièces hétéroclites, les sculptures, mobiles et tableaux de leds du créateur offrent une surprenante échappée dans un monde de lumière et de poésie. Sculptures, tableaux et mobiles lumineux se dévoilent du mois d'avril au début du mois de novembre.

TAPISSERIE DE BASSE LISSE

La Vaysse
CONQUES-EN-ROUERGUE
✆ 05 65 72 85 60
Tous les jours de 10h à 19h, de préférence sur RDV.

Christel Laché exprime ses talents artistiques à travers la tapisserie contemporaine. Elle réalise des pièces très modernes en utilisant la technique ancienne de la basse lisse. Elle s'attache à faire découvrir cet art textile aux adultes – et aux ados – lors d'ateliers de découverte, organisés en stages individuels ou collectifs – c'est à la carte ! – qui ont lieu dans son atelier à 6 km au-dessus de Conques. Le résultat est à la fois esthétique et gratifiant.

VILLAGE DE GÎTES GRAND-VABRE NATURE €€

Les Passes - **CONQUES-EN-ROUERGUE**
✆ 05 65 72 85 67
www.grand-vabre.com
Ouvert de début avril à fin octobre. 20 gîtes pour 6 personnes de 420 € à 700 € la semaine. Chèque Vacances.

Dans une ambiance familiale, en pleine nature, ce village-vacances confortable vous accueille près de Conques, et vous propose de nombreuses activités. Vous pourrez profiter des cours d'aquagym en été, partir en randonnée pédestre ou à VTT (location sur place), faire une course d'orientation, descendre de Lot en canoë participer des tournois divers organisés par l'équipe, et vous amuser lors de soirées à thème... Ambiance familiale et très conviviale.

LES BATELIERS DU VIADUC

Place du 19-Mars
CREISSELS
✆ 05 65 59 12 41
www.bateliersduviaduc.com
Ouvert de début avril à fin septembre, tous les jours. Adulte 24 €, enfant - 16 ans 16,50 €, enfant - 9 ans 9,50 €.

© BERNARD GIRARDIN - STOCK.ADOBE.COM

Ce sont avant tout des navigateurs. Mais aussi de brillants conteurs ! Au gré d'un cheminement de 3 km en barque sur le Tarn, les Bateliers du viaduc vous raconteront la rivière et l'histoire de Millau, les tanneries et les mégisseries, les vignes et les amandiers, les martins-pêcheurs et les hérons cendrés... Et surtout le viaduc de Millau, son chantier titanesque, son imposante architecture vue d'en-bas, et puis Peyre enfin, et son église semi-troglodytique, qui constituent le point final d'une balade agréable au fil de l'eau.

LE PETIT CHOU €€

Place de la République - **ENTRAYGUES-SUR-TRUYÈRE**
✆ 05 65 48 58 03
www.lepetitchou.fr
Ouvert toute l'année. Accueil 24h/24. Chambre double à partir de 86,50 €. Petit déjeuner inclus.

Le Petit Chou, c'est l'effet de surprise ! À l'étage, on trouve en effet quatre chambres d'hôte de charme avec un petit look vintage. La Framboise est romantique avec un lit à baldaquin ; la chambre Lilas, mansardée plus épurée avec vue sur la place du village ; la chambre Ocre, lumineuse et spacieuse, propose une petite alcôve – salon particulier ; et enfin celle baptisée Olive, est très spacieuse en bois, fourrure, peau avec une baignoire sabot et une douche. Le petit déjeuner est copieux et de qualité, Le Petit Chou est aussi un salon de thé !

CHOCOLATERIE DE L'ABBAYE DE BONNEVAL

Abbaye de Bonneval - **ESPALION**
✆ 05 65 44 24 49
www.abbaye-bonneval.com
Du lundi au samedi de 10h à 12h et de 15h à 17h15, le dimanche de 15h à 17h. Hors vacs : fermés lundis et mardis matins.

Cette abbaye a été fondée en 1147 ; bâtie par les moines cisterciens, elle fut jusqu'à la Révolution une des plus riches du Rouergue. En 1875 s'y installent les sœurs de Maubec et la chocolaterie. Les religieuses, qui tiendraient leurs secrets de fabrication d'un chocolatier de Limoges, travaillent à l'ancienne. Leur chocolat se présente en tablettes, mais aussi rochers, malakoffs, chocolats à la crème… ainsi qu'en petites bouteilles au cœur de liqueur, très réputées.

MUSÉE DU SCAPHANDRE

38, rue Droite - **ESPALION**
✆ 05 65 44 09 18
www.association-musees-espalion.fr
Ouvert toute l'année. Fermé le lundi. Gratuit jusqu'à 26 ans. Adulte : 4 €.

Insolite ! Le scaphandre les pieds dans l'eau du Lot et les bathyscaphes qui trônent devant le musée en plein centre d'Espalion auront sans doute surpris plus d'un touriste : pourquoi un tel musée au cœur de l'Aveyron ? C'est simple : le premier scaphandre autonome moderne a été mis au point en 1864 par deux enfants d'Espalion, Benoît Rouquayrol et Auguste Denayrouse, qui travaillaient à la mine de Decazeville. Le premier, ingénieur des mines, avait mis au point un système de régulateur des gaz comprimés destiné aux appareils de secours en atmosphère irrespirable. Le second, officier de marine, eut l'idée d'adapter ce régulateur à la plongée sous-marine. Ensemble, ils mirent au point le scaphandre autonome avec un réservoir sous pression et un détendeur à membrane. Les premiers essais furent effectués dans le Lot. Une association locale a voulu rendre hommage à ces inventeurs, en ouvrant en 1980 ce musée, présentant du matériel de plongée, de provenances et d'âges divers : scaphandres modernes ou historiques, petits sous-marins, tourelle de plongée, lampes, lunettes appareil-photo étanche… Au total, ce ne sont pas moins de 400 pièces, maquettes ou documents que l'on y découvre. Le meilleur ambassadeur du scaphandre Rouquayrol fut Jules Verne qui découvrit l'invention à l'exposition universelle de Paris, et en équipa son Capitaine Nemo dans « Vingt mille lieues sous les mers ». Il y a aussi le scaphandre du vaisseau La Licorne de Tintin, imaginé par Hergé… Une visite vraiment passionnante à faire en famille.

L'OLT €€

Bateau-restaurant - **FLAGNAC**
✆ 05 65 63 27 96
www.bateau-olt.com
Croisière, repas (vin et café compris) : 36 € dîner ; 38 € déjeuner. Menu enfant : 14 €.

Les passagers et les plaisanciers sont venus remplacer les gabarres et le transport du charbon, du fer, du bois, du vin ou des châtaignes sur le Lot ! Au départ du port de Lacombe, profitez d'une mini-croisière gourmande de 3h en bateau électrique. Vous embarquez sur un restaurant flottant. Au menu, les magnifiques paysages de la vallée du Lot, des passages d'écluses et l'excellente cuisine du chef qui vous propose des rillettes de canard au foie gras mi-cuit, un chou farci à la crème d'ail, un pounti auvergnat, un cookie noix-chocolat…

COUTELLERIE ET FORGE OCCITANIE

31, rue de la Fontsange
LAGUIOLE
✆ 06 60 04 63 60
www.tristan-forge.fr
Sur rendez-vous.

Ici vous ne trouvez que des couteaux de luxe. Les Rolls des couteaux ! Tristan Lassere forge et assemble uniquement des couteaux sur mesure. C'est l'un des spécialistes de l'acier Damas à Laguiole et des manches partir de bois exotiques et locaux (pistachier, orme, buis…). Il présente sa production, non pas en boutique, mais dans la brasserie du Taureau et chez Auguy. Ses lames sont visibles aussi sur son site Internet. Uniquement du haut de gamme.

STAGE DE COUTELLERIE - BENOIT L'ARTISAN

4, place du Tourral - **LAGUIOLE** ✆ 05 65 51 55 80
www.laguiole-benoit.com
Couteaux sur mesure en 48h. 400 € /personne pour un stage d'une journée. Inscription au moins un mois à l'avance.

Guidé par un professionnel, vous apprenez à fabriquez un couteau. Benoit vous accueille pour cela dans son atelier artisanal au cœur du village où vous pouvez aussi simplement assister à l'assemblage du célèbre couteau et découvrir la forge traditionnelle permettant de créer des pièces uniques dans l'art ancestral du damas. Benoit vous fait découvrir les étapes du montage d'un Laguiole, guillochage, ajustement du manche, façonnage… Le stagiaire repart avec son couteau.

LAGUIOLE, UN FROMAGE AOP, FOURME AU LAIT CRU

Laguiole c'est un village, un couteau et un fromage. Sur l'Aubrac, comme dans toutes les régions de montagne, les éleveurs survivaient grâce à leur troupeau. Le bœuf et la vache fournissaient travail et fertilisation tout en étant un garde-manger procurant lait, fromage et viande. C'est pour conserver leur lait que les éleveurs de montagne inventèrent le fromage de Laguiole. Les moines de la dômerie d'Aubrac développèrent sa production dès le Moyen Age. Au début du XXe siècle, 1 200 buronniers produisent 700 tonnes de fromage, dans 800 burons de montagne. À la fin des années 50, on ne compte plus que 55 burons en activité pour 25 tonnes de fromage. Pour relancer la filière, de jeunes agriculteurs créent la coopérative Jeune Montagne en 1960 qui permet de rentabiliser de petites structures agricoles. En 1961, le syndicat obtient l'AOC du fromage de Laguiole, depuis sa production et sa notoriété n'ont cessé de se développer.

Laguiole est un fromage de garde, parce que pendant longtemps sa production fut saisonnière, et parce qu'il bénéficiait d'une technique de conservation au froid originale. Un Laguiole bien affiné se reconnaît à sa croûte brune aux reflets orangés, sa pâte colorée, souple et fondante aux saveurs de foin et de noisette. On le déguste en fin de repas, en apéritif, dans les salades composées et, bien entendu, en cuisine, en soufflé, gougère, galette de pommes de terre et surtout en Aligot de l'Aubrac qui utilise un stade intermédiaire de tome fraîche avant la transformation en Laguiole.

MARCHÉ AUX BESTIAUX

Place du Foirail - **LAISSAC-SÉVÉRAC L'EGLISE**
✆ 05 65 70 71 30

Visites guidées le mardi matin de mi-juin à fin septembre et pendant les vacances de printemps. 4 €/adulte.

En bottes et blouse noires, les maquignons s'activent sous un foirail de 8 000 m² qui peut accueillir jusqu'à 2 000 bêtes, veaux, vaches, taureaux et broutards. Les mains se tapent, le marché est conclu, c'est la patcha ! Le marché aux bestiaux de Laissac accueille les négociants de tout le Grand Sud. La visite guidée démarre par la découverte du folklore du foirail depuis la cabine de surveillance suspendue quelques mètres au-dessus du sol, se poursuit par un film et une dégustation de fouace. Poursuivez au bourg avec tripous, charcuterie et verre de rouge !

GÎTE LA JEANNE €

Rue du Café - **LAPANOUSE-DE-CERNON**
✆ 05 65 62 71 62
www.gitelajeanne.com

Ouvert toute l'année. Accueil 24h/24. Gîte entier : 480 €/semaine. Repas adulte : 18 €. Enfant : 12 €.

Annie et Jean-Noël tiennent un gîte et une table d'hôtes avec un intérieur chiné très original fait de bois, de tableaux et de photos du sol au plafond. Telle une brocante vintage dans un esprit *guest house cocooning* et personnalisé. Le coin des musiciens n'est pas très loin non plus. Le gîte s'étire sur deux étages et la table d'hôtes familiale se décline à partir de produits du jardin. Des stages d'escalade, encadrés par Jean-Noël, sont organisés sur la falaise de Malapès, à 5 mn. Art, escalade et hébergement sur un même site !

LES CHAMBRES DU PRESBYTÈRE €€

Le Bourg - **LE BAS SÉGALA**
✆ 06 29 38 80 73
http://www.chambresdupresbytere.fr

Ouvert toute l'année. De 75 à 87 € la chambre double, petit-déjeuner inclus. Table d'hôtes : 23 €.

Une adresse de charme dans un ancien presbytère. Entre Villefranche-de-Rouergue et Najac, vous aurez le choix entre quatre chambres d'hôtes, dont Nid douillet à la déco *so romantic* : édredons, boutis piqué de satin, velours, lin... Le petit-déjeuner est gourmand et se prend dans la salle à manger ou sur la terrasse. La table offre des produits locaux ou bios et une cuisine du marché. Des en-cas diététiques et des pâtisseries maison sont également au menu. Vos hôtes savent recevoir.

CAMPING HUTTOPIA MILLAU €€

455, avenue de l'Aigoual - **MILLAU**
✆ 05 65 61 18 83
https://europe.huttopia.com/site/camping-millau

Ouvert de début mai à fin septembre.

Venez vous immerger dans la verdure lors d'un séjour au plus près de la nature. Huttopia Millau vous offre un camping arboré de 4 ha, à 900 m du centre-ville de Millau, bordé de deux rivières, la Dourbie et le Tarn. Sur place, vous trouverez de nombreuses animations pour toute la famille. Vous pouvez planter votre tente, venir avec votre caravane ou votre camping-car, louer un mobil-home tout confort, une tente style safari en toile et bois entièrement équipé, une roulotte d'esprit bohème... Pour vous rafraichir il y a la piscine et la rivière.

LA CITÉ DE PIERRES (CHAOS DE MONTPELLIER-LE-VIEUX)

MILLAU
✆ 05 65 60 66 30
www.lacitedepierres.com

D'avril à novembre. Adulte 8,40 €, enfant 5,90 €. Game 20 € la tablette. Via ferrata 30€/pers. Petit Train : 4,50 €.

D'eau et de vent, une ville imaginaire est née des roches dolomitiques du Causse noir. Ce causse de 22 400 ha est le plus petit de ceux qui forment l'ensemble des Grands Causses mais aussi le plus sauvage. Les rivières – Tarn, Jonte, Dourbie – et l'Aigoual en marquent des limites profondes, autrefois difficiles à franchir. Les forêts sombres, qui ont valu son nom au causse, se trouent parfois d'un champ de roches. L'exemple le plus spectaculaire en est le chaos de Montpellier-le-Vieux, qui couvre 120 ha sur la commune de La Roque-Sainte-Marguerite, à l'est de Millau. Là, les formes étranges contournées des rochers font penser aux ruines de constructions. On imagine un sphinx, la porte de Mycène, un arc de triomphe (lieu de tournage du film *La Grande Vadrouille*). Nos ancêtres regardaient ce site composé d'un assemblage de roches dolomitiques comme étant le royaume des loups et des fées. Le nom de Montpellier-le-Vieux proviendrait de bergers qui le dénommèrent ainsi par rapprochement avec l'amas de pierres associées au chef-lieu de l'Hérault. Les attractions de ce site naturel sont variées. Vous avez tout d'abord six itinéraires pédestres balisés adaptés à tous les niveaux, mais aussi un petit train pour parcourir et découvrir le site sans effort, la via ferrata agrémentée de 5 tyroliennes, et l'Explor'Games®, jeu d'exploration et d'aventure, mêlant parcours d'orientation, défis et énigmes, autour des thèmes de la géologie, la flore, les légendes, etc.

MONASTÈRE NOTRE-DAME DES DOULEURS €

3, rue Sainte-Claire - **MILLAU**
✆ 05 65 60 16 03
www.clarissesdemillau.fr/millau
Possibilité et conditions d'accueil à convenir avec la mère supérieure.

Fondé en 1875, ce monastère de clarisses a essaimé avec la création des monastères de Mazamet en 1887 et de Toulouse en 1928. La communauté compte aujourd'hui une quinzaine de religieuses venues de différentes régions de France, des Philippines et de la République démocratique du Congo. Inspirées par sainte Claire, elles mènent une vie de travail, de partage et de relations avec leur famille spirituelle, amis, parents, voisins et visiteurs. Vous pouvez y faire une retraite...

LES POINTS DE VUE DU VIADUC ★★★★

MILLAU

Cap de Coste-Brunas depuis Creissels ; le village classé de Peyre ; panoramique de la D809 (en venant de Montpellier) ; la terrasse du Beffroi de la cité du Gant ; le pont Lerouge dans Millau ; belvédère de Luzençon (par la D992 et D13), l'aire du viaduc de Millau... Par-dessus ou par-dessus, peu importe : l'immensité du travail accompli apparaît à chaque fois dans toute sa splendeur depuis ses sept points de vue soigneusement répertoriés pour profiter du spectacle.

LE JARDIN DES BÊTES

340, route des Barthes
MONTROZIER
✆ 05 65 42 66 40
www.jardindesbetes.fr
D'avril à novembre tous les jours. Adulte : 14,50 €. Enfant (de 4 à 12 ans) : 12 € (enfant (de 2 à 3 ans) : 11 €).

© LE JARDIN DES BÊTES

Tout à la fois parc animalier et parc d'attractions, ce vaste jardin enchanteur offre une balade pleine de surprises : les cobayes, les lapins, les chèvres et les cochons se laissent caresser, les fennecs, les lamas et les perroquets se font admirer. 250 animaux vivent ici. Les familles apprécient le coin pique-nique proche des bacs à sable et l'aire de jeux. Un parc de loisirs unique en Aveyron complète le parc animalier avec structures gonflables, train chenille, bateau pirate, kart à pédales et la Tornade, qui met la tête à l'envers !

L'OFFICINE

35, Le Faubourg
NAJAC
✆ 06 58 47 77 09
Ouvert le lundi, le mardi et le jeudi de 16h à 20h ; le vendredi et le samedi de 10h à 13h et de 16h à 20h.

C'est dans cette ancienne pharmacie, à la Croix-Verte, que Cécile Parès a bricolé son Officine. Une apothicairerie aux flacons bien singuliers. La jeune femme a dressé un bel espace qui compile 200 références de vins, whiskies, cognacs, armagnacs et une volée de bières artisanales. L'Officine est aussi titulaire d'une licence IV, ce qui permet à la maîtresse des lieux de servir à boire et de bonnes planches de charcuterie pour accompagner votre verre. Un atout pour cette adresse, ouverte à l'année, dans ce petit village plutôt habitué à hiberner.

SOMN'EN BULLE €€

Lieu-dit Mergieux - **NAJAC**
✆ 06 63 41 08 33
www.somnenbulle.fr
De 149 à 179 € pour 2 pers selon la saison, petit-déjeuner compris. Panier gourmand 50 € (pour 2), panier apéritif 30 €.

Amandine et Henri ont déniché un lieu de nature magnifique pour y installer 4 bulles d'hôtes. Au cœur de la forêt, tout près de l'un des Plus Beaux Villages de France, ces bulles tout confort - salle de bain, toilettes sèches et lit en 160 cm - vous promettent un effet «belle étoile» plus vrai que nature ! De votre nid douillet, vous pourrez admirer le coucher du soleil, vous endormir dans la Voie lactée et vous réveiller avec la nature ! Vos hôtes ont justement choisi ce mode d'hébergement parce qu'il n'a que peu d'impact sur l'environnement.

CHASSE AU TRÉSOR EN CANOË TRANSPARENT

Une expérience insolite, ludique et écologique. Rendez-vous à Mostuéjouls. La base Canoë Aqua Soleil Eau est en bas, au bord de l'eau. Puis direction les Gorges du Tarn en navette pour atteindre Les Vignes. Là, chacun met la main à la pâte : il faut décharger et mettre à l'eau les embarcations. Ces canoës transparents sont surprenants. Ce n'est pas seulement le fond qui est transparent mais tout le canoë et on a vraiment impression d'être assis sur l'eau... sans couler ! Comme si on volait sur l'eau des gorges du Tarn. Quelle visibilité ! Le fond plat et transparent offre une vue imprenable et sans déformation sur les eaux profondes. Les habitants de la rivière ne semblent pas dérangés par le passage du canoë. On observe les poissons et les galets multicolores.

Début de la chasse aux trésors aquatique : une carte avec le positionnement des balises, une fiche à poinçonner, un livret découverte, le tout étanche bien entendu ! Objectif : trouver les balises éparpillées sur la rivière, en amont et en aval du départ et authentifier chaque découverte en poinçonnant la carte. On revisite le geocaching version nautique. Les balises se trouvent assez facilement... du moins si l'on tient la carte dans le bon sens ! Chaque balise porte l'illustration d'un élément de la biodiversité locale, à découvrir : le castor, la couleuvre, la truite, le martin-pêcheur... Le petit livret apporte quelques explications sur cette biodiversité et incite à une observation plus attentive de la nature.

© CANOE AQUA SOLEIL EAU

AIR GLOBE

OLEMPS

✆ 06 20 76 95 28

www.air-globe.com

Formule découverte 1 heure : 35 €/personne.

Les fun-ebike de Julien Barthélémy sont de drôles de machines qui ressemblent à un vélo, mais se pilotent comme un scooter. Fabriqués en France, ces « scooters électriques des montagnes » sont des montures parfaites pour des randonnées à travers l'Aveyron. Air Globe c'est tout à la fois une école de pilotage de motocross, des rando accompagnées en moto électrique sur plusieurs parcours plus ou moins périlleux. Julien Barthélémy, professionnel impliqué dans le Paris-Dakar, partage volontiers sa connaissance du département et son attachement à l'Aveyron.

LES HALLES DE L'AVEYRON

Boulevard des Balquières

ONET-LE-CHÂTEAU

✆ 05 65 67 88 50

www.leshallesdelaveyron.com

Ouvert du lundi au samedi de 9h à 12h30 et de 14h à 19h.

800 m² de condensé de producteurs de l'Aveyron : boucherie-charcuterie, boulangerie, foie gras et volaille, fruits et légumes, épicerie, fromages, vins de Marcillac. Outre la valorisation des labels tels que le veau d'Aveyron et du Ségala ou le bœuf des fermes des hauts terroirs, le porc de l'Aveyron, les AOC et autres IGP, le choix est vaste ! Traçabilité, conseils et sourires sont au rendez-vous. Les locaux s'y fournissent. Excellents produits, un choix immense, des circuits raccourcis, des coûts maîtrisés, et un rapport qualité-prix compétitif.

ERMITAGE DE PEYRELEAU - TROU D'ART €€

21, rue de l'Eglise - **PEYRELEAU**

✆ 05 65 62 61 91

www.ermitagedepeyreleau.com

Petit déjeuner inclus. Chambre double à partir de 90 € la nuit avec petits déjeuners.

L'Ermitage est à part dans l'univers des chambres d'hôtes aveyronnais. Philippe et Doris ont rénové cet ancien couvent de façon très personnelle. Sculpteur, Philippe a installé ses créations ici et là transformant la maison en galerie d'art. Situées au premier étage, les chambres d'hôtes offrent une vue sublime sur les alentours : Peyreleau, petite cité de caractère, causse Noir, causse Méjean, corniches de la Jonte. A noter la qualité des petits déjeuners bio du terroir.

CHÂTEAU DE NAJAC ★★

Le Bourg - **NAJAC**

✆ 05 65 29 71 65

Fermé du 1er novembre au 31 mars. Ouvert de début avril à fin août. Visite guidée 6 € adulte, 4,5 € enfant.

Avant la forteresse, il existait un château fort, construit en 1100 par Bertrand de Saint-Gilles, fils de Raymond VII, comte de Rodez. Simple tour carrée du XIIe siècle, la forteresse qui domine le village fut agrandie au XIIIe et devint la clé de voûte du pays. Commanditée en 1253 par Alphonse de Poitiers, frère de Saint Louis, la Forteresse de Najac fut édifiée par les comtes de Toulouse pour défendre le Rouergue. Capitale du Bas Rouergue, celle-ci hébergea la sénéchaussée. En 1249, à la mort du Comte Raimond VII, son gendre Alphonse de Poitiers, lui succède et la région, avec Najac, se soulève pendant quelques mois. Le nouveau comte la remet au pas avant de décider, pour asseoir son pouvoir, de montrer sa puissance et de renforcer l'ouvrage militaire existant. La visite commence par une évocation de l'architecture et des techniques de construction employées par les compagnons bâtisseurs. On remarque la signature des différents corps de métiers. A l'intérieur, on trouve des salles bien conservées et la chapelle, avec ses voûtes et chapiteaux sculptés. La visite est ponctuée d'anecdotes. Ainsi, vous apprendrez que les troupes anglaises accueillies en 1362 furent chassées de la forteresse en usant d'une technique locale. Selon la règle de l'hospitalité, les propriétaires offrirent du vin à volonté à leurs hôtes, de sorte qu'ils n'eurent pas grande peine à les passer ensuite par-dessus les murs d'enceinte ! Revanche de l'histoire, aujourd'hui de nombreux sujets britanniques ont fait le choix de s'installer en Aveyron.

Musée Soulages.

LE CAFÉ DE LA PLACE - CHEZ CHANTAL €

Le Bourg
PRUINES
✆ 05 65 69 86 60

Tous les jours à midi et sur réservation. Réservation impérative. Formule du midi : 13,50 €.

Ce petit café-restaurant, au charme des bistrots des années 1970, fait l'unanimité à la ronde et au-delà. La cuisinière soigne sa carte pour vous proposer le meilleur du pays : tout est frais, local quand c'est possible, et toujours de saison. Les assiettes sont généreuses et cuites avec justesse : délicieuse salade composée au foie gras, feuilleté de ris d'agneau, tête de veau... Mais aussi chou farci et croustade aux pommes. Un lieu chaleureux et convivial sans pareil !

MONTURES EMPELT

RIVIÈRE-SUR-TARN
✆ 06 67 44 95 39
www.empelt.com

Diego et Isa, un pied dans l'Aveyron, l'autre en Espagne, ont créé Empelt, petit atelier de fabrication de lunettes de soleil en bois installé au bord de l'eau à Rivière-sur-Tarn. Ce couple d'artisans conçoit, à la main, des montures en bois de production durable traitées à l'huile d'olive vierge ou la cire d'abeille. Diego et Isa proposent 8 modèles accrédités par un opticien millavois qui a apporté son expertise en lunetterie. Chaque paire de lunettes est une pièce unique. En vente sur le site de la marque et en boutique de créateurs principalement aveyronnais.

LA CACHETTE €€

Le Lébous - **RIVIÈRE-SUR-TARN**
✆ 05 65 62 61 06
www.gites-cabanes-spa-aveyron.com

Ouvert toute l'année. Cabanes : de 605 à 995 €/semaine. Roulotte de 300 € à 850 €/semaine.

Idéalement située dans le sud de la France, aux portes des Gorges du Tarn et de la Jonte, La Cachette propose une roulotte et deux cabanes perchées dans les pins et les chênes, en harmonie avec la nature avec vue sur la forêt. Vous pourrez y déguster un petit déjeuner hissé à la poulie ou un souper romantique à la lueur des chandelles. Cerise sur le gâteau : un bain à bulles avec cabine infra-rouge au pied des arbres. Massage réalisé sur demande. Egalement une maison sous les pins et un chalet de bois où règne la même sérénité.

HOUS'TALET CONCEPT-STORE

14, place du Bourg - **RODEZ**
✆ 05 81 19 75 71
www.houstalet.com

Ouvert le lundi de 14h à 19h ; du mardi au samedi de 10h à 12h30 et de 14h à 19h.

Hous'talet est devenu un incontournable sur la carte du shopping ruthénois. Portés par un goût très sûr et un engagement créatif qui valorise les produits identitaires majoritairement fabriqués en Occitanie- François et Alexandre partagent leur passion pour les beaux objets, les pièces utiles et d'autres qui font sourire, quelques griffes étrangères et les talents aveyronnais. Hous'talet est également une maison d'édition qui produit en petites séries quelques perles du plan de Rodez à l'ABCdaire de l'Aveyron… Vous pouvez aussi prospecter sur le site Internet.

MUSÉE SOULAGES ★★★★

Avenue Victor-Hugo - **RODEZ**
✆ 05 65 73 82 60
www.musee-soulages.rodezagglo.fr
Ouvert toute l'année. Tous les jours. Gratuit jusqu'à 18 ans. Adulte : 11 €. Audioguide : 3 €.

Une construction basse pour mieux contempler les paysages et quelques volumes plus imposants ; un bardage en acier Corten rouge sombre, inconstant selon le temps ; et à l'intérieur, une succession d'espaces, tantôt lumineux, tantôt plus obscurs. Après des années de débats et de chantier titanesque, le musée Soulages a ouvert ses portes et propose un parcours fluide et cohérent créant une relation privilégiée avec les œuvres de Pierre Soulages. Le peintre, né à Rodez en 1919, a fait don a sa ville natale de 500 pièces éclectiques. Expositions temporaires en plus.

CAVE PAPILLON

8, avenue de Lauras
ROQUEFORT-SUR-SOULZON
✆ 05 65 67 23 50
www.roquefort-papillon.com
Boutique ouverte tous les jours de 10h à 18h. Visite gratuite.

La fromagerie Alric a été fondée en 1906, par deux frères, Paul et Louis. Elle collecte aujourd'hui le lait de brebis de race Lacaune auprès d'une centaine de producteurs. Albert, le fils de Paul, dirigera la société à partir de 1955 avant que Gérard Alric ne prenne en main l'entreprise en 1983. Au cours de la visite, on vous raconte l'épopée du Roquefort et la souche de pénicillium Roqueforti utilisée dans cette cave, issue du pain de seigle. Après affinage, au moment du conditionnement, la cave Papillon vérifie l'ensemencement de ses pains.

ROQUEFORT GABRIEL COULET

5, avenue de Lauras - **ROQUEFORT-SUR-SOULZON**
✆ 05 65 59 24 27
www.gabriel-coulet.fr
Visite gratuite de 9 h à 19h30 en haute saison. Basse saison, se renseigner auprès de l'accueil pour les horaires.

On fait du roquefort dans la famille Gabriel depuis 1872. Aujourd'hui, Jean-Pierre et Emmanuel Laur, président à la destinée de cette entreprise familiale et indépendante. Gabriel Coulet produit plusieurs fromages parmi lesquels La petite Cave, moelleux à souhait, typé en goût sans être corsé ; Le Castelviel, puissant et généreux, à la robe ivoire et au bleu intense ; ou encore la Tomme des Cazelles, fondante en bouche. La maison propose une visite gratuite de ses caves avec projection d'un film sur la fabrication du roquefort suivie d'une dégustation.

LES CHIPS DE L'AVEYRON

ZA des Clapassous
SAINT-BEAUZÉLY
✆ 06 70 16 51 69
www.leschipsdelaveyron.com

Laurent Bancarel s'illustre avec ses chips artisanales. La gamme, cuite au chaudron, sans colorant ni conservateur, est réalisée avec des pommes de terre lady claire ou des vitelottes sélectionnées et triées à la main. Fils d'agriculteur, Laurent sélectionne avec rigueur ses matières premières et assaisonne ses pétales craquants et encore chauds de sel marin de Camargue, d'herbes aromatiques, de piment d'Espelette, de tomates ou roquefort déshydratés. S'ajoutent des brindilles, fines et croustillantes, vendues dans une boîte idéale pour un apéro ou un pique-nique.

LES IFERS, LES ARBRES DE L'AVENTURE

Route de Saint-Martin
SAINT GENIEZ D'OLT ET D'AUBRAC
✆ 05 65 70 60 60
www.ifers.net
Ouvert en juillet-août.

Le domaine des Ifers occupe une grande forêt de feuillus et dissimule de beaux champignons, des tyroliennes, ponts de singe, échelles de grenier, passerelles, sauts de Tarzan, balançoire de trappeur... Les Ifers proposent aussi des activités pêche, canoë ou empreintes d'animaux. Vous pouvez dormir sur place dans l'une des cabanes perchées à 6 m du sol dans la forêt. Accès par une petite marche dans les bois, annexe avec toilettes et lavabos, lumière solaire.

GÎT'ANES RANDO €€

La Bartasse - **SAINT-IGEST**
✆ 05 65 81 72 85
www.gitanes-rando.com
Accueil paysan. Relais étape : 22 €/personne, petit-déjeuner inclus. Chambres de 50 à 110 €.

Perchée au milieu de la vallée de la Diège, la ferme d'Elisabeth domine un paysage somptueux. Vous trouvez sur place un camping et 3 chambres d'hôte au décor épuré qui correspond à l'esprit zen des lieux. Egalement un gîte d'étape, pour randonneurs, cavaliers ou nostalgiques des colos. Elisabeth passe derrière les fourneaux pour ses hôtes : produits frais, locaux ou bio, transformés en tajine, houmous ou plats plus traditionnels. Et vous pouvez partir randonner avec les ânes de bât de la maison : Héra, Litchee, Polisson... dans la bonne humeur !

TERRA OLT

Le Bourg - **SAINT-PARTHEM**
✆ 05 65 63 27 96
www.terra-olt.com
Ouvert en saison, l'après-midi. Fermé le jeudi. Gratuit jusqu'à 5 ans. Adulte : 6 €. Enfant : 3 €.

Installé à Saint-Parthem, l'espace scénographique de la Vallée du Lot – Terra Olt – vous restitue la vie quotidienne des hommes de la vallée au début du siècle dernier avec des personnages plus vrais que nature. Grâce à une mise en scène inventive, des automates, des effets spéciaux et un concept de visite dernière génération, vous vivrez de grands moments. Dix espaces permettent de partir à la découverte du cantou, de l'école, la cabane du pêcheur, les poissons, les gabariers et la Vallée du Lot aujourd'hui. Une visite riche en surprises et émotions.

O PADDLE D'OLT

La Grave
SAINTE-EULALIE-D'OLT
✆ 06 50 84 34 72
www.opaddledolt.fr
Bateaux solaires : 60 € la demi-journée pour 2 personnes ; 80 € la journée.

Ils étaient spécialistes du cabotage en canoë, kayak et autre paddle. Depuis qu'ils sont installés sur les rives du Lot, Gaëtan et Loïs multiplient les propositions. Ainsi avec leurs bateaux électrosolaires pour naviguer tout en respectant l'environnement et sans permis. Leur offre de loisirs de pleine nature qui ne cesse de s'enrichir. Vélos électriques, espace de restauration, zone « relax », jeux pour enfants, s'ajoutent désormais à leurs prestations pour permettre au plus grand nombre de découvrir et d'apprécier la vallée du Lot.

SUR LES RAILS DU LARZAC

Route Viala – Pas de Jaux
SAINTE-EULALIE-DE-CERNON
✆ 05 65 58 72 10
www.surlesrailsdularzac.com
D'avril à octobre. A partir de 13 € adulte, 3 € par enfant.

Une activité originale. Vous parcourez en pédalant sur un vélorail un itinéraire de charme et de découvertes. Tunnels et Viaducs ponctuent le périple le long de la magnifique vallée du Cernon. Vous avez le choix entre 4 parcours sur un total de 17 km de voie ferrée qui croisent 12 tunnels et 6 viaducs. Voyagez à petite vitesse au gré de vos envies en pédalant ou avec le Larzac-Express qui assure une partie des retours. Alors Papillons ou Grand Voyage ? Orchidées ou Explorateurs ? Un périple fun et sympathique à effectuer en famille.

VERT TEA JEU

SAINTE-RADEGONDE
✆ 06 81 30 79 22
www.vert-tea-jeu.com
Espace aventure de 8 à 22 € selon l'âge et le parcours.

Au menu randonnée aquatique, accrobranche, escalade, ou 6 pieds sous terre, autour d'un bon saucisson et d'un aligot-magret, glisser tout schuss le long d'un canyon… Vert Tea Jeu propose un florilège de loisirs de plein air, hyper fun et accessibles à toutes les générations. L'équipe a débusqué les meilleurs spots aveyronnais pour le kayak, la spéléologie ou la via ferrata. Le long du Lot à Espalion, au fond des canyons de Salles-la-Source ou sur les arbres de Combelles, dans l'eau ou en hauteur, Vert Tea Jeu vous invite à engranger un max de sensations.

CHALETS DE LA GAZONNE €€

Gazonnie - **SAUVETERRE-DE-ROUERGUE**
✆ 05 65 72 02 46
www.leschaletsdelagazonne.fr
20 chalets. De 257 à 476 € la semaine selon chalet (de 2 pers, jusqu'à 8 pers). Restauration.

Situé dans un environnement classé Natura 2000, le village de vacances nature des Chalets de la Gazonne vous propose la location de beaux chalets de bois espacés dans un domaine de verdure. Plutôt randonnées ou plutôt pêche ? Les amateurs de loisirs au naturel seront dans leur environnement avec des sentiers balisés et une rivière à deux pas du domaine. Sur place, un parcours de disc-golf et à proximité la bastide royale de Sauveterre-de-Rouergue, classée parmi les Plus Beaux Villages de France. Pour un grand bol d'air pur, de patrimoine, de gastronomie...

LA CHAPELLE ORTHODOXE ★

SYLVANÈS
✆ 06 48 52 00 26
www.egliserusse-prieure-sylvanes.com
Visite de Pâques à la Toussaint.

En Marge de l'abbaye, cet édifice tout en bois a une belle histoire. Suite à une sorte d'échange culturel et spirituel, une église russe édifiée dans le style du VIIe siècle a été démontée et expédiée en train à Millau, sous l'égide d'un mécénat de la SNCF. Durant plus de 6 mois, de jeunes Russes l'ont remontée dans une clairière de la forêt des Granges-de-Pessales. Cette église de bois de pin blond, magnifique, composée de plusieurs salles vastes, dépouillées et surmontées d'une coupole et d'un clocher qui culmine à 27 m de haut ! Impressionnant.

© TOM PEPEIRA - ICONOTEC

ABBAYE CISTERCIENNE ★★★

Le Bourg - **SYLVANÈS** ✆ 05 65 98 20 20
www.sylvanes.com

Fermé de mi-décembre à première semaine de janvier. Adulte 6 €, 13/18 ans 5 €.

Fondée en 1136, l'abbaye cistercienne sera construite à partir de 1151, et durant plus d'un siècle ! En 1477, un changement de régime annule le droit des moines de choisir leur abbé désormais nommé. Dès lors, le dortoir est aménagé en appartement ouvert sur l'extérieur, alors que la salle du chapitre devient salon de réception. A la Révolution française, l'abbaye est vendue comme bien national et utilisée comme carrière de pierres. L'aile est achetée par un exploitant agricole, suite à quoi le scriptorium et la salle du chapitre deviennent bergerie, alors que le logis de l'étage est transformé en grange. L'église reste toutefois église paroissiale. Enfin, en 1970, la commune de Sylvanès rachète à l'agriculteur l'aile du cloître qu'il occupait. L'abbaye sera rénovée sous l'impulsion du Père André Gouzes, dès 1975, avec la fondation de l'association des amis de l'abbaye de Sylvanès qui redonne à l'édifice une dimension culturelle et spirituelle. Aujourd'hui, la visite de l'église abbatiale permet d'apprécier l'art des moines bâtisseurs avec le chevet de 1151 dont on peut apprécier le jeu de lumière avec ses trois fenêtres axiales, et la vaste nef de 44 m de long, 14,50 m de large et 18 m de haut ! A découvrir les nouveaux vitraux de Jean-François Ferraton (2018), le cloître, la sacristie (actuelle librairie), la salle capitulaire et le scriptorium du XIIIe siècle. L'abbaye est aujourd'hui un haut lieu d'art et de dialogue entre les cultures. Un Festival international de musiques sacrées et musiques du monde s'y déroule en été.

LES CABANES CARACOLE €€

Mas de Bouyssel
VAILHOURLES
✆ 05 65 29 55 18
www.lescabanescaracole.fr
D'avril à novembre. Cabanes de 60 € à 80 €/nuit.

Objectifs culture et développement durable au Mas de Bouyssel. En marge des ateliers d'initiation aux arts du cirque (acrobaties, équilibre, jonglerie...), le site accueille les vacanciers sur un bout de terre où se côtoient un camping nature, un gîte, une roulotte et des cabanes dans les arbres tout à faits charmantes... Tous les locataires, qu'ils passent ici une journée, un week-end ou quelques jours, sont invités à adopter un mode de vie respectueux de l'environnement : toilettes sèches, tri sélectif, compost, déplacement à pied et repas maison bio et locavores.

LA ROULOTTE D'ÉDOUARD - LA VILLA DES PINS €€

Hameau de Conclus
VERRIÈRES
✆ +33 06 29 44 79 31
Roulotte de 110 à 150 €/nuit.

Entre Larzac et Gorges du Tarn, la Villa des Pins propose un ensemble d'hébergements de charme, chambres, roulotte et gîte. Le tout aménagé avec un goût certain pour la décoration, le confort et le partage. Petit déjeuner à base de fouace, gâteau à la broche, pâtisseries, compotes et confitures maison, fruits et jus de fruits de saison, pains variés, yaourt et miel bio de pays. Petit plus, l'épicerie gourmande où vous pouvez faire provision de produits du terroir.

ARTS ET GALETS €€

12, place Odil-de-Morlhon - **VILLENEUVE**
✆ 05 65 29 63 37
www.artetgalets.com
Fermé lundi et mardi. Réservation recommandée. Menus de 29 € à 55 €. Formule du midi : 16 €. Chèque Restaurant.

Dans une cité médiévale aux ruelles étroites, Arts et Galets contraste avec une décoration et un cadre modernes, agrémenté d'œuvres d'artistes. Côté assiette, c'est une explosion de couleurs et de saveurs étonnantes, par exemple : gaspacho de tomates cœur de bœuf et poivrons, tempura de céleri, mozzarella et pignon de pin ; magret de canard, crème de carottes au cumin, galette au quinoa, courgettes et parmesan.... Sans oublier les desserts : moelleux noisette, abricots rôtis, mousse vanille, éclat de pistache et sorbet abricot. 100% insolite et divin.

GARD

La nature du Gard a quelques particularités, des sources de Perrier à la rivière souterraine de Bramabiau, des piscines naturelles du Gardon aux fosses de Fournès. Il y a des découvertes gourmandes avec le verger-conservatoire de la figue ou la maison de l'amande où l'on goûte l'amande aux 3 algues, celle au chèvre Banon ou à la tomate/vanille. Découverte d'un moulin à huile d'olive, d'un atelier de torréfaction de café ou de la coopérative des vins de sables de Camargue. Faites la descente du Gardon en canoë, visitez la Bambouserie d'Anduze, rendez-vous dans l'observatoire perché de Météo France au Mont Aigoual. Le plus original reste toutefois cette possibilité de voler en *aéroplume*, attaché en bas du ballon d'une mongolfiére dans la grotte de la Salamandre. Le soir venu pour vous remettre de toutes ces aventures isolez-vous en vous perchant dans une cabane, en vous couchant sous une bulle, une yourte ou une tente-lodge.

BATEAU L'IRIS

Port d'Aigues-Mortes - **AIGUES-MORTES**
✆ 06 07 25 96 84
www.croisiereencamargue.com
Croisières d'avril à octobre. A partir de 9 € pour les adultes et à partir de 5 € pour les enfants.

D'avril à octobre, embarquez pour un circuit inoubliable sur les canaux en bateau promenade. Vous découvrirez le port d'Aigues-Mortes en longeant les remparts d'où le roi Saint-Louis est parti en croisade, passerez devant les Salins du Midi, les étangs aux flamants roses, au milieu de la faune et de la flore camarguaise. Ces croisières sont commentées par un guide du pays expérimenté. En été, vivez les croisières au coucher du soleil avec dégustation de produits régionaux au son des guitares gitanes. Petit conseil, pensez à l'antimoustique et à la crème solaire.

CROISIÈRE DE CAMARGUE - PÉNICHES ISLES DE STEL

12, avenue de la Tour-de-Constance
AIGUES-MORTES ✆ 04 66 53 60 70
www.croisiere-de-camargue.com
Embarquement 20 min avant le départ. Promenades à partir de 10 € adulte et 5 € enfant.

Une manière originale de découvrir la Camargue au rythme de l'eau en péniche avec cette escapade sur le canal du Rhône à Sète, à la rencontre des traditions camarguaises. Grâce aux commentaires d'un(e) enfant du pays vous apprendrez à connaître la faune et la flore que vous ne manquerez pas de croiser. La péniche s'arrête un moment dans une manade de taureaux où vous serez accueillis par des gardians à cheval et assisterez à une démonstration de leur travail au cœur du marais.

Péniches Isles de Stel.

MANADE JULLIAN

« Le Môle » - **AIGUES-MORTES**
✆ 06 22 64 72 64
www.manadejullian.com
Visite de la manade en calèche à partir de 19 €. Prestations du mardi au dimanche sur réservation.

La Manade Jullian, c'est 150 taureaux répartis sur 35 hectares s'étirant entre le Grau-du-Roi et Aigues-Mortes, près de l'étang de la Marette. Vous serez accueilli par les gardians à cheval et vous découvrirez l'élevage de chevaux et de taureaux camarguais. Vous assisterez à la présentation et au travail des gardians, au tri et à la sélection des bêtes qui iront dans les arènes. Pénétrez dans ce monde fascinant des gardians de Camargue, une culture très ancrée dans cette partie du Gard, au travers de balades à cheval ou en calèche.

VILLA MAZARIN €€€

35, boulevard Gambetta - **AIGUES-MORTES**
✆ 04 66 73 90 48
www.villamazarin.com
Ouvert toute l'année. Chambres à partir de 98 €.

Une bâtisse d'exception, un jardin dont on ne peut soupçonner l'existence de l'extérieur, propice au repos et au dépaysement, sur lequel veillent trois platanes centenaires, une vue sur les tuiles orange d'Aigues-Mortes, des chambres plus que confortables, avec piscine, bain bouillonnant, hammam. Pas de doutes, le client vient ici pour passer une nuit, un week-end, une semaine ou un mois de haute gamme. La qualité et la beauté sont toujours présentes. Le décor est lumineux, spacieux, il est idéal pour les amateurs de mondanités et de confort luxueux.

SALIN D'AIGUES MORTES ★★

Route du Grau-du-Roi
AIGUES-MORTES
✆ 04 66 73 40 24
www.visitesalinsdecamargue.com
Fermé de novembre à mars. Plusieurs possibilités de visites, tarifs complets en ligne.

Au bord des remparts d'Aigues-Mortes, sur 9 000 hectares, le Salin offre un paysage magique. Vous embarquerez à bord d'un petit train qui vous mènera à travers les tables salantes où vous découvrirez le travail du saunier, les secrets de la cristallisation du sel, et vous profiterez également de ce paysage envoûtant où flamants roses, hérons et goélands se partagent la vedette. Le Salin d'Aigues-Mortes se découvre aussi en VTT, à pied en compagnie d'une guide naturaliste et en 4x4. Un espace d'exposition et une boutique sont à la disposition des visiteurs.

VINS DES SABLES DE CAMARGUE

Route d'Arles
AIGUES-MORTES
✆ 04 66 53 99 57
www.vin-sable-camargue.com
Ouvert du lundi au vendredi de 9h à 12h et de 14h à 17h. Vente en direct.

La vigne pousse sur le sable ! Les vins des sables sont connus et appréciés depuis le XIVe siècle. Ce terroir produit un vin original à l'arôme subtil dans lequel se reflète l'image de la côte sablonneuse sur laquelle il a été conçu, cordon littoral qui longe le golfe du Lion entre les Saintes-Maries-de-la-Mer et le Cap d'Agde. Les sables siliceux et calcaires qui composent le sol et le micro-climat marin constituent un milieu naturel, unique en France.

Salin d'Aigues Mortes.

PARC FLORAL DE LA PRAIRIE

2396, chemin des Sports
ALÈS
✆ 06 42 74 30 13
www.camellia.fr
Entrée, 8 € adulte, 6 € moins de 12 ans, gratuit moins de 5 ans. Ouvert tous les jours. Visites guidées sur rendez-vous.

Du thé en Occitanie ? Dans cet écrin exceptionnel s'épanouit un millier d'arbustes aux fleurs hivernales. Bernard le jardinier a relevé ici le défi de faire naître une filière thé et un conservatoire végétal riche d'une collection de 280 variétés de camélias et de végétaux rares. Précipitations abondantes à la fin de l'été, automnes chauds et humides, ensoleillement important sont favorables aux camélias. Une conjonction originale pour un site rare et une vraie féerie végétale.

LA FERME DE CORNADEL €€€

Route de Générargues - **ANDUZE**
✆ 04 66 61 79 44
www.cornadel.fr
Ouvert toute l'année. Chambres et suites à partir de 72 €. Menus à partir de 19 €.

A deux pas de la fameuse Bambouseraie, la Ferme de Cornadel est le palace des environs. Les chambres et suites, aux doux noms de cépages viticoles, arborent les mêmes tons et la même recherche décorative qui règne dans le restaurant du rez-de-chaussée, avec sa belle terrasse ombragée par les kiwis. Offrez-vous le luxe d'un massage aux huiles essentielles dans votre chambre ou au bord de l'eau. Entre vieilles pierres, terrasse et piscine, tout concourt à faire de cette ambiance cosy et végétale un cadre de rêve pour un week-end romantique ou des vacances luxueuses.

LE DIABLOTIN GOURMAND €€

Place de l'Horloge - **BARJAC**
✆ 09 52 46 85 76
Haute saison : ouvert 7j/7. Fermé de janvier à mars. Formules à 16 € et 23 €. Terrasse.

Vous vous trouvez au pied de la Tour du Notaire, offrant une terrasse où il fait bon se poser. Ici, vous pourrez vous restaurer de plats mijotés, à la plancha, de tartares et carpaccios... Il y en a pour tous les goûts, amateur de viande, de poisson, végétarien et végétalien. Laissez-vous tenter par des glaces artisanales venues d'Ardèche. Martine confectionne une cuisine 100% maison à base de produits frais issus des producteurs locaux et pâtisse des fondants au chocolat, à la châtaigne, des pavlovas, à accompagner d'un chocolat maison, d'un café ou d'un thé bio.

LE DRAC DE BEAUCAIRE ET LE MAUVAIS ŒIL

Durant des siècles, fin juin, le charmant bourg provençal de Beaucaire, sur la rive droite du Rhône, célébrait le mythe du Drac lors d'une manifestation populaire articulée autour de trois jours de fêtes. Selon la légende médiévale, le Drac, monstre mi-diable mi-dragon, vivant dans les abîmes du Rhône et invisible aux yeux des humains, changeait de forme au gré des circonstances. Le monstre hantait les bords du Rhône au niveau de Beaucaire se nourrissant des filles et des garçons imprudents qu'il attirait au fond de l'eau par son chant tout en faisant miroiter ses galets telles des pierres précieuses. La créature était fourbe. Dès que les enfants s'approchaient et entraient dans l'eau, il surgissait du fond du fleuve pour les dévorer. Ses attaques ne s'arrêtèrent pas aux abords du Rhône, car il pouvait se rendre également invisible afin de capturer des enfants en ville. Un jour, il enleva une lavandière et l'emmena sous les eaux pour qu'elle élève son fils et l'enduise tous les jours d'une pommade spéciale permettant au petit dragon d'être lui aussi invisible des humains. Dans le chant VI de son Poème du Rhône, Frédéric Mistral reprend le thème des mésaventures de cette lavandière de Beaucaire. La célébration de cette légende fut longtemps prétexte à un défilé et des animations médiévales aux quatre coins de la ville. Flanqué des enfants portant leur lampion, le cortège parcourait la ville et des concerts avaient lieu en soirée. Aujourd'hui encore, une statue du Drac orne l'une des places du centre historique de Beaucaire gardant la mémoire de cette légende encore vivace.

© BEAUCAIRE TERRE D'ARGENCE

CIRQUE DE NAVACELLES ★★★★

Route de Saint-Maurice-de-Navacelles
BLANDAS
www.cirquenavacelles.com

Le Grand Site est situé au cœur du Bien Causses et Cévennes inscrit au Patrimoine de l'Humanité par l'Unesco, pensez à bien vous chausser.

Dans ce Cirque aux dimensions surnaturelles, la Vis a joué un bien joli tour à la nature, creusant lentement les parois calcaires du causse de Blandas. Que l'on y arrive par Blandas, ou par Saint-Maurice-de-Navacelles, la vue est à couper le souffle. Les deux corniches possèdent un bar qui permettra de se délecter du panorama. En entamant la descente, ne manquez pas le sentier qui mène à la résurgence de la Foux. Classé Grand site de France, le Cirque est sans doute la particularité naturelle la plus impressionnante du département.

LA MAISON DU BOUTIS LES CORDELLES

9, place Général-Charles-de-Gaulle - **CALVISSON**
✆ 04 66 01 63 75
www.la-maison-du-boutis.fr
Basse saison : ouvert du vendredi au dimanche. Haute saison : du jeudi au dimanche. Adulte : 3 €.

Art du piquage décoratif, le boutis a ses terres d'origine entre Tarascon et Calvisson. Le musée du Boutis gardois, inscrit au Patrimoine culturel immatériel français abrite une collection d'œuvres du XVIIIe et XXe siècle fierté du patrimoine local, relancé notamment par les ateliers Souleïado. Ces beaux édredons confectionnés à la main étaient au nombre des pièces indispensables du trousseau d'une jeune mariée. Tout au long de l'année, démonstrations, stages et initiations.

LES MOULINS DU ROC DE GACHONE

CALVISSON
Ouvert toute l'année. Gratuit.

Suivez le joli sentier balisé dans la garrigue qui mène au sommet du roc de Gachone, à 167 m d'altitude, où sont implantés 3 moulins à vent. D'ici vous bénéficiez d'une vue imprenable sur la plaine. A l'origine c'était 4 moulins sur ce site. L'un d'entre eux a été détruit en 1838 par une tempête et il n'en reste que le socle. Un beau moulin pointu demeure, un autre, réparé en 1928, porte la table d'orientation, un autre encore a été récemment consolidé. Sur place un parcours de santé.

LE GARDON

COLLIAS
Accès libre toute l'année.

© NO_LIMIT_PICTURES

Le Gardon coule au pied de Collias : ses rives accueillantes sont bordées de plages de galets et même parfois de sable. La baignade est 100 % nature, attire de nombreux locaux et est bien connue des touristes. Reste le bonheur que seule la baignade en eau douce peut procurer. Les Gorges du Gardon sont, quant à elles, un espace naturel très protégé du Gard. Ses abords pas toujours faciles d'accès se méritent, surtout entre Russan et Collias, et offrent un choix de balades inoubliables (la Baume de Sainte-Verédème notamment, au départ de Poulx ou de Sanilhac).

CANOË COLLIAS

Route d'Uzès
COLLIAS
✆ 04 66 22 87 20
www.canoe-collias.com
De 24/36 € adulte selon longueur du parcours, ado 19/26 €, enfant 13/16 €.

Implanté entre Uzès et le pont du Gard, dans un site naturel de toute beauté, Canoë Collias vous ouvre les portes de la descente des gorges du Gard en eau vive. Au choix, 4 parcours de 8, 12, 22 ou 23 km. Du parcours Collias-Pont du Gard (le plus court) au parcours Russan-Pont du Gard (le plus long) les escapades nautiques proposées par Philippe et Brigitte Chapert passent toutes sous le célèbre pont gallo-romain. Une activité sportive de plein air et de nature idéale entre amis ou en famille (avec des enfants de plus de 6 ans).

LES FOSSES DE FOURNÈS

FOURNÈS
Accès libre. Ouvert toute l'année. Attention accès glissant par temps de pluie.

Paysage lunaire, non loin de Remoulins, issu d'une importante sédimentation argileuse façonnée par l'érosion avec des pitons de 10 à 30 m de haut, de marnes argileuses blanches et tendres rongées par l'érosion. Les pentes sont entaillées de sillons creusés en vasques arides à la manière des marmites du diable. C'est un biotope particulier refuge pour les chênes kermès, la lavande sauvage, le thym et le romarin. On peut observer les nids de guêpiers, oiseaux orangés et bleus, venus d'Afrique de mi-avril à fin août. Une belle découverte.

BERNARD POUJOL, LA RIZICULTURE AVEC DES CANARDS

Implanté en Camargue, Bernard Poujol cultive du riz sur la commune de Saint-Gilles. Mais ce n'est pas un riziculteur commun. Il a fait le choix audacieux, original et finalement très judicieux, au début des années 2010, de cultiver son riz avec l'aide de canards, comme cela se fait en Asie, une stratégie qui lui permet de produire un excellent riz bio, sans aucun ajout. L'idée lui est venu suite à un voyage réalisé par son fils aîné au Japon où celui-ci découvrit la technique de cette culture traditionnelle. Le principe est simple. Les canards se nourrissent dans la rizière mais comme ils détestent les plants de riz, ils ne prélèvent que les autres herbes. Ainsi s'emploient-ils à débarrasser naturellement les rizières des « mauvaises » herbes, sans toucher au riz. En outre leur présence sur la rizière fertilise la terre tout en assurant une meilleure oxygénation du sol et des racines. Une association fertile.

Pionnier convaincu, Bernard Poujol s'est donc lancé, dans cette culture de riz en agro-écologie avec des canards. Et c'est toute une harmonie qui s'est mise en place dans la riziculture gardoise. Les rendements ont augmenté tout naturellement. D'autres riziculteurs se sont engagés dans l'aventure. Le riz bio camarguais baptisé « Canard des rizières » se retrouve dans de nombreux magasins bio, à la ferme du Mas Neuf de la Motte, à Saint-Gilles et sur le site Internet. On peut même soutenir cette démarche en « adoptant » 15m² de rizière et obtenir sa récolte perso. www.boutique.canard-desrizieres.fr

© ALPHÉE

LA CABANE SARRIETTE €€

153, Chemin des Houlettes - **GAGNIÈRES**
✆ 06 04 18 56 99
la-mine-dor.com
Ouvert toute l'année. À partir de 390 € la semaine. À partir de 190 € les deux nuits.

Bienvenue dans la charmante cabane du nom de Sarriette. Nichée entre trois chênes centenaires dont l'ombre la protège du soleil, cette cabane invite à un séjour unique et dépaysant. En surplomb de la rivière, cet hébergement romantique ne manquera pas de séduire les amateurs de tourisme vert. Il y a d'autres hébergements insolites dans cette Mine d'Or : une roulotte, une yourte, des gîtes et des chambres d'hôtes dans la maison de charme des propriétaires. Possibilité de prestations bien-être dans la maison principale. Vous êtes au bord d'une rivière sauvage.

LA MAISON DE L'AMANDE

Chemin de la Courbade - **GARONS**
✆ 04 66 70 67 36
www.maisondelamande.fr
Ouvert du mardi au samedi de 10h à 12h et de 14h à 19h. Ouvert toute l'année. Livraison possible. Boutique en ligne.

Cette maison est la seule coopérative de producteurs d'amandes de France qui produit, transforme et commercialise ses fruits pour les confiseurs, nougatiers, chocolatiers... On y trouve une gamme exceptionnelle d'amandes aux chocolats, de calissons, de dragées, pâtes d'amande, pâtes de fruits et biscuits. Osez l'amandise, la spécialité maison faite d'amandes grillées aromatisées aux herbes et les calissons en robe de fruits ou chocolat. Mais encore ? Les amandes salées aromatisées au colombo, à la tomate vanille, au chèvre banon, aux trois algues ou aux épices...

LE MONASTERE DE SOLAN €

D144 Mas de Soulan - **LA BASTIDE-D'ENGRAS**
✆ 04 66 82 94 25
www.monasteredesolan.com
Pour une première demande de séjour écrire au monastère. Participation aux frais à convenir lors de votre réservation.

Un monastère orthodoxe dans le Gard, relié à celui de Simonos Petra du Mont Athos occupé par les Sœurs de Solan. Dans un corps de logis, restauré avec la pierre locale, un espace est réservé à la vie en communauté de ces religieuses de l'Église orthodoxe. D'autres pièces sont dédiées à l'accueil du public, car ce monastère gardois, bien caché dans le creux d'un vallon sauvage, ouvre ses portes aux visiteurs. Vous pourrez vous promener autour du domaine, découvrir les champs cultivés (vignes, fruitiers, potager) au milieu d'une grande forêt méditerranéenne.

LA BAMBOUSERAIE EN CÉVENNES

552, rue de Montsauve - **GÉNÉRARGUES**
✆ 04 66 61 70 47
www.bambouseraie.fr
Ouvert de mi février à mi novembre. Tarifs complets sur le site. Adulte 13,50 €, enfant 9,50 €.

© JEAN DU BOISBERRANGER

La visite de la Bambouseraie est l'une des plus agréables et des plus dépaysantes du Gard, tant elle est enchanteresse et étonnante. Comptez environ 2 heures de visite pour profiter de cette forêt luxuriante et respirer les effluves des fleurs colorées. L'allée d'entrée bordée de bambous géants et de spectaculaires séquoias de Californie vous plonge dès votre arrivée dans un monde exotique qui fait tout le charme du domaine. Un bijou d'Extrême-Orient en plein cœur des Cévennes !

CASCADES DU SAUTADET

Route de La Roque-sur-Cèze
LA ROQUE-SUR-CÈZE
Accès libre. Parking payant en saison estivale.

Au lieu-dit les Cascades du Sautadet vous découvrez le formidable travail d'érosion de la pierre par la rivière. Site naturel grandiose, reste difficile d'accès pour les enfants. Prudence sur les rochers ! Suivez les consignes de sécurité des panneaux. La Cèze a creusé des cavités nommées «marmites des géants», composant sous l'eau tout un réseau de rochers vasques et de pics insoupçonnables de l'extérieur. Gare aux remous en amont, qui interdisent la baignade. En aval, il y a des bancs de sable et des plages, spécialemont adaptés à la baignade.

CAMARGUE AUTREMENT

1745, route de l'Espiguette
LE GRAU-DU-ROI
✆ 04 30 08 52 91
www.camargue-autrement.com
Qualité Sud de France. Ouvert toute l'année. Sur réservation. Chèque Vacances. Visite guidée.

La Camargue Autrement c'est la Camargue version safari ! Vous sillonnerez le territoire hors des sentiers battus en 4x4 à toit ouvert, à la découverte de paysages et d'une faune sauvage pour faire le plein de sensations fortes. Au programme, des escales chez les producteurs locaux pour des dégustations. A noter que, dans une optique de sauvegarde de l'environnement, Camargue Autrement compense ses émissions de CO_2 auprès d'un programme solidaire. Partez donc en safari en 4x4 au pays des chevaux, des taureaux et des flamants roses sans culpabilité.

SITE CLASSÉ DE L'ESPIGUETTE

LE GRAU-DU-ROI
Ouvert toute l'année. Gratuit. En été parking payant.

Grand Site de France, la Camargue gardoise s'attache à concilier l'accueil d'un grand nombre de visiteurs et la préservation de l'esprit des lieux. Au sein de cet espace classé, il est un joyau remarquable : le site de l'Espiguette avec des formations littorales uniques sur la côte méditerranéenne française. Sur près de 10 km de long et 2 km de large, s'étend une succession de dunes d'âge variable, allant des dunes vives proches de l'actuel littoral aux dunes fossiles situées sur d'anciens cordons et dont la plupart a été nivelée pour permettre leur mise en culture. Les dunes de l'Espiguette constituent sans aucun doute l'un des plus beaux écosystèmes dunaires de Méditerranée septentrionale. Il s'agit d'un habitat naturel refuge d'espèces végétales et animales spécifiques à ce milieu sableux difficile, très sec et salé. On observe des dunes mobiles non végétalisées de type saharien (barkanes), des dunes blanches à oyats ou des dunes à genévrier de Phénicie en allant vers le massif des Baronnets. La montée du niveau de la mer malmène ces fragiles édifices naturels. Des programmes de consolidation ou de reconstitution sont menés notamment à l'aide de barrages de piquets de bois qui piègent le sable, les « ganivelles » que l'on retrouve sur l'ensemble du littoral de Camargue et du Golfe du Lion. On trouve aussi des dunes boisées au niveau du Phare de l'Espiguette avec des pins pignons à la limite occidentale de leur aire de répartition.

WINDSURF PARK

Base nautique du Ponant - **LE GRAU-DU-ROI**
✆ 06 07 54 37 80
Fermé de novembre à avril. Cours dès 6 ans.

Pour découvrir Le Grau-du-Roi sous un autre angle que la terre ferme, direction la base nautique du Ponant pour voir la baie d'un Grau flamboyant et vivant, la terre vue de la mer et des voies fluviales. Le leitmotiv du Windsurf Park c'est détente, expérience et partage. Vous pouvez louer catamaran, kayak de mer, windsurf, stand up paddle pour une heure ou plus et découvrir en famille les multiples plaisirs de l'eau (à partir de 6 ans). Des moniteurs diplômés d'Etat vous encadreront et vous initieront aux joies de la glisse sur l'eau.

LA LUNE Ô COLLINES €€

6086, route Départementale - **LEDENON**
✆ 04 66 75 95 68
www.laluneocollines.com
Ouvert toute l'année. Chambre double de 115 € à 135 €. Wifi. Restauration. Sauna. Animations.

Au milieu des senteurs de la garrigue, une oasis verte et fraîche vous offre sa longère et 5 belles chambres d'hôtes. De l'industriel new-yorkais chic au loft en passant par le rêve de fjord, la tendre passion et l'étable, chaque chambre est un univers à part entière dans lequel on se sent bien. Elles possèdent toutes un sauna, une salle de bains ou d'eau, un coin salon, une terrasse, télé et réfrigérateur. Un joli restaurant intimiste vous invite à une table conviviale. Quel bonheur aussi de se réveiller parmi les odeurs de la garrigue !

LES CONCLUSES DE LUSSAN ★★

D643
LUSSAN
Accès libre toute l'année.

Ce sont les plus pittoresques gorges de l'Aiguillon, petit affluent de la Cèze. Les Concluses offrent un ensemble de falaises et de marmites géantes extraordinaire. Des gorges pittoresques creusées dans la roche calcaire par deux ruisseaux qui ont provoqué une érosion sur plus de six kilomètres. Ce spectacle 100 % naturel est à voir à quelques kilomètres de Lussan, village de caractère perché à hauteur de collines. L'accès à pied aux Concluses est assez raide et le dénivelé sur près d'un kilomètre peut surprendre. Prévoir de l'eau et de bonnes chaussures !

YOURTES ET GÎTE LES MASADES €€

hameau d'Elze - **MALONS-ET-ELZE**
✆ +33 09 88 28 43 64
www.giteslesmasades.fr
Ouvert toute l'année. A partir de 550 € la semaine en yourte jusqu'à 5 pers ou 75 € la nuit, petit déjeuner bio 8 €.

Au cœur de la forêt domaniale du mas de l'Ayre, aux confins du Gard, entre l'Ardèche et la Lozère, Les Masades constitue un lieu de vie et de tourisme porteur des valeurs de l'écologie, de la simplicité, de la convivialité et de l'ouverture. Vous pouvez y séjourner en gîte ou en yourte pour des vacances différentes en pleine nature autour du bassin de baignade bio régénéré par des plantes. Possibilité de pratiquer le yoga et de suivre des stages.

AUBERGE LA BORIE €€

Route de La Borie - **MANDAGOUT**
✆ 04 67 81 06 03
www.aubergelaborie.fr
Ouvert tous les jours midi et soir, sauf mercredi soir. Réservation recommandée. Menu à partir de 23 €. Terrasse.

Face à un paysage sublime, surplombant la vallée, l'Auberge la Borie s'accroche à flanc de montagne. Que vous choisissiez la belle bâtisse en pierres ou les terrasses aériennes et spacieuses, vous êtes assurés de manger dans un cadre somptueux. Aux fourneaux et aux commandes, Louise propose une cuisine originale et traditionnelle à la fois, avec quelques accords sucré-salé intéressants. Vous pourrez y déguster du filet de poulet au Pélardon, du magret de canard aux prunes sauvages avant de régaler vos papilles avec un soufflé glacé à la châtaigne.

GROTTE DE LA SALAMANDRE

Chemin de la Plage du Roy - **MÉJANNES-LE-CLAP**
✆ 04 66 60 06 00
www.grottedelasalamandre.com
De mi-mars à fin octobre, tous les jours. Adulte 12,50 €, enfant 8 €. Grand rappel : 42 €. Restauration.

L'une des plus belles cavités d'Europe, accessible à tous, ouverte au public depuis 2013. Le belvédère offre un panoramique exceptionnel. Au travers d'une visite guidée d'une heure, vous découvrez de magistrales concrétions illuminées et sonorisées. Les coulisses de la Salamandre proposent un itinéraire de spéléologie de 2h30 dans les salles cachées de la grotte. Les amateurs de sensations fortes oseront la descente en rappel de 50 m au cœur de la grande salle. Le plus insolite et impressionnant reste le vol en aéroplume sous une mongolfière !

BARNS €€

9, place d'Assas
NÎMES
✆ 04 48 68 07 79
Du mardi au samedi, midi et soir. Vin au verre. A partir de 16,50 € le menu (midi). Vente à emporter. Livraison.

Envie d'un repas 100 % bio loin des stéréotypes ? Rendez-vous chez Barns ! Pas de congélateur dans cette maison. Au programme : de la viande (agneau, taureau, etc.) et des fromages bio. Il s'agit d'une cuisine résolument fraîche et authentique qui est judicieusement réveillée par quelques épices finement dosées. L'adresse n'a rien à cacher, Ici tout est préparé maison. Les desserts changent régulièrement en fonction des arrivages, parmi les choix du jour : tiramisu châtaigne et poire, brioche perdue et sirop d'érable. Une adresse de charme.

Les Concluses de Lussan.

LES HALLES

5, rue des Halles
NÎMES
✆ 04 66 76 70 59
www.leshallesdenimes.com
Ouvert du lundi au samedi de 7h à 13h ; le dimanche et les jours fériés de 7h à 13h30.

Ici bat le cœur de la ville, chaque matin et tous les jours de la semaine. À Nîmes, ces halles ont été bâties en 1884 et relookées par Jean-Michel Wilmotte, architecte, urbaniste et designer. Que cherche t-on ici ? En plus de la convivialité, du relationnel, il y a les produits frais, labellisés Militants du goût ou AOC gardoise, les fruits et légumes de saison, les viandes de l'Aubrac, les poissons de la criée du matin, les fromages cévenols, le pain et les desserts. Sans oublier les produits exotiques, bio ou tendance. Ces halles sont incontournables !

NÎMOTEL €€

152, rue Claude-Nicolas-Ledoux - **NÎMES**
✆ 04 66 38 13 84
www.nimotel.com
Ouvert toute l'année. Accueil 24h/24. Dès 76 € la nuit pour 2 pers. Petit déjeuner 10 €/pers.

Vous voulez découvrir Nîmes ? Cet hôtel peut être un bon choix. Implanté au sein d'un parc boisé de 1,5 ha, il s'agit du premier hôtel de Languedoc-Roussillon à avoir reçu l'écolabel européen, pour sa politique de respect de l'environnement. Il est doté d'un restaurant de terroir, la Brandade, qui propose une variété de plats traditionnels et de spécialités provençales, ainsi que d'une piscine extérieure. L'accueil est chaleureux et l'ambiance détendue. En été, des activités à thème sont proposées sur place autour du sport, la gastronomie, la danse, le bien-être.

VIGNES TOQUÉES

NÎMES
✆ 04 66 36 96 20
www.costieres-nimes.org
Dans l'aire de l'appellation des Costières de Nîmes, en mai

Le rendez-vous est attendu ! Un week-end en mai c'est Les Vignes Toquées, une promenade dans les vignes organisée par les vignerons de l'AOC Costières de Nîmes. Le vendredi soir, randonnée dans les vignes à la nuit tombée et dégustation des plats imaginés par les chefs de l'association Gard aux chefs. Le samedi et le dimanche, randonnée viticole et gastronomique, de jour, en compagnie de 40 vignerons de l'appellation. L'occasion de profiter des paysages de vignes et garrigues de l'AOC Costières de Nîmes. À chacun ses couverts et son verre de dégustation.

MAISONS BULLES €€

246, chemin Notre Dame des Roses
PONT-SAINT-ESPRIT
✆ 06 43 12 96 10
De 110 € à 170 € la nuit selon saison et jour. Possibilité de séance de yoga et de massage.

Une étape étoilée pour aventuriers en quête de nuits insolites en Maison Bulle, sur les hauteurs de la cité provençale de Pont-Saint-Esprit, en plein cœur de la colline de Saint-Pancrace, tout proche des gorges de l'Ardèche. Un séjour au paradis pour les amateurs de panoramas bucoliques et de toiles au grand air. Vous avez le choix entre les dômes : bulle de savon géante, goutte de pluie ou de rosée, igloo ou vaisseau spatial, trois types d'architecture et trois thèmes variés. À la belle saison, vous profitez de la piscine circulaire et du spa.

MUSÉE D'ART SACRÉ DU GARD ★

2, rue Saint-Jacques - **PONT-SAINT-ESPRIT**
✆ 04 66 39 17 61
www.musees.gard.fr
Ouvert toute l'année. Fermé le lundi et les jours fériés. Gratuit.

Ce musée d'art sacré, unique en son genre dans la région, est un des points forts de Pont-Saint-Esprit. Aménagé dans la maison des Chevaliers, immeuble du XIIe siècle, il présente, dans une dimension muséographique très réussie, des salles d'apparat, des fresques des XIVe et XVe siècles ainsi qu'une superbe collection d'orfèvrerie religieuse. On passe d'une époque ou d'une civilisation à l'autre sans chronologie avec, pour fil conducteur, l'expression artistique du sacré.

MUSÉE DE LA SOIE ★

Place du 8-Mai-1945
SAINT-HIPPOLYTE-DU-FORT
✆ 04 30 67 26 94
www.museedelasoie-cevennes.com
Fermé de janvier à mi-février, et le 25 décembre. Adulte 6 €, Enfants 4,50 €.

Ce musée, à la fois naturaliste et manufacturier, dévoile les étapes de la transformation de la soie, du ver à soie à l'étoffe, en soulignant le caractère artisanal de la production. Un espace découverte dédié aux enfants met à disposition de petits métiers à tisser et des vers à soie à observer de près qu'il est permis de toucher. Pour compléter votre visite, ne manquez pas de vous balader sur les sentiers du Carré de Soie : 4 sentiers d'interprétation racontant l'histoire de la soie en Cévennes sur 4 communes de la Communauté de communes du Piémont Cévenol.

HONNEUR AU TAUREAU DE CAMARGUE GARDOISE

Dans le sud du département du Gard, le taureau de Camargue trouve ses lettres de noblesse et se targue d'un label Site Remarquable du Goût. A l'ouest du delta du Rhône, il vit en semi-liberté, dans un paysage type de marécages bordé par le littoral.

Ce territoire d'une très riche biodiversité alterne prairies humides, sansouïres, marais et lagunes. La tradition du pastoralisme y joue un rôle majeur dans la préservation des paysages et de la biodiversité. A l'origine, il s'agissait d'élever des bovins vigoureux et courageux pour les traditions taurines, dont les courses camarguaises. Mais pâturant dans ces milieux naturels avec des déplacements continus et une nourriture variée, les taureaux développèrent d'autres qualités… Les manadiers savaient bien que leurs taureaux produisaient une viande d'une finesse et d'une saveur remarquables, rouge sombre et peu grasse. Tant et si bien que le taureau de Camargue obtint, en 1996, une AOP.

Partez à la découverte des élevages et des traditions lors des manifestations proposées au sein des manades. L'occasion de déguster, au son des guitares, la fameuse gardiane de taureau, daube au vin rouge longtemps mijotée. Randonnez à travers les marais à pied, en calèche ou à cheval, seul ou guidé. L'Occitanie est fière d'abriter l'emblème de l'association Site remarquable du goût Taureau de Camargue : la Tour Carbonnière, tour de défense du XIIIe siècle, au cœur des prés et marais de Saint-Laurent-d'Aigouze.

BIVOUAC NATURE

Lieu-dit Graousse - **SAINT-JEAN-DU-GARD**
✆ 04 66 85 36 90
www.bivouac-nature.com
Cabane 5/6 personnes : à partir de 124 €/nuit. Safari : à partir de 115 €/nuit. Canadienne à partir de 90 €/nuit.

Innovant. Vous êtes en pleine nature dans le parc des Cévennes comme en safari ! Vous logez dans des tentes mariant toile et bois, dotées d'un joli mobilier en bois et d'un barbecue, en immersion dans la verdure. Parmi les animations vertes proposées : rando gourmande, récré-nature, soirée contes, course d'orientation, balade avec un âne... Un campement convivial avec la proximité (pas trop près tout de même !) d'autres tentes et la possibilité d'emprunter des jeux de société. Vous pouvez vous baigner dans les eaux vives d'une rivière toute proche.

MAISON ROUGE - MUSÉE DES VALLÉES CÉVENOLES ★

5, rue de l'Industrie (entrée piéton)
SAINT-JEAN-DU-GARD ✆ 04 66 85 10 48
www.maisonrouge-musee.fr
Fermé en janvier, ouvert le reste de l'année, horaires variables en fonctions des saisons. Adulte 8 €, enfant 6 €.

Une collection incroyable de 10 000 objets exposés donne à comprendre la vie, le savoir-faire et l'histoire des Cévennes. L'Homme et les objets qu'il a fabriqués sont au centre du discours et de la scénographie du musée. Comme un héritage, la mémoire de la filature, la plus ancienne à avoir innové et la dernière en activité en France, est sublimée par une rénovation et une extension volontairement contemporaines. Le parc met en lumière une muséographie complémentaire à celle du musée.

GITES ET ROULOTTES DU GRAND PUITS €€

RD58
SAINT-LAURENT-D'AIGOUZE
✆ 04 66 73 51 58
A partir de 650 € la semaine pour 4. Roulottes : 110 € la nuit.

Monique Vila vous accueille toute l'année avec deux gîtes et deux roulottes (4 personnes) sur un terrain de 40 ha enchâssé dans les vignes. Pas de style particulier, mais l'ambiance est cosy et le confort au rendez-vous. Dès le mois de mai, la piscine est ouverte est les pensionnaires en profitent. Proche des plus belles balades et visites, à proximité des plages du littoral, le Grand Puits possède de véritables atouts. Et qui n'a pas rêvé de dormir une nuit en roulotte ?

CIRCUIT DU PÔLE MÉCANIQUE ALÈS CÉVENNES

Vallon Fontanes
SAINT-MARTIN-DE-VALGALGUES
✆ 04 66 30 31 85
www.pole-mecanique.fr

Une envie de roulage sur circuit et de sensations fortes ? Ce centre créé en 1995 regroupe des activités liées à la mécanique sportive, devrait vous convenir avec ses 90 ha dédiés à l'apprentissage du pilotage, ses virages lents et rapides, épingles en dévers, en montée, en descente, sa ligne d'accélération de 600 m. S'ajoutent un circuit kart homologué, une route d'essai rallye de 4 km, une plateforme d'espace trial, un parcours 4 x 4 et un circuit vitesse automobile et moto.

ABÎME DE BRAMABIAU ET RIVIÈRE SOUTERRAINE

Chemin de Bramabiau
SAINT-SAUVEUR-CAMPRIEU ✆ 04 67 82 60 78
www.abime-de-bramabiau.com
Ouvert d'avril à novembre, tous les jours. Adulte : 10 €. Enfant (de 13 à 16 ans) : 7,50 € (6 à 12 ans : 6,5 €).

Edouard-Alfred Martel, père de la spéléologie, découvre l'abîme de Bramabiau en 1888. Aujourd'hui, on suit ses pas sur un parcours d'1km, au départ des sous-bois du massif de l'Aigoual. Une descente, crescendo, au cœur de la végétation, mène à la rivière souterraine, le Bonheur, qui serpente sous le Causse de Camprieu, avant jaillir par une étroite fissure haute de 70 m et précipiter ses eaux en cascade. Clou de la visite : des empreintes de dinosaures.

CABANES ET BULLES €€

600, Chemin du Terme
SAINT-SÉBASTIEN-D'AIGREFEUILLE
✆ 04 34 13 04 91
www.cabanesetbulles.com
De 168 à 188 € la nuit pour 2 avec petit déjeuner.

Deux dômes, une bulle, une pyramide... Au sein du parc national des Cévennes, ce domaine de 8 ha de forêt avec piscine, spa et bains bouillonnants privatifs propose des nuits insolites à la belle étoile. Votre logement est entièrement vitré pour une immersion totale dans la nature et sous le ciel étoilé, sur une terrasse qui surplombe la vallée. Confort et charme, à flanc de montagne. Féerique ! Ardoises de charcuteries/fromage à réserver pour le dîner. Quelques produits locaux sont en vente sur place ainsi que des boissons. Non adapté aux jeunes enfants.

LE TRACTEUR €€

Route du Stade
SANILHAC-SAGRIÈS
✆ 04 66 37 19 31
Fermé du 15 novembre au 15 janvier et le dimanche.Carte : 24 € environ. Réservation recommandée. Jardin.

C'est LE lieu de la campagne uzètienne dont on parle ! Cette ancienne grange reconvertie en restaurant a des allures d'auberge rustico-excentrique avec un tracteur rouge à l'entrée, une cheminée design, un plancher ciré, des fauteuils en velours rouge, de grandes tables, une cuisine ouverte et un chef tip top. Menu à l'ardoise au gré du marché et des cueillettes d'herbes sauvages, figue ou cèpes. Et c'est soupe de betterave à l'huître et brousse de brebis, pintade braisée au thym et crème de céleri, maquereaux et jeunes légumes croquants au jus de favouille...

LA MER DES ROCHERS

SAUVE
Ouvert toute l'année. Gratuit. Dépliant à l'office de tourisme.

Venez découvrir ce chaos de rochers dans la garrigue qui surplombe les toits du village médiéval de Sauve. Au cœur du Massif du Coutach, la Mer de Rochers offre sur les hauteurs de Sauve un spectacle magnifique, à la fois sauvage et comme travaillé par la nature. C'est un site féerique à découvrir en famille qui laisse place à la poésie et à l'imagination. On y accède en gravissant les ruelles de Sauve qui mènent au sommet du village, puis en empruntant un sentier serpentant entre des murs de pierres ruinés, vestiges d'anciennes habitations, constructions agricoles, citernes ou murets de soutènement de terrasses agricoles abandonnées. On découvre peu à peu un étonnant chaos calcaire, au fil d'un lacis de petits sentiers et au milieu d'une nature luxuriante. Ces rochers fantastiques arborent des formes improbables en se dressant telles des sculptures dans une végétation dense, de type garrigue, constituée principalement de chênes verts et de lauriers-sauce. Cette terre aujourd'hui ensauvagée et autrefois fertile, jusqu'au milieu du 20e siècle, était exploitée par les villageois qui y cultivaient des vergers de cerisiers, de pêchers, de figuiers et des micocouliers. Les vergers abandonnés, la garrigue a repris ses droits. Sur le sentier balisé d'environ 5,5 km qui parcourt le site, vous croisez le «Castellas», construction emblématique de Sauve qui abritait une guérite. Aux abords de la Mer des Rochers, se trouve aussi le château de Roquevaire, vestige d'un château dont l'origine reste incertaine.

ATELIER DU CAFÉ

Pont des Charrettes
UZÈS
✆ 04 66 57 62 91
www.latelierducafe.com
Ouvert toute l'année. Fermé le lundi. Gratuit. Boutique.

Bien sûr c'est une bonne odeur de café qui vous accueille ! Julien Hurard, qui tient cet atelier aux portes d'Uzès, torréfie ses cafés à l'ancienne avec une machine à bois et charbon qui date de 1905, qui magnifie tous les arômes des grains de café. Après les explications techniques, place à la dégustation et au choix de vos cafés, frais et torréfiés chaque semaine. Guatemala, Costa Rica, Colombie, Indes ou Éthiopie ? Laissez-vous tenter par l'uzétien conçu à partir d'un mélange de différents grains qui a été plusieurs fois médaillé.

JARDIN MÉDIÉVAL

Impasse Port-Royal - **UZÈS** ✆ 04 66 22 38 21
www.jardinmedievaluzes.com
Ouvert d'avril à novembre, horaires variables selon les saisons. Visite jardin, expo + Tour du roi : 6€.

© IN SITU

Etonnant jardin des simples, niché aux pieds des tours du Roi et de l'Evêque, un peu caché dans l'enceinte du château Raynon ! Créé en 1995, ce poumon vert au cœur de la cité médiévale est un véritable herbier vivant. Des petits sentiers entre les plans et les taillis mènent en labyrinthe aux diverses espèces utilisées au Moyen Age, notamment celles qui sont endémiques dans la région. Une visite insolite et ludique à la fois, qui permet d'en connaître plus sur les savoir-faire ancestraux. C'est l'association In Situ qui gère et entretient ce jardin remarquable.

MAS DES MIRABELLES €€€

Chemin des Mirabelles
UZÈS
✆ 06 14 21 82 97

Ouvert toute l'année. A partir de 220 € la nuit pour 2, 400 € pour 4. Tv satellite. Excursions.

Imaginez à 3 km au nord d'Uzès une ancienne bergerie du XVIIIe siècle, transformée en maison d'hôtes à la décoration de très bon goût, avec terrain privatif de 1 400 m2 gazonné à l'anglaise, la garrigue et la forêt autour et une grande piscine. Une adresse de grand charme qui peut recevoir jusqu'à 10 hôtes. La roulotte au fond du jardin ajoute au décor de rêve. Vos hôtes, Julie et Craig Frederick, sont anglais. Et leur garden house et le joli mazet aménagé sont très bien préservés. Une touche *british* associée au charme provençal. Un coup de cœur.

MEDUZ : BRASSERIE ARTISANALE

42, chemin des Tailles - **UZÈS**
✆ 04 66 72 69 38
www.meduz.fr

Ouvert du lundi au samedi de 10 à 19 h non-stop. Dégustation. Visite sur rdv, 4 €.

Christophe et Bertrand se sont installés à Uzès afin de fabriquer des bières belges et du Nord de la France. Réunis autour d'une même passion les deux associés fabriquent toutes les bières sur place, selon une méthode respectueuse de l'environnement. La petite dernière, née en janvier 2020, la Meduz Triple Grain, est déjà habituée aux concours ! Les installations se visitent grâce à un parcours inspiré et ludique. Des breuvages recommandés à tous les amateurs de bière !

LE MONT AIGOUAL ★★★★

Parc national des Cévennes
VALLERAUGUE

Accès libre toute l'année. Attention, équipement neige pour les véhicules conseillés en hiver.

Le mont Aigoual, sommet du Massif central, situé entre Gard et Lozère, offre un site tout à fait exceptionnel avec sa forêt, ses sentiers pédestres et ses pistes de ski. Point culminant (1 567 m) du Gard, il offre un panorama époustouflant sur les contreforts méridionaux des Cévennes gardoises et héraultaises, ainsi que sur la Lozère. On y accède en voiture, mais le site est bien entendu un lieu privilégié de randonnées aux beaux jours. L'hiver, on peut skier et randonner en raquettes sur la station de l'Espérou, voisine de 4 kilomètres.

OBSERVATOIRE MÉTÉOROLOGIQUE DU MONT AIGOUAL ★★

Sommet du mont Aigoual - **VALLERAUGUE**
✆ 04 30 05 16 80
www.aigoual.asso.fr

Ouvert du 1er mai au 30 septembre, tous les jours. Gratuit. Restauration. Boutique.

C'est la dernière station météorologique habitée en France. 13 départements sont concernés par ce site perché à 1 567 m d'altitude. Par temps clair, on distingue les plus beaux sommets français des Alpes aux Pyrénées. Météo France a apporté de l'attrait au site. Une partie du bâtiment est occupée par une exposition permanente sur le climat en général et celui de l'Aigoual en particulier. A découvrir, les instruments de mesure utilisés au cours des siècles par les climatologues.

Le Mont Aigoual.

LE PONT DU GARD ★★★★

400, route du Pont-du-Gard
VERS-PONT-DU-GARD
✆ 04 66 37 50 99
www.pontdugard.fr
Ouvert toute l'année. Horaires variables en fonction des saisons. Musée fermé lundi matin. Adulte 9,50 €, réduit 7 €.

Inscrit depuis 1985 au Patrimoine Mondial de l'Unesco, le Pont du Gard est un site d'exception. L'aqueduc, construit vers l'an 50, est l'ouvrage de l'empire romain le plus audacieux que l'on connaisse à ce jour. Il transportait l'eau des sources d'Uzès jusqu'à Nîmes. Aujourd'hui, l'ouvrage majestueux enjambe le Gardon et culmine à plus de 48 m. Les plages invitent à la baignade l'été et des sentiers de promenade offrent une vue panoramique sur la garrigue. Le musée propose un parcours ludique sur la construction du pont. Un incontournable !

© CATALISEUR30 - FOTOLIA

L'observatoire du mont Aigoual.

SOURCE ET MUSÉE PERRIER ★

Les Bouillens - **VERGÈZE** ✆ 04 66 87 61 01
www.perrier.com
Du lundi au vendredi - 9h30 à 12h30 et 13H30 à 17h00. Adulte 5 €, enfant 3 €. Visite guidée de la source sur réservation

La source Perrier voit, chaque année, près d'un milliard de ses prestigieuses petites bouteilles vertes quitter ses chaînes de production à destination du monde entier. Cette eau minérale gazeuse française est issue de la Source de Boulliens : initialement exploitée en établissement thermal, c'est en 1898 que Louis Perrier transforma les thermes en société des eaux minérales boissons et produits hygiéniques de Vergèze. Elle prendra l'appellation Perrier en 1903. Le musée dévoile l'histoire de cette boisson, et la visite de la résurgence se fait sur réservation.

BATEAUX PROMENADE DE VILLENEUVE

VILLENEUVE-LÈS-AVIGNON
✆ 04 90 85 62 25
Fermé de janvier à mai et jours fériés. Ouvert 10h à 12h30 14h à 18h30. Haute saison : tous les jours de 11h à 21h.

Visiter la région sur les voies fluviales du Rhône, ça vous tente ? On n'y avait pas pensé. 6 bâteaux promenade et 15 bâteaux-hôtels tenus par des compagnies différentes circulent sur le Rhône pour vous faire revivre l'époque du XIXe siècle où le Rhône était la voie royale, un axe de communication stratégique pour la circulation des hommes et des marchandises. On peut voguer à travers les régions, les bateaux offrent toujours une escale de 24h aux passagers afin de visiter la ville.

MAISON DE LA FIGUE

Les Terrasses du Château
VÉZÉNOBRES
✆ 04 66 83 62 02
www.maisondelafigue.com
Ouvert toute l'année, horaires variables en fonction des saisons. Accès libre et gratuit.

Au cœur de la cité médiévale de Vézénobres, entrez dans le monde succulent de la figue au travers de ce verger-conservatoire regorgeant de plus de 100 variétés de cet arbre millénaire. Située dans les soubassements du château de Girard datant du XIVe siècle, la Maison de la Figue offre une immersion ludique et sensorielle à la découverte de cet arbre emblématique de Méditerranée. Vous accèderez librement à l'ensemble du site, mais vous pourrez aussi choisir d'être accompagné d'une guide qui vous contera l'histoire du fruit. Passage obligé par la boutique !

MOULIN À HUILE DE LA CHARTREUSE

74, rue de la République - **VILLENEUVE-LÈS-AVIGNON** ✆ 04 90 25 45 59
www.maisonbronzini.com
Ouvert tous les jours de 9 à 19h. Visite et dégustation gratuites toute l'année. Label Qualité Tourisme et Sud de France

C'est l'un des plus anciens moulins de la région, créé en 1358 par l'ordre des Chartreux. Un patrimoine fabuleux, inscrit au Patrimoine historique, où le jus sacré ne cesse de couler depuis près de 650 ans. Le moulin a été repris en 2008 par la famille Bronzin. C'est Philippe, maître moulinier passionné de son métier, qui s'occupe de la trituration des olives pour élaborer 3 huiles : la cuvée Terroir, issue d'un assemblage des variétés locales, la cuvée AOC Provence et la cuvée Bio.

GERS

Vous êtes sur les terres de la Gascogne. Ici on sait ce que bien vivre veut dire ! Vous aurez donc tout le loisir de suivre une route gourmande à la découverte du canard et de l'armagnac. A l'issue de votre séjour vous saurez tout du foie gras et des meilleures liqueurs du Gers. Vous pouvez de manière plus insolite opter pour un séjour 100% ânes ou 100% étoiles, cheminer dans les bois à la recherche d'œuvres de land art, faire du paddle sur le lac de Castera-Verduzan ou une descente de canoë en eau calme pour changer des eaux vives d'autres sites célèbres, monter dans une remorque 4x4 pour un safari au milieu des buffles. Option intéressante : recentrez-vous en suivant un stage d'équi-coaching avec les compagnons équins de Lynke à Gaujac dans le Savès. Quant à dormir, sortez des hébergements traditionnels en vous installant dans une bulle sous les étoiles, une ancienne école de filles ou un gîte écolo au milieu des poneys.

L'ACCROBRANCHE DU LAC

Lac d'Aignan
AIGNAN
✆ 06 78 54 03 60
www.parc-aventure-32.fr
Ouvert tous les jours en juillet et août, et sur rendez-vous.

Ce parc acrobatique forestier c'est un peu la cerise sur le gâteau qu'est le lac aux nombreuses propositions de loisirs. Tous les aventuriers trouvent ici un parcours à leur taille. Deux sont accessibles aux tout petits, et avec plus de 120 jeux, on ne voit pas le temps passer ! Parcours verts d'initiation pour découvrir l'activité, parcours bleus pour quelques jeux en grimpant un peu plus et parcours rouges qui vous promènent jusqu'à 15 m pour les sensations fortes. Le must du site est la tyrolienne de 150 m qui traverse le lac, frissons et adrénaline garantis.

LA FERME AUX BUFFLES

Route de Castelnavet - **AIGNAN**
✆ 06 29 28 31 53
www.lafermeauxbuffles.fr
Fermé de novembre à mars. Haute saison ouvert tous les jours à partir de 15h. Sur réservation.

Dans les 20 hectares de parc, les buffles s'ébattent avec bonheur. Vous montez à bord d'un camion militaire version 4x4, ambiance safari avec Martial qui vous guide dans l'univers de ces bovins dont certaines races sont en voie de disparition. Fascinante et instructive, cette sortie est unique en son genre. Les plus petits peuvent continuer l'aventure avec les cochons, oies, âne et lapins qui les attendent à la mini-ferme. Sur place, une ferme-auberge vous ouvre sa table de terroir. Vous testerez la charcuterie de buffle et la tome de bufflonne exceptionnelle !

BOUCHERIE DE L'ABATTOIR

768, route d'Agen - **AUCH**
✆ 05 62 60 13 14
www.boucheriedelabattoirauch.fr
Fermé le lundi. Vente en gros, demi-gros et au détail.

C'est le chemin le plus court entre les éleveurs du Gers et votre assiette. Les viandes proviennent directement des coopératives de producteurs et question qualité, difficile de trouver mieux ! Les bouchers travaillent exclusivement les blondes d'Aquitaine du label La Vache de nos voisins. Le porc est du Sud-Ouest, l'agneau Label Rouge du Pays d'Oc et les volailles du Gers. Pour l'innovation pâté à cuire ou encore des saucisses basquaises, un savoureux mélange bœuf-porc relevé d'épices et de poivrons. En été, c'est chipolatas thym-citron, merguez et chorizo.

L'ATELIER DE CUISINE EN GASCOGNE

55, rue de Lorraine - **AUCH**
✆ 06 72 90 61 82
www.latelier-de-cuisine-en-gascogne.com
Nombreux ateliers thématiques à consulter sur le site Internet.

Pascale Salam Joubert fait ses gammes chez des chefs étoilés, monte un restaurant gascon à New York avec Ariane Daguin avant de revenir sur ses terres pour ouvrir, en 2006, son atelier de cuisine. Ses cours durent entre 2h et 3h et la chef propose des thèmes pointus : anti-gaspi, découverte du Japon ou de l'Inde, menu de saison... Vous repartez avec votre réalisation culinaire sans oublier les pâtisseries ! Pour les ateliers enfants c'est cupcakes, boulettes de bœufs à la tomate, etc.

TOURIN À L'AIL BLANC DE LAUMAGNE

Cette soupe gersoise traditionnelle est simple, économique, saine et délicieuse. C'est un plat populaire et réjouissant pour les tablées familiales ou lors des banquets festifs de terroir comme ceux de Gasconh'à table, à Lombez. Un beau palmarès pour un plat rapide et facile à réaliser avec des ingrédients du cru. Prenez une belle tête d'ail gersois, un litre de bouillon de volaille (pour 4 personnes), un peu de farine, un peu de graisse de canard (ou d'oie), un œuf, du sel et du poivre au moulin. Éventuellement du pain un peu rassis pour les croûtons. C'est tout ! Commencer par éplucher les gousses d'ail. Pendant ce temps mettre le bouillon de volaille à chauffer à feu doux. Faire fondre une grosse cuillère de graisse de canard (ou d'oie) dans une casserole à fond épais avant d'y jeter les gousses d'ail, sauf une que vous gardez crue pour frotter les croûtons. Remuer les gousses d'ail dans la graisse durant une dizaine de minutes sans coloration. Puis verser en saupoudrant une cuillère à soupe de farine (ou de maïzena), en remuant bien pour lier le tout. Enfin ajouter le bouillon petit à petit et laisser mijoter à feu doux durant un petit quart d'heure. Pendant ce temps-là, faire griller le pain et le frotter à l'ail, séparer le blanc et le jaune de l'œuf dans deux bols. Ajouter au jaune d'œuf une cuillère à soupe de vinaigre de cidre. Verser dans la soupe à l'ail, en remuant vivement. Puis faire tomber en filet le blanc d'œuf cru dans la soupe en remuant également vivement. Saler et poivrer. Servez !

VOIE VERTE DES BERGES DU GERS

1, rue Dessoles
AUCH
✆ 05 62 05 22 89
www.auch-tourisme.com
Ouvert toute l'année.

On l'appelle aussi promenade Claude-Desbons, du nom de l'ancien maire de la ville ; cette Voie verte est une aubaine pour les promeneurs et les actifs. Traversant Auch du nord au sud, elle constitue une alternative à la voiture aux heures de pointe. Réservée aux piétons, cyclistes et personnes à mobilité réduite, elle longe le Gers sur 5 km, croisant des points de vue sur la vieille ville. Cette voie verte est jalonnée de bancs et de points d'eau appréciés par temps chaud.

ABBAYE CISTERCIENNE SAINTE-MARIE DE BOULAUR €

BOULAUR ✆ 05 62 65 40 07
www.boulaur.org/abbaye-cistercienne-sainte-marie-de-boulaur
Participation aux frais d'hebergement à convenir lors de votre réservation avec une soeur hôtelière.

Le prieuré Sainte-Marie a été fondé en 1140 par Pétronille de Chemillé, une abbesse de Fontevraud, répondant au souhait de la veuve du comte d'Astarac. Détruit en partie pendant les guerres de religion, il fut reconstruit aux XIIe et XVIIIe siècles. Le monastère est agrégé à l'ordre de Cîteaux et élevé au rang d'abbaye en 1990. Les cisterciennes fabriquent fromage au lait cru, pâtés et confitures. C'est un lieu d'accueil insolite, de prière et de paix, au sein d'une campagne agréable.

PADDLE SUR LE LAC DE CASTÉRA-VERDUZAN

30, rue du Lac - **CASTÉRA-VERDUZAN**
✆ 07 72 66 96 20
Location de paddle à partir de 9 € pour 1 h.

Le paddle est une activité ludique pour adultes et enfants qui offre de véritables moments de détente et de plaisirs joyeux en famille ou entre amis. Variante du surf en provenance d'Hawaï, il s'agit d'un sport complet, en harmonie avec la nature, qui permet de travailler les abdos, les fessiers, d'affiner la taille, booster sa cardio, raffermir les bras et sculpter les épaules, tout en travaillant l'équilibre. Votre pagaie vous permet d'avancer sur les flots. Fun !

PALMERAIE DU SARTHOU

BÉTOUS ✆ 05 62 09 01 17
www.palmeraiesarthou.com
Label Qualité Tourisme et Jardin remarquable. Fermé de mi-novembre à mi-mars. Adulte : 7 €. Enfant : 3,50 €.

Un jardin extraordinaire en Gascogne. Ce domaine de 8 ha est divisé en deux parties, l'une dédiée au jardin exotique et l'autre à un parc environnemental. C'est un lieu absolument fabuleux qui distille un enchantement d'un bout à l'autre, de la palmeraie à la serre tropicale, à la découverte de plusieurs centaines d'essences... Des bassins de nénuphars et de lotus au verger conservatoire très particulier où sont cultivées, de façon naturelle, d'anciennes variétés locales réintroduites comme les cramoisies de Gascogne, la découverte est passionnante. C'est une invitation à une promenade en plein Eden... L'Histoire de la palmeraie est au départ celle d'une passion partagée à deux pour cette plante. Elle commence avec l'achat en 1980, d'une propriété comprenant maison et jardin. A partir des graines du palmier Trachycarpus Fortunei (Palmier de Chine) et d'un long travail de sélection, les premiers sujets sont plantés. Depuis c'est une vraie palmeraie qui s'y est développée. Chaque année de nouvelles compositions et réalisations sont visibles. Les enfants disposent d'un jeu de piste et sur le parcours de randonnée botanique, des installations surprise les attendent. Durant la balade, vous pourrez découvrir des huîtres fossiles géantes et des tortues, vous pourrez vous détendre dans les hamacs bercés par un bateau qui sert de dôme ou de la ferme gasconne avec salle d'exposition de peinture et sa basse-cour ainsi que celle des sculptures d'art contemporain. Une visite qui vaut vraiment le coup et réserve son lot de surprises et de souvenirs.

© LA PALMERAIE DU SARTHOU

CHAMBRES D'HÔTES BELLIETTE €€

Cutxan - **CAZAUBON** ✆ 05 62 08 18 68
https://belliette.fr/
75 € la chambre double avec les petits déjeuners. Dîner à la table d'hôtes de l'ancien chai (sur réservation).

Logez dans une maison gasconne du nord-ouest du Gers, au cœur de la belle région du Bas-Armagnac. En pleine nature, au sommet d'une colline, Belliette, «beau lieu» en gascon, est une ancienne ferme construite en 1800 avec torchis et colombages. Silence et vue imprenable, simplicité et convivialité sont parmi les atouts de cette maison. Vos hôtes vous dévoilent avec plaisir leurs bonnes adresses. En regroupant les trois chambres d'hôtes, la maison peut accueillir jusqu'à 10 personnes !

CHÂTEAU DE CAUMONT

Château de Caumont
CAZAUX-SAVÈS
✆ 05 62 07 94 20
www.caumont.org
Ouvert de mi-avril à novembre. Hraires variables selon saiason. Adulte : 8 €. Enfant : 4 €.

C'est le plus grand château Renaissance de la région et l'un de ses fleurons touristiques. Habité par la famille de Castelbajac, l'une des plus anciennes de la Gascogne, depuis plusieurs siècles, le château de Caumont, implanté au sein d'un immense terrain arboré et sauvage, présente un ensemble architectural classé Monument historique et affilié à la Demeure historique. Ce joyau parmi les sites les plus visités du Gers domine la vallée de la Save et regarde la chaine des Pyrénées. Il fut édifié par Pierre Nogaret de La Valette à son retour des campagnes d'Italie auprès de François Ier. La bâtisse, construite sur les plans de l'architecte Nicolas Bachelier, dans un appareillage de pierres et de briques, est flanquée de 4 tours fortes. Les trois ailes sont arrangées en U autour d'une grande cour d'honneur récemment restaurée. A l'entrée du domaine, se dresse un autre château, construit sur les vestiges d'un ancien château fort. Plus petit et plus ancien, séduisant et romantique avec ses allures de château de conte de fées, il accueille des mariages, des réceptions et des tournages de films.

En marge des visites guidées, le château de Caumont propose plusieurs animations et prestations dont une chasse aux œufs le dimanche et le lundi de Pâques, l'après-midi ; un concert de musique baroque en mai ; des chasses aux trésors pour les enfants, tous les mercredis matin de juillet et août (sauf en cas de pluie) ; un *escape game* dans les souterrains du château en juillet et août ; une brocante en septembre.

ANCIEN CARMEL DE CONDOM €

35, avenue Victor-Hugo - **CONDOM**
✆ 05 62 29 41 56
www.lanciencarmel.com
Ouvert du 1er avril au 31 octobre. Gîte d'étape 25 € la nuit avec petit déjeuner. En demi-pension, ajouter 12 €.

À deux pas du GR65, l'Ancien Carmel de Condom, dont la première pierre remonte à 1280, est un gîte d'étape et un lieu de vie alternatif, solidaire et de réinsertion pour des retraités et des personnes ayant connu des difficultés. Une escale très conviviale avec possibilité de repas en réfectoire à base de produits du potager et locaux. Immense potager, vergers, jardins fleuris, mare, zone boisée, poules, oies et canards.Tout à fait dans l'esprit d'une démarche globale et d'un tourisme durable, l'Ancien Carmel est membre de Terra Gers.

DOMAINE DE LA BRETTE €€

Route de Nérac - **CONDOM**
✆ 05 62 28 08 46
www.domaine-de-la-brette.com
Ouvert toute l'année. Roulotte dès 90 € la nuit, gîte pour 4, dès 156 €, chambre d'hôte dès 65 €. Repas 25 €.

Un magnifique domaine de 130 ha, des bâtiments du XVIIIe siècle, magnifiquement rénovés vous offre dans une dépendance de 70 m de longueur notamment, 6 gîtes de 4 à 7 personnes et un gîte pour 8 à 10 personnes. Trois très jolies chambres d'hôtes sont aussi à votre disposition. À l'extérieur, un jardin privé côté est et un parc commun avec piscine, terrain de tennis et jeux pour les enfants, sauront satisfaire les grands et les petits. S'ajoutent trois grandes roulottes de bois et de charme chacune dotée d'une jolie terrasse.

PLAN D'EAU VIVE DE LA BAÏSE

Base de loisirs -
CONDOM
✆ 05 62 28 24 88
Ouvert toute l'année. Nombreuses activités en juillet et août. Location de canoë-kayak.

Vous pouvez pratiquer le canotage et le canoë-kayak en amont du barrage et pêcher dans une rivière de deuxième catégorie. Ce plan d'eau vive est indissociable de la base de loisirs de Gauge dont il fait partie. L'été, le plan d'eau de la Baïse, situé au cœur de la plaine de Gauge, vous propose des activités sportives, ludiques gratuites ou non (canoë, voile, tir à l'arc, golf, équitation, natation, etc.) encadrées qui s'adressent aux vacanciers comme aux Condomois.

Entrée de l'Ancien Carmel de Condom.

VOIE VERTE DE L'ARMAGNAC

CONDOM
✆ 05 62 28 00 80
www.tourisme-condom.com
Ouvert toute l'année. Accès libre.

Cette ancienne voie ferrée inaugurée en 1893 et désaffectée a été réhabilitée sur plus de 18 km en voie verte. Randonneurs, cavaliers, cyclistes et joggers y prennent plaisir, seuls ou en famille, au plus près de la nature et sécurisé, loin des automobiles et de l'asphalte. Condom est son point de départ, puis le chemin serpente vers Gondrin et au bas de Lagraulet. Cet itinéraire dessert à distance raisonnable des sites touristiques majeurs, comme Larressingle, Cassaigne, Mouchan, le hameau de Vopillon ou encore Montréal-du-Gers.

NUITS INSOLITES AU DOMAINE D'ESCAPA €€

Clarens - **ESTIPOUY**
✆ 05 62 59 37 51
www.domaine-escapa.fr
Roulotte 4 pers ou carré d'étoiles pour 2, à partir de 111 €, tipi pour 7, 152 €, tipi pour 7 ou cabane pour 6, 253 €.

Un vrai campement d'hébergements insolites. Vous avez le choix entre des roulottes, des tipis-lodges, des cabanes perchées dans les arbres, une familiale et une avec bain bouillant, et l'un des 3 carrés d'étoiles. Chacun d'entre eux dispose de 9 m^2 avec cuisine équipée, lit 160 et canapé lit, WC, douche et un dôme pour regarder le ciel et télescope. Sur place : piscine, nombreux stages et ateliers. Nouveautés 2021 : activités nocturnes, jeux pour les enfants.

CROC & MIAM !

Les Cabanes - **FLEURANCE**
✆ 06 78 88 80 26
Téléphoner avant de passer. Vente mardi matin sur le marché de Fleurance et parfois celui de l'Isle Jourdain.

Gil Masselin, ancien chef cuisinier, et sa femme qui ont osé l'aventure du biscuit « *made in Gascogne* » nous concoctent d'insolites mariages entre terroir gascon et soleil de la Méditerranée, dans leur belle ferme. Leur enseigne Croc & Miam propose des biscuits salés et sucrés, dans une large gamme variant selon les saisons. On citera les palets gersois au floc ou à l'armagnac, les cœurs gascons… pour agrémenter goûters, cafés, thés, pauses, desserts. Des petits plaisirs à croquer que l'on trouve aussi dans des boutiques du terroir.

SUITE DE PAN, ITINÉRAIRE ARTISTIQUE

Chemin de la Biodiversité - **FLEURANCE**
✆ 05 62 64 00 00

Suite de Pan est une création originale de Thierry Boutonnier pour le Pays Portes de Gascogne. Implantée en un site écologique et perchée dans un chêne, Suite de Pan consiste en un espèce d'observatoire de la biodiversité en danger à travers un globe céleste contemporain aux constellations prenant la forme d'espèces disparues ou menacées, une projection de la biodiversité et de la richesse du vivant et un rappel des liens d'interdépendance entre infiniment grand et infiniment petit.

LILIAN RIQUET, LA GASCOGNE AU CŒUR

Le drapeau basque flotte sur le fronton de sa maison située dans la campagne de Samatan. En 2015, Lilian Riquet a fondé, avec d'autres passionnés comme lui, l'association Esprit Gascon dont l'objectif est de sauvegarder et de promouvoir la langue et les traditions gasconnes. Forte de 70 membres et 4 500 abonnés sur facebook, celle-ci s'attache à diffuser les richesses du patrimoine gascon. Lilian Riquet, lui, s'affiche 100% gascon jusqu'au béret : « Je suis un des derniers primolocuteurs de la langue gasconne. Je suis né en 1951 dans une ferme ariégeoise où mes arrière-grand-parent comme mes grand-parent ne parlaient qu'en gascon. J'ai été baigné dedans toute mon enfance. Bien sûr à l'école, après, on nous corrigeait ! Mais cela reste ma première langue et je ne l'ai jamais perdue. » Amoureux de l'identité et des racines gasconnes, Lilian Riquet collectionne les ouvrages sur la Gascogne et surtout ceux rédigés en gascon. Sa bibliothèque regorge de livres de poésie, d'histoire, de cuisine... Et pour pratiquer la langue gasconne, il ne se fait pas prier et l'utilise dès qu'il le peut. Il aime transmettre ce savoir afin qu'il ne se perde pas notamment auprès de son petit-fils Maxime qui a hérité de lui du goût de la Gascogne. « Cette langue c'est un patrimoine merveilleux, au même titre que le porc noir gascon, le dindon gascon, le vin de Gascogne, etc... » Nul doute que Lilian Riquet rêve en gascon. Alors en partant dites lui adiu ou, au pluriel, adishats si vous vous adressez également à son épouse qui veille tendrement sur lui.

© ALPHÉE

ÉQUI-COACHING

En Micalon
GAUJAC
✆ 06 72 36 24 20
Se renseigner pour les dates des ateliers et les tarifs.

Vous recherchez un développement personnel ? Plongez dans l'univers du cheval, au sein d'une nature paisible et de beaux panoramas. Nynke Huijzer et ses poneys vous accueillent à Gaujac. Au contact des équidés, vous vous découvrez et vous renforcez les capacités, les compétences et les qualités qui sont les vôtres. Pour certains stages, Nynke associe le yoga à sa pratique. Et pour profiter au mieux de cette démarche de détente et de ressourcement, résidez sur place dans le beau gîte de Nynke et Hans, confortable et chaleureux.

L'ATELIER FOIE GRAS DE PIERRE DUBARRY

3, avenue de Cahuzac - **GIMONT**
✆ 05 62 62 10 00
www.villacahuzac32.com
Atelier en novembre et décembre, le samedi matin, 75 €, 120 € pour deux, sur réservation.

Découvrez les secrets de fabrication d'un foie gras signé Pierrot Dubarry à la villa Cahuzac, dans l'atelier culinaire des anciens Ducs de Gascogne. Vous saurez tout de la bonne manière de choisir un foie, l'histoire du foie gras et bien entendu les astuces, bons gestes et recettes pour bien le préparer, le cuisiner, le servir... Possibilité de dégustation de vins et produits gascons au restaurant et même de dormir sur place dans l'une des chambres de charme de la villa Cahuzac.

LES DÉLICES D'ALIÉNOR - CROUSTAD'OC

Boulevard du Nord
GIMONT
✆ 05 62 67 87 89
www.delices-dalienor.com
Ouvert du lundi au vendredi de 9h à 17h.

Lorsque l'on a mordu une fois dans la dentelle délicate et croustillante d'une croustade ou d'une tourtière landaise, goûté à la saveur fondante du beurre et de la pomme parfumée, détecté la fine touche de l'armagnac... on ne l'oublie plus ! Cette pâtisserie locale vient grossir les rangs des délices gersois. Les parfums sont variés : pomme, poire, pruneaux, fruits rouges et une très originale croustade poire et chocolat qui est tout simplement délicieuse. A savourer sans modération.

ASINERIE D'AMBAZAC

56, chemin des Cabirots - L'ISLE-JOURDAIN
✆ 05 62 07 02 10
https://embazac.com

Un domaine 100% lait d'ânesse ! Vous trouvez à cette adresse tout à la fois une ferme bio dédiée à l'élevage des ânes qui produit du lait bio d'ânesse depuis 1997, une boutique de vente directe des produits gourmands et cosmétiques, des visites de l'exploitation organisées sur réservation et des chambres d'hôtes pour séjourner sur place. En dénominateur commun nature, authenticité et convivialité. Possibilité de goûters avec les produits maison et, bien entendu, dégustation et vente de la vedette maison : la bière au lait d'ânesse Kânesse.

ÉCO-LOGIS D'ENSARNAUT €€

LAMAGUÈRE ✆ 05 62 65 03 58
https://ensarnaut.com/

De 308 € à 882 € la semaine selon le gîte et la saison.

Un troupeau de poneys en liberté, 65 ha de nature préservée et, au sein de ce petit paradis, deux gîtes écologiques : le gîte Laurier pour 4 personnes et le gîte Frênes qui peut accueillir jusqu'à 7 personnes. Ces gîtes spacieux, lumineux et très confortables, ont été aménagés dans l'ancienne grange rénovée dans le respect de la tradition et de la bio construction. Le domaine vous offre un environnement exceptionnel avec des sentiers balisés que vous pouvez découvrir avec les poneys et un lac collinaire que vous pouvez parcourir en barque.

LES ROULOTTES D'ENCAZEAUX €€

Paguère d'Encazeaux - L'ISLE-JOURDAIN
✆ 05 62 07 21 15
www.lesroulottesdencazeaux.com

Pour 4 personnes. De 450 € à 780 € la semaine selon saison. De 75 € à 130 € la nuit. Cinquième personne : 10 € par nuit.

Ces deux véritables roulottes-gîtes de 20 m² sont installées sur l'exploitation agricole de Christine et Pascal. Vous profitez de la vue sur la vallée de la Save et du calme de la campagne gersoise. À votre arrivée, les lits sont faits. À disposition linge de toilette et de table, et vaisselle. Les propriétaires vous renseignent sur les excursions à faire alentour. Si vous aimez les chevaux, allez aux Écuries d'Encazeaux juste à côté. Les cavaliers sont d'ailleurs les bienvenus ici.

CAMP DE SIÈGE MÉDIÉVAL ★★

Village - LARRESSINGLE
✆ 05 62 68 33 88
http://larressingle.free.fr

Ouvert du 1er avril au 11 novembre, tous les jours. Adulte : 8,20 €. Enfant (de 3 à 12 ans) : 5,20 € (ados : 7,50 €).

Aux abords de la forteresse de Larresingle, on a établi un camp de siège des XIIIe et XIVe siècles et reconstitué plusieurs des machines offensives et défensives utilisées à cette époque. Les visiteurs peuvent les voir fonctionner. Spectacles en été à 11h30, 15h, 16h30, 17h30. Il est possible de les mettre en action, donc procéder à des tirs comme les pratiquaient les combattants du Moyen Âge. Aperçu des techniques médiévales de constructions, levage, production. Animations costumées en juillet et en août autour du tir à l'arc, la taille de pierre, les armes...

CHÂTEAU D'EAU €€€

Place de l'Eglise - LAGRAULET-DU-GERS
✆ 05 62 29 12 44
www.mairielagrauletdugers.com

Ouvert toute l'année. Gîte de 250 m2 et 7 chambres doubles dès 1 200 € la nuit ou chambre d'hôtes pour 2 pers 140 €.

Le charmant village de Lagraulet-du-Gers propose un gîte particulièrement original : un ancien château d'eau des années 30. Décor et mobilier design, salle de bains en béton et cuisine à côté de la chambre, vous bénéficiez même de la terrasse ronde sur le toit avec vue panoramique et chaises longues. Des lunettes astronomiques sont à disposition pour être un peu plus près des étoiles. L'artiste Jean-Paul Chambas a réalisé la fresque murale sur le château, ainsi que la décoration des chambres. Au cœur du bourg des chambres sous les étoiles...

AU CREUX DE MON ARBRE €€€

Lieu-dit Lablennerie - LASSEUBE-PROPRE
✆ 06 03 99 74 69
www.au-creux-de-mon-arbre.com

Ouvert toute l'année. Nuit en cabane pour deux personnes, avec accès au SPA à partir de 200 €.

Le domaine et son grand bois de 130 ha vous accueille. Vous vous installez à 4 m du sol dans cette cabane toute en rondeur, nichée au creux d'un chêne multicentenaire. Un vrai petit nid, équipé de tout le confort moderne...Magique et dépaysant. Le calme est assuré et tout a été pensé pour rester dans l'esprit nature avec une décoration et des objets artisanaux. On aime la terrasse extraordinaire et le petit déjeuner discrètement livré au pied de votre arbre. Et pour découvrir la gastronomie locale, optez pour les paniers gourmands.

LE RINCE-QUENOTTES

Tugot
LAURAËT
✆ 06 72 82 54 35
www.le-rince-quenottes.fr
Visite à la demande, toute l'année, avec dégustation. Vente directe de vins rouge et rosé.

Pour Michel, dentiste de profession, l'appellation était toute trouvée et inutile de chercher la roulette, ici on laboure et décavaillonne à la main, à l'ancienne... et sans douleur. Sur 3,5 ha, près de 2 ha sont consacrées au vignoble en majorité planté en Merlot et Cabernet Sauvignon. Le rouge se caractérise par sa puissance. Très typé, il doit ses arômes à une maturation de 15 mois en barriques spéciales. Le rosé, quant à lui, ne démérite pas et délivre ses saveurs fruitées... Allez à la découverte de ce vignoble, nul doute que vous ayez un coup de cœur !

LES IRIS DE LAYMONT

LAYMONT
✆ 06 74 86 88 23
www.les-iris-de-laymont.fr/
Portes ouvertes en mai, selon météo. Gratuit.

L'un des joyaux du Savès. Les Iris de Laymont composent l'une des plus importantes collections européennes d'iris barbus : miniatures, intermédiaires et grands, avec plus de 3 400 variétés d'iris botaniques, d'iris historiques du 19e et début du 20e siècle, d'iris modernes des années 1940 à 2019 (français, européens, américains, australiens). Cette collection est ouverte à la visite gratuite au moment de la floraison. Le pic de floraison des grands iris de jardin est variable suivant les conditions climatiques de chaque année mais a lieu généralement aux alentours du 10 mai. Les dates des portes ouvertes ont lieu environ une semaine avant et une semaine après le pic de floraison et indiquées en avril. Les Iris de Laymont ne sont pas qu'un conservatoire ou un cultivateur, ce professionnel mondialement connu est surtout un créateur très impliqué dans la société de botanique nationale dédiée aux iris. On lui doit de nouvelles variétés d'iris hybridées chaque année. Il est possible d'acheter vos bulbes sur place lors des portes ouvertes. Et si vous avez la chance de tomber sur le patron c'est un passionné intarissable sur les iris, leur histoire, leur culture qui comblera toutes vos lacunes en la matière. Nul doute que vous vous preniez à votre tour de passion pour les bulbes et les repiquages, et pourquoi pas l'hybridation dont sont issues des merveilles floristiques ! Mais c'est une autre histoire. Les bulbes peuvent être envoyés par la poste donc vous pouvez aussi faire votre shopping iris sur Internet...

EAUZE, CAPITALE ANTIQUE

Aujourd'hui, capitale de l'Armagnac, du Floc et des Vins du pays des côtes de Gascogne, Eauze nous invite à réviser notre latin. Au IIIe siècle, Elusa, nom de la cité antique d'Eauze, devient la capitale de la province romaine de Novempopulanie. Elle rayonne sur le territoire de l'actuelle Gascogne. C'est une vitrine de la romanité. Ses habitants profitent de son statut et apprécient la paix qui y règne. Le poète antique, l'aquitain Ausone, relate la douceur de vivre et l'opulence des campagnes et des villes du sud-ouest de la Gaule à cette période.

Eauze abrite 3 sites archéologiques qui nous replongent dans le quotidien d'Elusa et nous font découvrir le raffinement et les secrets des résidences aristocratiques de la cité antique.

En guise d'introduction, rendez-vous à l'entrée du site archéologique de la domus de Cieutat, où l'ancienne gare d'Eauze abrite le centre d'interprétation qui retrace l'histoire des trois sites qui constituent l'ensemble ELUSA Capitale antique. Cet espace vous permettra de découvrir l'ampleur de la cité antique à travers une scénographie moderne et ludique et vous transportera au cœur de la vie urbaine et rurale à l'époque gallo-romaine. Visitez la Domus de Cieutat et la Villa de Séviac, mais aussi les riches collections du Musée archéologique / Le Trésor d'Eauze. Animations toute l'année : initiations à la céramique ou la mosaïque antique, à la création de bijoux à l'antique, à la fouille archéologique, nocturnades et estivales, chasses aux trésor et balades contées... www.elusa.fr

© ELUSA

BLEU DE LECTOURE ★

55, rue Alsace-Lorraine - **LECTOURE**
✆ 05 62 28 14 93
www.bleu-de-lectoure.com
Ouvert tous les jours. Horaires variables. Visite d'atelier sur réservation (pas le dimanche). Adulte : 2 €.

Dès la Renaissance, le Sud-Ouest de la France se lance dans la production intensive de l'*Isatis Tinctoria*, autrement dit, le pastel, cette plante qui, une fois broyée et fermentée, donne un bleu éclatant à nul autre pareil. La Gascogne devient alors un pays de Cocagne, les «cocagnes» dénommant les boules de pastel. Dès lors, Toulouse s'impose comme le cœur d'un commerce européen d'un commerce florissant, du moins jusqu'à la découverte de l'indigo et bien pire encore... des teintures synthétiques. Heureusement une petite forme de résistance s'est organisée pour garder au bleu dit de Lectourne de perdurer au pays. Ici, vous découvrirez l'histoire du pastel et son processus de transformation en teinture naturelle. Cette fabrique qui avait été fondée en 1994 a bien failli cesser toute activité et disparaitre en 2016, avant d'être sauvée in-extremis et de renaître tel un phénix sous la houlette de l'ancien patron et deux de ses employées associées dans sa sauvegarde. Passionnés et déterminés à sauver un outil et valoriser un savoir-faire local, ils entrainèrent dans l'aventure un agriculteur qui poursuit la production de la plante tinctorale. Ils ont déménagé leur atelier à l'entrée de la ville et développé une gamme de produits bio. On trouve dans leur boutique une large gamme de vêtements, foulards, savons, produits de beauté, peinture qui ont tous pour point commun, vous vous en doutez, le pigment naturel proche du bleu du ciel. Merci à Henri, Cécile et Séverine de faire perdurer la tradition du bleu pastel de Lectoure !

CATHÉDRALE SAINTE-MARIE ✝

Place de la Cathédrale
LOMBEZ
Ouvert toute l'année. Grand-messe à 10h le dimanche.

Elle se distingue dans ce pays du Savès gersois où les églises arborent traditionnellement des clochers-murs. La cathédrale Saint-Marie est comme un phare visible tout autour de Lombez avec son magnifique clocher haut perché dans les tons rosés. On la doit au pape Jean XXII en Avignon qui décide de renforcer la puissance et les actions de l'église dans la région en créant cinq évêchés nouveaux sur les terres de l'archevêché de Toulouse. C'est ainsi qu'en 1317, l'abbaye bénédictine Notre-Dame de Lombez est élevée au rang d'évêché, ce qu'elle demeurera jusqu'à la Révolution. L'aspect architectural de forteresse de la cathédrale avec ses contreforts massifs et son chemin de ronde s'explique par la lutte contre les hérésies et la guerre de Cent ans. Sa construction durera deux siècles, du XIV au XVe, en commençant en 1346 par le clocher haut de 42 m de type méridional inspiré par ceux des églises Saint-Sernin et des Jacobins de Toulouse. Classée Monument Historique depuis 1846 pour son architecture, elle abrite plusieurs éléments de mobilier également remarquables. Signalons en particulier dans le baptistère la cuve baptismale en plomb du XIIIe siècle entourée de vitrines où sont exposées un trésor religieux du XIXe siècle ; dans le chœur de la grande nef des vitraux du XVIe siècle ; également dans le chœur les stalles et le trône épiscopal en bois sculpté du XVIIe siècle, les grilles en fer forgé du XVIIIe siècle ; enfin en tribune au-dessus du porche les orgues de Guillaume de Monturus du XVIIIe siècle.

© BLEU DE PASTEL DE LECTOURE

Bleu de Lectoure.

LE PARC DE PÉTRARQUE €€

11, rue Notre-Dame - **LOMBEZ**
✆ 05 62 62 32 70
www.leparcdepetrarque.com
Chambre simple 54 € ; chambre double 64 € ; chambre triple 84 €. Petit déjeuner inclus.

Coup de cœur et accueil chaleureux pour cette maison de maître du XVIIIe siècle implantée dans le parc privatif de l'ancien évêché déployé sur 4 ha, avec étang et prairie. Pétrarque, premier poète humaniste, a dit avoir passé un « été céleste » à Lombez. La maison propose 5 chambres de caractère aux enduits et pigments naturels et meubles anciens. On aime celle de l'écrivaine, nommée en hommage à la grand-mère du propriétaire, écrivaine et critique littéraire. Nombre d'écrivains viennent se ressourcer ici. A voir la collection d'affiches et de tableaux d'époque.

LA PETITE ÉCOLE €€

29, rue Henri-Laignoux - **MARCIAC**
✆ 06 89 64 22 36
lapetiteecolemarciac.pagesperso-orange.fr/index m.html
Chambre double de 75 € à 110 € ; chambre triple de 80 € à 115 €. Petit déjeuner inclus. Lit supplémentaire : 20 €.

Cette ancienne école pour filles, ouverte dans les années 1920 par des religieuses a été réhabilitée et transformée en trois chambres d'hôtes et deux gîtes. Séverine vous y accueille et on aime d'emblée la cour avec terrasse et le petit salon de jardin qui donnent le ton, fort charmant ! La décoration des lieux est à la fois sobre et moderne, ici les chambres d'hôtes fonctionnent quasiment dans l'esprit hôtelier et votre indépendance est totale. Les gîtes proposés sont également très pratiques et ils permettent de séjourner à plusieurs sans contraintes.

LES ASTROBULLES

MAUROUX
✆ 05 62 06 09 76
Nuit insolite à partir de 76 €/pers avec dîner, veillée aux étoiles (observation), nuit (chambre d'hôtes ou astrobulle).

Labellisée Oasis Nature, la Ferme des Étoiles, propriété gasconne au cœur des collines, la chaîne des Pyrénées en toile de fond, invite à observer le ciel avec des jumelles puissantes, un planétarium numérique de 7 m de diamètre et un télescope de 620 mm. Ici se déroulent stages, « dîners-veillée » et séjours consacrés à l'astronomie. Une salle « simulateur de vol », offre des outils numériques pour des séjours « aéronautique et spatial ». Ce haut lieu de l'astronomie abrite également de vastes astrobulles pour dormir au plus près des étoiles.

CHÂTEAU GARREAU - ÉCOMUSÉE DE L'ARMAGNAC

MAULÉON-D'ARMAGNAC
✆ 05 58 44 84 35
www.chateau-garreau.fr
Ouvert tous les jours, horaires variables. Visite de l'écomusée 5 € par personne. Visite du Prince 10 €.

Bienvenue à la Ferme version Vignobles et Découvertes. Le château Garreau - Ecomusée de l'Armagnac, cumule des animations et une boutique tout à la fois gourmande et culturelle. L'écomusée de l'Armagnac œuvre pour la promotion de la liqueur emblématique et du terroir d'Armagnac. Dans une grange du XVIIe siècle, le musée du vigneron décline la vie d'un paysan-vigneron à travers ses outils. Le musée des Alambics, installé dans une deuxième salle, met en valeur une collection de onze alambics différents et qui s'est doté d'un nouveau diaporama. La distillerie du Château Garreau, pour sa part, fonctionne en novembre et en décembre. L'Armagnac du domaine est vieilli dans un chai souterrain centenaire remarquable que vous pouvez visiter en choisissant la visite du Prince. La salle de l'auditorium accueille des expositions temporaires et vous invite à participer au jeu des arômes. Autres prestations possibles : repas au pied de l'alambic, Vendangeur d'un jour, marché gourmand, pique-nique. Dans la boutique, faites connaissance avec des armagnacs d'exception dont ceux élaborés à partir de cépages Baco Ugni Blanc et Folle Blanche distillés avant assemblage, puis élevés en fût de chêne : Cuvée du siècle, VS, Hors d'âge (10 ans et +), Cuvée Royale... Le Château Garreau est certifié Haute Valeur Environnementale pour sa démarche en faveur de la biodiversité et ses pratiques viticoles vertueuses. Sur le site Internet recettes de cuisine et de cocktails.

LA FERME DES ÉTOILES

MAUROUX
✆ 05 62 06 09 76
www.fermedesetoiles.com
Ouvert toute l'année.

Cette belle demeure gasconne, à l'écart du village de Mauroux, labellisée Oasis Nature, est le repère idéal pour profiter d'un ciel d'exception dans de bonnes conditions. Le site dispose d'un télescope de 620 mm de diamètre, d'un planétarium numérique de 7 m et autres instruments, et propose un large panel d'activités, séjours d'astronomie, dîners-veillées du samedi, séjours astronautiques grâce à un simulateur de vol numérique. La ferme propose des chambres d'hôtes et des astrobulles sous les étoiles disposées dans le parc. Repas de terroir et piscine en été.

LES CHALETS DES MOUSQUETAIRES €€

MIREPOIX
✆ 05 62 64 33 66
www.chalets-mousquetaires.com
Ouvert toute l'année. Chalet ou roulotte de roulotte dès 299 € la semaine. En été, deux repas par semaine proposés.

Les Chalets des Mousquetaires vous accueillent toute l'année en pleine campagne. Chaque chalet dispose de terrasse, jardin et parking privés. Un camp de base pour découvrir le terroir gersois et une vue panoramique sur les vallons gersois. L'été, des activités sont proposées chaque jour et le matin, le Club Enfants propose jeux de plein air, loisirs créatifs et découverte de la nature. Piscine, aquagym, yoga, tournois sportifs, randonnées, animations en soirée...

CIRCUIT PAUL ARMAGNAC ★

Route de Caupenne
NOGARO
✆ 05 62 09 02 49
www.circuit-nogaro.com
lCompter de 60 € à 250 € pour un baptême. Courses, baptêmes et stages de pilotage.

Premier circuit permanent de France, créé en 1961, ce circuit organise toute l'année des compétitions multidisciplinaires (courses d'autos, de motos, de karting, de camions, et le championnat du monde d'économie d'essence avec l'étonnant Eco-Shell Marathon). Il est également mobilisé pour des essais moto/auto, des opérations médiatiques avec présentations de nouveaux modèles routiers, des stages de conduite, une école de pilotage... Le circuit sert aussi à diverses écuries de course. Il accueille environ 200 000 visiteurs par an.

Les chalets des Mousquetaires.

ESPRIT FOIE GRAS

En Sabaillan
MONTÉGUT-SAVÈS
✆ 06 84 40 71 79
www.esprit-foie-gras.fr
Drive fermier. Ouvert tous les jours. Visite guidée sur rendez-vous. Livraison possible.

Depuis 3 générations, la famille Boutines élève, gave et transforme des canards dans la plus pure tradition gersoise. Venez faire provision de foies gras d'oie ou de canard, mi-cuit, en conserve ou bloc, pâté de foie, cœurs de canard fourrés... S'ajoutent à la vente les vins du département, et les plats cuisinés de la maison : garbure, cassoulet, fèves cuisinées, cou de canard farci au foie gras, lentilles vertes aux gésiers de canard confit ou aux manchons, magrets de canard sauce Madère, daube de magret de canard au Madiran...

CANOË EN GASCOGNE

Les Tourniquelles - **SABAILLAN**
✆ 06 41 90 44 55
www.canoeengascogne.com
De mai à novembre, le week-end et tous les jours en été sur réservation. Canoë 17 €/adulte, 8 €/enfant.

Au programme, descente de la Save et de la Gesse, entre Puymaurin et Samatan. Mathieu, le sympathique patron, propose des embarcations à la location et vous conseille des parcours plus ou moins sportifs. Vous contournerez de magnifiques cascades, invitations à faire une pause ou à vous baigner. De belles émotions en perspective ! Prenez votre temps, la descente est libre. A votre retour, profitez du barbecue mis à disposition à la base. Pour varier les plaisirs, vous avez aussi à la location des *paddles* et des vélos électriques.

CHÂTEAU DE COMBIS

SAINT-SOULAN

✆ 06 05 51 95 44

https://chateaudecombis.com

Voir le site Internet pour les programmes et les tarifs.

Ce château du XVIIIe siècle a été réhabilité en château d'hôte de prestige, fort de 5 chambres, d'une cuisine richement équipée, d'une table pour 14 personnes à l'intérieur comme à l'extérieur, d'un Grand Salon, d'une salle de musique avec un demi-queue et d'une salle de jeux. Le domaine abrite des jardins d'ornement, un vignoble, une forêt, une prairie de fleurs sauvages et une piscine. Les propriétaires proposent des stages de cuisine gastronomique d'un week-end ou de 5 ou 6 jours en collaboration avec les meilleurs producteurs du pays de Samatan.

MARCHÉ AU GRAS - LES MATIN'HALLES

SAMATAN ✆ 05 62 61 77 40

Ouvert le lundi. Dès 9h30.

Au marché de plein air des primeurs, fromages, viandes, pains, vêtements et ustensiles, s'ajoutent les marchés sous les halles selon une vente réglementée assurant qualité, fraîcheur, hygiène, petits élevages. Le terme marché «au gras» regroupe le marché aux carcasses et le marché aux foies gras frais entiers, d'oie ou de canard. Le marché « aux carcasses » propose des produits issus d'oies et de canards pour vos confits, magrets et aiguillettes. Service de découpe.

BOUTIQUE DE LA FERME DE LACASSAGNE

11bis, rue du maquis Raynaud

SAMATAN

✆ 05 62 62 63 49

Ouvert du lundi au samedi de 9h à 12h30 et de 15h à 19h ; le dimanche de 9h à 12h30.

A la ferme de Montadet, on élève des porcs et réalise de la charcuterie artisanale. A Samatan, la boutique de vente directe propose saucisses, rôtis, saucissons secs, conserves (cassoulet, confit, rougail, lentilles cuisinées, etc.). Parmi les succès de la maison, le jambon beige, sans nitrate. En rayon aussi d'autres producteurs dont les produits 100% canard de la famille Bassetto (Monblanc) et ceux d'Olivier Saintignan (Espaon), les lentilles de la ferme Las Parets (Laymont), etc.

PUMPTRACK

route de Lombez - **SAMATAN**

Ouvert tous les jours. Entrée libre.

Un espace ludique et sportif très apprécié des habitants. A l'orée du lac de Samatan, ce nouveau spot de loisirs ouvert en 2020 a tout de suite séduit les amateurs de glisse et d'équilibre. Jeunes et moins jeunes viennent s'y défouler le long d'un ruban asphalté dessiné en boucle et doté de creux et de bosses, de dévers et de virages relevés façon *skate-park*. Objectif fun et sécurité ! Ce *pumptrack* vous accueille en vélo VTT ou BMX, en skate, en roller ou en trottinette. Des créneaux sont réservés aux scolaires, qui sont alors prioritaires.

DOMAINE D'ÉPIDAURE €€

634, Chemin de Villeneuve - **SAMATAN**

✆ 06 88 03 82 66

https://domaine-epidaure.fr

Chambre pour 4 personnes et salon. De 200 € à 450 € la semaine.

En Grèce, Epidaure abritait le sanctuaire d'Asclépios, le dieu guérisseur. En son honneur, des épreuves sportives y étaient organisées, mais aussi des concours de poésie dans le théâtre d'Epidaure. Lors de l'antiquité, les pèlerins accouraient de toute la Grèce pour rencontrer les médecins qui soignaient les maux grâce aux songes. Le domaine d'Epidaure s'en inspire et vous invite à venir vous ressourcer lors d'un moment privilégié de calme et de nature. En basse saison, vous pouvez réserver également pour un simple week-end. Stage de Systema, art martial russe.

LA TABLE D'OLIVIER €€

1 bis, place de la Fontaine

SAMATAN

✆ 05 62 62 63 29

Vendredi et samedi soir : 40 €. Formule du midi : 19 € (entrée/plat/dessert/vin/café). Vin au verre.

Sur la place centrale de Samatan, cet établissement gastronomique estampillé Tables du Gers a la délicatesse d'être abordable. Cette table est orchestrée avec brio et une vraie passion du terroir par Olivier Andrieu qui assemble des mets divins au gré de son inspiration et des offres des producteurs locaux avec lesquels il collabore. Exemple d'une entrée piochée dans le menu de la Saint Valentin : crème de chou-fleur parfumée au porc noir de Bigorre, foie gras IGP du Gers chaud en croûte de truffe, chips de pain doré à l'huile de truffes et salade d'herbes...

PALÉOSITE ET SENTIER PALÉONTOLOGIQUE DE SANSAN

SANSAN

www.paleosite-sansan.com

Gratuit. Visite guidée, mardi à 10h en été et à la demande, 4 € adulte, 2 € enfant. Livret-jeu à l'office de tourisme.

Ce sentier de 3 km (prévoir une découverte de 2h) vous emmène sur les traces de cet avocat gersois découvreur, en 1834, d'un gisement paléontologique de premier plan qui révolutionna les théories scientifiques et mis en lumière la faune et la flore du miocène moyen (-16,5 à -14 millions d'années). Le Paléosite de Sansan, propriété du Muséum National d'Histoire Naturelle de Paris, a été conçu avec le soutien de scientifiques du MNHN de Paris et de Toulouse.

MOULIN D'ENCOR €€

Moulin d'Encor - **SEYSSES-SAVÈS**

✆ 05 62 07 59 86

www.moulin-dencor.fr

Chambre simple de 60 € à 70 € ; double de 70 € à 80 € ; triple de 100 € à 110 € ; suite de 130 € à 140 €.

Aménagées dans les anciennes étables du moulin d'Encor, ces jolies chambres sont agréables et spacieuses. En hiver, vous apprécierez la salle commune et sa cheminée où griller des châtaignes ramassées pendant une promenade. À l'extérieur, terrasse et piscine salée sont les rendez-vous de l'été. Mais vous pourrez tout aussi bien vous balader dans le parc arboré et autour du lac où des tables de pique-nique vous attendent... Le soir, la maîtresse des lieux vous propose des repas à base de produits de son potager ou des producteurs locaux.

« MMMMH ! » INSTALLATION ARTISTIQUE

SIMORRE ✆ 05 62 67 77 87

Ouvert toute l'année. Gratuit.

L'œuvre « Mmmmh ! » questionne sur l'impact de notre alimentation sur l'environnement et inversement. L'artiste franco-belge Coline Vergez, scénographe et costumière pour le théâtre en France, en Belgique et en Suisse, compose via la photo, l'illustration, le textile et des sculptures de plein air, un univers artistique simple et stylisée, avec un brin d'humour pour révéler ce qui n'est pas évident au premier abord... Ici : installation d'une immense fourchette plantée dans un arbre.

YANÉ, LAND ART

VILLEFRANCHE

✆ 05 62 67 77 87

Ouvert toute l'année. Gratuit.

Sur le chemin des Itinéraires artistiques de la Gascogne, voici l'œuvre de Land Art de l'artiste japonais Teruhisa Suzuki. Cette création contemporaine propose d'aborder la nature et l'environnement à travers un regard artistique. Yané signifie « toit » en japonais. Cette œuvre monumentale se révèle le long d'un chemin de randonnée sur les hauteurs de Villefranche. Vous découvrez une construction en forme de large éventail réalisée en branchage tissé et posé à flanc de coteau. Entrez dans cet immense nid insolite et observez la nature par le hublot...

HAUTE-GARONNE

La Haute-Garonne vous invite à une belle variété de sensations, d'expériences et d'univers originaux et variés. Vous allez pouvoir vous informer sur le passé et le futur, l'épopée de l'aéropostale et les avancées de l'aérospatial, cheminer dans la Cité de l'espace ou arpenter les ruelles d'un village gaulois. Ou alors : apprenez à fabriquer du savon et des cosmétiques naturels dans un éco-gîte. Et puisque ce territoire est baigné par la Garonne profitez-en pour explorer les péniches. Il y a une péniche épicerie, une péniche qui programme des spectacles pour les enfants, la péniche dédiée à la violette de Toulouse et celle en hommage à Claude Nougaro, sans oublier celles où vous allez pouvoir dormir, péniche chambre d'hôte, péniche croisière version gîte ou hôtelière. Ou alors rendez-vous dans les bois pour dormir sous une yourte mongole traditionnelle. Autre chose ? Un dôme sous les étoiles comme les Indiens d'Amérique...

LA FERME D'OULAN BÂT €€

Route de Planque - **ARBAS**
✆ 05 61 97 21 13
www.lafermedoulanbat.fr

Nuit en yourte 2/3 personnes de 65 € à 72 €. Restauration (table d'hôte : de 16 € à 25 €). Animations.

La ferme d'Oulan Bât est installée à Arbas, dans une vallée verdoyante du piémont pyrénéen. C'est une exploitation agricole paysanne et familiale, qui s'étend sur vingt hectares. Principalement tournée vers l'élevage d'ânes destinés aux travaux des champs ou à l'accompagnement de randonnées, elle permet aussi d'observer brebis, cochons, poules et lapins. Pour passer la nuit ici, vous vous installerez dans des yourtes, chacune disposant d'un coin cuisine et d'une terrasse. Plusieurs formules sont proposées pour votre séjour insolite à prix raisonnable.

LES ÉTOILES DE MORPHÉE €€

lieu-dit En Vié - **AURIAC-SUR-VENDINELLE**
✆ 06 34 61 51 57
www.lesetoilesdemorphee.fr

150 € la nuit pour 2 avec petit déjeuner. 250 € le week-end.

Pour une nuit comme à la belle étoile rendez-vous à Auriac-en-Vendinelle et son petit village de wigrams. Le Wigwam était utilisé en l'Amérique du Nord par les Indiens pour des cérémonies. Votre Wigwam des temps modernes dispose de tout le confort, clim et chauffage, bain bouillonnant privé compris. Optez pour le Dôme Nyx de bois et de toile qui permet d'observer le ciel étoilé depuis votre lit baldaquin queen size. Au petit matin dégustez votre petit-déjeuner livré dans le logement. Une nuit sous les étoiles et un réveil dans les étoiles !

MUSÉE DE L'AÉRONAUTIQUE LÉON ELISSALDE ★

Avenue Albert-Camus - **BAGNÈRES-DE-LUCHON**
✆ 05 61 79 29 87
www.luchon.com

Ouvert d'avril à octobre et sur réservation. Entrée 4 €. Pass musée avec le musée de Luchon. Chèque Vacances.

Mécanicien navigant pour les essais chez Latécoère, Léon Elissalde connu sous le nom de Léon du Blayais, fut chef de bataillon de FFI. Capitaine de réserve de l'armée de l'air, membre de la Royal Air Force, il fonde en 1955 l'Aéro-Club de Luchon et l'association des Pilotes pyrénéens de montagne. Ce musée inauguré en 1991, juste avant son décès, abrite des documents et des pièces d'avions accidentés dans la région lors de la Seconde Guerre mondiale et un simulateur de vol.

LA CABANE DES TERROIRS

9, allée d'Étigny
BAGNÈRES-DE-LUCHON
✆ 05 61 94 03 83

Ouvert du mardi au samedi de 10h à 19h.

Sur les allées d'Étigny, au cœur de la vie commerçante de Bagnères-de-Luchon et non loin de la gare aval du télécabine, la Cabane des Terroirs offre une adresse authentique aux gourmets et aux gourmands. Cette épicerie fine vous propose, dans un cadre agréable, de découvrir les produits locaux pour concocter un bon pique-nique de terroir et/ou pour ramener chez vous le goût du bon-vivre à la Pyrénéenne. Mieux encore, elle déploie des comptoirs de dégustation en terrasse pour vous permettre de vous régaler sur place. À découvrir !

H2O VIVES

2, allées d'Étigny
BAGNÈRES-DE-LUCHON
✆ 05 62 00 19 40
www.h2o-vives.com
À partir de 22 € par personne.

Venez vivre des sensations fortes en montagne avec des professionnels spécialistes de cet environnement. La spécialité d'H2O Vives, comme son nom l'indique, ce sont les sports en eaux vives : rafting, canyoning, hydrospeed ou canoraft, autant d'activités à frissons garantis. Mais il y a avec H2O Vives la possibilités d'autres aventures autour de la spéléologie, la course d'orientation ou encore une activité ludique et accessible à tous : l'arapaho. Grimpez sur cette trottinette à larges roues et suivez votre guide pour descendre les chemins forestiers !

AEROSCOPIA ★★

Allée André-Turcat - **BLAGNAC**
✆ 05 34 39 42 00
www.musee-aeroscopia.fr
Ouvert tous les jours fériés de 9h30 à 18h. Adulte 12,50 €. Visite guidée (+ 3,50 €), audioguide 3€.

Après avoir célébré en 2019 les cinquante ans du premier vol du Concorde, en 2020 Aéroscopia s'est agrandi pour proposer un nouvel espace d'exposition : le Tarmac Nord. Aux vingt-cinq avions civils et militaires déjà exposés s'ajoutent ainsi cinq appareils emblématiques de l'aventure aéronautique et de l'histoire airbusienne. Embarquez à bord du géant A380 et découvrez-y des cabines de luxe futuristes ! Ludique et interactive, l'exposition offre de nombreux espaces explicatifs, une superbe fresque chronologique, des maquettes et même des simulateurs de vol.

© ARNAUD SPANI

H2o Vives.

AP'HACHE

14, rue Louis-Renault
BALMA
✆ 06 87 08 05 87
Mercredi-vendredi : 17h-22h. Samedi : 14h-22h. Dimanche : 15h-20h. Partie d'une heure entre deux joueurs : 40 €.

Une petite partie de lancer de hache ? Voilà le type d'invitation qu'un Toulousain peut recevoir. Pas besoin de mettre une chemise de bucheron, ni de vous rendre au fond des bois... Descendez au métro à Balma pour rejoindre Ap'Hache, où vous pouvez défier vos amis au lancer de hache, en toute sécurité. Après 15 min d'instructions, d'échauffement et d'apprentissage, c'est parti pour trois quarts d'heure de lancer. Concentration et lâcher-prise obligatoires ! Pour vous remettre de vos émotions, profitez, dans le décor trappeur, d'une Pin Up, la bière maison !

ÉCLUSE DE VIC

1, rue de la Production
CASTANET-TOLOSAN
Ouvert toute l'année. Fermeture du canal à la navigation de début novembre à mi-décembre.

Au sud de Toulouse, sur le canal du Midi, l'écluse de Vic est un site apaisant. Écluse simple, « à chambre unique », elle date de 1670. C'est l'une des 73 écluses qui rythment le passage des péniches du port de l'Embouchure jusqu'à l'étang de Thau. On remarque son sas ovale caractéristique du canal du Midi, seules les écluses de Toulouse étant rectangulaires. L'écluse de Vic est le point de départ idéal des flâneries au bord de l'eau, à pied ou à vélo, un parking se trouve à proximité. Et la maison éclusière accueille un restaurant avec une très agréable terrasse.

FRIENDLY AUBERGE €€

32, rue Gilet - **COLOMIERS** ✆ 05 61 42 24 92
www.friendsauberge.com

Chambre double de 15 € à 50 € ; dortoir de 18 € à 25 € ; suite de 100 € à 115 €. Petit déjeuner inclus.

La Friendly Auberge porte bien son nom. À Colomiers, desservie par une ligne de bus rapide, cette belle et grande maison en son parc accueille les voyageurs qui souhaitent faire halte au calme tout en restant à proximité de la ville rose. Une petite trentaine de chambres permet de choisir entre la formule dortoir ou la formule chambre à part. Les tarifs sont minis, l'ambiance familiale. Il est possible de faire sa cuisine, de dîner sur place en table d'hôtes ou d'opter pour le restaurant. Espace commun convivial. Une adresse sans chichi pour un séjour à prix futé.

AU BOIS D'ESCOUMOS €€

quart Martignan - **GENSAC-DE-BOULOGNE**
✆ 05 61 88 13 96
auboisdescoumos.com

Ouvert toute l'année. De 57 € à 77 € la nuit pour deux en yourte, de 342 € à 462 € la semaine.

Petite yourte, yourte sur pilotis et grande yourte au milieu des bois composent une ambiance insolite et charmante. Toutes sont joliment meublées. Vous partagez une cuisine et les sanitaires avec les autres résidents des yourtes, ainsi que la piscine, l'aire de jeux et les animaux du domaine, ânes, chèvres, mouton, poules... Vos hôtes, Cathy et Cyril, sont des professionnels de l'hôtellerie-restauration. Après une dizaine d'années d'accueil en yourtes, ils ont franchi le pas de la restauration. Vous pouvez manger sous la yourte de la terrasse ou le chapiteau.

BBT BRASSEUR TOULOUSAIN

6, rue Émile-Dewoitine
CORNEBARRIEU
✆ 05 61 84 89 52
www.brasseur-toulousain.fr

Du mardi au samedi à partir de 16h. Retransmissions sportives.

Localisation insolite pour cette microbrasserie : au bout des pistes de l'aéroport ! Entreprise familiale lancée grâce à un financement participatif, BBT Brasseur Toulousain produit une bière dans l'esprit des India Pale Ales, à fermentation haute. D'un côté c'est un vaste espace de dégustation, de l'autre, l'unité de production. Six bières sont brassées ici. Dégustation avec planches de charcuterie dans un décor qui évoque celui d'un loft new-yorkais épuré. Ambiance vraiment sympathique et animations régulièrement programmées.

HALLE DE GRENADE

40, rue Victor-Hugo
GRENADE

Ouvert toute l'année. Gratuit.

Depuis le XIVe siècle, la halle de Grenade trône en plein cœur de la bastide historique. C'est l'une des plus anciennes et des plus grandes halles de France. Construite en sapin des Pyrénées et en chêne, elle est soutenue par 36 piliers imposants de brique rose. Historiquement, elle avait pour mission de développer le commerce dans la ville. Elle a gardé sa vocation : elle accueille le marché tous les samedis matin. Au cœur de l'animation de la ville, elle abrite également les principaux événements annuels : vide-greniers, marché de Noël, Foire de la Saint-Luc...

PÉNICHE HARICOT NOIR

GARDOUCH
✆ 06 86 40 66 66
https://leharicotnoir.fr

Location à la demi-journée (5h/jour, 3 h/soirée). Croisière en gîte (de 3 à 6 cabines doubles), pension ou demi-pension.

Partez en croisière à bord d'une péniche traditionnelle de 30 m de long, aménagée tout confort, qui se déplace le long du canal du Midi ou du canal du Rhône au Rhin, pour des croisières d'une journée ou d'une semaine. Vos hôtes bateliers Sylvette et Pierre Gaudry qui sillonnent les voies d'eau du midi depuis 1976 ont laissé la barre à leur fille Maurine. Vous partez avec un équipage qui vous décharge de toute logistique. Aménagement : 6 chambres pour 2 personnes, salon, séjour, cuisine, pont. Et 4 bicyclettes pour pédaler le long des berges.

L'ATELIER DE CUISINE GOURMANDE

6, chemin de l'Hers - **LAUNAGUET**
✆ 05 61 47 10 20
www.coursdecuisine.net

Fermé en été. Cours de cuisine ou de pâtisserie pour les particuliers de 19 € à 130 €.

Renaud Defour en son Atelier de Cuisine Gourmande, petite école gastronomique, propose des cours culinaires de tous niveaux. De la taille des légumes à la préparation des foies gras, en passant par le tablage du chocolat, vous découvrez les tours de main et secrets des grands chefs. Également des stages de perfectionnement, autour de la cuisine traiteur, des épices, du vin ou de la pâtisserie ! Possibilité de cumuler cours et déjeuner ou dîner sur place, version express ou gourmet.

TERRE DE PASTEL

629, rue Max-Planck
LABÈGE
✆ 08 00 94 01 67
http://terredepastel.com
Ouvert du Mardi au Samedi de 10h30 à 13h et de 14h à 18h30. Visite guidée Adulte : 10 ou 7€. 2 Spas Labège et Rémuzat.

© TERRE DE PASTEL

Ce musée dévoile l'azuréenne Ysatis tinctoria, plante tinctoriale aux nombreuses vertus qui a apporté prospérité et renommée à Toulouse. Un éclairage passionnant sur cette plante à l'origine du « bleu grand teint », son histoire, ses bienfaits, ses applications en peinture et les innovations qui permettent d'en renouveler les usages. Démonstrations de teinture artisanale, conférences, visites guidées, ateliers et animations... Vous allez voir la vie en bleu ! Envie de prolonger votre visite ? Un spa et sa boutique de cosmétiques vous attendent.

ANIMAPARC

Pouchot - **LE BURGAUD**
✆ 05 62 79 37 01
www.animaparc.com
Haute saison ouvert tous les jours de 10h30 à 19h. Adulte : 17,50 €. Enfant de 2 à 13 ans : 14,50 €.

Dans la forêt du Burgaud, Animapark est un havre de nature de 14 ha abritant 2 parcs : un parc animalier et un parc d'attractions. Le parc animalier présente 200 animaux domestiques d'ici et d'ailleurs à nourrir et câliner : zébus, lamas, aurochs, moutons à quatre cornes, alpagas, lapins géants... Quant au parc d'attractions au cœur de la forêt, il propose grande chenille, trampolines, jeux d'eau, tyroliennes... On peut aussi naviger en pirogue, embarquer dans le petit train Safari.. Des granulés et carottes sont offerts aux enfants pour nourrir les animaux.

REFUGE D'ESPINGO (FFCAM) €

Las Espugnes - **OÔ**
✆ 05 61 79 20 01
www.refugedespingo.ffcam.fr
Refuge gardé de mi-mai à mi-octobre. Nuit adulte : 21,30 €. Repas : 20 €. Petit déjeuner : 8,50 €.

Dans la belle vallée glaciaire de Larboust, ce refuge d'altitude accueille les randonneurs à proximité de la crête Espingo, frontière avec l'Espagne, et du lac du même nom. Sur le chemin qui mène vers le refuge du Portillon, il est accessible en 2 h de marche depuis les granges d'Astau et en 1h30 du Portillon. Le dortoir est confortable et l'ambiance conviviale. Au sein d'un bastion du pastoralisme montagnard c'est un camp de base idéal pour l'ascension des hauts sommets du Luchonnais : 14 sommets de plus de 3 000 m ! En hiver c'est un refuge de secours gratuit.

EXPLORARÔME D'ASQUALI ★

Lieu-dit Le Tapissier - **MONTÉGUT-LAURAGAIS**
✆ 05 62 18 53 00
Ouvert pendant les vacances de printemps et d'été. Sur réservation. Adulte : 9 €. Enfant : 5,50 €.

© L'EXPLORARÔME

Un voyage dans le monde des senteurs avec l'aide des experts de cette académie des parfums. Saurez-vous différencier, l'odeur du pin sylvestre de celle du pin douglas ? Le cyprès du thuya ? Exploration sensorielle, scientifique et culturelle du monde des odeurs avec les sculpteurs d'arômes de l'Association Asquali. Découvrez fleurs et feuilles surprenantes au parfum de cacahuète, de patchouli ou de... chorizo ! Après une visite du jardin des senteurs, découverte du laboratoire de distillation. Une découverte originale pleine de sens et de surprises.

ELASTIC JUMP

8, impasse de San-Marino - **PECHBONNIEU**
✆ + 33 5 61 74 64 00 + 33 6 78 90 21 69
www.elasticjump.com
Fermé l'hiver. 80 € le saut (Mas d'Azil) - 75 € le saut (pont du Bézergues) réduction à partir de 4 personnes.

Envie de vous faire peur ? Vivez des sensations fortes en vous jetant du haut d'un pont ou en vous lançant depuis une grue... Comme son nom l'indique, la société Elastic Jump vous propose de faire le grand saut depuis la grotte du Mas d'Azil, du pont de Bezergue ou même à la Réunion ! Les sensations sont ici garanties et en toute sécurité. Elastic Jump est le premier organisme à avoir effectué du saut à l'élastique depuis la flèche d'une grue télescopique, qui peut s'installer partout. Son côté spectaculaire fait partout l'unanimité.

ARBRAKABANE €€

PEYRISSAS
✆ 06 85 98 74 37
www.arbrakabane.fr/
A partir de 100 € la nuit. Panier gourmand, 40 € pour 2 pers, 60 € pour 4. Repas en table d'hôtes 25 € par personne.

Hébergements insolites au choix : 2 roulottes et 2 cabanes dans les arbres. Le domaine d'Arbrakabane vous invite à passer un séjour romantique, en famille ou entre amis. Situé sur les coteaux du Comminges en Haute-Garonne, près du village d'Aurignac, haut lieu de la préhistoire, ce domaine vous propose de séjourner dans un petit bois au milieu des chênes, à l'abri des regards et en parfaite harmonie avec la nature. Vous profitez de nombreuses activités à disposition : piscine, salle de jeux, vélos, sentiers de randonnée, pêche à proximité.

ZOO AFRICAN SAFARI ★

41, rue des Landes - **PLAISANCE-DU-TOUCH**
✆ 05 61 86 45 03
www.zoo-africansafari.com
Haute saison ouvert tous les jours et les jours fériés de 9h30 à 19h30. Adulte : 18 €. Enfant de 2 à 10 ans : 13 €.

African Safari propose un parcours en deux étapes. A votre arrivée, restez au volant et suivez la piste aménagée dans une réserve africaine de 15 ha pour une visite safari qui vous permet d'observer les animaux en liberté. Gnous, zèbres, rhinocéros, éléphants, girafes... un grand moment pour les enfants. Puis continuerez à pied dans une autre partie du parc, agréable et arborée, pour découvrir près de 600 animaux. Faites l'expérience de l'apprenti-soigneur ! Vous arrivez le matin pour partager le travail et la vie des soigneurs. Inoubliable !

BEL AIR FESTIVAL, LA FÊTE EN FORÊT OU EN SECRET

C'est le festival alternatif qui mixe musique, nature et économie locale, à la manière du *Woodland Festival*, festival de musique électronique et de danse qui se déroule le premier week-end de juillet, depuis 2013, en Slovénie. Le Bel air Festival est un open air festival qui se déroule également en juillet et c'est la version toulousaine de l'évènement orchestré par le collectif Bel air. Un festival à 20 minutes de Toulouse qui se passe dans une forêt entièrement aménagée pour que l'on puisse y faire la fête pendant trois jours, à Saint-Araille, à 30 minutes de Toulouse. Sound On, les organisateurs de cet événement, transforme les bois en véritable aire de jeu pour les passionnés de musique électronique. Des DJ locaux, nationaux et internationaux font danser des milliers de personnes dans la forêt. Chaque édition vous plonge dans un univers féerique et décalé avec un décor époustouflant.

Cet événement entend promouvoir des artistes locaux mais aussi l'entrepreneuriat, tout en valorisant l'économie locale et durable. En prime, les festivaliers ont une vue panoramique sur les Pyrénées et pour manger un choix de produits sains et locaux aux tarifs abordables, magret de canard et bar à smoothies à la clé, et bien d'autres saveurs du terroir. D'ailleurs, le dimanche matin un marché des producteurs locaux sera de la fête. Le plus c'est aussi le camping gratuit. Et dans la version Covid, c'est un Candlelight Open Air dans un lieu magnifique et méconnu à Toulouse.
https://belairfestival.fr

© MELISSA ZUCCHIATTI

FERME DE CINQUANTE

Chemin de Cinquante - **RAMONVILLE-SAINT-AGNE**
✆ 05 61 73 88 31
www.ferme50.org
En dehors des vacances scolaires ouvert les mercredis et les week-ends. Adulte : 5 €. Enfant : 2,50 €.

À deux pas du canal du Midi, la Ferme de Cinquante vous offre un îlot de calme et de verdure. Gérée par une association, elle s'ouvre aux élèves des écoles à l'occasion d'ateliers pédagogiques autour des animaux de la ferme, du peuple de l'herbe, des jardins, de la biodiversité ou de la laine dont on fait les pulls. Elle accueille aussi les familles. Pensez à amener pain dur et épluchures dont les animaux sont friands ! Vous pouvez aussi fêter l'anniversaire de vos enfants à la ferme. Une belle initiative qui met la campagne à la portée des enfants citadins.

PÉNICHE DIDASCALIE

Rue Federico-Garcia-Lorca
RAMONVILLE-SAINT-AGNE
✆ 06 12 89 69 17
www.penichedidascalie.com
mercredi, samedi et dimanche. Entrée 10/8€. Abonnement jeune public 10 entrées 50€.

Cette salle de spectacle originale occupe une péniche amarrée à Port Sud, sur le canal du Midi, vers Ramonville-Saint Agne. Et vogue le spectacle ! Le site est bucolique, la salle climatisée, la programmation éclectique, théâtre ou musique confondus, et laisse une large place aux représentations pour le jeune, voire très jeune, public. Les adultes ne sont pas pour autant laissés de côté. Le samedi soir leur est réservé. Il y a aussi pour les amateurs, l'organisation de cours du soir d'improvisation. Un lieu vivant et chaleureux. Privatisation possible.

PÉNICHE SOLÉÏADO €€

Rue Paul Riquet - **RAMONVILLE-SAINT-AGNE**
✆ 06 86 27 83 19
www.peniche-soleiado.com
Ouvert toute l'année. Chambre simple 70 €. Chambre double 120 €. Petit-déjeuner inclus. Croisières WE de mars à Octobre.

La péniche *Soleiado* est amarrée sur le canal du Midi à Ramonville, près de Toulouse, au niveau du pont de Mange-Pommes. Dépaysement, calme et cadre bucolique à la clé. Et en 30 min de vélo ou 15 min de métro vous êtes au centre de Toulouse ! La péniche construite en 1927 dispose de 4 cabines doubles, nommées en hommage au constructeur du canal Pierre-Paul Riquet, et d'un single mousse ! Au total, accueil jusqu'à 9 personnes. Vous profitez d'un pont-terrasse fleuri et ombragé, le temps du petit-déjeuner ou du dîner. A vivre à quai ou en croisière au fil de l'eau.

LE MILLAS DE MAÏS AU CHAUDRON

Cette recette paysanne très ancienne ne demande que peu de temps et peu d'ingrédients. Son nom vient de *milh* qui signifie millet car à l'origine il était réalisé avec du millet et non pas comme désormais avec de la farine de maïs. Si il se déguste aujourd'hui plutôt en dessert, le millas était traditionnellement le plat que l'on servait, salé, à l'assemblée lorsque l'on tuait le cochon pour l'hiver. En Haute-Garonne et alentour, le millas se mange salé ou sucré, frit, en galette ou encore en crêpe épaisse, avec ou sans fruits. Selon la tradition, le millas se fait dans un chaudron en cuivre dans une cheminée avec un toudeilho (cime d'un sapin). Mais dans un faitout sur une cuisinière avec spatule ça marche aussi. Pour 6 personnes prenez : 400 g de farine de maïs ; 300 g de farine de froment ; 1 litre 1/2 de lait cru (si possible) ; 1 litre 1/2 d'eau ; 120 g de beurre ; 120 g de sucre en poudre ; 15 cl d'eau de fleur d'oranger ; 1 cuillère à café de sel.

Dans un faitout, faire bouillir l'eau, le lait, saler, verser la farine en pluie en remuant énergiquement avec un fouet pour éviter les grumeaux, ajouter, toujours en pluie, la farine de froment sans cesser de remuer.

Incorporer le beurre coupé en morceaux, le sucre et l'eau de fleur d'oranger. Cuire au moins 1 h en remuant souvent. Le millas est prêt lorsque la toudeilho se tient droite dans le chaudron. Verser le millas dans des assiettes, laisser refroidir, découper en petits carrés, faire dorer à la poêle avec un peu de beurre. C'est prêt !

© DR

Peniche Soleiado.

TÉPACAP TOULOUSE

Route de L'Isle-en-Dodon
RIEUMES
✆ 05 62 14 71 61
www.tepacap.fr
Ouvert d'avril à novembre. Pass de 7 € à 32 € selon les âges. Paintball : 28 €.

Tepacap, parc de loisirs, situé aux portes de la cité rose, est bien connu des Toulousains et des habitants de la région. Celui-ci propose de nombreuses activités à sensations dans un univers de verdure. Il y a un magnifique parcours d'accrobranches pour monter aux arbres, un monde obscur à explorer dans un labyrinthe dont il faudra bien trouver la sortie, le merveilleux Tépasiptit apprécié des 4 à 8 ans puisqu'on leur propose ici de partir à la découverte d'activités que peuvent pratiquer les plus grands, le très salissant Tépatâche, jeu de paintball... Il y a même les tentipi et cabanes pour passer une nuit insolite dans la forêt, avec les parents bien sûr, après une journée riche en émotions... Sachez que tous les forfaits de jeux sont sans limite de temps sur les attractions. Avec le pass paintball l'équipement complet est fourni, combinaisons, plastrons, masque, sans oublier 200 billes. Celui-ci est réservé aux 18 ans et plus et sur réservation préalable. Vous disposez à l'entrée de casiers consigne, de tables de pique-nique, parking et d'un point d'eau potable très apprécié, tout comme sont populaires les formules spéciales pour les anniversaires, les séminaires et les mini-camps. Le Tépacap de Toulouse abrite effectivement un complexe festif pour les anniversaires, mariages et regroupements familiaux ou professionnels avec 60 couchages sous un tipi géant. Sans oublier Tépacroc, l'espace snack et restaurant du parc ouverts en fin de semaine. Quant au Karaoké box à l'intérieur, c'est ouvert toute l'année !

LES ROULOTTES OCCITANES €€

Lieu-dit Gibert - **RIEUMES**
✆ 07 81 89 25 92
www.roulottes-occitanes.com/contact
Ouvert toute l'année. La semaine de 315 € à 490 €. Petit déjeuner : 8 €. Linge de maison et de toilette : 10 €.

Les Roulottes occitanes vous accueillent pour un séjour insolite. Vous pouvez faire ici une halte courte, pour une nuit ou un week-end, ou profiter des charmes de la campagne pour une semaine ou plus. La roulotte peut recevoir quatre personnes, avec un grand lit et deux lits superposés. Elle est parfaitement équipée avec tout ce dont vous aurez besoin pour un séjour confortable et est très bien isolée, chaude en été, fraîche en hiver. Un salon de jardin est aménagé juste à côté. Le cadre est paisible, le décor bucolique. Une autre façon de voyager !

LE VILLAGE GAULOIS - L'ARCHÉOSITE ★

La Chaussée - **RIEUX-VOLVESTRE**
✆ 05 61 87 16 38
www.archeosite-gaulois.asso.fr
De février à novembre, tous les jours. Entrée : 10 €. Snack en été. Boutique.

Sur 9 ha, ce village a été reconstitué avec rigueur. Les fortifications, fossé profond surmonté d'une palissade, laissent le passage par une porte à double battant qui ouvre sur les constructions de terre et chaume, habitations ou ateliers d'artisans. En bordure de Garonne, on imagine la vie quotidienne au temps des Gaulois. Les animateurs racontent les métiers d'autrefois : forge, orfèvrerie, poterie, teinture, tissage... Animations ludiques pour les enfants. Aire de pique-nique.

LES BATEAUX TOULOUSAINS

108, avenue Raymond-Naves - **TOULOUSE**
✆ 05 61 80 22 26
www.bateaux-toulousains.com

Le canal de mars à juin et novembre. La Garonne de juillet à octobre. Tarif : à partir de 12€. Repas : à partir de 39€.

Découvrez la ville rose au fil de l'eau verte du canal du Midi ou sur la vive Garonne à bord des Bateaux Toulousains qui proposent différentes croisières. Trois embarcations : le Capitole, version toulousaine des bateaux-mouche, la Baladine, péniche de 1903 et Le Diplomatico, embarcation adaptée au format des écluses. Avec la croisière-découverte commentées des principaux monuments. La croisière-repas vous invite à clôturer votre journée de visite sous les rayons orangés du soleil couchant autour d'un dîner fin. Deux façons originales de profiter de la ville rose.

LES ROBINSONADES €€

Tersac - **SAINT-CHRISTAUD**
✆ 06 01 73 30 70
www.lesrobinsonades.com
Ouvert toute l'année. De 55 € la nuit dans le Plum'arbre à 110 € les 5 Lutins. Sur place restaurant les Trois chaudrons.

Un campement de cabanes enchantées. Vous avez la cabane des Elfes, perchée sur pilotis entre les branches, pour 2 personnes, l'adorable cabane des Lutins, toute ronde qui peut loger jusqu'à 5 lutons, le Plum'arbre, tente suspendue aux arbres au-dessus de sa terrasse perchée, pour 2 personnes, ou le Cocoon pour 2, bulle toilée au-dessus d'un vaste filet à vivre pour les sensations de grimpe. On vous apporte le petit déjeuner. Vous disposez d'une cuisine et de sanitaires au sol. Couette légère pour l'été, couette très chaude pour l'hiver, paré pour l'aventure !

LA BONBONNIERE

41, rue des Tourneurs
TOULOUSE
✆ 05 61 21 66 04
labonbonniere-patisserie.fr
Ouvert du mardi au samedi de 8h30 à 19h30.

La porte s'ouvre sur un délicat parfum de fleur d'oranger. Célèbre à Toulouse pour ses galettes des rois, ou plutôt pour ses brioches des rois, cette adresse est également tout à fait conseillée pour déguster l'une des savoureuses Pomponettes : légères et délicates, réalisées avec de la pâte à brioche, c'est la spécialité de la maison. Les autres gourmands adoreront les fraisiers, les macarons, les babas au rhum, ainsi que, côté confiserie, les chocolats, les orangettes, les marrons glacés ou les pâtes de fruits. Bonne dégustation, les Futés !

COUVENT DES JACOBINS ★★★★

Rue Lakanal - **TOULOUSE**
✆ 05 61 22 23 82
www.jacobins.toulouse.fr
Du mardi au dimanche de 10h à 18h. Eglise : entrée gratuite, cloître payant : 5/4 €. Gratuit les 1ers dimanches du mois.

Maison-mère de l'ordre des Dominicains, le Couvent des Jacobins fut fondé au XIIIe siècle pour héberger l'université de Toulouse nouvellement créée. Son architecture épurée est un magnifique exemple du style gothique méridional propre au Languedoc. Sa silhouette massive de briques rouges contraste avec la légèreté de sa double nef soutenue par une file de piliers réunis au niveau du chœur par une voûte en forme de palmier qui s'élève à 28 m de haut. Déambulez autour du cloître et de son jardin de buis, appréciez le calme loin du tumulte de la ville.

L'ENVOL DES PIONNIERS

6, rue Jacqueline-Auriol - **TOULOUSE**
✆ 05 67 22 23 24
www.lenvol-des-pionniers.com
Ouvert de 10h à 18h ou 19h selon la saison. Adulte : 8 €. Enfant (de 6 à 18 ans) : 5 €. Visite guidée 3,90€. Animations.

Berceau de l'Aéropostale, le quartier Montaudran renoue avec son passé grâce à l'Envol des pionniers ! Dans les anciens hangars Latécoère, face à la piste d'où décollaient les Breguet XIV, revivez la folle épopée de l'aviation postale. Un lieu de mémoire mais un lieu vivant qui vous plongent dans les aventures de pilotes devenus mythiques : Guillaumet échoué dans la cordillère des Andes, Saint-Exupéry isolé dans le fort de Cap-Juby, Mermoz qui connaît chômage et misère après la Grande Guerre, Adrienne Bolland première pilote au monde à traverser les Andes…

GRAFF TOUR

Square Charles de Gaulle
TOULOUSE
www.toulouse-tourisme.com
Tarif unique : 15 €. Réservation conseillée auprès de l'office de tourisme de Toulouse. En 2020, nouveau parcours.

Une visite insolite et passionnante. Partez à la découverte du Street-Art grâce au Graff Tour de l'office de tourisme de Toulouse. Rendez-vous est donné dans le quartier Arnaud-Bernard considéré comme le berceau du graffiti toulousain. C'est là qu'œuvrait, dans les années 1990, la Truskool, team de jeunes audacieux parmi les fondateurs du graff en France. La visite est guidée à deux voix : celle d'un guide-conférencier et celle d'un graffeur. L'itinéraire suppose 2h30 de découverte, à pied et en bus pour relier les quartiers.

GRANHOTA

65, allée Maurice-Sarrault - TOULOUSE
✆ 09 81 00 25 05
www.granhota.fr
Agence de loisirs. Tous les jours de 9h à 19h30.

Cette « grenouille » organise des sorties à Toulouse ou au départ de Toulouse : canoë-kayak, courses d'orientation, jeux de piste... Elle vous convie à un afterwork original : une descente en kayak suivie d'une dégustation de vins, fromages et charcuterie ! Vous pouvez aussi vous lancer à la découverte de Toulouse via un rallye urbain entre lieux d'Histoire et lieux insolites. En groupe (enterrement de vie de célibataire, anniversaire, team building...) Granhòta organise des descentes en kayak privatisées, des jeux de piste suivis d'une animation cuisine, des sorties escalades... Des idées de sorties originales et conviviales pour renouveler vos pratiques sportives et culturelles.

CITÉ DE L'ESPACE ★★★

Avenue Jean-Gonord - **TOULOUSE**
✆ 05 67 22 23 24
www.cite-espace.com
Tous les jours. À partir de 10h. Fermeture entre 17h et 23h selon la saison. A partir de 18,50 € adulte, 14,50 € enfant.

C'est la visite à ne pas manquer, à la rencontre des étoiles. Pensée comme un lieu interactif, elle s'adresse à toute la famille. Découvrez la maquette grandeur nature de la fusée Ariane 5 et entrez dans de véritables engins spatiaux, tels que la doublure de la station spatiale MIR que les Russes utilisaient au sol pour les tests ! Une salle IMAX offre des projections cinématographiques spectaculaires et le planétarium nouvelle génération est parmi les 3 plus performants au monde. La Cité des Petits accueille le jeune public dans un espace ludique.

LE GRAND MARCHÉ

146, avenue des États-Unis - **TOULOUSE**
05 61 47 68 48
www.lgm-mintoulouse.com
Visite guidée (réservation obligatoire) : 15 € (gratuit jusqu'à 6 ans). Restauration.

Cette gigantesque halle de grossistes dédiée à l'agroalimentaire et aux fleurs regroupe plus de 400 cents producteurs. Centrale d'achat pour plusieurs milliers de commerces et restaurateurs de Toulouse et de sa région, elle se place en troisième position au niveau national en termes de volume de marchandises échangées. Un espace est réservé aux producteurs régionaux et/ou aux agriculteurs bio. La visite de ce « ventre de Toulouse » nous ouvre les coulisses des bonnes tables gastronomiques du terroir occitan. Plusieurs restaurants ouverts à l'heure du déjeuner.

LA HALLE DE LA MACHINE

2, chemin Carrosse - **TOULOUSE**
05 32 10 89 07
www.halledelamachine.fr
Mardi-dimanche de 10h à 18h. Fermé en janvier. Visite : 9 €. Voyage sur le minotaure (à réserver) : 9 €. Combiné : 16 €.

Un minotaure aux yeux bleus, haut de 13 m, dans les rues à la recherche de son temple : voilà le spectacle auquel les Toulousains ont assisté durant 4 jours en 2018 ! Désormais, Astérion, le géant mécanique, réside quartier Montaudran. C'est l'une des créations poétiques de la compagnie La Machine, à laquelle les Nantais doivent leur éléphant géant. Demandez aux Véritables Machinistes d'activer la catapulte à pains, la machine à caresser les plantes ou l'orgue à Klaxons : ils se feront un plaisir de vous embarquer pour un moment de fantaisie ! Boutique et café.

JARDIN JAPONAIS ★

Boulevard Lascrosses - **TOULOUSE**
05 62 27 48 48
www.toulouse-tourisme.com/jardin-japonais/toulouse/pcumid031fs0007f
Ouvert toute l'année, à partir de 7h45. Fermeture de 18h à 21h selon la saison. Gratuit. Chiens interdits.

Un jardin japonais à Toulouse ! Au sein du parc Compans-Caffarelli, avec son pont rouge, son plan d'eau et ses lanternes, il offre un voyage paysager exotique. Dans le style des jardins de Kyoto c'est une composition harmonieuse et savante entre monde minéral, monde végétal et monde aquatique. Attention, ce n'est un lieu ni de pique-nique ni de bronzette sur la pelouse (ce que vous pourrez faire dans le reste du parc), mais une invitation au calme et à la contemplation. Féerique au printemps, durant la floraison des cerisiers !

LA MAISON DE LA VIOLETTE

3, boulevard de Bonrepos - **TOULOUSE**
05 61 99 01 30
www.lamaisondelaviolette.com
Du lundi au samedi de 10h à 12h30 et de 14h à 19h. Réservation obligatoire pour les groupes à partir de 10 personnes.

Toulouse est rose... mais aussi violette ! Amarrée sur le Canal du Midi en haut des allées Jean Jaurès, c'est une péniche qui abrite la Maison de la violette. À bord, un espace dédié à la fleur emblématique de Toulouse au parfum délicat. Une petite exposition évoque son histoire. Quelques marches mènent à une table de dégustation. Des produits sont en vente. À gauche : thés, chocolats, dragées mais aussi sels, gelées et moutardes. À droite : savonnettes, bougies, eaux de parfum... On peut même repartir avec un pied de violette. Délicieusement vintage.

MAISON NOUGARO

Ponts-Jumeaux -
TOULOUSE
09 73 67 89 04
http://maison-nougaro.fr
Entrée libre.

M*a maison sera un village* écrivait Claude Nougaro (1929-2004)... A Toulouse, cette péniche amarrée sur « l'eau verte du Canal du Midi », chère au musicien et chanteur toulousain, à proximité du quartier des Minimes, est dédiée à l'artiste et à son œuvre, ses inspirations et les grandes périodes de sa vie créative. Nougaro ayant été Nougaro, vous n'entrez pas dans un musée, mais bien un espace chaleureux et joyeux qui vous convie à une immersion dans la vie du chanteur toulousain. Programmation de concerts, d'animations et de rencontres.

MAMA SHELTER €€€

54-56, Boulevard Lazare Carnot - **TOULOUSE**
05 31 50 50 05
www.mamashelter.com/fr/toulouse
Chambre double à partir de 89 €. Petit déjeuner buffet inclus. Wifi gratuit. Service de ménage. Restauration. Cinéma.

L'arrivée en 2018 de cette enseigne d'hôtels qui renouvelle le genre n'est pas passée inaperçue. Installé dans un superbe immeuble de style, qui abritait anciennement un cinéma, il est resté fidèle à cette vocation, puisqu'il abrite une petite salle de projection. La déco des chambres est fun et le confort au top... Vous êtes à deux pas de la place du Capitole et des rives de la Garonne, au cœur de Toulouse. Pas client de l'hôtel ? Retrouvez l'esprit Mama dans son restaurant haut en couleur, ou sur le roof-top qui permet de profiter des beaux jours !

MATOU

58, allée Charles-de-Fitte
TOULOUSE
✆ 05 81 91 79 17
Ouvert du mardi au dimanche de 10h à 18h. Adulte : 4 €. Etudiant + entrée pour tous entre 12h et 13h30 : 2 €.

Un musée unique en son genre. Entièrement dédié à l'affiche publicitaire, aux cartes postales et aux arts graphiques, il programme 3 expositions temporaires par an autour de thèmes variées. Par exemple : la sécurité au travail, les illustrateurs de renom. Plongée dans l'univers du rêve ou de la consommation. Chaque mercredi, le Matou sort de ses réserves des trésors publicitaires à découvrir ou à redécouvrir. Emballage de savon ou étiquette de fromage... Ses collections riches de plus de 200 000 pièces sauront vous emballer.

MUSÉE D'HISTOIRE DE LA MÉDECINE ET DES INSTRUMENTS

2, rue Viguerie - **TOULOUSE** ✆ 0561778425
www.musee-medecine.com
Musées ouverts jeudi, vendredi, dimanche et certains jours fériés de 11h à 17h. Gratuit.

Deux musées dédiés à l'histoire de la médecine et aux instruments médicaux occupent l'aile Viguerie de l'hôtel-Dieu St-Jacques, ancien hôpital médiéval, abritant le centre administratif du CHU de Toulouse ainsi que l'Institut européen de télémédecine. Illustration de 7 siècles d'histoire par plus de 3 000 objets issus des collections du Dr André Gaulle ou du Pr Jean Charles Auvergnat, de dons et de dépôts privés. Belle collection de cires anatomiques.

MUSÉUM DE TOULOUSE

35, allée Jules-Guesde - **TOULOUSE**
✆ 05 67 73 84 84
www.museum.toulouse.fr
Du mardi au dimanche : 10h-18h. Entrée : 9 €. Jardins du Muséum de mai à octobre. Entrée : 3 €.

Situé près du Jardin des Plantes, le Muséum comprend également les jardins de la Maourine (quartier de Borderouge). Ses collections réunissent 2,5 millions d'objets illustrant les interactions entre l'homme et son environnement. Au programme, des expositions permanentes : la Terre, l'histoire de la vie, l'exploration de la biodiversité... et temporaires l'expo Grimoire, mon beau grimoire autour de la magie et la sorcellerie ! Prolongez votre visite en déambulant dans le jardin botanique et ses serres. Téléchargez les conférences des Jeudis du Muséum sur Internet.

PÊCHEURS DE SABLE

Quai de la Daurade
TOULOUSE
✆ 06 66 65 42 74
www.pecheursdesable.wordpress.com
De mai à octobre, tous les jours de 11h à 22h. Wifi gratuit. Terrasse. Restauration. Concerts.

Historiquement, cette niche aménagée dans l'une des parois du port de la Daurade accueillait... les noyés repêchés dans la Garonne ! Elle abrite aujourd'hui la buvette des Pêcheurs de Sable, nommée ainsi en souvenir des hommes qui récoltaient le sable du fleuve pour les cimenteries. À la carte, vous avez un large choix de *snacking* maison avec des produits du terroir. Côté boissons, ne passez pas à côté du vin au basilic ! Le soir venu, guirlandes lumineuses et musiciens c'est guinguette, avec vue inoubliable sur la Grave illuminée.

PÉNICHE BEL'IMPORT €€

90, allée de Barcelone
TOULOUSE
✆ 07 85 39 64 11
http://bel-import.com/index.html
A partir de 90 € la nuit par personne.

Embarquez à bord d'une péniche de charme pour passer une nuit insolite immobile sur l'eau. Vous avez le choix entre trois chambres cabines de 20 m^2 tout confort, à la décoration contemporaine. Vous avez accès à un bain à bulles. Cette péniche peut aussi vous emmener en croisières de Toulouse à Moissac en passant par Montech et Castelsarrasin. Plusieurs propositions de croisières : version hôtel (vous ne vous occupez de rien) ou version gîte (vous faites à manger), mais, rassurez-vous, il y a toujours un capitaine à la barre.

QUAI DES SAVOIRS

39, allées Jules-Guesde
TOULOUSE
✆ 05 67 73 84 84
quaidessavoirs.fr
Ouvert du mardi au samedi de 10h à 18h. Accès à l'exposition temporaire : 7 €. Quai des petits : 3 €.

Dédié à la culture scientifique et technologique, le Quai des Savoirs est un lieu d'échange. Il participe à des événements tels que la Fête de la Science ou la Nuit Européenne des Chercheurs. Le très jeune public peut participer aux ateliers du Quai des Petits, les enfants plus grands suivre des stages durant les vacances avec le Quai des Curieux, et les amateurs de débats se retrouvent au Café du quai. Chaque année, le vaste espace d'exposition change de thématique après l'alimentation de demain 2021 c'est l'amour qui nous interroge.

TOULOUSE GREETERS

TOULOUSE

www.toulousegreeters.fr

Gratuit.

Avec le soutien de l'office de tourisme, Toulouse Greeters, à l'image du réseau mondial Greeters né à New york, met en relation des Toulousains passionnés avec des visiteurs curieux de découvrir la ville rose et ses habitants ! *Greeters* signifie «ceux qui accueillent» ! Ces bénévoles partagent leurs coups de cœur, leur regard sur Toulouse, leurs endroits préférés. Remplissez un formulaire en ligne pour réserver votre visite avec un greeter qui corresponde à vos centres d'intérêt. Une façon conviviale, originale, alternative et futée de découvrir Toulouse.

LES VISITES EXTRAORDINAIRES

TOULOUSE

https://www.jacobins.toulouse.fr/visites-extraordinaires

Programmées toute l'année. À partir de 12 ans. Tarif adultes : 12 €, moins de 18 ans : 6 €. Réservation en ligne.

Les Jacobins à la tombée de la nuit, une fois les visiteurs partis et que le silence retombe sous la voûte de l'église. Une façon inédite de découvrir ces bâtiments historiques dans toute la magie nocturne. Visite aux lampions ? Une lanterne à la main. Visite théâtrale ? Mais que raconte Frère Pierre, un dominicain espiègle et facétieux... Visite musicale ? Dans les pas du musicien, partez à l'écoute des vibrations et résonances du couvent. Qu'allez-vous choisir ?

ÉCOGÎTES DE BAUGNAC €€

Lieu-dit Baugnac - **VERFEIL**

✆ 06 86 42 86 74

www.gites-de-baugnac.com

À partir de 300 € la semaine (pour 4 pers.). Wifi. Petit déjeuner bio : 9 €. Barbecue. Massages sur demande.

Sandrine et Franck vous accueillent en pleine campagne, à 15 km seulement de l'hypercentre toulousain. Le bâtiment a été entièrement rénové à l'aide de matériaux écologiques, en suivant les méthodes traditionnelles locales. Deux gîtes sont mitoyens et permettent d'accueillir l'un 2 personnes, l'autre 4. Sandrine et Franck vous présentent leur jardin d'herbes médicinales et organisent des ateliers pour apprendre à fabriquer du savon, des produits cosmétiques ou des produits d'entretien. Il est aussi possible de réserver un massage.

MATTHIS LEBEL, DU LSC AU CLUB TOULOUSAIN

Son père, avant lui, était professionnel du rugby, à Auch et Samatan : « Tout petit déjà j'étais dans les vestiaires après les matches. Ce qui me plait dans ce sport c'est la convivialité, l'esprit d'équipe, la compétition bien sûr et tous les amis et toutes les rencontres grâce au rugby quand on pratique au haut niveau. Mais il ne faut jamais perdre de vue d'où l'on vient ». Lui, il vient de Saint-Soulan. Au pays du rugby, dans une famille de rugbymen.women, Matthis Lebel a été formé sur le stade Pierre Brocas de Samatan, à l'école de rugby du Lombez Samatan Club, avant de gravir les échelons avec acharnement, dépassement de soi et ce cens de l'équipe qui lui attache de solides amitiés. Son talent s'accompagne de l'humilité et de la simplicité qui rendent les vainqueurs sympathiques. En bon rugbyman, bien entendu, il est costaud et s'attache à garder toujours un bon mental.

En 2014, Matthis Lebel rejoint le pôle espoir du prestigieux Stade toulousain et joue dans l'équipe jeune. A 21 ans, cet ailier arrière a un beau palmarès à son actif. Notamment : Champion de France cadet avec le stade toulousain, Victoire des 6 nations, deux titres de Champion du monde (moins de 20 ans) avec l'équipe de France. La victoire contre les Baby Blacks des All Blacks, en 2018, reste l'un de ses plus beaux souvenirs : « Les All Blacks c'est le respect, le prestige, la classe, ils ont vraiment quelque chose de plus. » D'autres victoires sont attendues. Pour cela, la formation rouge et noire peut compter sur les qualités de vitesse et de perforation de ce joueur du Savès.

© ALPHÉE

HAUTES-PYRÉNÉES

Les Hautes-Pyrénées abritent des sites naturels à couper le souffle. Le cirque de Gavarnie et sa cascade, le Pic du Midi de Bigorre, perché à 2 876 m d'altitude, avec son observatoire, son planétarium et l'insolite passerelle dans le vide qui ne manque pas d'impressionner même ceux qui n'ont jamais le vertige. On peut dormir à l'observatoire, expérience magique. Les skieurs les plus aguerris se feront plaisir avec une redescente grandiose en ski freeride. Le parc animalier des Pyrénées (Ayzac-Ost), engagé dans la sauvegarde de la biodiversité, vous propose une journée soigneur ou/et une nuit insolite en écolodge, refuge au milieu des loups noirs, cabane de trappeur avec les loups gris, tanière avec les ours... D'autres expériences ? Saut à l'élastique depuis le Pont Napoléon, parcours d'accrobranche, tyrolienne géante, trottinettes tout terrain... Pour vous remettre de vos émotions, dormez dans une yourte, un tipi, une cabane perchée.

CABANES PERCHÉES DES PYRÉNÉES €€€

Route de Silhen - **ARGELÈS-GAZOST**

✆ 06 69 24 70 70

www.cabanespercheesdespyrenees.fr

A partir de 235 € la nuit pour deux personnes avec petit déjeuner. Panier repas 25 €/pers, panier apéro 10 €.

Un formidable village de magnifiques cabanes dans les bois ! Vous en avez 7 au choix, toutes différentes, pour 2, 4 ou 6 personnes, perchées sur les hauteurs d'Argelès surplombant la vallée des gaves, au pied des plus Grands sites Pyrénéens. Vous y accédez par des escaliers, des échelles de corde, des passerelles, c'est selon ! De votre terrasse, adossé à la balustrade ou depuis votre bain bouillonnant, admirez un panorama somptueux. Une aventure sauvage et romantique à la fois.

LES CHALETS D'ARRENS €€

28, route d'Azun - **ARRENS-MARSOUS**

✆ 05 62 97 42 96

https://chaletarrens.com

A partir de 50 € la nuit (chalet pour 4 pers).

Chalets de bois et suites, pour 2, 4 ou 6 personnes vous attendent dans le Val d'Azun, vallée préservée et destination de pleine nature où prendre de la hauteur, rouler en VTT sur les crêtes, gravir un sommet, défier les cols en cyclo, courir dans les estives, voler dans son ciel bleu azur, au milieu de paysages grandiose. Pistes et sentiers sont à proximité. Vous êtes dans le parc national des Pyrénées et les Chalets d'Arrens affichent leur Esprit Parc. Une garantie pour les randonneurs et autres pêcheurs de loger au bon endroit ! En saison, spa, hammam, stages.

DEVAL'CABLE

Col du Soulor

ARRENS-MARSOUS

✆ 05 62 97 49 49 (Office de Tourisme)

Durant les vacances scolaires. Entrée : 4 €. Trottinettes 9 € adulte, 7 € enfant pour 1/2h..

Sensations garanties avec le DéVal'cable de la vallée du Val d'Azun, plus grand espace nordique des Hautes-Pyrénées. Cette tyrolienne géante de 300 m de descente, elle est accessible aux personnes pesant plus de 25 kg. Face aux montagnes, c'est magnifique ! Les petits ne sont pas oubliés et les enfants de moins de 25 kg peuvent s'éclater sur un mini-câble gratuit. Ce site est également celui des trottinettes électriques et sur place, vous trouverez des sentiers thématiques sur les rapaces et les passereaux, à observer de la mi-juillet à la fin août.

NUIT EN CABANE

ARTIGUES

✆ 06 32 71 07 96

Ouvert toute l'année. 69 € la nuitée. Avec panier repas : 141 € pour deux. Avec via ferrata : 129 €.

Ambiance refuge, à la lisière d'une forêt, pour ce petit îlot hors du temps. Le portail en bois ouvre sur votre domaine doté d'une cabane atypique est parfaitement équipée avec un grand lit, une mezzanine pour un enfant, une table... Les toilettes sont dans une autre cabane. Le cadre est magnifique. En été, la rivière est un enchantement, les balades nombreuses et un parcours de via ferrata peut être organisé. En hiver, le poêle à bois vous réchauffe et en cas de neige, vous êtes accompagnés par Stéphane, votre hôte et professionnel de la montagne, jusqu'au chalet.

PARC ANIMALIER DES PYRENÉES

60 bis, avenue des Pyrénées - **AYZAC-OST**
✆ 05 62 97 91 07
www.parc-animalier-pyrenees.com

Haute saison ouvert tous les jours et jours fériés de 9h30 à 19h. Adulte : 20 €. Enfant de 3 à 11 ans : 15 €.

Dans un environnement somptueux, ce parc de 14 ha à flanc de colline, dédié à la faune des Pyrénées et engagé dans la sauvegarde de la biodiversité (ours bruns, gypaètes barbus, bouquetin ibérique percnoptère), offre des expériences insolites : journée soigneur, nuit en écolodge : Refuge au milieu des loups noirs, Cabane du trappeur avec loups gris ou Tanière avec les ours. L'occasion d'observer également loutres géantes, isards, marmottes, bouquetins, renards évoluant en semi-liberté.

LES CABANES DE PAYOLLE €€

Au lac de Payolle - **CAMPAN** ✆ 05 31 52 02 58
www.cabanesdepayolle.fr

A partir de 135 € la nuit (2 adultes et 1 enfant) avec petit déjeuner et à partir de 175 € la plus grande cabane.

Vous êtes au Canada ! Au cœur des Hautes-Pyrénées, cette zone protégée et sauvage offre des paysages nordiques. À l'orée du lac de Payolle, ces 3 magnifiques cabanes vous invitent au dépaysement. Il y a Arizon en forme de champignon ventru, Montaigu, autre champignon un peu plus grand, et Pic du Midi et Taoulet, encore plus grande en deux modules avec l'électricité, petite kitchenette, douche, chauffage et même le wifi. Sa capacité de 30 m² pourra accueillir jusqu'à 6 aventuriers, enfants ou adultes. Terrasse et passerelle suspendue avec vue sur le lac.

Parc Animalier des Pyrénées.

CAMPEMENT DES 5 YOURTES €€

BANIOS ✆ 05 62 95 36 08
www.yourtes-chambres.com

Yourte sur pilotis, terrasse et salle de bain avec bain nordique privatif 140 € la nuit pour 2 personnes.

Le Campement des Cinq Yourtes vous réserve nombre de petits plaisirs simples, dans un esprit camping, le confort en plus. Tentes rondes à ossature de bois recouverte d'épais feutres servant d'isolation, les habitations sont idéales pour un séjour hors du temps. Sur pilotis avec terrasse ou plancher de bois, elles sont chauffées avec un poêle et offrent tout le confort moderne malgré une décoration traditionnelle mongole. Le petit plus c'est le bain nordique qui permet de passer des moments détente à deux, idéal pour les amoureux.

LE CHALET, RÉSIDENCE ÉPICERIE BAR €€

6, rue des Thermes
CAPVERN
✆ 05 62 39 03 56

Ouvert toute l'année. Epicerie toute l'année. Location d'avril à septembre. Du studio au T3 de 450 € à 700 € la semaine.

Le Chalet fait... tout ! Hébergement, café, sandwichs sur demande, épicerie et même mémoire vive de Capvern si le patron a quelques minutes devant lui. On apprécie la grande terrasse ensoleillée et ombragée pour un petit rafraichissement. Les cinq appartements tout confort surplombant le bar offrent une vue sur cette rue typique de la vallée et sur le parc à l'arrière du site. L'espace épicerie propose des produits frais et du terroir. Pain frais pour le petit déjeuner.

CONCERTS DE PIANO DU PIC DU MIDI

Dans le cadre du Festival Piano Pic de Bagnères-de-Bigorre, festival international de musique classique, pianistes et instrumentistes se succèdent dans des hauts lieux du patrimoine de la vallée : églises, Palmarium des « Grands Thermes », Abbaye de l'Escaladieu, mais le clou de la manifestation reste le concert organisé chaque année au sommet du Pic du Midi. Ce festival qui se déroule fin juillet a été initié par deux grands musiciens, Christophe Baillet et Pierre Réach. L'image est restée dans les annales d'un piano dans le ciel arrivant par hélicoptère, pour le premier concert au sommet, le 21 juin 1997 du festival Piano aux Pyrénées. De nombreux interprètes prestigieux ont fait l'ascension et le public répond toujours présent pour ces concerts originaux et aériens.

En 2007, l'aventure se poursuit avec le Festival Piano Pic incluant aussi l'Académie internationale György Sebök. En marge du festival, l'académie internationale de musique Georgy Sebök pour piano, instruments et orchestre de chambre délivre les enseignements des artistes invités. Ainsi, tous les ans, en été, la musique retentit à 2 889 mètres d'altitude, au sommet du Pic du Midi de Bigorre. De nombreux concerts sont donnés chaque année dans la vallée sans jamais que soit oublié celui donné pour une soirée au Pic du Midi de Bigorre. La musique qui tutoie les étoiles à 3 000 m d'altitude, assurément un grand moment !
www.piano-pic.com

PARC ACROBATIQUE FORESTIER DE L'AYA

Lesponne - **BAGNÈRES-DE-BIGORRE**
✆ 05 62 91 71 15
www.parc-aventure-65.fr
Ouvert d'avril à Toussaint. Accrobranche à partir de 4 ans. Adulte : 20 €, enfant de 16 € à 10 € selon âge.

Entre forêts, ruisseaux et cascades, la vallée de Lesponne est une image d'Épinal. La majesté des grands hêtres participent à cette magnificence... Le parc de l'Aya permet de prendre de hauteur et d'apprécier la chose ! Vos pieds ne touchent pas terre, pourtant il vous faudra courir et même sauter au cœur de cette flamboyante verdure de la canopée. Onze parcours d'accrobranches composent ce parc de loisirs exceptionnel, tant par son cadre idyllique que son encadrement au top. Du parcours d'initiation des tout petits à l'itinéraire noir des plus sportif avec une grande tyrolienne qui vous fait grimper à 20 m en passant par les parcours rouges avec mât d'escalade, le site est adapté à tous les niveaux et toutes les tailles. C'est d'ailleurs la taille qui détermine votre accès à tel ou tel parcours. En dénominateur commun, la ligne de vie continue d'un bout à l'autre du parcours. Vous profitez de plus de 100 jeux, des tyroliennes aux balançoires ! Les émotions fortes sont garanties et vont de pair avec la sécurité, Pierre et Peyo vous encadrent en vrais pro. Petits et grands se défient avec des activités adaptées mais c'est surtout soi-même qu'il est important de dépasser. Vous sortirez de l'Aya plus fort mais aussi vidé, après une journée au top qui réjouit toute la famille. Le site propose pour les groupes des forfaits incluant accrobranche et randonnées, des courses d'orientation ou des sorties découverte du canyoning avec la descente des cascades du Cérétou.

CABANES À LA FERME DE TRENCALLI €€

Ferme Trencalli - **CASTELNAU-RIVIÈRE-BASSE**
✆ 06 52 65 89 37
www.trencalli.fr
Toute l'année. 90 €/130 € la nuit selon cabane. Tyrolienne géante, balades à poney, tir à l'arc, aventure game (payant).

Au pied des Pyrénées, voici un coin de nature préservé et une expérience insolite de vie à la ferme et dans la forêt. Au choix : cabane Balcon des oiseaux, cabane L'orée du bois des cerfs, cabane Robinson, flottante sur l'étang, cabane Hobbits. A la ferme c'est traite des vaches le matin, puis atelier fromagerie bio et de produits artisanaux bio. Table de billard, pétanque, ping-pong, babyfoot, badminton, pêche dans l'étang, sentier pédagogique. Table paysanne de terroir.

Le Pont d'Espagne.

CABANES PERCHÉES ET CABANE FLOTTANTE DE TRENCALLI €€

Quartier Moussat
CASTELNAU-RIVIÈRE-BASSE
✆ 06 52 65 89 37
www.trencalli.fr
Ouvert toute l'année. La maison des Hobbits : 140 €/nuit, 230 €/ week end.

Vous êtes au cœur de la campagne, dans un domaine Trencalli de 30 ha où vivent daims, cerfs, wallabys et animaux de la ferme. Deux cabanes dans les chênes vous attendent. Une 100 % nature avec un esprit palombière, l'autre tout confort à l'orée du bois des cerfs. Vous bénéficiez de l'accès à la piscine naturelle, aux bains finlandais et au bain bouillonnant. Vous avez aussi la possibilité de loger dans un gîte et plus insolite dans la cabane flottante sur l'étang.

LA MAISON DES CHAMEAUX

CASTELNAU-RIVIÈRE-BASSE
✆ 05 62 33 36 24
https://lamaisondeschameaux.fr
Ouvert du mercredi au lundi de 12h à 18h.

La caravane passe dans les Hautes-Pyrénées ! Vous allez découvrir un site magnifique et un petit paradis de tendresse et de joie de vivre. Ici, un improbable troupeau de lamas, chameaux, chèvres, cochons nains, alpagas et moutons s'abattent en semi-liberté. Habitués à l'homme et peu farouches, ces animaux sont élevés au contact de l'Homme en suivant un dressage selon la méthode douce du « clic ». On peut partir en promenade avec eux, les nourrir, les brosser... apprendre à faire un bracelet en poil de chameau. Idéal en famille. Aire de pique-nique.

LE PONT D'ESPAGNE ★★★

CAUTERETS
✆ 05 62 92 13 00
www.cauterets.com
Accessible toute l'année en voiture, en hiver prévoir équipements. Parking payant. Service de navette depuis Cauterets.

A 7 km de Cauterets, le Pont d'Espagne est au nombre des grands sites d'Occitanie. Au sein d'un site naturel exceptionnel, il doit son nom au fait qu'il est situé sur un ancien itinéraire muletier. Au cœur du Parc National, c'est un point de départ vers les cascades du gave de Gaube, le lac de Gaube ou le plateau de Cayan dans la vallée du Marcadau. Le Vignemale y dévoile ses neiges éternelles. Le est une autre option de balade. Accessible en voiture toute l'année, le pont d'Espagne est apprécié en hiver pour la luge, la raquette, le ski de fond.

CAMPING DES TILLEULS €€

Hameau de Saussa - **GAVARNIE-GÈDRE**
✆ 05 62 92 48 92
www.locations-vacances-gavarnie-gedre.com
Camping ouvert du 15 avril au 15 octobre. Réservation impérative. 30 emplacements.

Sur les hauteurs de Gèdre, cette aire naturelle de camping au décor de rêve abrite d'adorables cabanes pour deux personnes - Martagon ou Iris - façon tipi de bois et trois roulottes de charme façon tzigane. Vous pouvez aussi louer sur place une grande tente familiale déjà montée. Un séjour bohème dans les montagnes avec bain nordique, une mini-ferme pour les enfants où cohabitent deux ânes, trois poneys et cinq chèvres, des sentiers de randonnée pédestre tout autour et, en prime, l'accueil chaleureux de Rosalie, ça c'est un plan futé !

CASCADE DE GLACE

Grande cascade au cœur du Cirque de Gavarnie
GAVARNIE-GÈDRE
www.gavarnieice.com
Le bureau des guides vous fournira les coordonnées des guides sépcialisés. À partir de 70 €/pers (3 à 6 personnes).

En hiver, la grande cascade du Cirque de Gavarnie gèle. Le spectacle est saisissant et pour les accros de grimpe c'est le top départ de sensations fortes ! Longue de 427 m, la cascade de Gavarnie constitue l'un des plus célèbres spots d'escalade de cascade de glace des Pyrénées et les meilleurs glaciéristes s'y attaquent chaque année. Au programme draperies, grands murs, vires et pentes neigeuses. Des stages et des sorties encadrés par des professionnels sont proposés jusqu'à la mi-mars pour des expériences inoubliables à vivre.

MILLARIS - MUSÉE DECOUVERTE ★

Place de la Bergère - **GAVARNIE-GÈDRE**
✆ 05 62 92 35 25
www.gavarnie.com
Ouvert toute l'année. Du lundi au samedi de 9h à 12h et de 14h à 18h. L'entrée au musée est gratuite.

Selon la légende un berger nommé Millaris aurait trouvé quelque chose de blanc dans la montagne, l'aurait jeté en l'air et la neige aurait commencé à tomber sur les Pyrénées. Vous découvrez ici, de manière ludique, l'histoire des hommes et des paysages grandioses de Gavarnie-Gèdre. 5 personnages et 5 espaces scénographiés détaillent le patrimoine mondial, la vie en montagne, l'agriculture et le pastoralisme, les traditions, l'utilisation de l'eau.

TIPIS INDIENS €€

GAVARNIE-GÈDRE
✆ 06 15 41 33 29
www.tipis-indiens.com
Ouvert de début mai à fin septembre. Tarifs tipi (4 à 6 pers.) dès 490 € la semaine. Location à la nuitée : 125 €.

Le camping autrement. Un panorama d'exception et des tipis amérindiens, habitations écologiques et saines, perchés à 1 300 m d'altitude, face au Cirque de Gavarnie. A l'intérieur, lits, canapé, rangement, électricité, vous attendent. Une grange commune est à votre disposition pour les sanitaires et la cuisine. L'environnement naturel et les balançoires et les toboggans séduiront vos petits Sioux. Posez vos montres, coupez vos portables et vivez à l'heure indienne dans un total dépaysement. Même les allergiques au camping apprécieront !

BALNÉA CENTRE THERMOLUDIQUE

Centre Balnéa - **GÉNOS**
✆ 05 62 49 19 19
www.balnea.fr
Ouvert tous les jours, horaires en fonction des périodes. Fermé en hiver. Restaurant sur place.

Vous êtes dans la Vallée du Louron, au pied des stations de ski de Peyragudes et de Val Louron et au bord du Lac de Génos-Loudenvielle, dans un site de nature préservée et spectaculaire de toute beauté. Entre soins relaxants et activités ludiques, *Balnéa* vous fait voyager sur différents continents pour une immersion totale dans le bien-être. C'est le premier complexe de détente en eau thermale des Pyrénées françaises, un lieu idéal pour venir recharger vos batteries, dans cet écrin de montagnes qui participe à un ressourcement complet. Un univers de raffinement poétique sublimé par un dôme de verre qui s'ouvre sur les montagnes et le ciel des Pyrénées. Avec ses voûtes romanes et ses carrelages mauresques, le thermoludisme a trouvé son temple. Les activités aquatiques se déroulent dans un cadre de rêve, mariant bois et pierre et la lumière jouant avec l'eau. Une eau thermale mise en valeur avec la même magie dans les 4 espaces. L'ouverture de l'espace Inca avec ses bains extérieurs accessibles dès 9 mois et en famille avait enrichi ces voyages dans le merveilleux, puis ce fut au tour du surprenant pavillon Cryo-Tonic de créer la surprise. Fontaine et murs de glace, pédiluve avec 20 buses pour masser les tibias et les mollets, transats thermiques dont la température varie jusqu'à 45 °C. Face aux montagnes, vous vous régénérez comme nulle part ailleurs ! Profitez de l'espace Romain avec une lagune à 33 °C où bains à remous, hammam, cols de cygne, jets hydromassants, cascade, brumisateur, banquettes chauffantes et bain musical au jasmin vous attendent. L'espace Amérindien offre, pour sa part, une grande lagune avec lits à bulles, geyser, nage à contre-courant, cascade à reflets lumineux, spa, bains bouillonnants et hutte hoogan à bain de vapeur. On aime l'espace japonais et ses 3 bassins extérieurs avec vue sur les montagnes et eau entre 33 °C à 40°C. Enfin, bulle de sérénité, l'espace tibétain est celui des hydro-massages et aérobains, des soins personnalisés visage et corps, des massages aux pierres chaudes ou ayurvédiques. Le restaurant du site propose une cuisine naturelle, équilibrée et saine. Joyau d'architecture qui rayonne dans une nature incroyable, Balnéa demeure la référence du bien-être à l'état pur !

▸ Nombreux forfaits *all inclusive* que vous veniez seul ou en famille, pour un jour ou un séjour. La formule balnéo/repas est très sympa. Vous profiter des installations thermoludiques et d'une halte gourmande et saine.

LE CIRQUE DE GAVARNIE ET SA GRANDE CASCADE ★★★★

GAVARNIE-GÈDRE

www.valleesdegavarnie.com

Ouvert toute l'année. 1h30 de marche jusqu'à l'hôtellerie du cirque. En hiver et au printemps risque d'avalanche.

Les trois cirques glaciaires de la vallée, Gavarnie, Estaubé et Troumouse, font partie du site franco-espagnol "Pyrénées-Mont Perdu" inscrit en 1997 sur la liste du Patrimoine mondial par l'UNESCO. De ces trois joyaux, celui de Gavarnie est le plus célèbre. Fleuron du département, il est au nombre des sites les plus spectaculaires et les plus touristiques du pays. Effectivement, sa splendeur coupe le souffle et ses volumes impressionnent : 6,5 km de circonférence, une paroi haute de 1 500 m et en son centre, comme un cœur impétueux de 427 m jaillit l'une des plus grandes cascades d'Europe. Ce décor somptueux est le résultat de mouvements géologiques. Au cœur du Parc national des Pyrénées, entre la France et l'Espagne, Gavarnie règne en véritable monument qui s'étend sur 30 000 ha de paysages, de richesses naturelles et de biodiversité. Il est inscrit au Patrimoine mondial de l'UNESCO depuis 1997 et sur la liste verte de la Commission des aires protégées. Suscitant l'admiration depuis plusieurs siècles, le site fut source de nombreuses légendes, garde ses mystères et inspire de longue date les artistes, passionne les scientifiques et séduit les amoureux de la montagne, défie les grimpeurs qui ont exploré cette muraille de pierre, haut lieu du Pyrénéisme. Lorsque Victor Hugo s'y rendit, il s'extasia : «c'est le *colosseum* de la nature, c'est Gavarnie ! «. Au départ du village, des randonnées de 2 à 4 h de marche vous permettent d'en découvrir la féerie.

LA MOUNTAIN LUGE

HAUTACAM
© 05 62 97 10 16
www.hautacam.com
Tous les jours pendant les vacances scolaires. Sinon mercredi et week-end.

Seul ou à deux, 600 m de descente en virages relevés sur rails, en toute saison. La luge de montagne est appréciée par toute la famille et les sensations sont vertigineuses ! Avant de vous élancer, vous vous installez confortablement sur la luge, attachez votre ceinture de sécurité, la montée dure quelques minutes. Arrivé en haut, profitez de la vue panoramique imprenable sur la vallée et c'est parti : de 0 à 4 km/h, c'est vous qui gérez en actionnant le freinage qui commande la vitesse. Quatre minutes environ de frissons et de rires garantis !

LES CABANES JACQUOISES €€

JACQUE
© 07 83 57 01 77
www.cabanes-jacquoises.com
A partir de 105 € la nuit par personne.

Dans une forêt de chênes et de frênes, découvrez 2 cabanes de luxe perchées sur pilotis à 5 ou 8 m de haut, mariant bois et design, aventure et nature, confort et paix. Il y a la cabane Esquirou, originale avec ses formes arrondies, sa toiture voûtée et ses troncs d'arbre en guise de piliers, et la cabane Paloma (aux palombes), avec sa piscine à bouillonnement sous son carbet. Les deux peuvent être investies par une famille avec deux enfants. Ceux-ci seront ravis de voir passer les deux daines de la maison, Bambi et Bambou. Une expérience insolite et raffinée.

LA MAISON DES CAILLOUX

Route de Tarbes - **LANNEMEZAN**
© 05 62 98 11 97
www.lamaisondescailloux.com
Ouvert toute l'année. Gratuit. Possibilité de visiter les carrières de marbre en été, sur rendez-vous : 5 €.

Xavier Marquié vous ouvre son atelier et les coulisses de la décoration et la gravure dans le marbre. Ce marbrier propose une visite passionnante et spectaculaire de ce lieu où des blocs immenses sont sciés, usinés et polis. Découverte aussi des carrières de marbre royales de Sarrancolin débitées depuis 4 siècles pour la décoration de site prestigieux, Louvre, Opéra Garnier, château de Versailles. L'évolution du traitement du marbre du XVIe siècle à nos jours est fascinant. Jean Lepreux qui travaille l'acier et l'inox est également sur le site.

COL DU TOURMALET ★★★

Col du Tourmalet
LA MONGIE
Fermé dès les premières chutes de neige, jusqu'à la fonte au printemps.

Depuis le col du Tourmalet, la vallée du Bastan s'étend à vos pieds composant un paysage fantastique. Bien entendu, à 2 115 m d'altitude, vous avez cette impression grisante d'être le roi du monde ! Surtout si, à l'instar des sportifs du Tour de France, vous êtes monté à vélo. Célèbre comme une épreuve difficile de cyclisme d'altitude, ce col mythique doit son nom à un sobriquet qui parle de lui-même : le mauvais détour. Longtemps, il a été parcouru par les bergers, pèlerins et marchands qui bravaient par un sentier les vents, la neige, le soleil ardent ou le froid piquant pour relier les hautes vallées de l'Adour et du gave de Pau. Il faut attendre le XIXe siècle pour qu'une route carossable soit enfin édifiée. En effet, ce n'est qu'après que le Duc de Maine et Madame de Maintenon l'aient eu franchi pour « prendre les eaux » dans la ville thermale de Barèges, qu'on entreprit la construction d'une route au XVIIIe siècle. Baptisée route thermale, Napoléon III en personne l'inaugura au XIXe siècle ! Comprenant des pentes à 7 ou 8 %, la montée au col du Tourmalet demeure liée à l'épopée de la petite reine et on ne compte plus les légendes qui ont marqué son histoire. Pour l'anecdote, lors du Tour de France de 1913, le vaillant Eugène Christophe marcha pendant 14 km après avoir brisé la fourche de son deux-roues au début de la descente. Vous pouvez aussi passer le col en voiture, c'est plus facile. Alors venez en pédalant ou sans peine toucher le ciel des Pyrénées : c'est un géant qui vous l'offre.

SANCTUAIRE NOTRE-DAME-DE-LOURDES ★★★

1, avenue Monseigneur-Théas - **LOURDES**
✆ 05 62 42 78 78
www.lourdes-france.org

Accès libre, tenue vestimentaire adaptée au lieu religieux. Procession aux flambeaux tous les soirs pendant la saison.

C'est un site vraiment unique. Des apparitions, une grotte, des inondations... Espace de foi, de mission et de rassemblement international, Lourdes parle à tous. Ici, on dit les Sanctuaires pour désigner l'espace spirituel et cultuel de Lourdes. Précisément : les Sanctuaires Notre-Dame de Lourdes. Ce territoire privé de 52 ha environne la grotte de Massabielle où la Vierge serait apparue, en 1858 et par 18 fois, à Bernadette Soubirous. Enserrés dans une boucle du tumultueux Gave, au pied de la ville dite haute et de son château, les Sanctuaires sont ouverts tous les jours de l'année, 24h/24, même si la saison des pèlerinages de groupe se concentre d'avril à octobre. Lourdes c'est une ambiance. Les boutiques alignées à l'orée des Sanctuaires débordent jusque sur les trottoirs de médailles à quelques centimes d'euros, de statuettes de la Vierge, de chapelets de pacotille, de jolies petites bouteilles à remplir d'eau de Lourdes... Convergeant vers les portes des Sanctuaires, c'est le défilé des groupes, derrière leur bannière de pèlerinage et le défilé des hospitaliers (bénévoles) avec leur uniforme à coiffe et couleur, du moins pour les femmes, poussant les malades dans ces voiturettes bleues typiques de Lourdes. Mais on retient le côté bon enfant et cosmopolite, comme une parenthèse atypique à l'heure de l'uniformisation... On sait que Lourdes, avec près de 200 hôtels et 33 000 lits, est la seconde ville hôtelière de France, derrière Paris et devant Nice.

PARC ACCROBRANCHE DEBRANCHE TOUT

Lac de Loures Barousse
LOURES-BAROUSSE
✆ 07 72 66 60 67

Ouvert d'avril à octobre, tous les jours. Tyrolienne géante : 10 €.

Le cadre est fabuleux et ce parcours présente la particularité de proposer deux espaces destinés uniquement aux enfant de 3-4 ans à 10-11 ans, adaptés à chaque tranche d'âge avec mini-tyroliennes, lianes, mini-ponts ou filet à faible hauteur (pour les plus petits), skate, balançoire, étriers, traversée infernale pour les 6-8 ans. Les adultes et les enfants de plus de 40 kg pourront utiliser de la tyrolienne géante qui passe au-dessus du lac pour faire le plein d'adrénaline sur 500 m !

LUZ TYROLINE

Route de Gavarnie - **LUZ-SAINT-SAUVEUR**
✆ 05 62 42 16 88
www.luztyroline.com

Ouvert toute l'année. 45 € par personne, tarif dégressif selon le nombre de personne.

Exceptionnel ! Au cœur des falaises et des gorges, 16 tyroliennes de 40 à 260 m de long, 4 ponts népalais et 475 échelons de via ferrata composent sur 2 km le plus fou des circuits. Le site est fabuleux par lui-même et y évoluer de cette façon offre des souvenirs absolument uniques. Certaines gorges sont inaccessibles par un autre biais. En deux heures environ vous en prenez plein les yeux, le gave de Pau en toile de fond et ses cascades surmontées par des vasques fantastiques. Laurent et son équipe assurent l'encadrement, vous êtes accompagné d'un patrouilleur.

Le Calvaire des Bretons et les basiliques de l'Immaculée Conception et Notre-Dame-du-Rosaire à Lourdes.

ROULOTTES MONTAGNE €€

16, hameau Les Astes - **LUZ-SAINT-SAUVEUR**
✆ 06 85 64 83 55
www.roulottes-montagne.com
Ouvert toute l'année. Pendant les vacances, la semaine : 520 €. Sinon 2 nuits minimum, 90 €/ nuit.

Un coup de cœur pour ces deux roulottes tsiganes de couleurs vives posées à flanc de montagne, dans un écrin de sommets, avec vue plongeant sur la vallée. Deux magnifiques roulottes sculptées, décorées, confortables avec une kitchenette, un coin salon, une vaste salle de bains et un grand lit dans l'alcôve avec sa fenêtre ! Une terrasse vous permet de profiter du soleil en été et sous la neige (avec chauffage !), la féerie est exceptionnelle. Vous avez tout ce qu'il faut pour passer un très agréable séjour. Gwenaëlle assure un accueil parfait : un bonheur !

SAUT À L'ÉLASTIQUE AU PONT NAPOLÉON

6, rue de Barèges - **LUZ-SAINT-SAUVEUR**
✆ 05 62 92 33 47
www.luz-aventure.com
D'avril à décembre. Saut : 70 € en solo, 140 € en tandem. Tous les sauts sont filmés et photographiés.

Un saut de 90 m. Le site en lui-même est déjà impressionnant : verdure, pierres et le cours d'eau en bas. Ce pont a été construit entre 1859 et 1863 sur ordre de Napoléon III. Les moniteurs sont des pros, ils gèrent votre stress aussi bien que les baudriers et les cordes. Vous pouvez faire confiance à Laurent et son équipe, ce sont de véritables pionniers qui proposent cette activité depuis 1987. Vous pouvez sauter seul ou en tandem. Un grand moment d'adrénaline quoi qu'il en soit.

FERME-AUBERGE DU LAC €€

41, route de Castelnau - **PUYDARRIEUX**
✆ 05 62 35 54 92
www.ferme-du-lac.com
Ouvert toute l'année. Réservation impérative. Accueil des groupes. Jardin. 80 places en terrasse.

Dans un cadre magnifique et à deux pas du lac, cette ferme-auberge de magnifique architecture méritent une visite. A table, c'est du producteur au consommateur. La cuisine est pleine de saveurs fraîcheur et qualité garanties. Parmi les spécialités du chef la poule noire d'Astarac, servie en galantine, rôtie ou farcie aux pommes de Barrousse et à l'armagnac. Le porc noir de Bigorre se décline en tournedos au foie frais et niveau spécialité, on se régale du chapon cuit en croûte en fin d'année. On vient se faire plaisir avant tout.

LE GÂTEAU À LA BROCHE, DE CHEMINÉE ET DE MONTAGNE

Cuit traditionnellement au feu de cheminée, le gâteau à la broche est réalisé en versant une pâte liquide sur une broche de forme conique pourvu de piques qui tourne lentement à proximité de la source de chaleur. Ce procédé lui confère sa forme de sapin. La pâte se solidifie comme une crêpe, formant un anneau prolongé par des excroissances en stalactites autour de la broche. Le processus répété plusieurs fois constitue ce gâteau original, couche après couche. Sa découpe après démoulage à froid s'effectue horizontalement du haut vers le bas en révélant des anneaux dorés caractéristiques de la cuisson.

Le gâteau est confectionné dans de nombreuses régions d'Europe, en particulier dans les zones de montagne. En 2002, le Guinness des records homologuait une pièce de 63,8 kg, record détrôné en 2019, à Villefranche-de-Rouergue, par 106 kilos (850 œufs, 35 kg de sucre, de farine et de beurre) !

L'origine du gâteau à la broche est controversée. Une tradition l'attribue au maître pâtissier du roi de Prusse qui l'aurait créé dans les années 1790 à Salzwedel. Ramené en France par les armées de Napoléon de retour du Caucase, il fut d'emblée adopté par les populations rurales des Pyrénées. Traditionnellement préparé pendant les soirées d'hiver, c'est un gâteau de fête réservé aux grands événements de la vie : mariages et baptêmes. En juillet, depuis plus d'une dizaine d'années, au cœur de la Bigorre, la Confrérie du Gâteau à la Broche d'Arreau, organise sa fête. Un rendez-vous gourmand et festif avec intronisations et dégustations.

HÉRAULT

Le département de l'Hérault vous réserve des découvertes insolites. Ainsi cet Atelier de la peluche à Montpellier où vous pouvez confectionner votre peluche selon vos goûts. Au nombre des plaisirs aquatiques originaux : une randonnée palmée ou un sentier sous-marin. Ou alors : partir en croisières musicales, visiter le superbe musée des Arts modestes de Sète ou celui de la Cloche et des sonnailles (Hérépian). Vous pouvez même partir en méharée à dos de chameau. Puis allez manger des tielles à Sète ou des huîtres au bord de l'étang de Thau. Suivez le canal du midi pour admirer les ouvrages d'art que sont les écluses, dont les 9 écluses de Fonseranes (Béziers) ou l'écluse ronde d'Agde. Un brin de folie ? Allez tester le lancer de hache (Castelnau-le-Lez). Plus paisible sera la nuit à l'Astronairum (Géospace) d'Aniane, où l'on peut dormir dans des bulles et dômes transparents de luxe, près de la grande coupole, pour observer les étoiles.

L'ÉCLUSE RONDE

Avenue Raymond Pitet - **AGDE** ✆ 04 67 94 23 09
www.capdagde.com
En service (horaires et conditions disponibles sur le site des Voies Navigables de France : www.vnf.fr).

Unique écluse ronde du Canal du Midi, elle était la première au monde au moment de sa construction en 1676. Sa prouesse technique et architecturale s'appuie sur le fait qu'elle réunit trois niveaux d'eau différents et non deux comme la majorité des écluses. Cet aménagement permet aux bateaux de tourner sur eux-mêmes pour prendre l'une des trois issues proposées : vers Béziers (en direction de Toulouse), vers l'étang de Thau par le fleuve Hérault et vers la cité d'Agde par le Canalet qui assure depuis 300 ans la liaison du Canal du Midi avec l'Hérault.

MAS DE LUNÈS - VIGNOBLES JEANJEAN

Le village -
AUMELAS
✆ 04 67 88 80 00
www.jeanjean.fr

Ce site naturel extraordinairement préservé de 1 000 ha de garrigues abrite le plus grand des vignobles Jeanjean, isolé et protégé, caractérisé par une juxtaposition de terroirs spécifiques et une forte minéralité d'ensemble. Les vins du domaine sont à l'image du site exceptionnel dont ils sont issus. La cuvée Bergerie de Lunès rosé, A.O.P. Languedoc, jus de grenache et syrah issu d'un pressurage direct au pneumatique, sous gaz inerte, est intense et complexe.

© RYSAN34 - STOCK.ADOBE.COM

L'Écluse Ronde.

BULLES ET DÔMES À L'ASTRONARIUM

Chemin du tunnel - **ANIANE**
✆ 06 98 20 04 21
www.astronarium.fr
Soirées publiques en été : 10 € adulte, 7 € enfant. Nuit à partir de 119 € la nuit pour 2 pers. Petit déj 9 €.

Ce site tout à fait exceptionnel est bien connu des astronomes amateurs de la première heure. Aujourd'hui baptisé Astronarium, il était autrefois appelé observatoire d'Aniane puis Geospace. Dans les années 1980, il était le fleuron de l'Association Française d'Astronomie, grouillait d'activités amateurs notamment durant les étés, et on y croisait des grands noms, astronomes et journalistes. Puis ce fut l'abandon du site, le pillage et la dégradation de ses infrastructures... Il fallait réhabiliter ce site d'exception installé au sommet d'une belle colline boisée, à la sortie de la petite commune d'Aniane. Aujourd'hui, l'observatoire est sauvé et s'est doté d'hébergements atypiques, bulles et dômes transparents pour dormir tranquillement à la belle étoile, sans le moindre inconvénient ! Et l'essai est parfaitement transformé... Les bulles Spatiale, Mars & Vénus, Céleste, les dômes Elegance et Army Experience offrent leur lot de plaisirs nocturnes. Ces hébergements sont pour la plupart chauffés, donc habitables même en hiver, et disposent d'activités optionnelles fort agréables. Chacun a son spa privatif. Imaginez un bain bouillonnant sous les étoiles ! Observatoire oblige, des soirées publiques ou privées sont organisées chaque mois et selon les événements astronomiques du moment. C'est l'association Arts & Astres qui les gère. En plus d'observer le ciel le programme inclut la visite de la grande coupole. Une immersion magique dans le ciel étoilé.

DROMASUD

1076, Chemin des Charbonnières - **BALARUC-LE-VIEUX** ✆ 06 14 82 17 28
www.dromasud.fr
Ouvert toute l'année. Horaires disponibles sur le site. Réservation conseillée. Randonnée guidée. Visite pédagogique.

Mené par une équipe de passionnés, ce club de loisirs méharistes développe depuis quelques années des activités ludiques et pédagogiques autour des dromadaires, animaux exotiques méconnus en France. Les ateliers sont à la portée de tous les âges et concernent la découverte de leur mode de vie, les soins, les différentes techniques de monte, le cardage de la laine, le moulage d'empreintes, des promenades avec sensibilisation des milieux rencontrés, etc. Les balades-découvertes et les randonnées organisées sont conduites sur le site du massif de la Gardiole.

AQUA-TURTLE

Avenue de la Gare - **BALARUC-LES-BAINS**
✆ 07 67 02 64 63
Ouvert toute l'année. Sur réservation. Location de bateau : de 10 € (15 min) à 75 € (2h). Gyropodes : de 12 € à 48 €.

Une sortie en famille écologique et ludique ? Direction Aqua-Turtle ! Cette entreprise balarucoise est spécialisée dans la location de jets et de bateaux électriques sans permis, gyropodes, bateaux insubmersibles et silencieux qui ont la particularité d'être accessibles à tous les membres de la famille. Sans permis, ils se pilotent facilement d'une seule main grâce à leur joystick, une commande qui permet même de se laisser aller à quelques acrobaties comme des 360°. Un moyen original de partir à la découverte de la biodiversité de l'étang de Thau sans polluer.

LA GUINGUETTE À FADY €€

25, avenue de la Cadole - **BALARUC-LES-BAINS**
✆ 04 67 48 01 37
www.laguinguette-restaurant.fr
Les horaires varient selon la saison. Réservation recommandée.

Situé au bord de l'étang, ce lieu charmant est propice à un moment entre parenthèse. Vous avez quasiment les pieds dans l'eau et la vue sur Bouzigues, en face. Cette institution de Balaruc met en avant les produits de la mer et du terroir. Outre les plateaux de coquillages, on s'y régale d'une mythique macaronade de la mer, de l'aïoli de la guinguette, de grillades de poissons, de viandes au feu de bois et de moult spécialités sétoises très bien exécutées. Enfin, le bar à vin permet d'accompagner comme il se doit charcuteries et tapas.

CACTUS PARK

Chemin de la Turque - **BESSAN** ✆ 04 67 77 16 16
www.cactuspark.fr
Haute saison ouvert tous les jours et jours fériés de 10h à 18h. Adulte : 6 €. Enfant de 3 à 16 ans : 5 €.

C'est à la fois un parc de plantes exotiques, de milliers de cactus, de plantes succulentes, de bambous et de bananiers, mais aussi un parc animalier de 8 hectares où vivent yacks, taureaux, vaches du Cameroun, lamas, ânes du Poitou, chèvres de Syrie, poneys, cygnes, oiseaux exotiques, et toute la basse-cour. On y trouve aussi des étangs et des canaux dans lesquels s'épanouissent des plantes aquatiques apportant un peu de fraîcheur aux chaudes journées d'été. Espaces pique-nique ombragés et aires de jeux. Vous pouvez amener du pain sec pour les canards.

CABANE DE LUXE DU CLOS SAINT-AMAND €€€

Chemin rural N°144 - **BÉZIERS**
✆ 06 37 43 85 47
www.cabane-luxe.com
Basse saison : chambre double 235 €. Haute saison : 310 €. Petit déjeuner inclus.

Dans l'environnement naturel du clos Saint-Amand, cette très spacieuse et luxueuse cabane de bois sur pilotis à 3 m de haut, est nichée entre les branches des amandiers. Vous y accédez par une passerelle éclairée de 30 m de long. Dotée d'une baie vitrée à galandage avec vue sur la verdure, elle dispose d'une terrasse, spacieuse et ensoleillée en toutes saisons, sur laquelle est installée un spa chauffé. Pour le dîner, le chef peut vous livrer un repas au choix : « Mer » ou « Terre ».

BATEAU PROMENADE BLEU MARIN

Avenue Louis-Tudesq - **BOUZIGUES**
✆ 06 03 31 44 90
www.promenade-bouzigues.fr
De mars à décembre. Adulte : 12 €. Enfant : 8 €. Visite guidée.

Partez à la découverte de la conchyliculture et de ses parcs de production à bord du *Bleu Marin*. Des professionnels vous emmènent sur l'étang, au cœur de leurs exploitations, pour vous faire découvrir les coulisses et les secrets de l'élevage des moules et des huîtres de Bouzigues. Si vous avez visité le musée de l'étang de Thau, cette navigation sera un bon complément pour appréhender plus concrètement les métiers de ces éleveurs de la mer. Une belle balade sur la lagune.

LANCE TA HACHE

1194, avenue de l'Europe - **CASTELNAU-LE-LEZ**
✆ 06 58 53 01 32
lancetahache.fr
Ouvert mardi/mercredi de 18h à 21h30, jeudi/vendredi de 18h à 22h30, samedi de 14h à 22h30 et dimanche de 14h à 18h

Des Vikings à Montpellier ? Importé des pays scandinaves, le lancer de hache est une nouvelle activité en vogue à pratiquer entre copains, du côté de Castelnau. Sur place, vous découvrirez des cibles - une pour trois personnes maximum -, des couloirs de lancer et des joueurs inexpérimentés. Des instructeurs seront là pour accompagner chacune des équipes et pour sécuriser la pratique. Outre le lancer de hache, l'établissement propose une *Demolition Room* et un bar à tapas. Attention, il est indispensable de réserver.

ALAIN SÉGUY, ÉCLUSIER À BÉZIERS

C'est un personnage ! Son rire résonne entre les écluses de Fonseranes. Alain Séguy a son bureau sous un parasol le long du chemin de halage, au bord du canal. Depuis son promontoire, le doigt sur le poste de contrôle, il supervise le passage des péniches sur le site patrimonial des 9 écluses de Fonseranes, à Béziers. Les bateaux montent et descendent le long des eaux vertes. Lui-même fils de mariniers, Alain Séguy fort de 40 ans de carrière, en a vu passer des bateliers et a pu mesurer l'évolution des écluses et de la navigation. Il apprécie depuis 2017 « ses » écluses rénovées après un an et demi de travaux. En pleine saison, près de 70 péniches franchissent les écluses. « C'est technique. Il faut rester concentré et rassurer les gens qui sont souvent un peu stressés par la manœuvre. »

C'est peu dire qu'Alain Séguy aime son travail, y compris dans sa modernisation et dans le changement de sa clientèle : « Aujourd'hui, ce sont surtout des touristes étrangers qui empruntent le canal, des Anglais, Allemands, des Russes, des Fidjiens… C'est ce qui me plaît dans ce métier : on voyage, sans bouger, juste en parlant avec les gens. » Depuis sa rénovation, le site est devenu très touristique et les visiteurs apprécie un nouveau site touristique avec un cinéma immersif, un restaurant, la maison du site, une chasse au trésor, la possibilité de naviguer et de suivre le chemin de halage le long de l'eau. La nuit, les écluses bénéficient d'une mise en lumière avec un jeu de lumière féerique…

© ANJA B. SCHÄFER - STOCK.ADOBE.COM

LES NEUF ÉCLUSES DE FONSERANES

Rue du Canal Royal - **BÉZIERS** ✆ 04 99 41 36 36
www.beziers-in-mediterranee.com/les-9-ecluses-de-fonseranes

Basse saison : du mercredi au dimanche de 10h à 12h30 et de 13h30 à 17h. Haute saison : tous les jours de 10h à 19h

Les 9 écluses de Fonséranes, véritables merveilles de génie civil uniques au monde, sont un site exceptionnel classé au patrimoine mondial de l'Unesco ainsi qu'aux Monuments historiques. Ouvrage majeur du canal du Midi créé par Pierre-Paul Riquet, il comporte huit bassins de forme ovoïde et neuf portes qui permettent de franchir une dénivellation pouvant aller de 21,6 mètres sur une longueur de plus de 300 mètres. Aujourd'hui, seules sept de ses écluses sont encore en service.

ZOOBREW

185, avenue Blaise Pascal
CASTELNAU-LE-LEZ
© 04 67 40 69 74
www.zoobrew.fr
Bar : ouvert du jeudi au samedi de 17h à 20h30. Brasserie. Vente bouteille. Location de tireuse.

Cette brasserie artisanale est un spot innovant, sympathique et plein de caractère, à l'image de son duo de fondateurs, JB et Numa. Après avoir parcouru la planète et les bars du monde entier, ces passionnés de houblon ont imaginé Zoobrew. A quelques minutes en transport du cente-ville montpelliérain, cette adresse à la fois brasserie et bar a su trouver sa clientèle. Elle attire les connaisseurs, les curieux et ceux qui souhaitent tout simplement se rafraîchir, autour de bières artisanales originales. Des bières également en vente dans le coin boutique.

LES CABANES DE L'ARBOUSIER €€

Domaine Saint-Jean-de-l'Arbousier - **CASTRIES**
© 04 67 87 04 13
www.cabane-arbousier.fr
Ouvert toute l'année. Accueil jusqu'à 19h. Chambre double 140€. Petit déjeuner inclus. Parking fermé. Excursions.

Le domaine accueille depuis près de dix ans les clients à la recherche d'une expérience inédite. Au cœur de ce vignoble, les propriétaires invitent les voyageurs à se reposer au sein de leurs quatre cabanes. Suspendues à plus de 7 mètres de hauteur, elles offrent une vue dégagée sur les montagnes, le vignoble et la mer Méditerranée. Ces chambres d'hôtes insolites s'intègrent parfaitement à la nature. Éthiques et responsables, elles sont bien espacées les unes des autres.

SOULEYOURT €€

998, chemin d'Agones - **CAZILHAC**
© 06 69 39 07 32
www.souleyourt.com
Ouvert toute l'année. Une personne : à partir de 50€/nuit. Deux personnes : à partir de 100€/nuit. Sauna. Animations.

Karine et Philippe ont construit ce village de yourtes en pleine nature, avec leurs mains et des matériaux sains. Les noms des habitations sont déjà une invitation au voyage : il y a « Couleurs Indiennes » et « Fleur de Désert », « Douceur Latine », avec sa terrasse immense, ou encore « Romances Nippones », une yourte cabane perchée dominant la vallée de l'Hérault. Chaque yourte dispose d'un petit jardin ombragé, sous les chênes, entre lesquels sont suspendus des hamacs. En option : sauna, massages, soins, stages... Tranquillité est le maître mot.

BASE DE PLEIN AIR DU SALAGOU

Lac du Salagou - **CLERMONT-L'HÉRAULT**
© 04 67 96 05 71
www.basedusalagou.com
Chèque Vacances. Nombreuses activités, stages, location de matériel.

Dans un cadre naturel exceptionnel et protégé sur plus de 5 000 ha, cette base nautique propose une quinzaine d'activités pour petits et grands axées sur la détente et le sport. À bord d'un bateau à pédalcs, d'un kayak, d'une planche à voile, d'un catamaran, profitez de ce cadre privilégié. Vous pouvez être initié, être accompagné ou évoluer seul. La base propose différentes formules avec hébergement, location de salle et activités. Vous trouvez sur place un restaurant et une boutique.

L'OLID'OC

13, avenue Wilson
CLERMONT-L'HÉRAULT
© 04 67 96 10 36
www.olidoc.com
Qualité Sud de France. Haute saison : ouvert du lundi au samedi de 9h à 12h30 et de 14h à 19h.

Cette huilerie coopérative transforme depuis 1920 les olives du département dont la variété Lucques qui bénéficie d'une AOC. Les huiles élaborées, en assemblage ou en monovariétale, sont extraites de variétés locales : clermontaise, olivière, ménudal, verdale de l'Hérault, picholine, amellau... En boutique : tapenade, anchoïade, pistou, crème d'olive, et bien sûr, l'huile d'olive, olives fraîches et cosmétiques à l'huile. En face, l'ancienne gendarmerie abrite la maison de l'Olivier, écomusée sur l'oléiculture régionale, avec projection d'un film et dégustation.

LE BOTANIC €€

Route de Launac-le-Vieux - **FABRÈGUES**
© 04 67 85 53 18
www.camping-le-botanic.com
Ouvert du 1/04 au 10/10. Chalets (4 pers) : de 315€ à 714€/semaine. Mobil-homes dès 310€. Aire camping-car. Piscine. Bar

Le Botanic invite les vacanciers à s'installer en tente, mobil-home ou encore chalet. Ce camping se distingue par son cadre verdoyant de toute beauté. Il faut dire que les gérants - paysagistes de formation - ont aménagé leur domaine à la manière d'un parc d'agrément. Celui-ci vous offre un parcours dans un environnement paysager riche et original, variant selon les saisons grâce à une grande diversité de plantes et de couleurs. Pour parfaire le tout, Le Botanic abrite une pizzeria, un lac récréatif, une piscine et une ferme miniature.

FINE FAUGÈRES

Aujourd'hui, on connait surtout les vins de ce terroir. Pourtant un spiritueux de qualité est distillé ici et c'est la première eau-de-vie du Languedoc. Il est fait mention dans l'inventaire des caves de l'Impératrice Joséphine au tout début du XIXème siècle de cette eau-de-vie de vin de terroir. En 1948, l'eau-de-vie de Faugères est reconnue comme Appellation d'Origine Réglementée. Abandonnée dans les années 1980, sa production est relancée en 2000 par un petit groupe de vignerons attachés à sa valeur patrimoniale.

Son élaboration débute par la récolte et la vinification des raisins blancs et noirs. Le vin est ensuite distillé en eaux-de-vie de vin dans l'aire géographique de 7 communes de l'Hérault autour de Faugères. Le degré alcoolique de la fine à la sortie de l'alambic ne doit pas dépasser 72 % d'alcool. Au moment de la vente, l'eau-de-vie de vin titre au minimum 40 %.

Chaque année, une dizaine de vignerons confie quelques litres de vin pour distillation à l'Atelier du Bouilleur de cru qui le distille par deux fois dans un alambic charentais, dit « à repasse ». Puis l'eau-de-vie est vieillie en fût de chêne durant un minimum de 5 ans. Mais c'est le plus souvent après une dizaine d'années que la Fine Faugères est mise en bouteille après avoir développé des notes fruitées, salines et des arômes de feuille de tabac. Rare et confidentielle, la Fine Faugères figure parmi les grands esprits - au sens de spiritueux - élaborés artisanalement en France.

© DIABOLO BOHÈME

MARIE AMÉLIE - TERRE ET MER

ZA la Peyrade - **FRONTIGNAN**
✆ 04 67 18 47 00
www.soupe-marieamelie.fr
Vente directe sur le site de production : lundi, mardi, jeudi et vendredi de 14h à 16h.

Ancien restaurateur à Sète, Michel-Henri Pacheco a créé cette griffe gourmande en 1981 pour concocter des spécialités de la région et les produits de la mer baptisées du prénom de sa fille, Marie-Amélie. Aujourd'hui celle-ci tient la boutique de cette maison déclinant des soupes de poissons à base de poissons entiers, à la sétoise, gastronomiques avec homard, langoustines et crustacés, bouillabaisse, moules farcies, Label Rouge ou bio, et toujours MSC Pêche durable.

YOURTES LA VOIX DU RUISSEAU €€

16, rue de Riols - **GRAISSESSAC**
✆ 04 67 97 61 44
www.voixduruisseau.net
90 € la nuit pour 2 personnes, quelle que soit la yourte, 500 € la semaine. Animaux acceptés.

Un séjour écolo ! La construction de ces deux yourtes traditionnelles a intégré des bambous de la Bambouseraie d'Anduze. L'isolation a été faite d'un mélange de laine et de chanvre. Dans le calme des montagnes, ces yourtes confortables - une grande pour 6 personnes, et une plus petite pour 2 - disposent d'une terrasse avec une vue remarquable, d'un salon de jardin, d'un parking privé. Le petit déjeuner ou brunch bio sont servis à la demande. En été, le ruisseau invite à se rafraîchir.

MUSÉE DE LA CLOCHE ET DE LA SONNAILLE

Espace Campanaire André Malraux - **HÉRÉPIAN**
✆ 04 67 95 39 95
www.grandorb.fr
Fermé du 20 octobre au 20 avril. Ouvert du mardi au dimanche de 14h à 19h. Adulte : 5€. CB non acceptée.

Cela fait 20 ans que ce musée nous conte l'histoire des cloches et des sonnailles et il n'a pas pris une ride ! Logé dans l'ancienne gare d'Hérépian, aux abords de la voie verte, il possède une scénographie moderne faite de sons et lumières. Si on en apprend beaucoup de la conception à l'installation de ces instruments à percussion, on apprécie le fait de pouvoir les manipuler et de les faire tinter. Mesurez vos gestes sur la cloche à la fin de l'exposition, elle peut vous surprendre !

LE LAC DU SALAGOU ★★

CLERMONT-L'HÉRAULT

Ouvert toute l'année. Gratuit. Activités nautiques payantes si location de matériel.

C'est le plus grand lac du département de l'Hérault et l'un des plus célèbres du Sud de la France. Et s'il semble avoir toujours été là ce n'est pas du tout le cas. Le lac du Salagou est un lac artificiel. A l'origine le Salagou n'était qu'une petite rivière. A la fin des années 1960, celle-ci fut entravée par un barrage afin de permettre l'irrigation des terres agricoles de la plaine alentour et afin de réguler les crues de la Lergue et du fleuve Hérault. Ainsi naquit l'immense lac du Salagou, avec un barrage qui mesure 63 m de hauteur pour 357 m de longueur et une étendue d'eau de 750 ha, 7 km de long, un périmètre de 28 km, 45 m de profondeur au plus profond et jusqu'à 125 millions de m^3 d'eau limpide. Ajoutons à ces dimensions impressionnantes, des silures de plus d'un mètre de long entre autres ressources halieutiques. C'est donc un joyau et un site que l'on imagine naturel même si ce n'est pas le cas, qui est très apprécié des habitants et des visiteurs amateurs d'une nature préservée et paisible. Au cœur de l'Hérault et du Languedoc, ce lac est effectivement à nul autre pareil et s'affiche exceptionnel quant au contraste de l'eau et d'un paysage particulièrement aride, mais aussi en raison d'une richesse géologique et d'une biodiversité quasiment uniques au monde. Cette combinaison a donné naissance à un merveilleux écrin pour de nombreuses activités de loisirs en plein air, glisse sur le lac, plongeon dans l'eau et randonnées autour du lac.

Quand on découvre le lac du Salagou, c'est tout d'abord la magie des couleurs qui opère. On admire les collines de terre rouge que sont les « ruffes » composées de sédiments argileux chargés en oxyde de fer et cette eau où se reflète le bleu du ciel. Puis, on repère les nuances des roches déclinées du jaune ou noir en une palette chromatique spectaculaire ! Le lac et ses alentours constituent l'un des principaux lieux de détente du département de l'Hérault. Le plan d'eau se révèle parfait pour la baignade et les loisirs nautiques, avec des eaux atteignant les 28°C en été. On y trouve une station de loisirs, côté Clermont-l'Hérault, et deux plages aménagées, l'une côté Clermont-l'Hérault et l'autre côté Lodève. Les 28 km de berges aménagées sont parfaites pour la randonnée pédestre et le VTT. A proximité, on trouve de nombreux campings et restaurants. Le lac a fêté dignement son demi-siècle en 2019.

- Pour l'anecdote, il n'a fallu que 3 jours et un violent orage pour remplir le Lac du Salagou à moitié, lors de sa création en 1969.
- Le lac a fêté les 50 ans de sa mise en eau en 2019.

© LUDWIG DEGUFFROY

JOUTES NAUTIQUES

Spectaculaire et festif ! De mi-juin à début septembre, c'est la saison des tournois de joutes nautiques, mariant folklore et tradition. Ces rendez-vous très populaires auprès des habitants et, tout à la fois, très touristiques, rythment l'été et reflètent bien l'âme des Sétois. Leur origine date de la création même du port de Sète en 1666. Il s'agit d'une vieille tradition maritime avec ses codes, son vocabulaire propre, ses rituels, sa musique. Juchés sur la tintaine positionnée en haut tout à l'avant des barques, munis d'une lance et d'un pavois, les jouteurs s'affrontent. Tous rêvent de remporter la Saint-Louis, le plus prestigieux des tournois. Ce sport extrêmement codifié, impressionnant et difficile se transmet de génération en génération.

Sept sociétés et une école de joutes contribuent au maintien de la tradition. Les tournois sont précédés d'un défilé des jouteurs, vêtus de blanc et coiffés d'un canotier, au son du hautbois et des tambours. C'est parti : le but du jeu est de faire tomber l'adversaire à l'eau, lors du croisement des bateaux. Depuis les tribunes les fanfares «chauffent» l'ambiance à grands coups de cuivres et de grosses caisses ! A Sète, dès leur plus jeune âge, nombre d'enfants rêvent de devenir de grands jouteurs. L'Ecole de joutes de la Marine a pour objectif l'initiation des enfants de 3 à 17 ans aux joutes languedociennes en leur faisant acquérir la technique de ce sport dans le plus grand respect des traditions.

© PHOTOPROFI30 - SHUTTERSTOCK.COM

LES PETITS FERMIERS

Chemin de Saint-Bres - **LANSARGUES**
✆ 06 01 10 23 85
www.lespetitsfermiers.fr
Tous les jours pendant les vacances. Adulte : 6 € (9,80€ en haute saison). Accueil enfants. Restauration. Animations.

A 20 minutes de Montpellier, cette ferme pédagogique bienvenue propose des visites autour du potager. On peut y découvrir six variétés de tomates et d'aubergines, mais aussi des arachides, des plantes médicinales et des arbres fruitiers... L'espace comprend également un parc animalier avec basse-cour et cheptel plus ou moins exotique. Les enfants apprécient aussi l'espace de jeux avec tyrolienne, trampoline, toboggan, liane de tarzan, parcours accrobranche et même un bassin pour jouer à l'orpailleur ! Pour une journée en famille.

LES LODGES SAINT-PIERRE €€

143, route de Rochelongue - **LE CAP-D'AGDE**
✆ 06 40 42 23 72
www.lodges-saint-pierre.fr
De mai à mi-octobre. De 110 à 180 € la nuit. Minimum 2 nuits en haute saison. Service de ménage.

Au cœur d'une belle nature, à 800 m de la plage et quelques minutes à pied du golf international, ces hébergements de bois et de toile offrent un cadre relaxant et tout le confort souhaitable. Décorées avec délicatesse, les lodges Saint-Pierre s'apparentent à de jolies petites cabanes de safari nommées Bohème, Flamingo ou Monkey. Ces trois hébergements de charme disposent d'un coin terrasse agréable, ouvert sur la piscine ou la nature environnante. Le matin, des petits-déjeuners vous arrivent dans un panier. Un petit coin de paradis.

SENTIER SOUS-MARIN

Avenue des Sergents
LE CAP-D'AGDE
✆ 06 79 46 78 31
www.capdagde.com/a-faire/le-sentier-sous-marin
Le parcours est accessible et balisé du 17 juin au 10 septembre. À partir de 8 ans. Prêt de matériel.

Entre les plages de la Grande Conque et du Môle, un circuit balisé sur 200 mètres par 5 bouées écolo permet d'approcher 5 types de milieux sous-marins entre 0 et 5 mètres, en plongée libre. Chaque jour de la saison, un moniteur diplômé d'Etat fait des visites guidées. Le matériel, tuba et masque, vous sera prêté pour l'occasion. Même si vous n'êtes pas bon nageur, vous pouvez vous aventurer sur ce parcours, n'excédant jamais 3 m ou 4 m de profondeur, le long duquel des bouées et des balises signalent les différentes formes de substrat et d'habitat.

LA RÉSERVE NATURELLE DU BAGNAS ★

Route de Sète - **LE CAP-D'AGDE** ✆ 04 67 01 60 23
bagnas.n2000.fr/accueil
Ouvert du lundi au vendredi. Adulte : 6€. Enfant : 3€. Visites : réservation obligatoire.

Située à l'extrémité ouest du bassin de Thau, cette réserve naturelle nationale de 561 ha abrite une mosaïque de milieux méditerranéens, plage, dunes, lagunes, marais temporaires, petits bois de tamaris... Une véritable alchimie naturelle de terre et de mer, refuge pour plus de 250 espèces d'oiseaux. C'est un site de migration de valeur internationale avec des espèces rares comme le balbuzard pêcheur. Le flamant rose, l'hirondelle, l'avocette ou l'aigrette garzette fréquentent le Bagnas. L'hiver, de grands rassemblements de canards ont lieu avec des sarcelles, des milouins, des colverts ou des souchets. Des espèces remarquables nichent également comme l'échasse blanche, le gravelot à collier interrompu, le héron pourpré et la talève sultane.

Sorties organisées : découvrez la réserve du Bagnas grâce aux animations de découverte et de sensibilisation, organisées toute l'année, et axées sur la faune, la flore et l'histoire locales. Une matinée au grand air à guetter avec des animateurs, guides nature, muni de jumelles et sens en éveil ! D'autres animations sont organisées pendant les vacances et en été, notamment des nocturnes dès 19h, sous l'appellation des Couchers de soleil sur le Bagnas, une manifestation unique de découverte de la biodiversité nocturne et du ciel étoilé. Point de départ : la Maison de la réserve pour tout savoir sur le Bagnas et ses environs, où trouver aussi de la documentation gratuite ou avec participation, et des cartes postales.

ARBRE SCULPTÉ

Avenue de Millau - **LE CAYLAR**

Sur la place du village trône le célèbre arbre sculpté réalisé par Michel Chevray, héraultais d'origine bretonne. Comme dans la plupart des villages des Hauts-Cantons, la place centrale était ornée d'un orme champêtre. Avec le temps, l'arbre, plus que centenaire s'est dégradé, atteint de graphiose. Sa mort n'a toutefois pas signé sa disparition... La municipalité décide, en 1987, de faire appel à un artiste. Après plus de 2 000 heures de travail, celui-ci lui a redonné vie en y sculptant animaux, bergers, paysans et plantes typiques du Larzac. Surprenant !

SAVONNERIE DE LODÈVE

48, avenue du Général-de-Gaulle
LODÈVE
✆ 04 67 88 86 44
Jeudi et vendredi sur rendez-vous. Gratuit jusqu'à 18 ans. A partir de 8 €/pers (groupe de 10).

A Lodève, ville d'art et d'histoire, prenez le temps d'une découverte intemporelle... Vous avez la possibilité d'une visite originale dans le domaine des arts décoratifs de la Manufacture nationale de la Savonnerie de Lodève, seule annexe de celle de Paris ouverte en 1964 dans le centre-ville. Celle-ci sera feutrée et discrète afin que soit respecté le calme et la concentration nécessaires au travail des liciers. Il sont ici 18 techniciens d'art à perpétrer la tradition des métiers de haute lisse selon une techniques de quatre siècles d'âge. Les visites de cet atelier sont conduites par un guide conférencier qui vous aidera à mieux comprendre la manière dont se tissent ces tapis destinés à l'Élysée, aux musées, aux ambassades ou aux collections du Mobilier national. Un film retrace l'histoire de la grande manufacture parisienne, de la fabrication des objets d'art nationaux, des techniques de la haute lisse et de la basse lisse. La grande salle d'exposition montre une magnifique collection de tapis (ne pas confondre avec des tapisseries...), copies à l'identique de tapis anciens ou modèles plus contemporains, comme les reproductions d'œuvres de Stéphane Bordarier, Julien Gardair, Matali Crasset. Le temps prend une autre dimension dans cet atelier où certains tapis nécessitent de 4 à 7 ans d'un travail d'expert. Intemporelle et hors normes, la Savonnerie maintient à un niveau d'excellence la tradition des métiers de haute lisse et c'est un privilège d'en avoir un aperçu. Les photos ne sont pas autorisées. Boutique.

HUÎTRES CAUMEIL

Zone conchylicole Ouest - **LOUPIAN**
✆ 07 68 63 69 82
Ouvert le mercredi. À 11h30.

Une fois par semaine, une visite-dégustation s'organise au sein de cette zone conchylicole afin de faire découvrir au public le métier d'éleveur d'huîtres. Représentant la troisième génération d'ostréiculteurs de la famille Caumeil, Jean-Michel vous livrera à cette occasion l'histoire et les secrets de ce métier particulier. À l'issue de la visite, vous aurez le plaisir de vous installer sur la terrasse située au bord de l'étang de Thau, avec une magnifique vue qui s'étend de Bouzigues à Sète, pour déguster de délicieux coquillages.

ALGUES ALGOSUD

30, chemin des Boeufs
LUNEL
✆ 04 67 82 53 57
www.algosud.com
Ouvert du lundi au vendredi. 7h/14h ou 9h/16h selon la saison.

Premier producteur français de spiruline, Algosud cultive son algue précieuse dans une ferme aquacole de 4 000 m² à Lunel, sans pesticides, herbicides, conservateurs, et la commercialise sous forme de paillettes, gélules, comprimés ou fragments, nature ou associée à d'autres super aliments : ginseng, acerola, fenugrec... L'entreprise a mis au point d'autres produits, comme l'odontella : autre micro-algue marine bénéfique, mais aussi des pâtes à la spiruline pour s'habituer en douceur au goût particulier de l'algue et profiter de ses nombreux bienfaits.

MAS ULTRA MARINE

Chemin de Fontaurie
MARSEILLAN
✆ 06 08 06 84 43
www.ultra-marine-mas-castaldo-picardy.fr
Vente au mas du lundi au jeudi de 10h à 12h.

Trésor naturel, l'étang de Thau possède une flore et une faune particulièrement riches. Mais c'est surtout pour sa production d'huîtres que les gourmets connaissent le site. La zone compte environ 500 conchyliculteurs. Parmi ces paysans de la mer se trouvent Annie Castaldo et Giles Picardy, héritiers de l'entreprise Ultra Marine. Voilà déjà trois générations que la famille d'Annie cultive ce terroir et ses coquillages dans le respect de l'environnement. Vous trouvez sa gamme d'huîtres délicieuses sur place ou sur les marchés.

MUSÉE DES DINOSAURES ★

D 613 - **MÈZE** ✆ 04 67 43 02 80
www.dinosaure.eu
Du 1/02 au 30/06 et du 1/09 au 31/10 : 7j/7 de 14h à 18h. Été : 7j/7 de 10h à 19h30. Hiver : 7j/7 de 14h à 17h.

La Plaine des Dinosaures invite le promeneur à remonter le temps. Tout au long d'un sentier qui court dans une pinède de 5 ha, il traverse sans vous perdre les années et millions d'années sur un parcours jalonné de squelettes, de reconstitutions, de vitrines exposant les collections et de panneaux explicatifs. Les enfants et leurs parents font ainsi connaissance avec le plus grand squelette complet de dinosaure qui soit au monde, une grande gigue de 12 m de haut et 25 m de long. Pour jouer aux paléontologues, une réplique d'un chantier de fouille a été aménagée.

L'ATELIER DE LA PELUCHE

8, rue Jacques d'Aragon
MONTPELLIER
✆ 09 64 28 48 57
www.paraty-peluche.fr
Ouvert le lundi de 14h à 19h ; du mardi au samedi de 10h à 19h. Boutique en ligne.

Unique en France, cette boutique est la maison d'une multitude de peluches, jouets et jeux. Ici, les clients créent eux-mêmes le doudou de leur rêve ! Il faut d'abord choisir une peau de peluche – ours, renard, lion, etc – puis utiliser l'imposante machine à plumes pour lui donner corps. Après l'étape du rembourrage, on peut opter pour différents accessoires et habits rigolos afin de personnaliser sa peluche. Il est même possible de lui ajouter une voix, grâce à une boîte sonore qui sera placée dans son corps. Une belle idée !

ESCAPEGAME.LOL - ESCAPE GAME MONTPELLIER

12, rue Farges
MONTPELLIER
✆ 04 99 13 90 88
http://escapegame.lol
Entrée : 25 € (enfant 12€).

Venez vous amuser dans cette salle située derrière la gare, au centre de la ville. Vous avez 70 min pour déjouer les pièges et résoudre les énigmes. Essayez de sortir le plus vite possible avec des cadeaux. Cinq salles, cinq thèmes, cinq niveaux de difficulté dont une salle enfants. Cinq thématiques : *Mission impossible*, Les Frissons de *Saw*, La Fête foraine, *Harry Potter à l'école des sorciers* et *Prison Break*. Un snack sur place régale petits et grands au sein de cet escape game.

CHÂTEAU DE FLAUGERGUES ★★

1744, avenue Albert-Einstein - **MONTPELLIER**
✆ 04 99 52 66 37
www.flaugergues.com
Qualité Sud de France. Qualité Tourisme. Visite guidée. Restauration (le midi du lundi au vendredi, à réserver). Cave

Splendide « folie » du XVIIe siècle, le château est édifié à une encablure de Grammont. Transmis de génération en génération, il témoigne aujourd'hui du mode de vie des notables montpelliérains de l'époque (mobiliers, documents, tapisseries...). Désormais propriété de la famille Colbert, le monument, sa cave et ses jardins ont bénéficié d'une belle réhabilitation. Outre la bâtisse, les cinq hectares de verdure qui servent d'écrin au château hébergent une variété étonnante d'arbustes, plantes et vignes de la région. Le domaine possède son restaurant, Le Folia.

GLOUGLOU €€

27, rue du Pila-Saint-Gély - **MONTPELLIER**
✆ 04 34 11 71 41
www.glouglou-baravins.com
Ouvert du lundi au samedi de 18h à 1h. Carte : 24 € environ. Vin au verre. Accueil des groupes. Animations.

Dans la rue du Pila Saint-Gély, à deux pas du Corum, ce bistrot canaille séduit. La salle est magnifique : voûtée, toute de pierre, réchauffée par des tables en bois brut et chaises style « tolix » d'un côté ; de l'autre, fauteuils, canapés et tables basses. Mais le plus de ce bar à vin c'est son concept avec un système de carte créditée où l'on se sert soi-même dans un esprit de liberté avec connotation ludique. Et dans l'assiette, un choix intéressant de planches de fromage, charcuterie, mixte mais aussi des « cocottes », terrines, saumon…

Château de Flaugergues, Montpellier.

PARC ZOOLOGIQUE DU LUNARET ★★

Domaine Saint-Martin - **MONTPELLIER**
✆ 06 23 30 12 22
www.agdaventure.com
Haute saison ouvert tous les jours de 9h30 à 18h30. Entrée serre : 6,50 €. Enfant de 6 à 18 ans : 3 €.

Le parc zoologique du Lunaret est sans aucun doute l'un des endroits les plus fréquentés de la ville. Le matin, les joggers arpentent les allées, puis les familles viennent se perdre sur les 9 km de chemins pédestres et découvrir de nombreux animaux en semi-liberté. Au sein de cette nature riche, les enclos semblent se fondre dans le décor, disparaître, une qualité qui ajoute à la magie des lieux. Arpenter les sentiers du zoo devient une aventure où enfants et parents se pressent.

PLANET OCEAN MONTPELLIER ★

Allée Ulysse - **MONTPELLIER**
✆ 04 67 13 05 50
www.planetoceanworld.fr
Haute saison ouvert tous les jours de 10h à 19h. Entrée à partir de 6,50 €.

Deux thématiques dans un même lieu. Exploration des fonds marins, ouverture vers le ciel, ce complexe est immersif et permet une découverte ludique. La partie aquarium dispose d'une trentaine de bassins hébergeant près de 400 espèces différentes. Pour encore plus de sensations, le centre possède un simulateur de tempête, un bassin tactile permettant de caresser les raies, ainsi qu'un espace de rencontre virtuelle donnant la possibilité d'interagir avec les lions de mers. Côté Univers, invitation à la découverte d'un autre monde, la tête dans les étoiles.

DU THÉ ET DES LAINES

18, rue du Bayle
MONTPELLIER
✆ 04 67 66 10 47
Ouvert du mardi au samedi de 11h à 19h. Ateliers. Boutique de laine.

Dans le centre-ville, une adresse insolite qui associe la passion du tricot et le plaisir de quelques gourmandises. Sur place, la boutique de laines fait aussi office de salon de thé et envoie avec compétence des assiettes savoureuses. Installés sur la terrasse végétalisée ou dans la petite salle pleine de fraicheur, vous pourrez découvrir des laines teintes et artisanales, assister à des cours et des soirées tricot/crochet, ou encore dévorer des plats faits maison à base de produits bio et locaux. Même le thé vient du commerce équitable !

VISIT'INSOLITE

MONTPELLIER ✆ 06 74 36 72 10
www.visitinsolite.com

Pour découvrir la ville autrement et vivre des expériences culturelles inédites, cette agence propose des visites guidées originales, autour de quatre thématiques principales : l'art contemporain, le patrimoine, l'artisanat d'art et la gastronomie. Votre guide vous fait découvrir des lieux hors des sentiers battus au sein de Montpellier, mais également à Sète, Pézenas, Béziers, Carcassonne, Nîmes, Uzès, Saint-Guilhem-le-désert et en petite Camargue. Des périples culturels et gourmands tout à fait bien documentés et sympathiques.

LA TERRASSE DU MIMOSA €€

23, place de l'Horloge - **MONTPEYROUX**
✆ 04 67 44 49 80
www.terrassedumimosa.fr
Ouvert du jeudi au mardi midi et du jeudi au samedi soir. Menus de 33€ à 42€. Formules du midi : 19€/23€. Terrasse.

Ce bistrot-bar à vin-caviste vintage occupe l'ancienne épicerie du village et propose une cuisine inventive. A l'heure de l'apéritif, quelques petits grignotages : jambon cru San Daniele, fromages de L'Hospitalet-du-Larzac. Puis, face au Castellas, régalez-vous d'une truite marinée, mayocat acidulé, fenouil et Granny Smith au curaçao, de l'échine en basse température rafraîchie au concombre, primeur de Noirmoutier et acrabe, d'une soupe de nectarine blanche et Montpeyroussienne. Côté vins, 350 références, majoritairement des terrasses du Larzac.

EASY BOAT PALAVAS

1, quai Paul-Cunq
PALAVAS-LES-FLOTS
✆ 06 84 48 66 69
www.easyboatpalavas.com
Ouverture à la belle saison selon météo. 5 personnes maximum par bateau. A partir de 45€.

A Palavas vous pouvez louer des bateaux sans permis pour découvrir la richesse du littoral de la région à votre rythme. Le long du canal vous croisez des hérons et des chevaux. Les étangs de leur côté offrent de sublimes panoramas sur les monts environnants. De temps en temps quelques cigognes et flamants viennent chatouiller les cours d'eau. Faites escale où vous voulez. Allez pique-niquer côté mer. Une activité et une sortie insolites à faire en famille ou en amoureux. On vous indique les itinéraires possibles avant votre départ.

CAMPING ECOLODGE LES CIGALES €€

2 bis, impasse des Cigalous - **PÉZENAS**
✆ 04 67 98 97 99
www.campinglescigales.com
De fin mars à mi-octobre. Emplacements de 19 € à 33 €. Lodges de 140 € à 945€/semaine.

Cet établissement s'investit dans une démarche de développement durable : énergies renouvelables, tri sélectif, économiseurs d'eau, snack-bar bio ou presque. Ce camping propose plusieurs emplacements de tentes, caravanes et camping-cars, ainsi que la location de mobil homes et de lodges de gammes variées. Ces locatifs sont pour l'essentiel fabriqués en bois. Design, confortables et spacieux, ils ont toutes les qualités pour faire de vos vacances un moment agréable et responsable.

LE CLOS D'AUDIO €€

chemin de la gare - **RIOLS**
✆ 04 67 23 72 14
www.clos-audio.fr
Chambre d'hôte 72 € la nuit pour deux avec petit déjeuner, suite parentale pour quatre, 140 €. Plateau de courtoisie.

Le Clos d'Audio est situé au bout d'un chemin privé, en bordure d'une voie d'eau et de la voie verte Passa Païs qui permet de relier Bédarieux à Mazamet par l'ancienne voie ferrée aménagée en piste cyclable. Ici, pas de piscine : on se baigne dans les lacs, les rivières ou les gorges ! Cette ancienne propriété vigneronne, déjà mentionnée en 1664, était abandonnée depuis plusieurs décennies lorsqu'elle a repris vie après deux ans de travaux. C'est une grande maison joyeuse et confortable qui vous ouvre 4 chambres d'hôtes, une suite et un gîte.

TEMPLE BOUDDHISTE LÉRAB LING

L'Engayresque - **ROQUEREDONDE**
✆ 04 99 62 00 18
www.lerabling.org
Le temple est ouvert au public le dimanche de 14h à 17h. Gratuit jusqu'à 15 ans. Adulte : 8 €. Boutique et café.

Fondé en 1992 par Sogyal Rinpoché, la communauté Lérab Ling a vu son temple inauguré en 2008 par le dalaï-lama. Situé sur le plateau de l'Escandorgue, il a été édifié dans le style traditionnel en s'inspirant des plus beaux temples de l'Himalaya et abrite une statue du Bouddha de 7 m de haut ainsi qu'une collection de peintures, statues et reliques. La décoration chatoyantes a été réalisée par des artistes et artisans des communautés tibétaines. Une visite insolite et inspirante.

LE PONT DU DIABLE ★

SAINT-JEAN-DE-FOS
www.saintguilhem-valleeherault.fr/la-legende-du-pont-du-diable
Accès libre.

© STÉPHAN SZEREMETA

Inscrit au Patrimoine mondial de l'Unesco, cet ouvrage romain fut édifié au XIe siècle par les moines d'Aniane et de Gellone pour faciliter le franchissement du fleuve aux pèlerins se rendant à Saint-Jacques de Compostelle. Son nom est tiré d'une légende qui raconte que lors de la construction, le Diable venait détruire les travaux à la tombée de la nuit. Après un accord passé avec le Diable et Guilhem, les hommes firent preuve de malice ce qui causa la colère de Satan, une acte qui l'irrita au point qu'il tomba dans le fleuve et fut englouti à jamais.

SORTIES ESCAPEO

9, place de l'Église
SAINT-JEAN-DE-LA-BLAQUIÈRE
✆ 06 43 70 26 18
www.escapeo.fr
Label Handisport.

Ce prestataire propose des balades à pied, en VTT, normal ou électrique, au lac du Salagou, dans les vignobles des terrasses du Larzac, dans les monts de Saint-Guilhem-le-Désert. Sa particularité est d'accueillir également un public en situation d'handicap, pour des activités de pleine nature avec des moniteurs formés et sensibilisés au handicap et avec du matériel adapté, Fauteuil Tout Terrain (FTT), Joelette, etc. Toutes les sorties et activités proposées sont orientées vers la découverte douce de la nature, des vignobles et du patrimoine.

LES HALLES DE SÈTE

Rue Gambetta - **SÈTE**

© 04 99 04 74 00

www.halles-sete.fr

Ouvert toute l'année. Fermeture le 1er janvier. Tous les jours de 7h à 15h. Restauration. Boutique.

Élues troisièmes plus belles halles d'Occitanie, elles sont les ambassadrices de la réputation de la gastronomie sétoise. L'ancien bâtiment des années 70 a laissé la place en 2014 à un splendide édifice signé par l'architecte François Fontès. Ouvert tous les matins, il abrite 75 commerçants passionnés de terroir et de produits de qualité. On découvre, goûte et déjeune les spécialités locales tout en discutant avec des producteurs fiers de faire découvrir leurs produits. Bouchers, boulangers, fromagers, poissonniers, maraîchers, cavistes, traiteurs, tout est là !

JLC LOCATIONS DE BATEAUX BY STELLA MARINA

1, quai Rhin-et-Danube - **SÈTE**

© 07 87 29 77 58

Toute l'année. Bateau sans permis à partir de 40 € l'heure. Également location de bouéen ski nautique wakeboard.

Au centre-ville de Sète, JLC loue des bateaux avec ou sans permis, de dernière génération, dont certains électriques. Idéal pour découvrir la côte en famille de façon originale. Côté thermique les moteurs sont des plus récents puisque les bateaux sont des Quicksilver Activ. Autant vous dire que ça dépote ! Sur place, l'équipe indiquera les plus beaux endroits à visiter et vous donnera un petit plan afin que vous puissiez vous repérer sur les canaux de la ville et sur l'étang.

JOE LE COOKER

Rue Gambetta

SÈTE

© 06 12 17 54 04

www.joelecooker.fr

Sur réservation. Atelier du lundi matin aux Halles 45 €.

Les Halles de Sète sont appréciées des gourmands en quête de saveurs naturelles et de produits authentiques. Au milieu des étals et des vitrines, on trouve Halles et Manger. En plus de proposer des repas sur place dans sa partie restaurant, l'adresse programme des ateliers de cuisine : Joe le Cooker. Au cours de ces sessions, la chef Magali - qui ne s'appelle donc pas Joe ! - met en lumière des recettes locales, délivre ses astuces et ses conseils pour choisir les bons produits auprès des adultes ou des enfants. A la fin, on déguste des créations du jour.

MUSÉE INTERNATIONAL DES ARTS MODESTES [MIAM] ★

23, quai du Maréchal-de-Lattre-de-Tassigny - **SÈTE**

© 04 99 04 76 44

www.miam.org

Haute saison tous les jours. Basse saison fermé le lundi. Visites guidées. Adulte : 5,60€. Enfant : 2,60 €.

C'est quoi l'art modeste ? Le regard sans dérision du collectionneur ou de l'artiste sur les objets du quotidien et les créations inutiles. L'art modeste est une entreprise de valorisation du marginal et du méprisé. On trouve des milliers d'objets emblématiques de l'art modeste : cadeaux Bonux, farces et attrapes, soldats Mokarex, poupées Barbie... tout ce dont on ne veut plus, tout ce que l'on jette ou que l'on oublie dans les fonds de tiroirs. Un musée bienveillant et essentiel...

PESCATORE - ATELIER LIGUORI

3, rue de Rome - **SÈTE**

© 04 67 36 52 85

www.pescatore.fr

Ouvert du lundi au vendredi de 9h à 12h et de 14h à 18h. Samedi sur rendez-vous. Livraison possible. Boutique en ligne.

Bien connu des Sétois, l'atelier de Francois Liguori produit du petit mobilier original et artisanal, des luminaires et des objets de fer rouillé, style méditerranéen... Ce passionné de luminaires réalise aussi des pièces sur mesure. Son show-room présente des fins de séries. Le Pescatore, loue également un espace sur 2 étages avec cuisine, piscine et jardin pour des repas de groupe, le tout dans l'esprit de l'univers de François Liguori, griffé chez Pescatore.

RANDONNÉE PALMÉE - ÉTANG DE THAU

223, rue du Pasteur Lucien Benoît - **SÈTE**

© 06 22 34 16 64

www.plongee-libre.fr

D'avril à octobre. Adulte : 28 €. Enfant : 23 €. 4 personnes mini, 8 personnes maxi. Sur réservation uniquement.

Exit les baskets, vive les palmes ! Sophie Fallourd, diplômée en plongée, animatrice naturaliste et monitrice d'apnée, propose une randonnée sous l'eau. Au menu, découverte des fonds marins du littoral Sétois et de la lagune de Thau. Sophie raconte des anecdotes sur le poulpe, la seiche, la daurade, le crabe ou l'hippocampe. Pour les plus sportifs, des stages de plongée en apnée, sur plusieurs jours, sont également au programme. Animations spécifiques pour les plus petits (dès 8 ans).

TIELLES CIANNI MARCOS

24, rue Honoré-Euzet
SÈTE
✆ 04 67 74 16 23
Ouvert tous les jours de 8h à 20h30.

La spécialité sétoise, c'est la Tielle, venue avec les premiers immigrants italiens originaires de Gaëte (dans la baie de Naples) dès 1850. De passage à Sète, il serait impensable de ne pas y goûter. A cette adresse ou dans le stand des halles, l'un des maîtres incontestés de la tielle fait étalage de cette petite (ou grande) tourte rouge orangé dont la pâte souple, travaillée à l'huile d'olive, renferme une garniture de poulpe, de tomate et d'épices... un délice ! À la vente, vous trouverez aussi des chaussons aux moules, aux crevettes et d'excellentes pizzas.

MA POMME - PESCATOURISME

Port de plaisance - **VALRAS-PLAGE**
✆ 06 14 22 73 21
Uniquement sur rendez-vous (24h à l'avance). 45 € par personne.

Jérôme, pêcheur artisanal, vous propose ses poissons et produits de la pêche, en vente directe, au bateau tous les jours, quai des pêcheurs, boulevard Jean Dauga, à proximité du port Jean Gau, à Valras-Plage. Il peut aussi effectuer des livraisons sur demande, le mercredi et le samedi, à l'enseigne Les paniers du laisse dire. Mais le plus génial c'est d'embarquer avec lui sur son petit bateau de pêche pour découvrir le temps d'une sortie en mer les secrets et l'authenticité de son métier. Vous repartez avec 2kg de poisson frais à l'issue de la sortie !

LODGES MÉDITÉRRANÉE €€

Chemin des Montilles - **VENDRES**
✆ 04 67 39 74 80
lodgesmediterranee.jimdofree.com
Fermé d´octobre à avril. Lodges (4/5 personnes) : de 390 € à 1 279€/semaine.

Implanté entre Béziers et Agde, ce parc résidentiel de loisirs tient son nom de sa proximité avec la mer Méditerranée : seulement 300 m ! Au cœur de ce paysage de sable fin, un écrin verdoyant sert de terrain à des lodges équipés allant de 4 à 8 personnes, dotés de tout le confort nécessaire, et d'un extérieur sympathique pour profiter des beaux jours. Hors hébergement, l'établissement possède trois bassins ensoleillés et un espace aquatique intérieur composé d'un bain à remous et d'un sauna. Un restaurant et des animations complètent l'offre.

LES CABANES DE L'ÉTANG €€

1066, avenue de la Méditerranée
VIAS
✆ 06 23 71 83 51
Ouvert d'avril à mi-octobre, tous les jours. Vin au verre. Tapas, assiette d'huîtres. Terrasse. Vente à emporter.

Cette adresse iodée de Vias-Plage propose de nombreux trésors issus des fonds marins locaux. En assiettes, plateaux ou tapas, les patrons présentent un grand choix de fruits de mer. Issus d'une famille d'ostréiculteur, ils sont fins connaisseurs et modifient leur carte en fonction de l'arrivage, soucieux de fraîcheur. Les Cabanes s'affichent bar à huîtres et coquillages, mais vous invite aussi à composer votre plateau. Ces derniers sont à déguster sur place ou à emporter. Accompagnés de vin blanc du cru, ils feront votre bonheur.

CROISIÈRES MUSICALES

Halte nautique de Vias
VIAS
✆ 04 67 21 76 25
www.capdagde.com
D'avril à septembre, vendredi de 18h30 à 20h30. Adulte : 13 €. Enfant : 7 €. Réservation obligatoire.

L'Office de Tourisme vous donne rendez-vous, d'avril à septembre, à la Halte nautique de Vias pour une navigation musicale insolite sur le canal du Midi, entre Agde, Vias et Portiragnes. Vous êtes à bord d'une péniche, sur une magnifique voie d'eau, inscrite au patrimoine mondial par l'Unesco. Musiciens et chanteurs animent votre voyage. Et pour valoriser encore mieux votre croisière les producteurs de vins locaux (Domaine La Villa Delmas, cave coopérative d'Adissan, Mas de Novi...) proposent une dégustation de leurs meilleurs crus au cours de la balade.

BOIS DES ARESQUIERS

30, boulevard des Aresquiers
VIC-LA-GARDIOLE
✆ 04 67 78 94 43
www.agglopole.fr
Protégé depuis 1980. Site Natura 2000 « Étangs Palavasiens ». Accès balisé. Animations.

Un sentier balisé de 9 km permet de parcourir les landes, les « sansouires «, dominées par la végétation des salicornes, et de flâner dans le bois des Aresquiers, belle pinède typiquement méditerranéenne, sur fond de massif de la Gardiole. Cette balade est parfaitement balisée et ne présente aucune difficulté pour les petits crapahuteurs comme pour les grands marcheurs. Comptez un peu plus de deux heures pour faire le tour de ce parcours et prévoyez une paire de jumelles, une gourde et une casquette. En été, des visites supplémentaires sont organisées.

LOT

Sachez que le Lot abrite un musée particulièrement insolite : le musée Ichnoscape de Luzech, consacré aux traces et empreintes de dinosaures et autres espèces trouvées sur le site archéologique de Crayssac. Ce département nous invite aussi au fil de l'eau. Vous pouvez naviguer au départ de Cahors avec un bateau habitable sans permis, seul maitre à bord, ou participer à une croisière à bord d'une gabare au départ de Saint-Cirq-Lapopie. Vous aimez la marche ? Programmez une randonnée dans les phosphatières du cloup d'Aural, anciennes mines de phosphate où l'on trouva des fossiles vieux de 30 millions d'années. Pour cheminer en évaluant les temps géologiques.

Passez la nuit à Noct'en bulles (Cabrerets), au sein du parc naturel régional des Causses du Quercy que les astronomes connaissent bien pour la pureté de son ciel, ou dans l'une des 9 yourtes installées sur les hauteurs d'Albas, dotées d'un dôme translucide pour voir les étoiles.

CHÂTEAU EUGÉNIE

Rivière-Haute
ALBAS
✆ 05 65 30 73 51
chateaueugenie.com
Ouvert du lundi au samedi 9h30-12h30/14h-19h et le dimanche en été.

Vigneron indépendant, la famille Couture vous présente ses grands vins de Cahors, ainsi que sa gamme d'IGP Côtes du Lot, son apéritif traditionnel le ratafia et son jus de raisin. L'histoire de la passion de la vigne débute en 1470 dans la famille Couture, où l'on retrouve la trace d'un ancêtre, vigneron du seigneur d'Albas. Plus récemment, l'empreinte d'une arrière-arrière-grand-mère a donné son prénom à la propriété, et tous ces ancêtres ont légué des siècles de savoir-faire et d'amour pour le précieux liquide en robe grenat.

LES HAUTS D'ALBAS €€€

ALBAS
✆ 06 83 80 14 44
leshautsdalbas.fr
Ouvert toute l'année. Env. 500-1200 € la semaine. Restauration. Animations.

Le Lot ici revêt un aspect sauvage, aventurier et terriblement exotique ! Neuf yourtes aux noms plus que lotois (Rocamadour, Padirac, Quercy, etc.) vous attendent, au milieu des bois. C'est un appel à l'ailleurs. Chaque yourte est tout équipée et propose 56 m² de surface habitable avec dôme translucide pour admirer les étoiles. Vous pourrez aussi profiter d'une terrasse circulaire. La nature ici est chatoyante, elle convie à la sérénité, au repos... Une piscine extérieure chauffée de 20 m x 5 m ainsi qu'un bassin intérieur composent un magnifique ensemble.

LA CABANE DU CHÂTEAU DE CANTECOR €€

Lieu-dit Chantecor - **ALVIGNAC** ✆ 05 65 33 73 50
www.chateau-cantecor.com
Ouvert toute l'année. La cabane de 179€ à 189€/nuit et 890 € à 990€/semaine jusqu'à 5 personnes.

Entre Rocamadour et le gouffre de Padirac, ce domaine vous propose 2 gîtes de charme et une cabane-spa perchée pour un séjour calme et insolite en pleine nature. Optez pour la Truffière, cabane de 45 m² perchée à 4 m de haut, fondue dans les feuillages. Joliment et astucieusement décorée et agencée, elle est équipée comme un gîte de charme, pour 4 personnes. De ses deux terrasses, vous pourrez contempler un superbe panorama avant de profiter de la piscine dans son écrin de verdure.

PHOSPHATIERES DU CLOUP D'AURAL

Route de Varaire - **BACH** ✆ 06 03 93 45 91
www.phosphatieres.com
Ouvert d'avril à fin octobre. Adulte : 8 €. Accueil enfants. Visite guidée. Buvette. Boutique. Espace pique-nique.

Anciennes mines de la fin du XIXe siècle, les phosphatières du Cloup d'Aural offrent un magnifique regard sur la vie minière de cette époque. Leur exploitation a permis la découverte de fossiles vieux de plus de trente millions d'années. En descendant dans ces exploitations à ciel ouvert les visiteurs seront surpris de découvrir toute une végétation particulière aux régions tropicales, entre lumière et monde souterrain. Chemin de randonnée des temps géologiques de 9,2 km.

CAMPING PECH IBERT €€

Mas de Vergnes - **BÉDUER**
✆ 05 65 40 05 85
www.camping-pech-ibert.com
Ouvert de Pâques à Toussaint. Emplacement à partir de 16,80 €. Locatifs dès 310 € /semaine. Aire camping-cars.

Dans ce camping fleuri, verdoyant et ombragé vous trouverez piscine, jeux, buvette, autant d'ingrédients pour se détendre et passer des vacances réussies. En saison, des promenades sont proposées pour découvrir le causse et la vallée. Les randonneurs du chemin de Compostelle trouveront là un toit pour la nuit. Pour les férus de cheval, sachez que le camping est aussi une halte équestre et met 3 boxes à votre disposition. Sur les terres d'une ancienne ferme, parcourue de murets en pierres sèches, un camping de charme en pleine nature à découvrir !

AU COIN DES GRANGES €€

Lieu-dit Le Theil - **BIO** ✆ 05 65 11 61 21
www.aucoindesgrangesbio.com
Gîtes de France. Ouvert toute l'année. Les 2 nuits en roulotte pour 2 pers 120 €. Autres tarifs sur le site Internet.

Que vous ayez l'esprit bohème, l'esprit Robin des Bois ou bien l'esprit tradition, Patricia et Jean-Marie vous proposent un hébergement adapté à vos envies. Sur le causse de Gramat, entre verdure et pierre, ils vous proposent deux roulottes dans la campagne, une cabane dans un vieux chêne ou un gîte dans la grange. Autant de bulles de bonheur et de sérénité. Le terrain enherbé est digne d'un green anglais, le service attentionné. Chaque hébergement possède son propre espace de vie extérieur, avec un point de ralliement l'été : la piscine.

LES CROISIÈRES DE SAINT-CIRQ-LAPOPIE

Port fluvial de Bouziès - **BOUZIÈS**
✆ 05 65 31 72 25
croisieres-saint-cirq-lapopie.com
Ouvert d'avril à octobre, de 9h à 18h. Horaires des départs sur le site internet. Adulte : 14 €.

Promenades au fil de l'eau sur une boucle de 8 km dans la vallée du Lot. A bord d'authentiques gabares en bois, vous découvrirez les 7 merveilles du Lot du chemin de halage taillé dans la falaise au moulin d'Aulanac. Votre guide vous fera vivre un moment unique d'évasion et de culture. Une croisière permet aux randonneurs d'effectuer l'aller en bateau et le retour à pied en suivant le chemin de halage, ou l'inverse. Un service de location de bateaux sans permis est également proposé.

CHAMBRE D'HÔTES ET GÎTE ATYPIQUES €€

le Bout du Lieu
CABRERETS
✆ 05 65 21 48 97
www.chambresdhoteatypique.com/
De 130 à 180 € la nuit en chambre d'hôtes.

Sept chambres de charme vraiment atypiques vous attendent à Cabrerets. Il y a une cabane-bulle, un tipi de bois, des chambres de briques, de bois et de branchages, une cabane sous son toit végétalisé, un tipi de toile. Ambiance lutins et fées. Certains des hébergements sont dotés d'un bain nordique. Chacun est isolé comme en pleine nature. Une expérience tout à fait insolite et romantique. Votre petit déjeuner vous arrive tous les matins dans un panier.

Vue du fond des phosphatières.

VILLAGE D'AUTOIRE

Le Bourg
AUTOIRE

Entre Gramat et Saint-Céré, sur le causse réchauffé par le soleil, Autoire est l'un des Plus beaux Villages de France, version Renaissance, lové dans un cirque de verdure ourlé de roche blanche. De loi, c'est une cascade de toits bruns. Autoire se déploie dans une harmonie de couleurs. On y découvre une fontaine, des maisons à colombages, d'élégantes gentilhommières flanquées de tourelles. Longtemps protégé par les vicomtes de Turenne, Autoire respire une sérénité que ses 8 siècles d'existence ont ancrée avec force. Ici furent édifiés des manoirs et des châteaux, qui donnèrent au village le surnom de « Petit Versailles ». Le site abrite deux joyaux, l'un bâti, l'autre naturel. Il y a la cascade d'Autoire et le château des Anglais. Le charme d'Auoire doit beaucoup à son environnement exceptionnel : un cirque de falaises calcaires d'où surgit le Toire en une impressionnante cascade de 30 m de haut, la plus haute du département. La randonnée le long du GR balisé est très prisée. Celle-ci suit le chemin de crête et dévoile des vues exceptionnelles. Le dépaysement ne serait pas complet sans un passage à la forteresse des Anglais, incroyablement accolée à la falaise du cirque. Ce château fut utilisé par les compagnies anglaises pendant la guerre de Cent Ans puis servit aux brigands des environs. Depuis, ce sont la sérénité et la paix qui dominent dans cet environnement exceptionnel de ce cirque où seul le tumulte des eaux vient rompre le calme environnant. Parmi le patrimoine bâti, ne ratez pas les pigeonniers carrés joliment restaurés.

▶ Sachez aussi que les falaises d'Autoire sont reconnues comme un haut lieu d'escalade avec plus de 150 voies de différents niveaux. Les grimpeurs viennent de loin pour se confronter à ces itinéraires dans un environnement exceptionnel qui participe à leur plaisir. Le lieu abrite aussi un site départemental classé comme Espaces Naturels Sensibles riche en biodiversité à protéger, l'ENS de la Reculée d'Autoire avec un sentier d'interprétation de 3,7 km. En effet, les falaises sont le refuge pour de nombreux rapaces qui aiment y nicher et une flore variée y trouve également des conditions favorables. De fait, en découvrant Autoire que ce soit par les sentiers pédestres ou par les voies d'escalade, il faut bien garder à l'esprit qu'il convient d'être discret afin de préserver un équilibre naturel précieux.

▶ Bon à savoir : à 200 m du point de vue de la cascade, la ferme de Siran est un point de chute idéal pour tous ceux qui auraient oublié de prendre à boire ! Vous y trouverez un choix de boissons locales.

MUSEE DE L'INSOLITE

Lieu-dit Liauzu - **CABRERETS**
✆ 05 65 30 21 01
www.museedelinsolite.com
Ouvert de Pâques à Toussaint 7/7 de 9h à 19h/20h. Gratuit jusqu'à 4 ans. Enfant de 4 à 13 ans : 2 €. Adulte : 3 €.

Ce musée de l'insolite est le rendez-vous de l'humour et du surréalisme. Le maître des lieux, l'artiste Bertrand Chenu, y a rassemblé tous les objets qu'il collectionne depuis son enfance, qu'il stocke dans son grenier avant de l'utiliser. Une machine à coudre à cornes qui devient « chèvre de M. Singer », « Don Quichiotte », un couteau suisse géant « spécial potager », des loups de l'âge de fer uniques au monde, voilà un extrait de ce qu'il vous reste à découvrir. Poétique, émouvant, furieusement artistique, remue-méninges assuré, et du rêve plein les yeux !

NOCT'EN BULLES €€

Lieu-dit Merlan - **CABRERETS**
✆ 06 15 20 41 54
www.noct-enbulle.fr
Ouvert du 1er avril au 31 octobre. Nuit pour 2 personnes dans une bulle à partir de 169 €. Roulotte pour 2 per : 89 €.

Entre Lot et Célé, sur les hauteurs de Cabrerets, Annie accueille ses hôtes dans l'une des 4 bulles de 4 m de diamètre sur des terrasses en bois regardant la vallée et l'horizon. De votre nid douillet, vous pourrez admirer le coucher de soleil, vous endormir dans la voie lactée du Parc naturel régional des Causses du Quercy, courue par les astronomes du monde entier pour la pureté de son ciel. Une expérience unique à vivre à deux. Envie d'autre chose, vous pouvez aussi opter pour une roulotte des années 1930. Un lieu insolite et hors du temps.

BABOU MARINE

Port Saint-Mary
CAHORS
✆ 05 65 30 08 99
www.baboumarine.com
Location de bateaux d'avril à novembre. Bateaux de 2 à 12 personnes à partir de 497 € la semaine.

Babou Marine est le spécialiste bateaux à Cahors. Les services sont multiples : location de bateaux à la semaine ou des gabares à l'heure, vente des plus grandes marques de bateaux, neufs ou d'occasion, avec livraison partout en France, entretien et réparations. Difficile de passer à côté si vous êtes passionnés de navigation en eau douce. En bateau habitable sans permis, sa flotte prévue pour 2 à 12 personnes, Babou Marine guide vos premiers tours de barre, vos premiers passages d'écluse, et vous transmet toutes les ficelles de la navigation.

LES CROISIÈRES FÉNELON

Allées des Soupirs - **CAHORS**
✆ 05 65 30 16 55
www.bateau-cahors.com
Départs 7/7 de mai à septembre à 11h/15h/16h30+13h30 et 18h en été, avril et octobre départ unique à 16h. Adulte 11,50€.

Offre complète de croisières pour une heure, une journée ou un week-end. Plusieurs formules sont proposées selon vos centres d'intérêt : patrimoine, gastronomie, etc. En pack journée, vous monterez à bord du *Fénélon* pour une journée sur l'eau. Le repas est pris à bord et à l'arrivée vous pourrez opter selon les formules pour une dégustation de vins de Cahors ou la visite de Saint-Cirq-Lapopie. Pour des croisières moins longues, il vous sera proposé la boucle de Cahors en 1h15 afin de découvrir la ville depuis la rivière. Possibilité de coupler avec le Petit train.

KARTHORS KARTING DE CAHORS

CAHORS ✆ 05 65 24 53 55
karthors.fr
7j/7 de 10h à 19h durant les vacances scolaires. Hors vacances mercredi - dimanche 10h/19h. 18 €/adulte et 14 € 7/11 ans

Sur un site exceptionnel, à la porte de l'autoroute A20 et à 10 minutes de Cahors, ce sont 800 m de parcours avec relief. Grâce à un équipement de choix, le kart accueille tout le monde à partir de 3 ans. Sur le circuit initiation, les Baby Karts s'adressent aux 3/6 ans, sur le grand circuit, les 7/11 ans bénéficient de sessions entre enfants. Puis dès 12 ans, en loisir, tout le monde peut profiter de sessions de 10 minutes en prenant place à bord de la dernière génération de bolides.

LOCABOAT HOLIDAY NAVIGUER SUR LE LOT

chemin de Saint-Mary - **CAHORS**
✆ 05 65 30 08 99

Sur le port de plaisance de Cahors, vous pouvez louer votre bateau de croisière sans permis pour partir parcourir à votre rythme le Lot au cours. Sensations et aventures garanites, lors de votre découverte fluviale. Vous croisez de beaux villages, des paysages champêtres et faites autant d'escales gourmandes, viticoles culturelles et autres que vous le souhaitez. L'occasion de prendre vraiment votre temps, de ralentir et de découvrir la région sous un angle insolite.

PATRICE PEULET, LE LOT EN VENTE DIRECTE

Installé depuis 2004 comme producteur de légumes dans la région de Gourdon, Patrice Peulet a décidé, en 2014, d'ouvrir un magasin de vente directe communautaire baptisé la Halle de Cougnac, du nom du lieu-dit de son exploitation maraîchère. Dans ce projet 100% Lot, il a impliqué 8 autres producteurs locaux qui ont fait le choix de mutualiser leurs efforts dans la diffusion de leur produits fermiers. Ce paysan qui travaille 17 ha et produit une trentaine de variété de légumes en agriculture raisonnée, dont des variétés anciennes, mais aussi des plantes aromatiques ne regrette pas son choix d'un magasin partagé : « Au départ j'espérais vendre un quart de ma production sur place. En fait, c'est près de la moitié de ma production maraîchère qui passe par la Halle de Cougnac. La clientèle apprécie beaucoup de trouver sur place une variété de produits, fruits, légumes, charcuterie, fromages, différents types de viandes, etc... Tous issus des fermes des environs. » Ce concept est donc bien adapté à la demande des consommateurs. Et avec ce système, les coûts de vente sont moindres que ceux des marchés et permettent de dégager du temps pour les exploitations de chacun. 4 salariées à temps partiel sont en charge de l'accueil, même si chaque producteur s'engage à des permanences pour entretenir le contact clientèle et les producteurs associés peuvent développer leurs exploitations et embaucher de nouveaux salariés. Patrice Peulet, lui, a doublé ses surfaces sous serres et fait travailler aujourd'hui 5 personnes.

L'ALLÉE DES VIGNES €€

32, boulevard du Tour-de-Ville - **CAJARC**
✆ 05 65 11 61 87
alleedesvignes.com
*1 * Michelin. Ouvert du mercredi au samedi le soir, le dimanche. Réservation recommandée. Menus 59-89 €. Terrasse.*

Extraordinaire ! Dans l'ancien presbytère de Cajarc, Evgenia et Claude-Emmanuel Robin, maîtres des lieux, proposent un voyage intense au pays des saveurs multiples, décliné autour d'une cuisine gastronomique, à la fois de terroir mais aussi fine et moderne. La carte des vins propose une large sélection de millésimes qui associent les créations du chef Robin aux cépages. Une grande table que vous ne regretterez pas d'avoir découverte. Pour les passionnés, sachez que le restaurant propose des cours de cuisine et de pâtisserie thématisées ou sur mesure.

LOT & BIKE

1, Boulevard du Tour de Ville - **CAJARC**
✆ 06 23 11 62 50
www.location-velo-cajarc.com
Ouvert toute l'année. Location/ Vente/ Réparation. Location 1/2 journée à plusieurs jours, à partir de 25€ (VAE). ANCV.

Et si vous découvriez le Lot et le vélo autrement ? Installé depuis l'été 2020 sur le tour de ville de Cajarc, Lot & Bike vous propose la location de vélos à assistance électrique (VAE), VTT AE, VTC AE, VTC, vélo enfant, tandem… En quelques coups de pédales, la nature et le patrimoine Lotois s'offrent à vous… Entre causse et vallée, entre Lot et Célé, c'est vous qui choisissez ! Lionel & Marie vous conseilleront un parcours sur mesure, au plus près de vos envies. N'hésitez plus, foncez ! Le vélo devient désormais accessible à tous !

MOULIN FORTIFIÉ DE COUGNAGUET

Route de Calès-Gorges-de-l'Ouysse - **CALÈS**
✆ 05 65 32 63 09
www.cougnaguet.com
Ouvert du 1er avril au 31 octobre tous les jours de 10h à 12h et de 14h à 18h. Adulte : 5 €.

À 2 kilomètres de Rocamadour, découvrez ce moulin à eau fortifié intact, édifié au XIVe siècle par des moines sur le cours d'eau de l'Ouysse. La fortification du moulin avait pour but de protéger celui-ci contre d'éventuels pillages. Il est équipé de quatre meules d'environ 1,5 tonne. Le guide, passionné et passionnant, réside sur place et entretient son patrimoine. À découvrir comme un joyau, en flânant le long des berges de l'Ouysse et de ses reflets émeraude enchanteurs.

LE MOUTON GIVRÉ

CAMBES
✆ 06 27 88 87 94
www.lemoutongivre.com
Uniquement en e-commerce. Sac isotherme écologique 48 €.

Un sac isotherme 100 % lotois ça n'existe pas ? ! Détrompez-vous : dans le Lot on trouve de tout et surtout des hommes et des femmes ingénieux. La dernière innovation en date, c'est celle-ci : un sac isotherme 100 % écologique réalisé en laine de mouton française et en chanvre. Derrière ce mono-produit séduisant se cachent Cinthia et Elodie, deux sacrées nanas qui ont décidé de valoriser la laine et la culture du chanvre en textile. De leurs savoir-faire est né ce petit sac particulièrement pratique pour transporter votre lunch-bag.

JARDIN MÉDIÉVAL

CARDAILLAC
✆ 05 65 40 14 32
www.tourisme-lot.com/sites-a-visiter/jardin-medieval-658134
Jardin médiéval municipal ouvert en permanence. Gratuit. Aire de jeux et aire de pique-nique.

Jardin passionnant et étonnant ! Plus qu'une balade, il vous convie à une histoire : celle des plantes médicinales et tinctoriales. Vous découvrirez comment la guimauve était utilisée en pommade, les propriétés de l'angélique, les utilisations en textiles de la garance, etc. Ce sont plus de 150 espèces qui sont présentes dans ce jardin, que l'on utilisait jadis, au Moyen-Âge pour leurs multiples propriétés aujourd'hui presque oubliées. Le jardin est aussi un parc avec des jeux pour enfants, un boulodrome et un espace pique-nique.

MUSÉE ÉCLATÉ ★

Place de la Tour
CARDAILLAC
✆ 05 65 40 10 63
Ouvert toute l'année sur rdv. 7/7 sauf le samedi en été : visite guidée à 15h et à 16h30.

L'association Musée Pour l'Avenir présente ce musée instructif et amusant, récompensé pour son originalité par le Prix du tourisme. La visite se partage en plusieurs lieux : la maison du semaillier, le séchoir à châtaignes, l'étuve à pruneaux, le moulin à huile de noix. Dans la salle de classe du début du siècle, blouses noires, pupitres, encriers et cahiers ont l'air d'attendre l'arrivée du maître et des élèves. Dans la dernière bâtisse, nous sommes chez la fileuse, le maréchal-ferrant. À chaque halte, meubles, vêtements et outils racontent l'histoire du lieu.

CHÂTEAU DE HAUTE-SERRE

Château de Haute-Serre
CIEURAC
✆ 05 65 20 80 20
www.hauteserre.fr
Fermé en décembre et mars. Dégustation des vins du vignoble : 5-10-20 €. Visites sur réservation.

Propriété Viticole en plein cœur de l'appellation de Cahors sur les plateaux Kimméridgiens, elle est l'une des plus anciennes de l'appellation. Bertrand Gabriel Vigouroux 4e de sa génération y produit des Malbecs de Cahors. De nombreuses activités y sont proposées pour vous permettre de vous immerger dans ce lieu authentique : visite du vignoble et des chais ponctuée par une dégustation, ateliers de dégustation ou ateliers vendanges aux mois de septembre et octobre, repas champêtre, jeux en bois, parcours d'orientation, escape games, etc.

CHEMIN DES ANGES €

30, allée Victor-Hugo - **FIGEAC** ✆ 05 65 11 49 90
www.chemindesanges.fr
Ouvert toute l'année. Chambre d'hôtes : 70 € (2 pers. avec petit déj). En gîte d'étape : 23 €/pers. Repas bio : 16 €.

Quand des pèlerins qui ont déjà fait le chemin accueillent des pèlerins qui sont en train de le faire, ils se comprennent sans doute mieux. Deux formules d'hébergement en chambre d'hôtes ou en gîte d'étape dans deux chambres spacieuses (3 lits simples par chambre). Mais qu'il s'agisse d'un accueil en chambre d'hôtes ou d'une étape marcheur, le bonheur est le même de résider dans une magnifique maison du XIXe siècle flanquée d'un très beau jardin. Les espaces communs sont charmants, autant le salon/salle à manger que l'espace détente dans le jardin.

© ADT 82 BERNARD TAURAN
Coteaux du Quercy.

LES SENTEURS DU QUERCY

Mas de Fraysse
ESCAMPS
✆ 05 65 21 01 67
www.senteursduquercy.com
Du mardi au vendredi de 10 h à 12 h et de 14 h à 18 h ou sur RDV (par téléphone ou email).

La pépinière d'Escamps est un véritable festival de senteurs. D'avril à juin, les couleurs varient et les formes offertes par dame Nature se révèlent magiques. À noter la fleuraison des iris en mai, où vous pourrez observer l'une des collections les plus vastes de France. L'équipe sur place est passionnée et passionnante. N'hésitez pas à poser des questions que vous soyez novices ou passionnés curieux. Outre la pépinière qui propose la vente d'espèces en tout genre, les amateurs trouveront sur le catalogue en ligne des espèces plus rares !

FIGEAC PARC AVENTURES

Avenue de Nayrac - **FIGEAC**
✆ 06 34 35 09 09
www.accroliane.com
Vacances scolaires et jours feriés et sur RDV en semaine en basse saison. De 7 à 35 € selon parcours.

L'un des deux parcours de Cap Nature. Au cœur d'une forêt de chênes, le Figeac Parc Aventures offre 9 parcours d'accrobranche évolutifs, certains dès l'âge de 3 ans. Toute la famille peut partir à l'aventure sur des circuits adaptés à chacun. La tyrolienne de 150 m de long est l'attraction phare du parc. Un terrain de paintball est également à disposition pour les groupes de 10 personnes minimum. L'entrée du parc est libre, vous avez la possibilité de pique-niquer sur place, et la possibilité d'organiser des anniversaires ou autres regroupements.

GÎTE CHEZ CÉLIA €

29, rue Emile-Zola - **FIGEAC**
© 06 05 10 96 59
www.gitechezceliafigeac.fr

Pour 13 personnes. Étape 18 € par personne, 23 € avec petit dej, 35 € avec repas. Wifi gratuit.

Pour les pèlerins, comme pour les visiteurs, difficile de passer devant Chez Célia sans remarquer la paire de chaussures qui trône sur la belle porte bleue de ce gîte d'étape dédié à celles et ceux qui sont en chemin sur la voie de Compostelle et aux autres. Un dortoir, des chambres, des lits, un peu de confort, un vrai petit déjeuner, un repas si besoin, et surtout un bel accueil. Ne cherchez pas Célia, c'est Jean-Michel qui est à la barre de cette charmante petite maison chaleureuse, conviviale et cosmopolite. Une escale délicieuse.

MAMMA ROMA

2, Rue Colomb
FIGEAC

Ouvert tous les jours. Ouvert de début mai à mi-septembre. Sur place et à emporter.

Après Toulouse, Mamma Roma s'est installée à Figeac où elle propose la gamme de ses divines glaces fabriquées chaque jour selon la recette originale italienne à base de matières premières de qualité. Pas de conservateurs, ni de colorants. Une base sorbet ou crème et une pléiade de parfums tous plus gourmands les uns que les autres : caramel, stracciatella, cookies, chocolats, thé vert, noix de coco, *caffè*, etc. D'autres gourmandises vous attendent : frappés, yaourt glacé, bonbons, etc. Plaisirs sains pour tous alors que l'été bat son plein.

MUSÉE CHAMPOLLION - LES ÉCRITURES DU MONDE ★★★

Place Champollion - **FIGEAC**
© 05 65 50 31 08
www.musee-champollion.fr

Ouvert toute l'année. Consulter le site pour le détail des jours et horaires. Adulte 5 €. Enfant de 13 à 18 ans 2,50 €.

Cette histoire a commencé il y a plus de 5 000 ans… Cette histoire, c'est celle des Écritures du Monde. Si les premières traces graphiques remontent à 50 000 ans, l'histoire de l'écriture à proprement dite nous ramène effectivement 5 300 ans en arrière. Pour comprendre cette fabuleuse épopée humaine, vous êtes au bon endroit ! Bienvenue dans la maison natale de Jean-François Champollion, le père de l'égyptologie. Le Figeacois est mondialement connu pour avoir réussi à déchiffrer pour la première fois les hiéroglyphes : c'est la fameuse Pierre de Rosette dont vous pourrez admirer la reconstitution géante place des Écritures, à quelques pas du musée. Derrière sa magnifique façade aux mille lettres du monde entier, faite de cuivre et de verre, découvrez à partir des travaux du célèbre déchiffreur des hiéroglyphes, des collections qui racontent la fabuleuse aventure de l'écriture et invitent à un voyage passionnant à travers les cultures. Pour découvrir ce musée, vous pourrez opter pour la visite libre ou la visite guidée. La visite guidée s'adapte en fonction de votre temps. Vous pouvez opter pour la visite-conférence en 1h30 et explorer le thème de votre choix : Champollion et l'Égypte ; La naissance des écritures ; Le musée et ses chefs-d'œuvre ; De la lettre au mot : la révolution des alphabets. L'autre option, pour les plus pressés, est la visite presto en 55 min qui vous invite à une introduction du musée et de ses collections. N'oubliez pas l'exposition temporaire !

SOIGNEUR D'UN JOUR

D14
GRAMAT
© 05 65 38 81 22 05 65 38 81 20
www.gramat-parc-animalier.com

Ouvert toute l'année. 90 € pour 3 h. Sur réservation uniquement.

Devenir soigneur d'animaux le temps d'une matinée ? Venez découvrir les coulisses d'un parc animalier, rencontrer ours, loup, renard, lynx, participer au nourrissage et aux soins. Une belle expérience pour les enfants et tous les passionnés de la vie animale. Profitez du parc au réveil, avant l'arrivée des visiteurs. Le parc animalier de Gramat se déploie sur 40 ha, au cœur du Parc naturel régional des Causses du Quercy et abrite plus d'un millier d'animaux sauvages et domestiques des pays européens de 150 espèces différentes. Également des visites nocturnes.

ÉCOASIS €€

Puy Clavel - **GRÉALOU**
© 06 71 00 48 30
www.ecoasis.fr

Ouvert toute l'année. Pèlerin en dortoir : 16 €. Chambre d'hôte : 70 € pour 2, petit déjeuner inclus. Dîner étape 15 €.

Situé sur le chemin de Saint-Jacques-de-Compostelle, cet établissement atypique est un lieu idéal pour faire étape. En bordure du Parc naturel régional des Causses du Quercy, Ecoasis accueille pèlerins, marcheurs et vacanciers. Audrey et Manu ont conçu cette maison en limitant au maximum son empreinte écologique : chauffe-eau solaire, chauffage à granules de bois, isolation naturelle et performante, toilettes sèches nouvelle génération, système d'assainissement par phyto-épuration… Accueil très chaleureux et cuisine délicieuse.

Rocamadours.

ROCAMADOUR, UNE VILLE, UN FROMAGE, UNE RACLETTE

Magnifique cité médiévale de la vallée de la Dordogne, Rocamadour a donné son nom à un fromage au lait cru de chèvre, crémeux et délicieux. Le fromage de Rocamadour a rencontré la raclette, très populaire recette fromagère d'origine suisse. Et le mariage est réussi ! Savez-vous que depuis 2018, la raclette a sa journée ? Les puristes vous le diront : une raclette ne s'improvise pas avec du fromage et de la charcuterie industriels. Dans le Lot on est bien d'accord avec ce principe de gourmet et on a inventé une raclette locale avec le fromage du pays, la Rocaclette. Le principe est simple. Il suffit de remplacer le fromage à raclette par le fromage Rocamadour AOP. Cette raclette revisitée 100% lotoise et de saison a été d'emblée adoptée par les gourmets locaux.

La vedette de la raclette made in Lot est un petit fromage rond, blanc et toux doux, fabriqué dans la région depuis le XVème siècle et longtemps sous le nom de cabécou dans les petits villages lotois. On dit que ce fromage de chèvre au goût subtil puise son caractère dans le climat aride des Causses du Quercy. Pour réussir une Rocaclette, il convient de prendre, pour les plus gourmands, 2 à 3 Rocamadour par personne, plutôt frais mais pas trop. Il suffira à chaque convive de le laisser fondre tranquillement pendant 3 minutes environ. Avec des pommes de terre et de la charcuterie de pays bien sûr. Mettre sur la table également des noix du Périgord ou des châtaignes et une salade salade verte avec une vinaigrette à l'huile de noix.

LES MONTGOLFIADES DE ROCAMADOUR

Le site médiéval de Rocamadour et le canyon de l'Alzou composent un écrin de choix pour les Montgolfiades qui se déroulent sur 2 jours en septembre et offrent un spectacle grandiose. Tout commença en 1985 lorsque s'envola au pied de la cité une montgolfière à l'occasion du tournage d'un film pour le parc Disneyland des Etats-Unis. L'envol ne manquait pas de séduction. Cette idée fut reprise et c'est en participant au Trophée Midi Pyrénées que les premiers aérostiers firent leur baptême de l'air au-dessus de l'Ariège. L'année suivante, le Trophée Midi Pyrénées retenait la candidature de Rocamadour comme ville étape. Ce furent 20 montgolfières de couleurs qui investirent le ciel sur fond de vallée de l'Alzou. Dans la foulée ce fut la création de l'association Rocamadour Aérostat, forte aujourd'hui d'une vingtaine de passionnés, 10 pilotes dont 1 instructeur, 4 montgolfières, 4 remorques et 2 véhicules. L'association est un acteur touristique reconnu proposant une activité de loisirs originale et une vision unique et surprenante du site de Rocamadour et de la Vallée de la Dordogne.

Sans oublier l'organisation du grand rassemblement annuel, les montgolfiades de Rocamadour, qui regroupe 30 équipages venus de toute la France, mais aussi des pays voisins. Et s'envolent en silence au-dessus des dizaines de milliers de visiteurs des ballons célèbres et des ballons originaux aux formes de train, éléphant, écureuil, cathédrale, grenouille, Obélix, Bob le breton… Réjouissant et magique ! www.rocamadouraerostat.fr

Montgolfières au-dessus de Rocamadour.

CHÂTEAU DE LA TREYNE €€€

la Treyne - **LACAVE** ✆ 05 65 27 60 60
www.chateaudelatreyne.com
Ouvert de Pâques à Toussaint. Chambre double env. 250 € à 1 250 €. Réceptions et mariages. Menus env. 50 à 140 €.

Perché sur un rocher surplombant la rivière Dordogne, le château de la Treyne offre un spectacle remarquable. Les chambres au noms prestigieux seront un nid douillet et luxueux dans un cadre majestueux. La chambre située au sommet de la tour carrée présente un cachet romantique pour amoureux ou jeunes mariés. Dans le grand salon Louis XIII ou sur la magnifique terrasse surplombant la Dordogne, vous profiterez de la cuisine du chef étoilé Stéphane Andrieux qui officie ici. Vous serez conquis par les délices confidentiels que vous pourrez déguster ici. Royal !

PRÉHISTO-DINO PARC ★★

Route de Rocamadour - **LACAVE**
✆ 05 65 32 28 28
www.prehistodino.com
Ouvert de Pâques à Toussaint. Entrée 8,50 €/adulte. 4,80 €/de 5 à 13 ans. Visite libre.

Partez à la découverte des stégosaures, brachiosaures, dimétrodons, archéoptéryx ! Et tremblez devant l'impressionnant tyrannosaure rex de 9 mètres de long ! Dans une forêt préservée sont présentées près de 50 scènes avec des animaux et des personnages grandeur réelle. Des reconstitutions saisissantes retracent l'apparition de la vie dans les océans, les premiers oiseaux, les dinosaures, les mammifères préhistoriques jusqu'à l'évolution de l'homme. Le parcours, qui dure environ une heure, est accessible aux plus jeunes (possible en poussette).

LE BOIS DE FARAL €€€

LE BASTIT
✆ 05 65 40 13 38
www.bois-de-faral.com
Ouvert toute l'année. Chalets en bois de 320 € à 1 140 €/semaine selon saison. Tarif à la nuitée hors été.

Sur un site de 18 ha, dans une forêt de chêne du Parc naturel régional des Causses du Quercy, vous séjournez dans de charmants écogîtes, de spacieux chalets tout confort avec terrasse, capteurs solaires pour l'eau chaude, assainissement par plantes aquatiques, toilettes sèches. Outre nature environnante, une grande piscine au sel est à disposition ainsi qu'une aire de jeux pour les enfants, une ludothèque, une immense bibliothèque, des terrains de jeux, de boules... On aime les petits déjeuners bio et la boutique de produits du terroir en été.

LA FERME DE SIRAN

Siran - **LOUBRESSAC** ✆ 05 65 38 74 40
www.fermesesiran.com
Ouvert toute l'année, consultez le site pour les horaires. Visite de la ferme : adulte 5 € – enfant 3.50 €.

© GAELLE TAILLEFER

La ferme de Siran est une ancienne ferme familiale. Après quelques années à l'abandon, Gaëlle et Julien se sont installés avec leurs 20 chèvres Angora. Aujourd'hui ils en possèdent une centaine. La ferme dispose d'une grande chèvrerie, d'une salle d'accueil pour les visiteurs et d'une boutique dans laquelle ils proposent leurs produits : Mohair, lavandin, miel, confiture, safran. La ferme vous invite à la découverte de la vie à la ferme et du monde paysan : vous pourrez découvrir la chèvrerie, la transformation du fil de mohair jusqu'aux produits finis.

BASE NAUTIQUE DE CAIX

Les berges de Caïx
LUZECH
✆ 05 65 21 07 86
Ouvert d'avril à septembre. Hors saison sur réservation. Chèque Vacances.

La base nautique de Caïx accueille les plaisanciers, mais propose également des services de location de gabarres dans permis (7 places), de bateau sans permis (12 personnes) de canoë-kayak et de stand up paddle. Vous trouverez sur cette base de nombreux services comme une aire de camping (très prisée par les camping-cars), un restaurant estival, une aide de pique-nique, trampoline, boulodrome, ping-pong... En fin de journée, des croisières apéritives sont organisées pour des soirées originales, mais également des barbecues géants, des soirées moules/frites, etc.

LES CANALOUS

Route de Ciax
LUZECH
✆ 03 85 53 76 74
A partir de 469 € / Week-end. Croisières fluviales.

Les Canalous disposent d'une base de location de bateaux sans permis sur le Lot aval, au niveau de Luzech. Le temps d'un week-end, de quelques jours ou d'une semaine, partez à la conquête de la rivière Lot comme si vous étiez propriétaire d'un bateau. Vous rêvez de grand large ? De navigation en famille ou entre amis ? Vous pourrez choisir votre type de bateau et votre formule. Une façon originale de découvrir la vallée du Lot de Luzech jusqu'à Saint-Cirq-Lapopie. D'autres bases existent en Charente et en Aquitaine. Vente de bateaux.

MUSÉE ICHNOSPACE

Rue de la Ville - **LUZECH**
✆ 05 65 30 58 47
Ouvert toute l'année du mardi au vendredi 10h-12h/14h-18h, le samedi 10h-12h. Uniquement sur rendez-vous. Adulte 3-5 €.

Le musée situé au-dessus de la médiathèque assemble toutes les traces et empreintes des dinosaures et autres espèces trouvées sur le site archéologique de Crayssac. Documentation, vidéo, planches explicatives, moulage permettent de bien comprendre les origines de ces monstres du passé. L'Ichnospace est le premier musée européen des traces et des empreintes fossiles. A voir aussi la salle des ammonites des Causses Jurassiques Supérieurs du Quercy qui permet de comprendre leurs évolutions à travers 10 millions d'années. 450 d'entre elles sont à découvrir.

LE MOULIN À HUILE DE NOIX €€

Lieu-dit Les Landes - **MARTEL**
✆ 05 65 37 40 69
www.moulin-martel.com
Ouvert d'avril à novembre mardi au dimanche midi et soir sur réservation. Menus 22-28 €. CB non acceptée. Boutique.

Animé depuis 6 générations par la famille Castagné, cet ancien relais de chasse du XVe siècle est devenu un moulin à huile de noix où une meule de pierre broie les cerneaux et une presse hydraulique exprime l'huile de noix. A l'étage se trouve la salle en pierre avec sa cheminée de la ferme auberge pour vous restaurer des produits de la ferme cuisinés par Marie-Claude Castagné. Pensez à réserver, le nombre de couverts est réduit. Accueil chaleureux et intimiste.

CHÂTEAU DE MERCUÈS €€€

Route du Château - **MERCUÈS**
✆ 05 65 20 00 01
www.chateaudemercues.com
Ouvert de fin mars à fin novembre. Nuitée à partir de 250 €. Petit déjeuner buffet 27 €. Restauration.

Le Château de Mercuès fait partie de ces endroits que l'on rêve, que l'on invente. Datant du XVIIIe siècle, il traverse les années et les différentes influences de l'art avant d'être racheté par Georges Vigouroux dans les années 1980. Cet hôtel offre au cœur du vignoble de Cahors un large éventail de prestations prestigieuses avec en prime une remarquable vue sur le Lot et les premières vignes. Les chambres ont toutes un style : Louis XIV, Louis XVI, Empire, Art déco des années 30. Mercuès fait le trait d'union entre qualité intemporelle et le chic absolu.

PARC ZOOLOGIQUE PADIPARC

PADIRAC
✆ 05 65 34 68 49
www.padiparc.com/
Ouvert 7/7 juillet/août 10 h-19 h. Basse saison 7/7 sauf lundi 10 h-18 h. Fermé décembre janvier. Tarif 8 €.-12 ans 6 €.

Bienvenue au paradis des reptiles et autres petites bêtes sympathiques ! Ne cherchez pas du sensationnel, Padiparc c'est surtout du bon sens et le respect du bien être animal. Pour Raphaël, le créateur du site, rien n'est plus important que ses animaux : serpents, tortues, caméléons, etc. Vous pourrez les observer en toute quiétude, et poser toutes vos questions aux soigneurs présents sur le site. Bel espace de contact avec les tortues géantes africaines que l'on découvre bien plus véloces que dans nos idées reçues ! Un site familial et très instructif.

ROULOTTE PETIT GOUFFRE €€

Penot
PADIRAC
✆ 06 86 03 53 77
A partir de 693 € la semaine.

Plusieurs roulottes de bois aux couleurs personnalisées, reconverties en gîtes ruraux, vous attendent dans ce lieu de verdure paisible, 100 % nature, à deux pas du Gouffre de Padirac. Vous pouvez loger à quatre (un couple et deux enfants) par roulotte. Un lieu parfait pour vous ressourcer au milieu d'une vallée entourée de pâturages et de forêts, sur un domaine de 5 ha. Allez à la rencontre des ânes, Bambi, Chacha et Paulo et profitez de la piscine sur place à partager avec les chambres d'hôtes. Un séjour insolite et agréable.

GOUFFRE DE PADIRAC ★★★★

Le Gouffre
PADIRAC
✆ 05 65 33 64 56
www.gouffre-de-padirac.com
Ouvert 7/7 de Pâques à Toussaint. Réservation sur le site internet. Gratuit -4 ans /- de 12 ans 12,50 € / adulte 17 €.

Cavité naturelle de 33 mètres de diamètre et profonde de 75 mètres, le Gouffre de Padirac est le premier site du patrimoine naturel souterrain en France. On célèbre cette année les 130 ans de sa découverte ! Exploré par Edouard-Alfred Martel en 1889, il est considéré comme une curiosité géologique majeure. L'exploration débute par la descente d'un escalier d'inspiration Eiffel totalisant 207 marches sur les 543 que vous allez parcourir. Trois ascenseurs sont également à votre disposition. Après la découverte de galeries accessibles uniquement à pied, un embarcadère permet de prendre place dans une barque, menée par un guide-batelier, pour une promenade pédagogique au fil de l'eau. Le spectacle est grandiose ! Dans les entrailles de la Terre, vous marchez ensuite jusqu'au Grand Dôme, véritable cathédrale souterraine de 94 mètres de hauteur où la nature s'est figée. En redescendant, vous plongez sur la Grande Colonne, spectaculaire stalactite de 75 mètres de longueur. Un audioguide gratuit est disponible pour vous accompagner dès le début de votre visite. Il mêle habilement les explications techniques avec des reconstitutions de l'aventure d'Edouard-Alfred Martel et de son compagnon d'exploration. Inutile de manipuler l'appareil, il se déclenche automatiquement. Les réservations sont vivement recommandées, surtout l'été où les 13 degrés du gouffre sont recherchés et la file d'attente, sous une tonnelle prévue à cet effet, peut longuement s'étirer ! Si vous ne voulez pas être déçu, pensez bien à réserver.

La Grande Pendeloque, le Gouffre de Padirac.
© D. BUTAEYE - SES DE PADIRAC

RESTAURANT MOURGUES €€

Le Bourg - **PEYRILLES**
✆ 05 65 31 01 05
www.restaurantmourgues.fr

Ouvert toute l'année sur réservation. Menus à partir de 19,50 €. Formule du midi 13,50 €. Terrasse. Vente à emporter.

Ici, la cuisine d'antan rime avec convivialité : mique à l'ancienne, pain brioché cuit dans le bouillon de soupe au chou servi avec le petit-salé. En dessert, pâtisseries maison comme la tarte au citron ou la mousse aux noix. Même le menu ouvrier propose un très bon rapport qualité-prix avec des proportions copieuses. L'accueil des maîtres des lieux, Véronique et Jean Claude Babet, est un plus que l'on apprécie. Pour celles et ceux qui souhaitent découvrir la fameuse mique levée de la maison, il est impératif de réserver à l'avance.

CAP NATURE

Chemin de l'Ile - **PRADINES** ✆ 05 65 22 25 12.
www.capnature.eu

7/7 d'avril à novembre. Accrobranche 12-21 €. Paintball 25-35 €. Canoë 8-5 €. Course d'orientation 7 €. Footbulle 20 €.

Accrobranche avec de nombreux atouts : ponts de singe, tyrolienne, filets… Plus de 110 jeux sont répartis sur des parcours adaptés à chaque âge. La pratique ne nécessite pas de compétence physique particulière et fait abstraction des notions d'extrême ou de compétition… Les parcours acrobatiques en hauteur sont accessibles à tous et pour tous les niveaux à partir de 2 ans, pour un très bon moment en famille ou entre amis. Autres attractions : bubble game, paintball, chasse au trésor, etc. La nature préservée du site participe à l'atmosphère de détente !

GÎTE LA TERRASSE FLEURIE €€

16, rue du Rouget - **PRAYSSAC**
✆ 05 65 22 18 48

A partir de 300 € la semaine.

Vasco et Nelly Businaro vous ouvrent ce gîte de charme et de cachet installé dans un ancien pigeonnier du XVIIIe siècle magnifiquement rénové. C'est un bâtiment carré qui se dresse sur 3 niveaux tout de pierre, de brique et de bois dans un environnement de verdure et de paix. Cette habitation indépendante est dotée de tout le confort, d'une cuisine très bien équipée. Vous avez un salon au premier et la chambre au second. Vous disposez à l'extérieur d'un salon de jardin, d'un barbecue, d'une balançoire et de jeux pour les enfants, d'un boulodrome, d'une piscine…

ASCENSEUR DE ROCAMADOUR

Cité Médiévale - **ROCAMADOUR**
✆ 05 65 33 62 44
www.ascenseur-rocamadour.com

Ouvert toute l'année tous les jours. Gratuit jusqu'à 8 ans. Adulte : 3,10 € (aller-retour, passage simple 2,10 €).

L'ascenseur de Rocamadour, qui existe depuis 1953, est le lien entre le coeur historique de Rocamadour et l'ensemble sacré des 6 chapelles et de la basilique Saint-Sauveur. Avec l'ascenseur, il ne faut que 40 secondes pour parcourir les 155 mètres (et les 216 marches !) du Grand Escalier des Pèlerins qui vous séparent du niveau des Sanctuaires. Vous voilà arrivés sur le parvis qui ouvre vers la basilique Saint-Sauveur, l'église Saint-Amadour et les chapelles Notre-Dame et Saint-Michel. Une bonne alternative pour ceux qui ont des difficultés à monter les marches !

FERME DES ALIX

Lieu-dit les Alix - **ROCAMADOUR**
✆ 06 47 07 69 94
www.fermedesalix.fr

Ouvert de début avril à fin octobre. Pour le détail des jours d'ouverture et horaires de visites voir le site internet.

L'histoire de la Ferme des Alix remonte à 1930, année d'installation de la famille Soulayres. Cultivée dès les années 50, la lavande connaît son âge d'or avant de s'essouffler comme dans tout le Quercy à la fin des années 80. En 2013, Rachel et Jean-Marc décident de faire repartir l'aventure de l'or bleu… Aujourd'hui, leur plantation représente 18 ha de lavande. Aux Alix, vous pourrez comprendre les modes de culture, visiter la distillerie artisanale destinée à la fabrication d'huiles essentielles et déguster les différents produits réalisés à base de lavande.

PARC DURANDAL

Le Marcayou - **ROCAMADOUR** ✆ 06 19 39 18 00
www.parcdurandal.com

Spectacles équestres du dimanche au jeudi à 11h30 et 16h du 18 juillet au 26 août 2021. Entrée 12 €/ adulte.

Chaussez vos poulaines, revêtez vos cottes de mailles et soyez les bienvenus au Parc Durandal à Rocamadour ! Vous y admirerez personnages pittoresques et chevaux de spectacle, frissonnerez devant les combats et les cascades équestres, et savourerez l'humour et l'autodérision qui font de ce site un incontournable du Lot. Ces « fous à cheval » vous proposent des spectacles époustouflants. Actions et dialogues sont un vrai régal ! Des moments délicieux et inoubliables pour toute la famille dans un cadre agréable et ombragé. À ne surtout pas manquer !

COPEYRE CANOË

Les Ondines - **SOUILLAC**
✆ 05 65 32 72 61
www.copeyre.com
Ouvert d'avril à octobre, de 9h à 18h. Canoë 18 €/ pers. Kayak 22 €/pers.

Copeyre canoë, c'est 120 km de descente sur la Dordogne pour découvrir ses richesses. D'Argentat à Beynac, vous naviguerez à travers 3 départements aux paysages variés : Corrèze, Lot et Dordogne. Descente en journée, ou randonnées sur plusieurs jours, créez votre propre parcours. Paddles ou Paddles géants (8 personnes max) disponibles à Copeyre et Gluges. Remontée en bus gratuite. Seule condition : savoir nager seul 25 m. Également location de vélos VTT, VTC et vélos électriques. Pour toute location, l'accès au parc aquatique de Quercyland est offert le même jour.

AUX LODGES DU MAS DE NADAL €€

Mas de Nadal - **SAULIAC-SUR-CÉLÉ**
✆ 05 65 31 20 51
www.masdenadal.com
Ouvert de mai à fin septembre. Emplacement à partir de 22 €. Lodges dès 58€ la nuit. Chèque Vacances. Restauration.

© SERGE CHARONNAT

Ce coin de bonheur, loin des trépidations du monde, offre l'occasion de s'échapper en se réfugiant dans l'une des 24 lodges disséminées au cœur de 30 hectares de verdure et de nature sauvage. Meublées et confortables, les lodges possèdent chacune une terrasse couverte privative. Les campeurs pourront choisir de planter leur tente à l'ombre ou au soleil et opter pour une vue dégagée ou cachée. Les cavaliers trouveront de quoi faire une halte. Piscine chauffée.

MUSÉE DE L'AUTOMATE ★

Esplanade Alain Chastagnol - **SOUILLAC**
✆ 05 65 37 07 07
www.musee-automate.fr
Ouvert de Pâques à Toussaint 7/7 10h-12h30/14h-18h30 en été et du mardi au dimanche 14h-18h hors saison. Entrée 3/7 €.

L'ensemble patrimonial abbaye-abbatiale du XIIe siècle abrite une collection unique en Europe : des automates et des jouets mécaniques de la fin du XIXe siècle et du début du XXe siècle, période faste dans l'histoire de ces objets. Vous allez ainsi admirer plus de 300 automates - frappeurs, publicitaires, à musique, jouets pour enfants, animaux, etc. - qui se mettent en mouvement devant vous ou qui prennent vie sur écran vidéo. Le musée de l'Automate accueille notamment des automates de la prestigieuse collection Roullet-Decamps.

TROUVAILLES EN QUERCY

TOUR-DE-FAURE
✆ 05 65 23 91 36
www.lemuseeduvin.com/trouvailles-en-quercy.html
Ouvert du 1er avril jusqu'à la fin des vacances de Toussaint tous les jours de 10h à 19h. Boutique.

Musée du vin et bric à brac romantique... Assurément une escale insolite. Trouvailles en Quercy, c'est un jardin extraordinaire, situé au bord du Lot, adossé à la falaise, face à Saint-Cirq-Lapopie. A la fois une brocante et un espace déco où vous dénicherez à coup sûr la perle rare, mobilier de jardin, poteries, objets improbables, mais également une boutique de produits du terroir qui propose vins de Cahors, foie gras, délices de truffe, noix, safran... Une adresse décalée qui ravira petits et grands, à découvrir absolument !

SAFARAID DORDOGNE

Les Granges
VAYRAC
05 65 37 44 87
www.canoe-kayak-dordogne.com

La Dordogne, paisible et authentique, vous attend pour une descente en canoë ou en kayak ! Balade incontournable de la région. Sur plus de 120 km de descente, elle s'offre à vous comme un cadeau de la nature. Forte de son expérience, Safaraid Dordogne, l'une des toutes premières sociétés de location de canoës, offre une gamme complète de réservations, à la journée ou pour plusieurs jours. Les parcours en canoë-kayak peuvent se faire aux départs de Vayrac ou Saint-Sozy. Que vous soyez débutant ou confirmé, vous trouverez sans difficulté votre parcours.

LOZÈRE

La Lozère vous invite à faire connaissance, sur les terres sauvages de la Margeride, avec l'auroch, ancêtre de notre vache. En complément, allez visiter la Réserve de bisons d'Europe à Sainte Eulalie en Margeride puis la Maison des vautours de Saint-Pierre-des-Tripiers. Dans un autre registre, vous pouvez découvrir les coulisses de l'usine d'embouteillage Quezac et l'incroyable parc Utopix dans le causse de Sauveterre, un univers fantastique tout à la fois habitation, sculpture, musée, parc de jeux avec son parcours de billes, son flipper géant et son dinosaure de pierre. Puis, allez rencontrer les bateliers des gorges du Tarn, faites une descente en canoë ou un saut en élastique. Après cela vous aurez bien besoin de vous reposer ! Choisissez un tipi ou un gîte écolo au toit végétalisé façon maison de hobbit ou rejoignez l'éco-camping de la Donzelenche, à Vialas, dans le parc national des Cévennes. Un camp de base vraiment top.

LES AUROCHS DU GIRALDES

Le Giraldès
ARZENC-DE-RANDON
✆ 04 66 47 92 70
www.vacances-en-lozere.com
Visite mardi et jeudi de 14h à 18h. Sur réservation. Adulte : 5 €.

La ferme de découverte de la famille Amarger nous permet de découvrir l'aurochs, l'ancêtre préhistorique de notre bœuf commun. En fait, ce bovidé avait disparu. Il a été « reconstitué » à partir de races rustiques croisées et se trouve parfaitement à son aise sur les rudes terres de la Margeride. Après une promenade pour observer les aurochs, on revient dans la grange. Le musée retrace en première partie l'historique de l'aurochs primitif, mais aussi présente de nombreux outils et une belle évocation de la Margeride. Gîte sur place.

CUEILL'HEUREUSE

Chemin des Parros
BÉDOUÈS-COCURÈS
✆ 06 07 96 82 27
Deux jours en immersion pour 2 personnes : 350 €.

Francine Vialle est pleine de ressources, elle accueille les passagers dans un gîte et une chambre d'hôtes, mais l'essentiel de son activité est de cuisiner les récoltes de ses cueillettes dans la nature : baies, plantes, racines, champignons... A son catalogue gourmand et poétique, plus de 70 produits, confitures de cynorhodon ou crème de châtaigne, boissons pétillantes issues de macérations solaires (la cuvée des fées), élixir et pesto d'ail des ours, baume de l'apiculteur, tisanes, sève de bouleau, vin de framboise… Ateliers et séjours à thème.

LE ROC DE L'AIGLE €€

Hameau de Malaval - **BRÉNOUX**
✆ 04 66 31 46 75
www.v.malzac.free.fr
Ouvert à midi sur réservation. Réservation impérative. Repas adulte 25 €, enfant 14 €.

A 8 km de Mende, dans un ancien corps de ferme typique du Causse, Vincent Chaptal élève poulets, agneaux, veaux et bovins pour fournir sa table d'hôtes. Le repas du jour est toujours copieux : entrée froide, entrée chaude, viande + légumes, plateau de fromages et ronde des desserts. Selon les jours, vous y dégustez charcuterie maison, salade de magret, tourte forestière, feuilleté à la truite, navarin d'agneau aux pruneaux et amandes, sauté de veau forestier, gâteau à la châtaigne ou tarte poires-chocolat. Une cuisine de terroir, généreuse à l'image du patron.

LA CHÈVRERIE DES FELGES €€

CASSAGNAS ✆ 09 50 76 94 67
www.yourtes-cevennes-gorgesdutarn.fr
Ecolabel européen. Ouvert toute l'année. Yourtes : de 320 € à 420 € la semaine. La nuit à partir de 60 € avec petit déj.

Une adresse plurielle où 6 grandes yourtes venues de Mongolie vous hébergent. D'une capacité de 4 à 6 personnes, chacune a sa couleur et toutes sont meublées et confortables. Sanitaires et cuisine sont dans le bâtiment d'à côté, pour cuisiner, regarder la télé, surfer sur le net... En vente sur place, les pélardons de la ferme qu'il est possible de visiter. A proximité, de nombreux sentiers pour les balades à pied, à VTT... S'ajoutent un koto grill de 16 m^2 pour vos soirées barbecue, une cuisine d'été et un parcours d'accrobranche. Membre Cévennes écotourisme.

VILLAGE DE GÎTES CHANAC €€

Espace la Vignogue - **CHANAC**
✆ 04 66 48 48 48
www.gites-chanac.com
Ouvert toute l'année. A partir de 139 €/semaine.

Destinés aux pêcheurs et randonneurs, et plus largement aux amoureux de la nature, ces 30 gîtes, qui forment un vrai village, profitent du soleil grâce à leur terrasse située plein sud. Leur construction fait la part belle aux pierres calcaires de la région, tandis qu'à l'intérieur, la décoration développe un bel esprit de maison de vacances. Situées à proximité du Causse de Sauveterre et de la rivière Lot, ces maisonnettes équipées de tout le confort moderne s'ouvrent sur un environnement privilégié où se croisent de très nombreux chemins de randonnée.

ZACKARY TIPIS

CHANAC
✆ 06 33 85 63 30
www.zackary-tipis.com
Tipis 4 places, 95 € la nuit et 570 € la semaine. Tipis 2 places 70 €/420 €. Petit déjeuner inclus.

La vallée du Lot lozérienne abrite un petit campement de tipis amérindiens, dont les portes en toile s'ouvrent sur la campagne. Avec ses six tentes sur la prairie et ses deux cabanes – l'une pour la cuisine et l'autre pour les sanitaires – il offre des hébergements et une ambiance atypique. On vous apporte les petits déjeuners pour un lâcher-prise total dès le saut du lit. De nombreuses possibilités de balades, découvertes ou activités s'offrent tout autour : canoë, via ferrata, laser green, grottes… Vos hôtes partagent volontiers leurs bonnes adresses.

CHEZ LES PAYSANS €€

3 bis, rue Théophile-Roussel
FLORAC TROIS RIVIÈRES
✆ 06 33 05 74 90
Ouvert toute l'année. Chèque Vacances. Boutique.

À l'origine, il s'agit d'une boutique montée par une quinzaine d'agriculteurs. C'est aujourd'hui également un restaurant où l'on cuisine les produits en rayon : soupes, blanquette de veau, pélardons chauds du pays, viande des Bondons, salades des producteurs locaux... Le décor est très sympa, dans un bâtiment à la belle charpente de bois, avec une mise de table très «paysanne». Il est possible de visiter leur cave à vin et à salaisons, mais aussi de visionner une présentation des fermes cévenoles. Vous saurez comment sont élevés les poulets du pays, etc.

ECO-CAMPING LA TIÈRE

La Tierre
FLORAC TROIS RIVIÈRES
✆ 07 88 17 82 88
www.camping-la-tiere.fr
De début avril à fin septembre. Tente inuit, de 68 à 78 €/nuit. Camping pour deux de 11,50 à 13,50 €.

Le luxe naturel de son environnement et son engagement pour un tourisme responsable sont les principaux atouts de La Tière. Au bord d'une rivière sauvage, vous avez 55 emplacements, à louer nus ou «prêts à camper», une roulotte de bois et deux tentes d'hôtes meublées. Pas de piscine mais la Tière à côté. Dans ce camping convivial, chacun s'engage. Il y a un bac à compost, l'extinction des lumières à 23h chaque soir, le prêt de vélos gratuit, un frigo sans sodas à l'accueil et des soirées à explorer le ciel étoilé. Un vrai bonheur !

La Chèvrerie des Felges.

AURELIE CLÉMENT ET GUILLAUME GAUSI, ÉLEVEURS DE RACES LOCALES

Leur ferme biologique du GAEC du Louveteau est située à Allenc sur les versants du mont Lozère à 1 130 m d'altitude. Ces amoureux de la nature se sont installés ici en 2013. Leur exploitation se déploie sur 160 ha au bout de la route qui mène au Vallon de Villaret, parc de loisirs nature et art. Le couple élève des bovins de race Aubrac et des moutons de race Blanche du Massif Central, deux races originaires de Lozère. Leur élevage est mené dans le respect des animaux et de l'environnement, et suivant une organisation autarcique. L'étendue de leurs terres permet de faire paître les animaux en plein champ d'avril à novembre et de produire le fourrage et les céréales nécessaires à les nourrir lorsque tombe la neige et que les troupeaux doivent rejoindre l'étable et la bergerie. Lors de leur installation, Aurélie et Guillaume ont pratiqué d'emblée une agriculture raisonnée, la protection de l'environnement, la santé et le bien-être animal étant pour eux des valeurs essentielles. En 2015, ils décidèrent d'approfondir cette démarche en amorçant la conversion biologique de leur exploitation. La certification est effective depuis 2017. Le couple pratique la vente directe de viande et de plats cuisinés en livraison groupée, sur les foires et les marchés. Il est possible aussi d'aller les voir à la ferme sur rendez-vous. L'occasion de découvrir des paysans de montagne bien dans leur vie. Chats, chiens et chevaux participent aussi à l'aventure pour le plus grand bonheur de leur jeune fils. www.gaecdulouveteau.com

CHEZ TINTIN €

Le Bourg
FOURNELS
✆ 04 66 31 60 84

Ouvert toute l'année. Tous les jours. Menus autour de 12 €.

Un bar-restaurant de village comme on aime les rencontrer dans ces hautes terres lozérienne. Repas simple autour de plats sans chichis, plateau de charcuterie, langue sauce gribiche, rôti de porc et son choux fleur, un plateau de fromages sur une planche à couper en bois qui passe de table en table… et d'une tarte en dessert, avec ambiance garantie à petit prix. A la demande et sur commande, Justin, alias Tintin, peut aussi vous mijoter quelques plats lozériens typiques, comme l'aligot. Et si l'adresse vous plaît, quelques chambres sont disponibles sur place.

LES BRASSEURS DE LA JONTE

Lieu-dit Le Castel
GATUZIÈRES
✆ 07 87 20 88 68
www.lesbrasseursdelajonte.fr

Haute saison : ouvert du lundi au vendredi. Ouvert ts les jours d'avril à septembre.

Dans un ancien moulin, Jean et Thomas brassent des bières artisanales A base de l'eau pure de l'Aigoual, des houblons, et de quelques sortilèges locaux si possible. Chaque bière porte un nom lié au terroir ou aux traditions brassicoles. La Fario évoque la truite sauvage des rivières cévenoles. La Ratapenada – chauve-souris en occitan – renvoie aux pipistrelles qui occupent la salle de dégustation en hiver. La Fauve suggère les vautours qui rôdent au-dessus de la brasserie.

USINE D'EMBOUTEILLAGE QUEZAC ★

GORGES DU TARN CAUSSES
✆ 04 66 45 47 15
www.eaudequezac.com

Durant la saison estivale. Adulte : 4 €. Deux heures de visite.

De la source à l'usine ! Les qualités de l'eau de Quézac, une eau « carbo-gazeuse sodique », sont reconnues. Durant la saison estivale, des visites guidées de la source de l'eau Quézac sont proposées. Au départ du bureau du tourisme, vous découvrez le cycle de l'eau de sa source jusqu'à l'arrivée à l'usine. Vos accompagnateurs dévoilent son histoire, ses qualités minérales exceptionnelles, le phénomène hydrologique, l'importance pour l'économie locale de l'usine d'embouteillage…

UTOPIX - LES IGLOOS DU SAUVETERRE

La Sirvente - **GORGES DU TARN CAUSSES**
✆ 04 66 48 59 07
www.utopix-lozere.fr
Ouvert d'avril à octobre. Adulte : 8 €. Enfant (de 3 à 15 ans) : 6 €. Groupe (10 personnes) : 5 €. Scolaires : 4 €.

Ces cabanes de pierre, construites en cercle, sont comme le prolongement des capitelles languedociennes. Leur créateur en a fait un espace ludique (jeux artisanaux, minigolf) et un lieu d'exposition de sculptures, peintures et autres créations artistiques. On y admirera différentes de ses compositions en pierre : le dinosaure, l'automobile, la moto, l'œuf... Bref, un immense terrain de jeu de 11 ha, insolite, au service des énergies propres. Possibilité de pique-niquer sur place.

L'AVEN ARMAND ★★★★

HURES-LA-PARADE
✆ 04 66 45 61 31
www.aven-armand.com
De mars à novembre. Tarifs variable selon la visite choisie. Voir sur le site Internet. Snack. Boutique. Animations.

Imaginez l'émotion d'Edouard-Alfred Martel lorsqu'en 1887, accroché à une échelle de corde, à la lueur d'une torche, il découvrit cette forêt de 400 stalagmites. Vous pouvez descendre par le puits naturel à l'aide de corde avec un spéléologue confirmé, en été, et plonger dans la salle immense qui pourrait contenir Notre-Dame-de-Paris et admirer cette profusion de stalagmites géants. On peut aussi accéder par un funiculaire à un belvédère pour une vision globale. Un parcours aménagé, un éclairage étudié, des guides dynamiques rendent la visite spectaculaire.

LA FERME CAUSSENARDE D'AUTREFOIS ★

Hyelzas
HURES-LA-PARADE
✆ 04 66 45 65 25
www.ferme-caussenarde.com
Ouvert du 1er avril au 1er novembre, tous les jours. Adulte 6,50 €, enfant 3,30 €.

Ouverte au public depuis... plus de 40 ans la Ferme Caussenarde est un trésor de patrimoine à découvrir absolument et particulièrement en famille. Les enfants ne manqueront pas d'être intéressés par ce témoignage des temps anciens et des pratiques d'autrefois. Ni poussiéreuse ni passéiste, cette ferme rassemble un condensé d'un patrimoine culturel et humain précieux pour appréhender les paysages de la Lozère et l'architecture locale. La reconstitution d'un intérieur de ferme, avec mobilier et ustensiles, les bâtiments d'exploitation et le four à pain, etc. donnent un aperçu de la vie des paysans au XIXe siècle. Sont évoqués les travaux des champs, la fabrication des fromages ou du pain, l'élevage des brebis, le savoir-faire architectural. Cet écomusée témoigne ainsi de ces générations anciennes au pays du Causse de façon très vivante et sensible. Encore plus vivante, la visite couplée avec celle de la fromagerie le Fédou toujours en activité avec une animation et une dégustation est à faire en groupe uniquement et sur réservation. Une illustration parfaite si l'on veut mieux comprendre pourquoi le territoire est classé au patrimoine mondial Unesco. Pour compléter la visite, livre et film sont en vente à la boutique, de même que le DVD consacré à la grotte Amélineau, découverte en 1980 à proximité, qui a la particularité d'abriter les plus longues concrétions fistuleuses connues du monde, mais dont la fragilité interdit toute visite. Boutique et aire de pique-nique.

L'accès au très paisible village de Quézac.

LES KASALAS €

Hyelzas - **HURES-LA-PARADE**
✆ 06 84 26 16 25
www.leskasalas.com
Chambre double 95 €. Petit déjeuner inclus.

En 2012, Monique, Daniel et leurs enfants ont eu l'idée de construire ces hébergements d'exception dans le village de Hyelzas et ont donné corps à deux chambres d'hôtes exceptionnelles et une cuisine commune ouverte sur l'extérieur. L'ensemble est bâti avec des matériaux sourcés dans le coin, et abrité sous un unique toit végétalisé qui épouse le relief du Causse Méjean tout autour. Semblables à l'antre d'un hobbit, ces chambres d'hôtes pas comme les autres, d'une capacité de 2 à 4 personnes, offrent une bulle d'oxygène aux vacanciers en quête de tranquillité.

DOMAINE DE LA VIALETTE €€

La Vialette - **LA CANOURGUE**
✆ 06 08 86 57 38
www.gite-sauveterre.com
Chambre simple 67 € ; double 87 € ; triple à partir de 120 €. Petit déjeuner inclus. Gîtes de 395 € à 650 €.

A dix kilomètres des gorges du Tarn, voici une superbe ferme caussenarde du XIVe siècle, à l'architecture typique tout bonnement impressionnante. Vous y trouverez cinq chambres confortables et bien équipées. On trouve également un espace détente, avec piscine et un bain bouillonnant, ainsi qu'un sauna. Sur la propriété, deux superbes gîtes pouvant accueillir 4 à 5 personnes ; une maison caussenarde et un authentique pavillon de chasse sont proposés. Un troisième gîte, un peu plus petit, est le nid idéal pour une escapade en amoureux.

COMPTOIR DE LA RÉGORDANE

LA GARDE-GUÉRIN
✆ 04 66 46 83 38
Tous les jours durant les vacances scolaires. Restauration, à partir de 10 €.

Cette boutique associative regroupe producteurs et artisans qui proposent céramiques, créations en tissus, mais aussi de quoi faire le plein de gourmandises : biscuits, miels, pâtés, sirops, confitures, tisanes et pélardons se trouvent mis en scène dans la boutique, tenue tour à tour par les producteurs. Une petite restauration élaborée à partir des produits locaux à la vente permet de déguster sur place les spécialités de la région à travers des menus ou des assiettes terroir. Une sympathique vitrine des savoir-faire lozériens.

LE 107

LA MALÈNE ✆ 06 87 17 12 12
www.le107.com
Dates disponibles sur le site : sur réservation. 90 € le saut, 100 € saut + descente canoë, 120 € saut et vidéo.

Amateurs de vertige et de sensations fortes, bienvenue au cirque des Baumes ! Laurent, David et Hervé ont installé ici un site de saut à l'élastique avec une marche d'approche d'une demi-heure dans un superbe petit chemin de qui serpente sur le flanc de colline. Le site est magnifique. Vous serez briefé, équipé, rassuré avant de faire le grand saut de 107 m au-dessus des gorges du Tarn. Pour encore plus de sensations, il est possible de faire suivre le saut d'une descente en canoë, ou de sauter en nocturne. La prestation saut et vidéo peut immortaliser l'exploit.

LES BATELIERS DES GORGES DU TARN ★

LA MALÈNE
✆ 04 66 48 51 10
www.gorgesdutarn.com
Ouvert tous les jours de Pâques à Toussaint. Réservation recommandée. Adulte : 23 €. Retour en minibus.

A l'endroit le plus spectaculaire des gorges du Tarn, les falaises se resserrent et montent jusqu'à 500 m de haut. Durant des siècles, les barques furent seules à desservir la vallée. Puis la création du chemin de fer Paris-Béziers et de la route, les barques furent délaissées. En 1940, les bateliers de la Malène se regroupent en coopérative pour se lancer dans le tourisme. Ces enfants du pays connaissent chaque méandre du Tarn et toute la biodiversité des berges.

CANOE AU MOULIN DE LA MALÈNE

Le Moulin - **LA MALÈNE**
✆ 04 66 48 51 14
www.canoeblanc.com
Fermé de novembre à mars. Canoë 2 places de 36 € à 54 €. Kayak une place de 19 € à 28 €. Paddle à partir de 45 €.

Pionnière du canoë dans les Gorges du Tarn, l'entreprise s'est appropriée la plus belle partie du cours d'eau, autrement dit celle qui file de La Malène au Cirque des Baumes ou au Pas de Soucy, à travers une petite dizaine de parcours adaptés à tous les profils. Et ce d'autant plus qu'il est possible d'interrompre la descente en différents endroits pour reprendre son souffle, se rafraîchir dans les eaux de la rivière, casser la croûte ou lézarder sur les plages.

AGNEAU DE LOZÈRE, UNE VIANDE BIEN NÉE

Ce n'est pas vrai, bien entendu, mais on le dit par ici. Il n'est d'agneau que de Lozère ! Ce qui est vrai en revanche c'est que l'agneau de Lozère est vraiment délicieux. On doit à l'association Elevage Ovin et Environnement en Lozère, créée en 1990, la vitalité de cette filière de viande de montagne. En déposant la marque ELOVEL, l'association entendait mettre en avant les notions de territoire, d'origine et d'un mode d'élevage respectueux de l'environnement et du consommateur. Une filière courte producteur-boucherie garantissant la qualité du produit et la traçabilité au consommateur fut dès lors mise en place. Pour aller plus loin, les éleveurs s'engagèrent dès 2008 dans une démarche d'Indication Géographique protégée (IGP). Si la saison de la viande d'agneau bat son plein à Pâques, on trouve toutefois de l'agneau de Lozère toute l'année. Avec 630 éleveurs d'ovins viande, le département produit à lui seul plus de 80 % des animaux de boucherie de la région Languedoc-Roussillon. En Lozère, le cheptel allaitant se compose de 80 000 brebis viande, s'ajoutent des produits issus du cheptel laitier et les agneaux maigres destinés aux ateliers d'engraissement. L'agneau de Lozère se caractérise par une forte certification. Plus de 50% des agneaux produits sur le territoire bénéficient d'un label. A l'agneau de Lozère ELOVEL IGP, s'ajoutent la filière biologique, les agneaux du Gévaudan, Indication de provenance Montagne, et les agneaux de Parcours du Parc National des Cévennes.

LES MONTS €€€

Route de la Canourgue - **LA MALÈNE**
✆ 04 66 48 54 34

Fermé d'octobre à mars. 3 chambres. Chambre double de 180 € à 210 € ; suite 210 €. Petit déjeuner : 15 €.

Claudine est la propriétaire de cet ancien couvent du XVIIIe siècle, à deux pas des gorges du Tarn, dans 217 hectares de nature, qu'elle a entièrement rénové. Le relais des Monts, propose 3 chambres de caractère et de haut standing, décorées avec raffinement : la suite Manon, pour une atmosphère romantique et luxueuse, Estelle, l'incarnation du charme à l'anglaise, Victoria ou la nostalgie de l'Afrique coloniale et la suite Manon, avec salon et terrasse privative. De très nombreux services supplémentaires sont disponibles sur simple demande auprès de votre hôte.

LE SOULIO

Cirque des Baumes
LA MALÈNE
✆ 04 66 48 81 56
www.le-soulio.com

Canoë de 20 € à 30 € la journée. Parcours canoë sur deux jours 45 €.

C'est l'un des plus anciens (depuis 1976 !) et des plus connus loueurs de bateaux des gorges. De mai à octobre, ils proposent des parcours et des formules avec location de canoës et des accessoires (gilets, bidon, pagaies) nécessaires à une descente en sécurité. Descentes de 3, 10 ou 23 km possibles. Voilà pour l'offre « classique ». Des formules plus insolites sont proposées en marge du canoë, avec saut à l'élastique, ou la dromabox qui double le parcours sur le Tarn d'une balade à dromadaire. Il y a aussi canoë et VTT, canoë et via ferrata...

LES SAVEURS D'AUTRE FOIE

La Tieule
LA TIEULE
✆ 04 66 48 82 93
www.foie-gras-lozere.com

Du 14 juillet au 31 août, visite mercredis et vendredis. Le reste de l'année sur rendez-vous.

Située dans un village perdu et charmant, la ferme de la famille Aulas élève et transforme canards et autruches. La boutique, située au-dessous de l'habitation, vaut le détour : une longue pièce voûtée où s'exposent boîtes de pâtés, rillettes, cous farcis, foies gras et aiguillettes farcies, magret séché ou saucisses de canard, mais aussi pâtés et plats cuisinés d'autruche. L'accueil est adorable et on remplit son panier avec grand plaisir. Les journées portes ouvertes de l'été sont très appréciées. On fait connaissance avec les autruches et les lamas.

LA FILATURE DES CALQUIÈRES ★

23, rue des Calquières
LANGOGNE
✆ 04 66 69 25 56
www.musee-lozere.com

Ouvert de mi-mars à novembre. Adulte 8,50 €, enfant 5,50 €.

Si la Lozère est connue pour son activité agricole, son passé industriel l'est moins. Le musée de la filature des Calquières le fait revivre, avec ses machines du XIXe siècle qui fonctionnent toujours à l'énergie d'une roue à aubes. A la fois musée et lieu culturel, la filature propose des ateliers jeune public et accueille des expositions d'artistes et d'artisans d'art locaux. A la boutique vous trouvez de la laine brute en écheveaux et des tricots.

LA PORTE DES FÉES ★

LE MALZIEU-VILLE

Ouvert toute l'année. Gratuit.

L'appellation désigne, à Saint-Pierre-le-Vieux, à proximité du Malzieu, un empilement de roches qui tiennent comme par magie et forment une porte majestueuse bien qu'un peu penchée. Si l'édifice semble fragile, il est là depuis des millénaires et n'est pas près de s'effondrer. Vous pouvez l'approcher sans crainte. Selon une légende locale, il suffit à tout célibataire désireux de trouver l'âme sœur de passer dessous pour voir son vœu réalisé grâce à l'intervention de la bonne fée des lieux... L'histoire ne dit pas sous quels délais !

AQUA LOISIRS

Village - **LES VIGNES**
✆ 04 66 48 82 49
www.aqua-loisirs.com

Fermé du 15 octobre au 15 avril. Kayak 1 personne : de 24 à 27 €/journée. Canoë 2 personnes : de 48 à 54 €/journée.

Les gorges du Tarn sont sans conteste le spot idéal pour pratiquer kayak, canoë, paddle et autres embarcations aquatiques en Lozère. Aqua Loisirs a ainsi mis sur pied six circuits, au départ des Vignes, où est sa base, pour profiter des eaux tantôt agitées tantôt plus calmes de la rivière. Leur nom (L'inoubliable ; Le magnifique ; Le sensationnel...) annoncent la couleur de façon très claire : des paysages exceptionnels, des émotions, des surprises et du plaisir avant tout, accessible à tous les niveaux grâce aux longueurs et aux niveaux variés des circuits.

BURON DE CAP COMBATTUT €€

Buron de Cap Combattut - **MARCHASTEL**
✆ 06 74 81 89 19
www.buron-aubrac.fr
De 88 € à 140 € la nuit en chambre double. Accueil jusqu'à 5 personnes. Restauration (repas terroir le soir).

Impossible de ne pas être sous le charme de cet ancien buron. Sobriété et choix de belles matières respectent l'âme du lieu, sa décoration épurée met en valeur son plus bel atout : la vue sur la nature. Vous avez ici 2 chambres d'hôtes et un gîte de séjour indépendant et parfaitement équipé. Chambres et gîte peuvent être loués ensemble, offrant 9 places en totalité, sur un grand terrain. Les produits de l'exploitation bovine - 80 mères de race Aubrac - sont en vente directe et se dégustent au restaurant du buron accompagnés d'autres ingrédients locaux.

LE POINT SUBLIME

MASSEGROS CAUSSES GORGES ✆ 04 66 48 81 18

Qu'il porte bien son nom, le Point Sublime ! Le plus célèbre point de vue des Gorges du Tarn est un site touristique incontournable. Ce belvédère surplombant le Cirque des Baume offre un panorama à couper le souffle : des Détroit au Pas de Soucis, le Tarn suit son cours quelque 400 mètres plus bas. Sur place, en saison, un snack-bar ainsi qu'une Maison du Tourisme accueillent les visiteurs. On y trouve spécialités locales, produits du terroir, objets artisanaux et souvenirs, ainsi qu'une antenne de l'Office de Tourisme de l'Aubrac aux Gorges du Tarn.

SAVEURS GOUR'MENDE

1, rue de l'Ange
MENDE
✆ 04 66 47 16 57
www.parfums-des-bois.com

Ici le cèpe se décline à l'infini ou presque ! Voici une adresse qui réjouira tout épicurien autour de produits de grande qualité et de saveurs puissantes. En rayon, des produits placés sous le signe de la créativité et de l'inédit et... des cèpes ! Alain Lesage a inventé toute une gamme autour du champignon-roi : liqueur, sel aromatisé, confituré (oui, oui !), en perles moléculaires... Également d'autres produits de terroir de la Lozère et de l'Ardèche voisine. En saison, vente de morilles, truffes, trompettes de la mort, lactaires, girolles, mousserons.

LE CHÂTEAU D'AYRES €

Les Ayres - **MEYRUEIS**
✆ 04 66 45 60 10
www.hotel-restaurant-meyrueis.com
Chambre double de 99 € à 185 € ; suite de 189 € à 209 €. Petit déjeuner : 15 €. Restauration.

Dans cet ancien monastère du XIIe siècle, Hélène et Jean-François de Montjou, proposent une trentaine de chambres chaleureuses et romantiques. Le grand parc de 5 ha planté d'arbres centenaires, confère une grande sérénité aux lieux. L'établissement est doté d'une piscine intérieure, d'un tennis et de plusieurs salons. Il offre aussi une cuisine de qualité avec comme chef Hélène de Montjou qui joue subtilement sur l'authenticité des produits du terroir. Le pélardon de la ferme des Oubrets et la noisette d'agneau grillée à la plancha sauce au curry sont des délices.

GROTTE DE DARGILAN

D139 - **MEYRUEIS** ✆ 04 66 45 60 20
www.grotte-dargilan.com
Tous les jours, de Pâques à la Toussaint. Adulte : 12,50 €, enfant 8 €. Visites à heure fixe.

© GROTTE DE DARGILAN

C'est « la grotte rose », rose à cause de l'oxyde de fer qui a créé des roses et une belle palette de jaunes et d'ocres. Découverte par un jeune berger cévenol, elle ne fut explorée qu'à partir de 1888. Ses spécificités lui valent rapidement une belle notoriété et le site est aménagé dès 1890 pour les visiteurs. Concrétions et cristallisations y rivalisent de beauté. Il y a les draperies, le grand clocher, la cascade, la mosquée, etc. La grotte abrite surtout l'une des plus grandes salles souterraines de France et un parcours de près de 1,5 km.

Gravure représentant la bête du Gévaudan.
© RAYMOND TERCAFS -SHUTTERSTOCK.COM

LA BÊTE DU GÉVAUDAN

Un hybride de chien et de loup ? La Bête du Gévaudan qui sévit en Lozère au cours du XVIIIe siècle, garde son mystère. De nombreuses archives témoignent de cette histoire qui traumatisa son époque, fascine autant qu'elle intrigue. L'Histoire du Gévaudan en reste marquée. Le Gévaudan est alors une terre d'élevage assez pauvre. C'est au nord que sévit la Bête entre le plateau de l'Aubrac et les monts de la Margeride. Du 30 juin 1764, premier signalement, au 19 juin 1767 dernière attaque, une centaine de victimes furent à déplorer. Entre

entre 82 et 124 personnes selon les sources. Durant toute cette période, de nombreuses battues furent organisées à l'issue desquelles un très grand nombre de loups furent éliminés dont deux grands canidés. Le premier « monstre » par le porte-arquebusier François Antoine le 20 septembre 1765 au Bois de Pommier, et Jean Chastel tua le second le 19 juin 1767, à la Sogne d'Auvers. La mort de cet animal met fin aux attaques dans la région.

Depuis, hypothèses et légendes, inventions et supputation alimentent les récits et l'imaginaire populaire. On parle de loup géant, mais aussi de hyène, voire de tueur en série. L'histoire fut et reste une source d'inspiration en littérature comme au cinéma et on ne compte plus les représentations picturales de la Bête du Gévaudan. Un explore game à Mende lui est dédié. Quant au parc des Loups du Gévaudan, il nous réconcilie avec le loup et nous invite même à dormir au milieu d'une meute. En toute sécurité bien sûr.

LA MAGNANERIE DE LA ROQUE

MOLÉZON

✆ 04 66 45 11 77

Ouvert en juillet et août. Gratuit. Visite guidée par un agent du Parc National des Cévennes.

L'une des dernières magnaneries de la fin du XIXe siècle abrite l'exposition Le Fil de la Mémoire sur le thème de la soie dans les Cévennes et la place qu'elle occupe dans l'identité cévenole. Construite pour relancer l'activité après l'épidémie qui avait ravagé les élevages, cette fabrique devait permettre une production de soie régulière et contrôlée, mais le manque de rentabilité et la concurrence lui firent cesser toute activité à la veille de la Seconde Guerre mondiale.

LA GRANGE AU THÉ

Place du Foirail

NASBINALS

✆ 06 33 96 60 56

www.lagrangeauthe.com

Hors saison : Vente en ligne. Livraison possible.

Au cœur du village de Nasbinals, cette boutique à la déco authentique comble toutes les envies, gourmandes ou cosmétiques. On y trouve pêle-mêle des savons, des baumes, des parfums, des petits pavés au chocolat, des sablés, des guimauves, des meringues et même un apéritif... Tous ces produits ont en commun un ingrédient : le thé d'Aubrac ou Calament à grandes fleurs, une plante locale qui pousse à l'état sauvage. Ils peuvent se déguster sur place, dans l'espace salon de thé de la boutique, où un accueil chaleureux sera assuré en saison.

SÉJOURS BASTIDE €€

NASBINALS ✆ 04 66 32 50 03

www.bastide-nasbinals.com/hebergements

Chambre double de 45 € à 69 € (tarifs identiques pour les 3 hôtels La Route d'Argent, La Randonnée, Le Bastide)

En plus de proposer un ensemble d'activités éco-touristiques (raquettes, ski, randonnée...) et des restaurants locaux qui feront le plaisir des gourmands, les Séjours Bastide possèdent une belle offre d'hébergement composée de trois hôtels (le Bastide, la Randonnée, la Route d'Argent) et d'une charmante maison de village (Maison Bouchard). Ils offrent une gamme de prestations pour tous les goûts et toutes les bourses. En deux ou trois étoiles, en chambres simples ou doubles, plus ou moins spacieuses, familiales ou en formule gîte, vous trouverez votre bonheur.

LE VALLON DU VILLARET ★★

MONT LOZÈRE ET GOULET

✆ 04 66 47 63 76

www.levallon.fr

En juillet et août, ouvert tous les jours. Hors saison, voir site Internet. De 12,50 € à 13,50 € selon la saison.

Le Vallon du Villaret, à Bagnols-les-Bains, s'apparente à une vaste cour de récréation, ludique et pédagogique, naturelle et culturelle. Depuis son inauguration en 1993, les enfants -de tout âge ! - se pressent dans ce parc de loisirs qui ne ressemble vraiment à aucun autre. Implantée sur une friche agricole, où trône la tour du Villaret, un monument historique, la structure a choisi la création contemporaine pour en mettre plein la vue à ses visiteurs. Sur un parcours en boucle long de deux kilomètres, jalonné d'une centaine de surprises, on chemine à pied dans les sous-bois, en franchissant passerelles, filets et toboggans, les sens aux aguets. De nombreuses installations, sonores et tactiles, font en effet appel à l'imaginaire des petits et grands enfants. Les expositions d'art contemporain, organisées dans le Vallon et dans la tour notamment, prolongent la découverte et l'émerveillement. Tandis qu'un magasin, baptisé Boutique des fantasmes, permet de poursuivre l'exploration à la maison, à travers de beaux livres et des objets marrants. La visite, qui dure de 2 à 5 heures selon l'endurance et la capacité de chacun à papillonner, séduit chaque année plus de 35 000 visiteurs. A votre tour donc de vivre cette expérience hors du commun ! Sur place, des aires de pique-nique et une auberge, qui sert de copieuses assiettes dont les saveurs évoluent avec les saisons (priorité aux producteurs locaux pour l'approvisionnement), permettent de se restaurer et de passer la journée entière au grand air.

À LA FERME DU BARRY €€

9, rue du Barry - **PEYRE EN AUBRAC**
✆ 04 66 42 90 25
www.ferme-du-barry.com
Formule Resto-Grill : 24 €. Gîte : 18 €/nuitée, 48 € en demi-pension. Petit-déjeuner : 8€.

La ferme de Barry devenue une auberge polyvalente possède une belle terrasse adossée à une vieille bâtisse, à la sortie d'Aumont-Aubrac, en direction de Javols. Un gîte rénové avec goût déroule une dizaine de chambres confortables (1 à 5 personnes) et un restaurant-grill, proposant viande d'Aubrac et agneau de pays, permet de se restaurer à bon compte. Tout vient du local : œufs, charcuterie, viande aubrac... Charles fait simple en cuisine mais tout est fait maison, notamment l'incontournable aligot de la maison, les frites ou la ratatouille.

FARIBORNE

PIED-DE-BORNE
✆ 06 74 90 17 04
Se renseigner sur les possibilités de visite.

A Pied-de-Borne, on cultive et on transforme la châtaigne ou, selon l'appellation fausse mais souvent utilisée, le «marron». Implantée au hameau, la société Fariborne produit de la farine de châtaigne bio. Les châtaignes issues de l'agriculture biologique sont séchées puis triées à la main avant d'être broyées au moulin. Il y a également de la crème de marron bio préparée selon une recette traditionnelle cévenole et des marrons au naturel en bocal cuits à l'étouffée à sec pour obtenir des marrons tendres et moelleux. En vente sur place et dans les magasins bio.

MUSÉE ARCHÉOLOGIQUE DE JAVOLS

Rue Principale - **PEYRE EN AUBRAC**
✆ 04 66 42 87 24
www.archeologie-javols.org
Tarifs : 3€ adulte, 2€ 12-18 ans. Juillet et août : du lundi au samedi. Hors saison : voir site Internet

Depuis le début des fouilles, au XIXe siècle, Javols n'en finit pas de découvrir les vestiges de son passé gallo-romain. Le musée abrite des objets de la vie quotidienne et propose régulièrement des animations et ateliers à destination des plus jeunes, ainsi que des actions de sensibilisation à l'archéologie. Les 40 ha du site se visitent en parcours extérieur, balisé de panneaux, qui ont pour but de localiser les emplacements des vestiges réenfouis pour des raisons de protection.

LA MARGERIDE À LA FOLIE

2, route de Saint-Chély
SAINT-ALBAN-SUR-LIMAGNOLE ✆ 04 66 31 32 85
www.scenovisionstalban.com
Ouvert toute l'année. Réservation obligatoire de novembre à mars. Gratuit. Boutique. Adulte 6 €, enfant 5 €.

Dans une ambiance rétro, au cœur de la ferme Vincens, décors, images, sons et lumières vous transportent en compagnie d'Auguste, vers le passé. On est le bureau de poste, on suit la tournée du facteur, assis sur une pétrolette, dans un décor mouvant pour découvrir la Margeride et l'histoire de Saint-Alban, marquée par son château devenu hôpital psychiatrique. Ludique et culturelle, la projection interactive s'adresse à tous les âges, et permet de découvrir la région d'une façon insolite et vivante, la bête du Gévaudan, la Résistance, l'Art Brut, Compostelle...

CHÈVRERIE SORÈNE €

Les Aydons
PIED-DE-BORNE
✆ 06 68 71 77 13
www.boutique.chevrerie-sorene.fr
Vente à la ferme tous les jours de 8h à midi.

Installés dans les Cévennes suite à une reconversion professionnelle, sur des terres plantées de châtaigniers, bruyères et chênes verts, Valérie et François élèvent un cheptel de chèvres du Massif central, dont ils valorisent le lait dans une gamme de savons et cosmétiques bio. Shampoings, baumes et crèmes sont particulièrement adaptés aux peaux sensibles, grâce aux propriétés hydratantes du lait de leurs biquettes qui s'épanouissent en plein air tous les jours. Les produits sont en vente à la ferme, sur la boutique en ligne et dans les boutiques partenaires.

UNITED NOTHING

Ancien atelier communal
SAINT-BAUZILE
✆ 06 43 61 27 16

United Nothing est à la fois une communauté de riders et une marque de skateboards. Et c'est la Lozère que ce clan d'amoureux des cultures urbaines a choisie comme terrain de jeu. United Nothing propose 3 types de planches différentes, longboard, cruiser et street, fabriquées avec du bois déniché chez les fournisseurs locaux, assemblées à la main dans les ateliers lozériens. Chacune est numérotée et signée. S'ajoute une collection de vêtements de seconde main, retouchés par les stylistes de l'équipe dans la même démarche d'éthique et de circuits courts.

FERME DE LANCIZOLLE €€

Lancizolle - **SAINT-GERMAIN-DE-CALBERTE**
✆ 04 66 45 92 82
www.lancizolle.com
Chambre simple 60 € ; chambre double 70 €. Restauration (repas : 23 €).

Au pied de Saint-Germain-de-Calberte, Anne et Stéphane ont créé un espace unique en profitant de la beauté de leur environnement. En roulotte, dans une cabane perchée dans un châtaignier ou dans la chambre aménagée dans l'ancienne magnanerie, le séjour est de toute façon poétique, à l'unisson de la nature. Lancizolle est aussi le point de départ pour visiter le château de Saint-Pierre, et a un accès direct au Gardon et à ses plaisirs. Le soir, Stéphane propose à sa table la cuisine qu'il prépare avec les produits de la ferme.

LA COMBETTE €€

SAINT-JEAN-LA-FOUILLOUSE
✆ 06 86 34 01 86
www.lacombette.com
Chambre double 80 € avec petit déjeuner. Repas 22 €, panier pique-nique 10 €.

Une maison atypique d'architecture contemporaine originale, au pied du mont Lozère et au bord du Lot. Cette maison d'hôtes lumineuse et ouverte sur le jardin, constitue une halte parfaite pour les randonneurs sur le chemin de Stevenson, avec ou sans leur âne. Sacha et David, vos hôtes, ont le sens de l'accueil et savent installer une ambiance chaleureuse et conviviale. Ne vous privez pas de la table d'hôtes. Sarah prépare une cuisine savoureuse et généreuse à base d'ingrédients frais et selon des recettes de terroir. Auparavant, vous apprécierez l'apéritif maison.

TRAMONTÂNE

la Rouvière - **SAINT-MARTIN-DE-LANSUSCLE**
✆ 04 66 45 92 44
www.bourricot.com/tramontane/
Location d'un âne, une journée 45 €, deux jours 90 €. Gîte 16 € la nuit, 6 € le petit dej.

Sur le passage du chemin de Stevenson, Chantal Guillaume s'est installée il y a une vingtaine d'années et élève moutons, abeilles et une dizaine d'ânes qu'elle loue pour des randonnées à la journée ou plus. Un petit gîte près de sa maison permet d'accueillir randonneurs ou vacanciers, jusqu'à 5 personnes avant de prodiguer des conseils pour le choix des itinéraires. Les randonnées peuvent être accompagnées. Mais vous pouvez aussi partir sans accompagnateur, les ânes sont adorables et les renseignements fournis suffisants pour une rando sans problème.

LES LOUPS DU GÉVAUDAN ★

Sainte-Lucie
SAINT-LÉGER-DE-PEYRE
✆ 04 66 32 09 22
www.loupsdugevaudan.com
Haute saison ouvert tous les jours de 10h à 19h. Adulte : 15 €. Enfant de 3 à 11 ans : 12 €.

Cet espace est entièrement consacré au loup depuis 1985, à l'initiative du journaliste animalier Gérard Ménatory, passionné par cette espèce animale. Aujourd'hui, sur 25 ha, il est devenu l'un des lieux les plus touristiques de la Lozère et abrite plus d'une centaine de loups, représentant les cinq sous-espèces. Celle de Pologne : loups d'assez haute taille, aux soles plantaires larges, d'un gris fauve. Celle de Sibérie : haute taille, couleur beige clair, soles plantaires larges. Celle de Mongolie : pelage fauve parfois presque roux, taille moyenne avec environ 70 cm au garrot. Celle du Canada : noir, blanc ou gris selon leur lieu de vie, taïga, toundra ou forêt classique, de grande taille, avec de larges soles plantaires pour courir sur la neige, oreilles courtes. Et celle de l'Arctique tout blanc. En 1991, le parc a accueilli 80 loups sauvés par la Fondation Brigitte Bardot. La population actuelle se régule naturellement. Les loups vivent en meute autour d'un couple dominant. Durant les visites guidées, vous découvrez l'éthologie du loup en détail. Pour la beauté de leur fourrure splendide sur la neige, venez en hiver. Le moment du nourrissage, en fin d'après-midi, trois fois par semaine, est impressionnant. La visite passe par un espace muséographie autour des mythes et légendes liés au loup, dont celle de la Bête du Gévaudan, et des particularités de l'espèce et de l'actualité. Le parc propose un espace réservé aux enfants avec atelier dessin. Possibilité de visite nocturne et même de passer la nuit sur place.

© ANDYWORKS

LA MAISON DES VAUTOURS ★★★

Le Truel - **SAINT-PIERRE-DES-TRIPIERS**
✆ 05 65 62 69 69 - www.vautours-lozere.com
Haute saison ouvert tous les jours de 9h30 à 19h30. Adulte : 6,90 €. Enfant de 5 à 12 ans : 3 €.

Dans les gorges de la Jonte, un bâtiment qui épouse la forme de la roche abrite, sur trois niveaux, un musée de 500 m² retraçant l'histoire de la disparition des vautours dans ce site où ils existaient depuis des millénaires, suivie de l'épopée de leur réintroduction, une salle de vidéo avec transmission à l'aide de caméras mobiles installées dans les falaises en direct des évolutions des différentes colonies de vautours. En complément, la terrasse d'observation équipée de longues-vues permet d'observer le vol des vautours. Un grand moment.

PLANTE INFUSE

Zone artisanale
SAINTE-CROIX-VALLÉE-FRANÇAISE
✆ 04 66 44 08 16
https://planteinfuse.net
Vente directe à l'atelier le mardi, jeudi et vendredi.

Le GIE Plante Infuse regroupe une petite dizaine de producteurs et cueilleurs de plantes aromatiques et médicinales. Ce petit monde s'est approprié les montagnes et vallées cévenoles pour cultiver de petites parcelles, entretenues de manière manuelle. Menthe, camomille romaine, estragon, guimauve poussent ainsi sous la surveillance bienveillante des agriculteurs, qui complètent cette production par une cueillette sauvage. Le fruit de cette récolte est ensuite transformé en tisanes, huiles essentielles, herbes aromatiques et cosmétiques à base de plantes.

RÉSERVE DES BISONS D'EUROPE ★

Sainte-Eulalie-en-Margeride - **SAINTE-EULALIE**
✆ 04 66 31 40 40
www.bisoneurope.com
Haute saison ouvert tous les jours de 10h à 18h. Adulte : 16 €. Enfant de 3 à 11 ans : 9 €.

En calèche ou en traîneau en hiver, escorté par des guides aussi savants que sympathiques, la balade d'une heure à travers le parc est en elle-même un grand moment, avec ses points de vue sur la Margeride ! En traversant la forêt, on pourra découvrir quelques spécimens du plus grand mammifère d'Europe. Réintroduit dans les années 1990 alors qu'il avait disparu depuis les années 50 des paysages de Lozère et était en voie d'extinction en Europe, ce bison-là a des racines polonaises, ce qui lui a permis de s'adapter parfaitement aux rudes conditions de vie de la Margeride. Selon la saison on rencontrera plus facilement les mâles, plus rarement, quelques femelles accompagnées de leurs « petits ». Bien qu'en captivité et nourris par le personnel de la réserve, ils restent sauvages et ne se laissent pas facilement approcher. C'est pour cela, entre autres, que le parc abrite quelques cousins américains légèrement plus domestiqués, aux différences morphologiques très marquées. En complément de la visite, un espace muséographique permet de mieux connaître cet animal qui a traversé les siècles depuis la préhistoire. Sur place également, un restaurant sert essentiellement des produits issus du terroir lozérien, qui se renouvellent selon les saisons. En été, pâté de campagne, jambon sec du pays, fromages s'accompagnent de salades généreuses, tandis qu'en hiver, les soupes viennent réchauffer ceux qui ont choisi de découvrir le parc sous son beau manteau blanc.

Réserve des bisons d'Europe.

FERME-JARDIN CÉVENOLE

Solpérières
VÉBRON
✆ 06 85 61 29 40
www.ferme-jardin-cevennes.fr
Les jeudis de l'atelier gourmand, sur réservation, les jeudis de l'été de 10 à 17h.

A Solpérières, Evelyne et François ont façonné un jardin qui raconte leurs convictions. Leur ferme-jardin cévenole est tout entière dédiée à la production biologique de fleurs, plantes et fruits, et à la promotion de la biodiversité. Evelyne et François reçoivent leurs hôtes, pour plusieurs jours, dans un gîte à l'architecture traditionnelle ; ou le temps de quelques heures, pour découvrir leur ferme végétale. Ils proposent ainsi une balade au milieu des fleurs, avant de s'attabler au salon d'été du jardin pour goûter aux produits de l'exploitation.

MA P'TITE CABANE EN LOZÈRE €€€

VÉBRON
✆ 04 66 44 09 94
www.ma-cabane-en-lozere.com
Chambre double de 204 € à 274 €. Petit déjeuner inclus. Jeux pour enfants. Balades avec une ânesse 1h à 15 €, 2h à 25 €.

Christy et Bruno ont installé sur leur grand terrain pentu des cabanes pour 2 à 5 personnes. La première est au sol, les trois autres perchées. Toutes sont équipées de sanitaires et décorées de façon originale. Mais le *nec plus ultra* reste la pyramide de verre posée au sommet de la montagne avec grand lit, en pleine nature. Un gîte est également disponible. Possibilité de formule spa, panier repas chaud ou pique-nique froid et promenade avec une ânesse.

HORIZON YOURTE

L'Oustalet
VENTALON EN CÉVENNES
✆ 06 41 91 83 71
www.yourte-artisanale.fr

Insolite, un constructeur de yourtes dans les Cévennes ! Dans le petit hameau de Saint-Andéol, Pierre-Philippe Schaffer fabrique des yourtes qu'il vend et loue un peu partout en France. Il propose ce type d'habitat sur mesure, pour créer un habitat de loisirs ou servir de résidence principale. Du choix de la taille, du matériau, à la couture finale, en passant par la fabrication du treillis et de la roue, toutes les étapes de fabrication sont réalisées à Saint-Andéol-de-Clerguemont, dans un délai qui peut aller de 1 à 6 mois. Un vrai savoir-faire !

L'OUSTAOU DE JOSÉPHINE €€

Pénens Haut - **VENTALON EN CÉVENNES**
✆ 06 77 79 34 22
www.oustaou.net
Dôme des étoiles dès 89 € la nuit pour 2 avec petit déjeuner. Cabane perchée, 133 €. Repas, 22,50 €. Minimum deux nuits.

Elizabeth vous accueille dans une ancienne magnanerie du XVIIIe siècle, sur le versant méditerranéen des Cévennes. Dans deux chambres d'hôtes, mais aussi deux hébergements insolites. Une cabane de charme perchée dans un arbre ou le dôme des étoiles, cabane toute de bois d'essences variées et de verre pour voir le paysage et le ciel. Produits du potager et cueillettes se retrouvent sur la table d'hôte. A vous les crosnes, rutabagas, salsifis, nèfles, safran... On peut acheter les confitures et chutneys maison sur place. Ateliers pierres sèches ou potager…

ECO-CAMPING DE LA DONZELENCHE €€

La Donzelenche
VIALAS
✆ 04 66 41 08 23
www.donzelenche.com
Yourte de 450 à 535 €/semaine. Tente safari de 550 à 695 €/semaine.

Dans le Parc national des Cévennes, voici un lieu magique : bâtiments en schiste et granit, cours, porches, ruelles du XVIe siècle, des gîtes, des chambres d'hôtes et 6 emplacements de camping au sein de 4,5 ha avec prairies, potagers et vergers. Le luxe au naturel ! On laisse les voitures à 100 m et on s'installe à la ferme, sous la yourte ou sous la tente safari. La nuit, de petites lampes solaires vous guident jusqu'aux toilettes sèches. Boutique de produits de la ferme.

LA TRUITE DU MONT LOZÈRE [GAEC]

51, avenue de la Gare
VILLEFORT
✆ 04 66 46 91 77
Vente directe à l'atelier du lundi au vendredi. Sur le marché de Villefort jeudi matin avec du poisson vivant.

L'originalité de la pisciculture du lac de Villefort, outre d'être l'unique pisciculture de France sur un barrage EDF, est l'utilisation d'une plateforme flottante avec cages suspendues en pleine eau. Une densité réduite par cage et une nourriture proche des conditions de vie naturelle autorisent l'appellation bio. A proximité, Régis Fabre transforme et fume les poissons de façon artisanale. On peut acheter ses produits sur place ou sur le marché de Villefort.

PYRÉNÉES-ORIENTALES

Bienvenue dans les Pyrénées-Orientales où coule une source d'eau magique. C'est aussi le pays d'une fée des confitures à l'enseigne de Elfe d'Aqui (Villeneuve-de-la-Raho) qui met de la poésie en pot. Que vous soyez plutôt chocolat ou plutôt anchois vous trouverez ici de quoi vous satisfaire. Embarquez à bord de l'emblématique Train Jaune qui passe par la gare la plus haute de France, à près de 1 600 m d'altitude, et dévoile des panoramas aériens inoubliables. En version tranquille, partez sur les traces d'Aristide Maillol à Banyuls-sur-Mer, en version sportive, dévalez les canyons en rafting. Entre les deux, partez en itinérance à cheval avec bivouac dans la nature ou pour une randonnée en chariot comme au *Far West*. Le soir, les amateurs d'hébergements insolites pourront poser leur sac à Sorède sous une yourte mongole ou au Mas des gîtes de Lilou à Saint-André dans un kota ou un tonneau au milieu d'un site naturel.

KENTUCKY RANCH

Avenue de la Retirade
ARGELÈS-SUR-MER
✆ 04 68 81 32 68
www.cheval-argeles.com/
Ouvert toute l'année.

Bienvenue au *Far West*. A 15 km de Perpignan, ce centre de tourisme équestre affiche une ambiance un brin *western* et propose des balades à poney ou à cheval d'1 ou 2 heures (la plage est toute proche) et même des promenades en calèche, mais aussi des randonnées plus longues d'une journée côté mer ou côté montagne ou de 2 ou 3 jours dans le massif des Albères. Vous apprécierez de traverser les bois de châtaigniers et de chênes. Le plus de ce ranch sympathique : des selles biplaces à utiliser en famille, un parent avec son enfant de 4 à 11 ans sur le même cheval.

ECOGITE DU MAS DE TRAPE €

route d'Ayguatébia - **AYGUATÉBIA-TALAU**
✆ 04 68 05 22 18
www.gitelemasdetrape.com
Demi-pension 43€ (adulte), 36€ (enfant -10 ans), 20€ (enfant - 3 ans). Pique-nique terroir : 10€.

Un hébergement écologique en pleine nature, signataire de la charte Oasis Nature et du label Parc régional des Pyrénées Catalanes. A 1 000 m d'altitude en bordure de la rivière Cabrils, cette ancienne métairie du XIXe siècle adossée à un moulin à seigle, propose 4 chambres ainsi qu'une table d'hôtes. Ici Edwige vous sert des produits du terroir, légumes et fruits de son jardin biologique et anime des stages de cuisine à base de plantes sauvages et des rando accompagnées ou non. Si vous partez seul, Edwige vous prête cartes et topo-guides.

LA SAINTE TOMBE

Parvis de l'abbaye Sainte-Marie
ARLES-SUR-TECH
La Sainte Tombe est visible lors de la visite de l'Abbaye Sainte-Marie. Entrée : 4 €.

Située sur le parvis de l'abbaye, la « Sainte Tombe », seul vestige du sanctuaire paléochrétien du site des thermes romains d'Arles, attire foule pour sa source que l'on imagine magique. Celle-ci est entourée d'une aura de mystère et de croyances ancestrales... Il est dit que cette tombe abrita les reliques des saints patrons d'Arles, Abdon et Sennen. Mais ces vestiges auraient disparu subitement. La tombe consiste en un sarcophage du IVe siècle en marbre blanc bleuté de Céret, au-dessus duquel est encastré le gisant de Guillaume de Gaucelme, seigneur de Tellet qui avait été inhumé en 1211. L'austérité de l'ensemble et l'environnement troublant ont certainement joué un rôle dans les croyances populaires en des phénomènes paranormaux. Ce tombeau produit dans les 250 litres d'eau par an, sans être alimenté par aucune source, croit-on. Ainsi quotidiennement, il émane de l'intérieur du sarcophage près d'un litre d'eau réputée pure qui aurait des vertus miraculeuses et curatives. On peut puiser l'eau par un trou situé sur l'un des côtés du sarcophaque. Même si un panneau indique que « la Sainte Tombe n'a pas livré son mystère », cette étrangeté a tout de même été expliquée. Il s'agit en fait du résultat de la pénétration, puis de la condensation de l'eau de pluie dans le sarcophage fait de marbre assez perméable. L'eau est aujourd'hui distribuée aux fidèles lors de la fête des saints Abdon et Sennen, le 30 juillet. Le sarcophage est inscrit à l'inventaire des monuments historiques depuis 1892.

L'ANCHOIS DE COLLIOURE ET D'AILLEURS

Ce sont les anchois qui ont fait la notoriété et la fortune du joli port catalan de Collioure, situé sur la côte Vermeille. L'Anchois de Collioure, Indication Géographique Protégée, depuis 2004 se présente sous 3 formes : anchois au sel, filets d'anchois en saumure, filets d'anchois à l'huile, et bénéficie du label européen. C'est la seule appellation d'origine française attribuée à un poisson. Sa production représente environ 400 tonnes par an. L'espèce utilisée est Engraulis encrasicolus et sa pêche nocturne se pratique en juin-juillet en barques. Les anchois sont attirés dans les filets à l'aide de la lumière d'un lamparo. Cependant, la présence d'anchois exploitables dans la Méditerranée se fait de plus en plus rare. Une pénurie qui contraint les conserveries à importer toujours plus de poissons venus du golfe de Gascogne ou d'Argentine. Aujourd'hui, il ne reste plus que deux entreprises à Collioure qui totalisent une soixantaine de salariés. Et même si les anchois proviennent désormais en majorité des côtes atlantiques, le savoir-faire et la tradition perdurent. Après 3 mois de salage, les anchois sont rincés avant d'être traités par les fileteuses. L'Anchois de Collioure se distingue par une saveur iodée et agrémente aussi bien l'apéritif que les plats. Il a la vedette dans le beurre d'anchois, l'anchoïade et la pissaladière, et se trouve bien dans la tapenade, le caviar d'aubergines ou les tapas aux anchois. Depuis le milieu des années 2010, en juin, Collioure fait la fête à ce petit poisson bleu.

© SALMON JC

Kayak de Mer Aléoutes.

MELONS BONS

11, avenue de la Méditerranée
BAGES
✆ 06 16 66 62 64
Ouvert du lundi au samedi.

L'expression « Melon bon » est venue des gens du village qui ne cessaient de répéter que les melons de la famille Raynal étaient bons. Un jour, Jean l'a écrit sur une pancarte devant la boutique. Le nom est resté. Tout comme le slogan : *We speak Catala*. 80 % des produits à la vente viennent du jardin des Raynal, fruits et légumes de saison cultivés en agriculture raisonnée. Les autres produits viennent de copains dont Jean connaît les méthodes de travail. Lorsque la qualité s'accompagne du sourire et de la bonne humeur, on n'a plus envie de changer de primeur !

BIODIVERSARIUM

1, avenue Pierre-Fabre - **BANYULS-SUR-MER**
✆ 04 68 88 73 39
www.biodiversarium.fr
Haute saison ouvert tous les jours de 10h à 19h. Adulte : 12 €. Enfants de 3 à 12 ans : 6,50 €.

Il a la particularité de présenter des espèces uniquement locales. Daurades et mérous évoluent dans des décors naturels identiques à ceux de la côte rocheuse. Ce site est devenu l'un des plus grands centres européens de biologie marine. Près de 180 chercheurs et techniciens y travaillent en permanence. Poursuivez la visite par le jardin méditerranéen du Mas de la Serre. Puis les espaces d'expositions avec ateliers ludiques et animations pédagogiques. Les sentiers de découverte, les terrasses surplombant la vallée de la Baillaury et leurs thématiques ornementales.

KAYAK DE MER ALÉOUTES

11, quai Georges-Petit - **BANYULS-SUR-MER**
✆ 04 68 88 34 25
www.kayakmer.net
D'avril à novembre. Nombreuses formules, initiation, demi-journée, rando journée...

Pour découvrir la Côte Vermeille sur une embarcation stable, rapide et écologique. Aléoutes est un club de loisirs multi-activités où le kayak de mer tient une place centrale qui vous emmène en des lieux accessibles uniquement en kayak avec pause masque-tuba dans des criques sauvages. On aime la formule Coucher de soleil avec pause apéritif, la rando-bivouac, rando côtière à travers la réserve marine pour rejoindre la Costa Brava ou passant le cap Béar pour pénétrer dans la baie de Collioure. Les plus aventuriers apprécieront les raids sur plusieurs jours.

DANS LES PAS D'ARISTIDE

4, avenue de la République
BANYULS-SUR-MER
✆ 04 68 88 31 58
Ouvert toute l'année.

Cette ville vous invite à cheminer. Vous serez bien inspiré de faire une escale à l'office de tourisme de Banyuls pour vous renseigner et vous fournir en documentation sur les sentiers de randonnées pédestres. Vous avez même à Banyuls une maison de la randonnée. Dans l'eau aussi vous pourrez vous déplacer de découverte en découverte à travers la plongée, la randonnée palmée, le kayak de mer... Mais le plus original sera de partir sur les traces d'Aristide Maillol (1861-1944) en suivant le circuit dédié dans le vieux quartier qui a vu naître le sculpteur.

70TH CHOCOLATE PARK

70, promenade de la Côte-Vermeille
CANET-EN-ROUSSILLON ✆ 04 34 29 42 38
www.70chocolatepark.com
Ouvert du mardi au dimanche de 10h30 à 19h. Chèques non acceptés.

Chouette un bar à chocolat ! Les fous de chocolats se réjouiront de savoir qu'ils peuvent trouver à la même adresse des gâteaux, du chocolat chaud, des tablettes, des glaces… Si les pâtisseries peuvent être emportées, il est grandement conseillé de les déguster sur place, face à la plage, avec un bon bouquin, également disponible sur place. Toutes les fabrications sont de qualité et produites sur place. Ce petit établissement où l'accueil est tout à fait charmant offre en toute saison une escale gourmande agréable. Aux commandes Michèle et Axel, mère et fils.

AQUARIUM ONIRIA - CANET-EN-ROUSSILLON ★★★

2, boulevard de la Jetée
CANET-EN-ROUSSILLON
✆ 04 68 86 72 92
www.oniria.fr
Ouverture en cours d'année 2021

En 2021, sera inauguré Oniria qui vous contera de façon ludique les métamorphoses de l'eau. Vous suivrez l'histoire d'une petite goutte d'eau depuis sa naissance à près de 3 000 mètres au sommet du Canigó jusqu'aux profondeurs de la Méditerranée. D'une superficie de 3 500 m², le nouveau bâtiment accueillera l'aquarium, une jungle, une salle d'exposition, des salles pédagogiques dotées des toutes dernières technologies et plusieurs commerces, dont une brasserie.

CATAMARAN NAVIVOILE

CANET-EN-ROUSSILLON
✆ 06 23 20 69 76
www.navivoile.com
Fermé du 25 octobre au 1er avril. Plusieurs formules. Voir le site internet.

Navivoile, c'est un catamaran à la coque de couleur jaune, de 24,70 x 10 m à bord duquel trois marins diplômés vous accueillent tout l'été. Pour une journée inoubliable au cours de laquelle vous aurez l'opportunité de longer la côte Rocheuse, nous vous conseillons d'opter pour la « baignade et grillade ». Les romantiques pourront en effet choisir de profiter de la douceur méditerranéenne en choisissant l'option « coucher de soleil ». De plus, une nouvelle croisière a été créée « A la rencontre du Grand dauphin » au départ/retour Port-Vendres en été.

RESTAURANT LA PAILLOTE €€

12, promenade Côte Radieuse
CANET-EN-ROUSSILLON ✆ 09 86 60 73 21
www.lapaillotecanetsud.com
Ouvert tous les jours le soir ; du mardi au dimanche le midi.

Sur le front de mer de cette station balnéaire catalane, Caroline et René vous accueillent dans cette paillote, restaurant atypique où règnent la convivialité et la bonne humeur. On boit des cocktails en dégustant des planches de charcuteries et de fromages de qualité, des burgers maison, de grandes salades pleines de fraîcheur. La cuisine a des accents résolument ibériques et les vins sont de la région et mettent en avant les petits producteurs. Demandez un mojito c'est la spécialité de la maison ! Mais la carte des cocktails compte bien d'autres propositions.

PARC ANIMALIER DE CASTEIL

Rue du Cady
CASTEIL
✆ 04 68 05 67 54
www.parcanimaliercasteil.com
Haute saison ouvert tous les jours de 9h30 à 18h. Adulte : 15 €. Enfant de 3 à 12 ans : 11 €.

Dans ce parc de 23 hectares vivent plus de 300 animaux, évoluant dans de grands enclos à flanc de montagne. Le circuit pédestre à fort dénivelé, permet de partir à leur rencontre. Cervidés, wallabies, lions, lynx, loups d'Europe, ours, chinchillas et furets, alpagas, ânes catalans, renards, canards, tortues, aras, émeus, chiens de prairies, écureuils, chèvres naines et mouflons de Corse. Devenez soigneur le temps d'une matinée. Assistez au nourrissage. Aires de jeux et de pique-nique.

CANYONS DES TERRES CATALANES

366, route du Ventous - **CÉRET**
✆ 04 68 87 31 51
www.canyons-catalans.com
Journées, demi journées ou week-end. Randonnées en montagne.

De mai à septembre, découvrez le canyoning avec des professionnels, dans les rivières et torrents des Pyrénées-Orientales. Randonnées aquatiques, découverte progressive et confirmée du canyoning principalement sur les flancs du massif du Canigó. Des gorges de Galamus au canyon du Llech, en passant par le gourg des Anelles, l'équipe de Jean Guitard vous fait parcourir des gorges, cascades, vasques circulaires et toboggans permettant les glissades les plus folles... Ambiance conviviale.

ANCHOIS ROQUE

17, route d'Argelès
COLLIOURE
✆ 04 68 82 04 99
www.anchois-roque.com
Ouvert tous les jours. visite et dégustation gratuite. Livraison possible.

Saleurs à Collioure depuis 1870, l'entreprise familiale travaille toujours dans le respect de la tradition artisanale. Ces spécialités sont fameuses et se déclinent salés, au vinaigre, nature, ou en anchoïade et tapenades. Dans les ateliers du premier étage, vous pourrez discuter avec les anchoyeuses qui s'efforcent de perpétuer des gestes ancestraux. La visite des ateliers et les dégustations sont gratuites et valent vraiment le détour. Qu'on se le dise, dans cet établissement, de l'anchois au sel à l'olive farcie aux anchois, tout est délicieux !

LE CHÂTEAU ROYAL ★

Place du 8-Mai - COLLIOURE ✆ 04 68 82 06 43
www.cg66.fr/98-chateau-royal-de-collioure.htm
Voir le site internet pour les horaires selon saison. Gratuit pour les enfants jusqu'à 12 ans. Visite guidée.

© PHOVOIR

Aménagé par les comtes du Roussillon et les rois d'Aragon aux XIIe et XIVe siècles, le château accueillera la cour des rois de Majorque durant le bref épisode de leur règne. Par la suite, il est occupé par les Espagnols jusqu'en 1642, puis retombe aux mains des Français. Vauban renforce alors la citadelle. Les amateurs d'architecture apprécieront les salles voûtées d'ogives, la chapelle, mais aussi les impressionnants remparts d'où l'on bénéficie d'une superbe vue sur la mer et la cité. Expositions et spectacles animent le château tout au long de l'année.

ÉGLISE NOTRE-DAME-DES-ANGES ✝

COLLIOURE

Implantée au bord de la mer, c'est le symbole de Collioure. Cette église qui semble vouloir prendre le large ne manque pas d'originalité. Le clocher de l'église Notre-Dame-des-Anges marque le paysage de la ville et l'imaginaire. C'est que ce joyau de l'architecture religieuse a une histoire particulière. À l'origine, le clocher de cette église était... un phare. Son dôme n'a été posé qu'en 1810. Voir le remarquable retable du maître-autel signé de Joseph Sunyer.

BAINS DE DORRES

Carrer dels Banys - DORRES ✆ 04 68 04 66 87
www.dorres66.com
Fermé 3 semaines en novembre. Adulte 5,5 €, enfant 3,5 €. En été accès au musée des tailleurs de pierre.

A 8 km de Font-Romeu, le paisible village montagnard préservé de Dorres est connu pour ses bains romains, bien aménagés, dans un site naturel préservé, au pied des montagnes. On se prélasse dans une eau naturellement chaude (entre 38 et 40 °C) et sulfureuse remontant des profondeurs du massif des Pyrénées. Si les eaux chaudes étaient déjà exploitées durant la Préhistoire, ce sont les Romains qui créèrent les bassins de granit. Idéal après une randonnée ou une journée de ski. On en sort détendu et revigoré avec une sensation de bien-être et la peau toute douce.

STATION D'ERR PUIGMAL

ERR
Domaine gratuit et libre d'accès toute l'année.

C'est la station des 4 saisons et le premier espace *outdoor* expériences multi-activités des Pyrénées. Puigmal Pyrénées-Cerdagne, écrin de nature pour un tourisme respectueux de l'environnement, offre un terrain idéal pour la pratique des sports de plein air avec des parcours dédiés au trail, au ski de randonnée, la marche nordique et le VTT/VAE. Au cœur de Pyrénées-Cerdagne, entre 1100 m et 2921 m d'altitude, ce massif est un site emblématique et une destination prisée de longue date côté catalan et français. L'ancienne station de ski a réussi sa reconversion !

Les eaux chaudes naturelles des Bains de Dorres.

MATERNITÉ SUISSE D'ELNE - CHÂTEAU D'EN BARDOU ★★

Château d'en Bardou Route de Montescot - **ELNE**
✆ 04 68 95 89 03
www.maternitesuissedelne.com
Fermé en janvier. Ouvert tous les jours en haute saison. Visite guidée (ateliers et découvertes sur réservation).

S'il est un lieu de mémoire dans le département, symbole de l'espoir au milieu d'un océan d'horreur, d'injustice et de misère, c'est celui-ci. Dans ce château du début du XXe siècle (la Maternité Suisse d'Elne, est classé au titre des monuments historiques depuis 2013), une courageuse jeune femme suisse, Elisabeth Eidenbenz (1913-2011), permettra entre 1939 et 1944, à des femmes espagnoles, juives et tziganes de donner le jour, dignement, à près de 600 enfants. Pour être exact, de début décembre 1939 jusqu'à Pâques 1944, soit pendant 4 ans et demi, 595 enfants verront le jour dans cette maternité. Et malgré la surveillance de la Gestapo, des dizaines d'enfants y seront également cachés et sauvés en falsifiant leurs identités. En marge des camps d'Argelès, de Saint-Cyprien, du Barcarès ou de Rivesaltes et de leurs conditions précaires de survie, un millier de femmes et autant d'enfants seront accueillis. Une halte salvatrice de réconfort et de respect, en une période chaotique de l'histoire où le mot « humanisme » n'avait plus grand sens. Tombée dans un quasi oubli durant plus de 50 ans, la Maternité suisse d'Elne, est devenue aujourd'hui un fascinant musée. Au travers de photos, d'écrits, d'objets, de vidéos, on se replonge dans un pan obscur de notre passé. Un témoignage fort, nous rappelant que certains, à force d'obstination, de bonté et de courage, se refusèrent à considérer cette détresse humaine comme une fatalité. La lumière triomphe toujours de l'obscurité !

CASA ILICIA - MAISON D'HÔTES €€

7, carrer del Moli-de-l'Oli - **EUS** ✆ 06 95 34 15 32
www.ilicia.fr
Ouvert toute l'année. 4 chambres (et 2 gîtes tout confort pour 4/5 pers.). Location VTT électrique (équipement fourni).

Maison bioclimatique, construite pierre par pierre par Nuno, dans un des Plus Beaux Villages de France, la Casa Ilicia est simplement magique ! Une vue à vous couper le souffle sur le Canigó, des chambres et deux gîtes décorés avec goût par Claudia. Les plus audacieux se feront plaisir sur le toit-terrasse de 40 m², sans vis-à-vis, avec un panorama à 360°, aménagé en chambre ouverte pour des nuits à la belle étoile, le confort en plus, car la baignoire est aussi sur la terrasse !

OZONE 3

38, avenue Emmanuel-Brousse
FONT-ROMEU-ODEILLO-VIA ✆ 04 68 30 36 09
www.ozone3.fr
Activités sportives en cadre naturel. Ouvert tous les jours en saison et sur RDV hors saison.

Chez Ozone 3, il y en a pour tous les goûts du débutant au confirmé, mais toujours du sport et de la nature. Des activités les plus paisibles en hiver : raquettes, astro-randos, ski nordique, canyon en eaux chaudes, balades avec des chiens de traîneaux – aux plus extrêmes : rafting sur neige, plongée sous glace, quad-VTT sans moteur… En été, place aux randos, VTT et quad-VTT, via ferrata, rafting, hydrospeed, canyoning. A savoir, qu'Ozone 3 met aussi son expérience au profit de personnes en situation de handicap avec des moniteurs formés et expérimentés. Bravo !

BASE DE LOISIRS DU COL DE LA LLOSE

LA LLAGONNE

✆ 04 68 04 84 79

www.onaturel66.com

VTT électriques. Biathlon laser. Nombreuses activités en hiver (voir site internet).

Le col de la Llose offre aux amateurs de nature et d'activités sportives de plein air un site splendide et sauvage.Au cœur du site Natura 2000 Madres Coronat, à 1 866 m d'altitude, vous pouvez compter sur Fred Maugery et l'équipe d'O Naturel pour vous accueillir correctement et vous aider à donner des couleurs dynamiques à votre séjour dans les Pyrénées-Orientales. Vous aurez peut-être la chance de croiser, dans cet environnement dédié à une multitude de disciplines sportives estivales et hivernales, des équipes nationales en entraînement pour des préparations pré-olympiques. Au catalogue vous avez des skis ou des VTT électriques en location pour une pratique libre ou encadrée, tout le matériel et les équipements pour vous adonner au biathlon laser ou au parapente. Sorties VTT enduro, leçons de skating, séjours en itinérance, séjours VTT, nocturnes en raquettes vous sont proposées au fil des saisons. Les enfants ne sont pas oubliés avec le Ludic Park VTT, une aire spécialement aménagée pour eux avec plusieurs parcours, un jeu doté de deux chasses au trésor gratuites pour les tout-petits. En hiver, dès que la neige est tombée, place au ski de fond, aux raquettes et à la marche nordique sur les 70 km de pistes balisées et entretenues. Le point de ralliement de cette base de loisirs multi-services et conviviale consiste en un joli chalet montagnard doté d'une agréable terrasse orientée plein sud qui fait office de bar-restaurant et propose des plats très abordables.

CHEVAUX DE LA TRAMONTANE

Carrer de la Quillane - **LA LLAGONNE**

✆ 04 68 04 17 98

www.chevauxdelatramontane.com

Balades à cheval, séjours équestres, randonnées thématiques à cheval de 1 à plusieurs jours.

Dans les Pyrénées-Orientales, le grand Ouest, c'est le Capcir. Claire, Yves et leur fils vous emmènent à cheval sur de grands espaces sauvages lors de randonnées d'un jour ou plus avec bivouac dans la nature ou nuit en gîte. Au menu : découverte des Garrotxes, tour du Carlit, brame du cerf, lac des Bouillouses... Les chevaux élevés dans de grands parcs en semi-liberté transhument deux fois l'an sur les sentiers de montagne, depuis leur plus jeune âge, pour relier les pâturages d'été en altitude et ceux d'hiver dans les garrigues des Fenouillèdes.

LE PESCADOU

7, avenue du Général-de-Gaulle

LE BOULOU

✆ 04 68 89 23 39

Plateaux de fruits de mer à emporter ou à déguster sur place. Epicerie fine. Livraison à domicile.

La meilleure poissonnerie du monde ! C'est ainsi que le magazine *L'Express* la désigna dans un article qu'il lui consacra. Connue dans tout le département et en Catalogne sud aussi, cette entreprise familiale n'a pas son égale en ce qui concerne la qualité et la fraîcheur des produits de la mer. On ne vous parle pas même pas des étals qui sont aussi beaux que des compositions florales. On se croirait dans un aquarium ! Cette grande variété de produits beaux et frais s'accompagne d'un souci constant de respect des ressources marines et de l'environnement.

CHALET ANA €€€

4, chemin du Soula - **LES ANGLES**

✆ 04 68 04 09 69

www.chalet-ana.com/fr

Ecolabel européen. Ouvert toute l'année.
8 appartements et duplex de 2 à 8 pers.
De 800 € à 3 500 € la semaine.

Prestation de luxe pour les appartements de ce magnifique chalet qui s'inscrit dans une démarche environnementale avec eau chaude solaire et distributeur de savon. C'est le premier hébergement du département à avoir obtenu l'Ecolabel européen. Pour la détente après ski, vous avez un sauna finlandais, un spa à débordement et le solarium, mais aussi des massages avec un professionnel de la relaxation en bioénergie. Sur place, une petite épicerie avec produits bio et du terroir. Pour le reste, les commerces ne sont qu'à 150 mètres. Que demander de plus?

EQUISUD

Route de la Forêt

LES ANGLES

✆ 06 07 79 47 65

www.equisud.com

A travers montagnes et forêts, Equisud vous accompagne au cœur des grands espaces du Capcir à la découverte du far-west local à cheval. Mathieu et son équipe partagent avec vous des moments uniques lors d'une journée ou de plusieurs journées de randonnée ou de stages d'initiation à l'équitation d'extérieur. L'amour des chevaux, le respect de la nature et la passion du métier animent les animateurs d'Equisud. Une attention toute particulière est portée au bien-être animal tout comme leurs confrères de Cheval-rando et de la Tramontane. Tentez l'expérience !

© MF_ROSSIGNOL

MARTIN FOURCADE, CHAMPION OLYMPIQUE

Double champion olympique et 5 fois vainqueur de la coupe du monde de biathlon [course de ski de fond et tir à la carabine], Martin Fourcade fait la fierté des Pyrénées-Orientales. Né à Céret, il entretient une relation étroite avec son pays d'origine : « Je me sens Pyrénéen. Et même si je voyage beaucoup dans mon métier, j'éprouve toujours énormément de plaisir à revenir dans ma région. Avec la mer et la montagne comme terrain de jeu, c'est le paradis des sports de nature. J'aime particulièrement la vallée de la Têt, la forêt du Calvet, le col de La Quillane, Collioure et la Côte Vermeille… mais le coin que je préfère, c'est le lac de Matemale, en plein cœur du plateau du Capcir. Mes amis les plus proches sont de là-haut. On prend tous plaisir à se retrouver l'été et à passer du temps ensemble au bord du lac. D'ailleurs, quand j'étais plus jeune, je travaillais à la base nautique chaque été. »

Gamin, c'était déjà un sportif qui pratiquait VTT, course à pied, natation, judo, ski… Mais l'événement qu'il attendait le plus, c'était le cross du lycée de Font-Romeu. Et d'avouer une entorse à son régime d'athlète de haut niveau : « Quand je suis en vacances chez mes parents, dans les Pyrénées-Orientales, je mange pas mal de rousquilles. Une spécialité catalane, légèrement parfumé à la vanille et au citron, que j'adore. » Enfant, il suivait aussi son père, accompagnateur en montagne, lorsqu'il guidait des groupes en randonnée itinérante, pendant une ou deux semaines, du côté du lac des Bouillouses : « On dormait sous la tente ou à la belle étoile. On observait les animaux sauvages, c'était magique ».

GÎTE EQUISUD €€

Route Forêt - **LES ANGLES**
✆ 04 68 04 43 62
www.equisud.com
Demi-pension pour 1 nuit : 45€/p. A partir de 2 nuits : demi-pension en chambre 42€/p, 33€ par enfant. Table d'hôtes

Au cœur de la forêt de pins sylvestres de Matemale et de son lac éponyme, dans un environnement boisé magnifique, Kerstin et Olivier vous accueillent dans leur gîte essentiellement construit en bois et composé de 4 chambres (avec salle de bains et toilettes) et d'un dortoir. La décoration est simple et rustique, façon chalet de montagne avec parquet et poutres apparentes mais il n'en faut pas plus pour apprécier les lieux. Toutes les chambres ont une vue sur les montagnes. La table d'hôte réalisée en majorité avec des produits locaux est très appréciée.

LE PARC ANIMALIER DES ANGLES ★

Pla del Mir - **LES ANGLES**
✆ 04 68 04 17 20
www.faune-pyreneenne.fr
Haute saison ouvert tous les jours de 9h à 18h. Adulte : 15 €. Enfant de 4 à 14 ans : 13 €.

Cet espace montagnard forestier typique de la région est l'un des parcs animaliers les plus hauts de France. Deux parcours permettent d'observer dans de spacieux enclos les principales espèces de la faune pyrénéenne. Parmi les espèces exceptionnelles, les ours bruns que vous observerez d'une terrasse au-dessus de leur enclos, ou encore des loups. Et si vous n'avez pas eu l'occasion de l'entrevoir sur une crête, vous pourrez approcher l'isard, symbole des Pyrénées. Aire de pique-nique.

EXTÉRIEUR NATURE - BASE EAUX VIVES

Route d'Eus - **MARQUIXANES** ✆ 04 68 05 72 12
www.exterieur-nature.com
Ouvert tous les jours de l'année selon les activités. parcours aventure, canyoning, rafting, hydrospeed...

La plus importante base d'eaux vives du département vous propose le canyoning, avec ses glissades et ses sauts, le rafting, ou encore l'hydrospeed et le tubbing, descente en bouée individuelle sur la Têt. Glisse et émotions garanties. Mais les petits ne sont pas oubliés, car il existe plusieurs parcours accrobranches pour les «pitchounes» de 3 à 6 ans (et aussi pour les grands). Une aire de pique-nique vous accueille au bord de la rivière. Un lieu 100% nature et sport !

CHEVAL RANDO

MATEMALE
✆ 06 82 09 54 24
www.cheval-rando66.com
Balades à cheval et location de poneys. Circuits sur mesure.

Sur la route entre Mont Louis et les Angles se nichent les écuries de Sabine. Cette cavalière vous propose des cours d'équitation, la location de poneys et enfin des balades à cheval pour découvrir la forêt de la Matte ou les rives du lac de Matemale. Nous avons été autant touchés par le sérieux et le professionnalisme de ce centre équestre que par l'attention apportée au bien-être animal. Sabine y met un point d'honneur. On sent dans son écurie que les animaux sont heureux et ne sont pas là pour plaire aux touristes. Vive le respect de la dignité animale.

Bouquetins dans le parc Animalier des Angles.

LE MAS CABANIDS €€

Le Cortal d'en Baptiste - **MAUREILLAS-LAS-ILLAS**
✆ 06 84 72 06 66
www.mascabanids.com
Hébergements insolites : cabane perchée, yourte, visio-bulle, tipi et pyramide de verre.

Vous aimez la nature, le calme et les hébergements insolites ? Le Mas Cabanids est fait pour vous ! Yourte avec vue sur le Canigó, pyramide de verre en lisière de forêt, cabane perchée au-dessus de la rivière, bulle dans les arbres pour être un peu plus près des étoiles ou encore tipi pour être le roi des indiens, tout est calme et sérénité. En famille, entre amis, pour des stages de méditation ou simplement en couple, on adore cet endroit en pleine nature où l'on vous accueille avec le sourire. Sans oublier le calme et la gentillesse de la propriétaire.

LE MUSÉE DU LIÈGE ★

2, avenue Maréchal-Joffre
MAUREILLAS-LAS-ILLAS
✆ 04 68 83 15 41
Fermé du 1er décembre au 31 janvier

Il y a à peine 50 ans, le travail du liège était la principale activité du village, employant plus de la moitié de la population. Créé par d'anciens bouchonniers et par les habitants du village, ce petit musée abrite le plus grand bouchon du monde haut de 2,40 mètres et d'un diamètre de 1,30 mètre. Ce musée part du chêne liège pour arriver au bouchon et aux multiples utilisations du liège. Il permet de retrouver les outils et les machines que les anciens ont utilisé pour écorcer le chêne liège en forêt, travailler ce liège et assurer la production des bouchons.

ECO BIKE

Gare de Mont Louis - **MONT-LOUIS**
✆ 07 87 71 64 72
www.rent.ecobike.fr
VTT et VTC électrique, VTT de descente. Points relais pour récupérer un vélo dans toute la Cerdagne et le Capcir.

Envie de flâner sur les petites routes de montagne ou de dévaler des pentes comme un fou ? Eco Bike vous livre un vélo à domicile ou en point relais sur l'ensemble du terroir de la Cerdagne et du Capcir. Le casque et l'antivol sont fournis, assistance dépannage incluse. Tous les renseignements et les différentes formules sont sur leur site. Le Petit Futé a aimé ce concept innovateur qui démocratise le vélo électrique. L'espace VTT-FFC Pyrénées Catalanes compte plus de 40 circuits homologués sur plus de 690 km de pistes et sentiers... alors, en selle !

LE FOUR SOLAIRE DE MONT-LOUIS ★★★

Résidence Vauban - **MONT-LOUIS**
✆ 04 68 04 14 89
www.four-solaire.fr
Fermé du 1er mai au 15 juin. En juillet et août, visite toutes les heures. Durée : 45 mn. Visite guidée. Animations.

On ne peut pas venir à Mont-Louis sans visiter le premier four solaire expérimental du monde, édifié ici en raison de l'ensoleillement unique. La visite est à la fois ludique et didactique. Il est ainsi possible de vivre des expériences fascinantes grandeur nature, comme celle de la concentration solaire. Découverte unique et passionnante d'un site qui œuvre pour le développement des pays du Sud : le soleil est une source d'énergie inépuisable, gratuite, et surtout non polluante.

ALTIPYR €

Moli d'Oli - **MOSSET**
✆ 06 83 47 52 04
www.altipyr.com
Ouvert toute l'année. Tipi (4p) : 45€/nuit, yourte (4p) : 60€ et 100€ pour 2 nuits.

Au cœur du Parc naturel régional des Pyrénées catalanes et à l'orée d'un village de charme, ce petit camping en bordure d'un ruisseau d'eau vive avec piscines naturelles invite à un séjour de nature et de paix. Trois formules au choix : planter sa tente, dormir dans le tipi ou sous la yourte. Une grillade au barbecue à l'ombrage des arbres et la musique du petit ruisseau en prime, c'est le bonheur ! Un séjour en montagne aux petits oignons. Notez que Pierre, votre hôte, est accompagnateur en montagne et organise des balades à dos d'âne.

LE MAS DES COLOMBES €€€

17, Chemin de Reynes - **OMS**
✆ 06 17 42 87 14
http://www.mas-des-colombes.com
5 chambres. Assiettes gourmandes de produits locaux et du jardin sur demande. Hammam, bain bouillonnant.

Le luxe, c'est avant tout le calme et la sérénité, Nadège et Eric ont tout fait pour que vous soyez en symbiose avec la nature. Au milieu d'un parc naturel de 1,5 ha, vous profiterez d'une piscine à débordement de 20 mètres et d'un spa tous deux traités au sel. Avant le retour dans votre chambre vous ne résisterez pas à passer par l'espace fitness creusé dans la roche. Nous retiendrons aussi la convivialité de nos hôtes pour le repas du soir avec les légumes bio du jardin d'Eric et les produits naturels des éleveurs du Vallespir. Fabuleux !

RANDO ET CHARIOT

Chemin d'Ortaffa - **PALAU-DEL-VIDRE**

✆ 06 15 41 38 14

www.randoetchariot.com

Promenade 2h : 33€, rando journée et baignade : 50€, promenade en chariot de 2h, adulte 14€, enfant 7€.

Rando et Chariot, centre de tourisme équestre situé 10 min de la mer, vous propose des excursions et activités à la carte en insistant sur le lien avec l'animal. Rando et Chariot propose de l'équitation (randonnées à cheval), de l'attelage (avec un chariot) et des animations (avec leurs chevaux et même des chameaux !). Coup de cœur pour la rando à la journée avec baignade dans le Tech. Egalement 5 jours un circuit itinérant de Collioure à Cadaqués ! René et son équipe proposent aussi des travaux de débardage et de labourage à l'aide d'un cheval.

LE CASTILLET ET LE MUSÉE CASA PAÏRAL ★★

Place de Verdun - **PERPIGNAN**

✆ 04 68 35 42 05

www.perpignantourisme.com

Gratuit jusqu'à 26 ans. Adulte : 2 €. Les 142 marches ne permettent pas l'accès aux personnes à mobilité réduite.

C'est l'emblème de Perpignan avec ses allures de petit château. Bâtie à la fin du XIVe siècle, cette porte fortifiée fut renforcée sous Louis XI. Charles Quint va ajouter sa pierre à l'édifice. De tour de guet, le petit château va devenir prison. Sous ses mâchicoulis, il accueille aujourd'hui le musée d'histoire de Catalogne aux huit salles sur l'artisanat, l'agriculture, la vie religieuse, et quotidienne. Grimpez jusqu'à la terrasse du donjon pour le panorama.

CÉMOI

2980, avenue Julien-Panchot

PERPIGNAN

✆ 04 68 95 09 95

www.cemoi.fr

Ouvert du mardi au samedi de 10h à 12h30 et de 14h30 à 18h30.

Qui ne connaît pas le chocolat Cémoi ? Ce groupe qui s'est construit en deux siècles autour de nombreuses sociétés familiales est devenu le premier chocolatier français, célèbre sur tout le territoire pour son petit ourson guimauve. Un espace vidéo vous explique la traçabilité du chocolat depuis les lieux de production, se souciant de la qualité de vie du planteur en permettant aux petits producteurs de vivre dignement de leur travail, de la préservation de l'environnement jusqu'à la transformation pour un produit 100 % français.

ÉCOLE OLIVIER BAJARD

355, rue Docteur-Parcé

PERPIGNAN

✆ 04 68 38 78 85

www.olivier-bajard.com

Voir le calendrier des cours sur le site Internet.

L'école internationale de pâtisserie d'Olivier Bajard ne s'adresse pas qu'aux professionnels. Elle propose aussi des ateliers aux amateurs gastronomes dans le cadre d'ateliers programmés tout au long de l'année. Les adultes et les enfants trouveront leur bonheur à réaliser et à déguster les recettes qui font rêver les adeptes de la pâtisserie et de la chocolaterie. Un moment gourmand et convivial. Vous repartez avec de nouvelles compétences ; mais également votre tablier brodé estampillé de l'école, le crayon et le livre de recettes.

MUSÉE DES BEAUX-ARTS - HYACINTHE RIGAUD ★

21, rue Mailly

PERPIGNAN

✆ 04 68 66 19 83

Ouvert toute l'année. Basse saison du mardi au dimanche. Haute saison tous les jours et les jours fériés.

Le *Petit Futé* ne se lasse jamais du musée Rigaud et à chaque nouvelle exposition, c'est un régal... Le peintre catalan Hyacinthe Rigaud, qui n'était autre que le peintre de la cour du roi Louis XIV, a ici une vitrine « royale » pour mettre ses œuvres en valeur. La Ville de Perpignan a donc réuni l'hôtel de Mailly et l'hôtel de Lazerme pour offrir aux visiteurs un espace de 4 300 m^{2}, sur 3 niveaux, dédié à l'art du XIIIe au XXIe siècle. Des artistes majeurs y sont exposés : Guerra, Maillol, Terrus, Lurcat, Daura, Ingres, Picasso... et Dufy, qui résida à Perpignan les dix dernières années de sa vie. Le niveau 2, sur 380 m^{2}, est réservé aux expositions temporaires qui chaque année proposent des œuvres majeures (Picasso et Perpignan, Rodin et Maillol...). En plus des collections classiques, cet événement rassemble des milliers de visiteurs. Soulignons que le musée Rigaud est un des lieux culturels les plus fréquentés et importants en Occitanie. Mais ceci n'aurait pas été possible sans le cabinet d'architecture Barbotin-Larrieu qui a conçu cet écrin alliant la modernité et l'ancien avec ce magnifique jardin suspendu aux essences méditerranéennes, pensé comme une pause zen dans la visite du « Nouveau Musée Rigaud ». N'oublions pas de souligner les programmes et visites spéciales pour les groupes ou les enfants. Le musée Rigaud a mis l'accent sur le caractère pédagogique de ses collections et les jeunes sont de plus en plus nombreux à visiter ce lieu. Bravo !

PALAIS DES ROIS DE MAJORQUE ★★

2, rue des Archers - **PERPIGNAN**
✆ 04 68 34 96 26
www.perpignantourisme.com

Ouvert tous les jours, toute l'année. Visites guidées tous les jours à 11h et à 15h. Adulte 4 €, ado 2 €. Boutique.

Résidence des souverains de Majorque au XIIIe siècle, ce palais imposant domine la ville. Bardé de six tours, il s'ouvre sur une gigantesque cour centrale. L'architecture austère est relevée par quelques éléments gothiques et méditerranéens. Après l'annexion du Roussillon, Vauban consolide la citadelle. La partie basse est toujours occupée par l'armée. La partie la plus ancienne accueille des manifestations culturelles toute l'année, les jardins suspendus des concerts en été.

FROMAGERIE CAL ROUS

PLANÈS

✆ 04 68 04 65 22

Ouvert tous les jours. Hébergement en yourte 5 places.

Stéphanie et Stéphane ont repris l'exploitation en 2017 et vous accueillent toute l'année pour vous faire découvrir leurs fromages au lait de brebis : tome, tomette, brousse, yaourt, fromage frais aux herbes... Vous pouvez participer à la traite et au nourrissage des animaux et surtout, dès l'aube, accompagner le berger, son chien et le troupeau sur les estives. Et si vous voulez loger sur place, Stéphanie et Stéphane vous proposent la bergerie et des yourtes mongoles avec cuisine et sanitaires. Vous êtes à deux pas du GR10 qui traverse les Pyrénées.

LE SITE CLASSÉ DE L'ANSE DE PAULILLES ★

24, quai Sadi-Carnot - **PORT-VENDRES**

✆ 04 68 95 23 40

www.ledepartement66.fr/60-le-site-de-paulilles.htm

Ouvert toute l'année. Horaires du Site 9h-19h. Horaires de la Maison de Site selon saisons.

Symbole de la beauté sauvage de la Côte Vermeille, le site classé de l'Anse de Paulilles est désormais un havre de paix. Cette grande anse baignée de verdure abrite 3 belles plages séparées par des promontoires rocheux. Le site qui nous est donné à voir de nos jours est le résultat d'une volonté sans faille du Conservatoire du Littoral en partenariat avec le Département, qui en assure désormais la gestion. Des visites guidées vous permettront de découvrir le passé industriel de Paulilles et d'apprécier la réhabilitation paysagère de ce site exceptionnel. Un espace muséographique présente l'histoire de cette ancienne dynamiterie. Une nouvelle visite guidée d'une heure intitulée « Cap au Sud » vous permettra de vous immerger dans le quotidien des ouvriers de la dynamiterie dans les années 1970. N'oubliez pas de passer par L'atelier des Barques, des charpentiers de marine vous présentent le travail de restauration des barques catalanes. Depuis la vigie, vous aurez un panorama à 360° sur l'anse de Paulilles. C'est le site préféré des Catalans quand les beaux jours pointent leur nez. Un conseil en haute saison, venez tôt le matin ou tard le soir. Un magnifique sentier de randonnée permet de longer les criques et grimper jusqu'au phare du cap Béar. En chemin, belle découverte de la flore locale et de petites anses cachées. Du sommet, le point de vue est à couper le souffle sur la côte Vermeille au sud et le golfe du Lion au nord. Tout simplement magique !

TYROVOL

Route des Lacs - **PORTÉ-PUYMORENS**

✆ 06 01 80 70 60

www.tyrovol.com

Ouvert tous les jours de 10h à 19 en juillet et août. Sur réservation en mai, juin et septembre. De 8 à 29€.

Bienvenue sur le plus grand parcours de tyrolienne des Pyrénées ! Dans le site remarquable de la vallée du Carol, au bord du lac du Passet, 12 tyroliennes vous invitent à relever le défi. Quel que soit votre niveau ou votre âge, vous trouverez un parcours adapté. Certaines tyroliennes traversent le lac ! Bien entendu, l'équipe de Tyrovol est là pour vous guider, vous conseiller et aussi passer de bons moments avec vous.Vous pouvez pique-niquer au bord du lac ou même atteindre en rando (1h de marche) le petit lac de Font Vive.

JOYAUX CATALANS - MANUFACTURE DU GRENAT

62, avenue Guy-Malé

PRADES

✆ 04 68 96 21 03

www.joyaux-catalans.fr

Entreprise du Patrimoine Vivant.

La famille Privat est spécialiste du grenat catalan depuis 1945. Un circuit vous mène du hall d'expo (400 m²) où sont exposés d'anciens outils, à la mine de grenat reconstituée. Un guide vous accompagne et vous raconte l'histoire de ce bijou. Une vidéo vous en dira davantage sur les processus de fabrication : le grenat est une pierre mythique qui symbolise culturellement la Catalogne et représente vérité et fidélité. Enfin, les ateliers où la famille Privat travaille devant vous.

LE MAS DES GÎTES DE LILOU €€

SAINT-ANDRÉ

✆ 06 22 20 07 81

Du 1er juin au 15 décembre. À partir de 45 € la nuit / 300 € la semaine / 140 € le week-end.

Dépaysement garanti avec une escapade entre verdure et mer dans un cadre protégé et insolite, au pied des Albères et à 10 min des plages. Le mas des Gîtes de Lilou vous accueille dans différents types d'hébergements originaux pour des vacances dans un site de nature préservé pour un véritable retour aux sources. Vous pouvez loger dans le Kota Crème Catalane qui peut recevoir jusqu'à 5 personnes, un pod pour 2 ou un tonneau pour 4. En tout 8 cabanes toutes de bois et confortables.

© MATTEO SCARANO - ISTOCKPHOTO

Petit train jaune dans les Pyrénées-Orientales.

PARC DE LA PRADE

SAINT-CYPRIEN

Entrée libre toute l'année.

L'aménagement paysager de la Prade, vaste parc en conformité avec la Loi Littoral, permet de prévenir, grâce à ses bassins d'orage, les risques d'inondations. C'est aujourd'hui un parc paysager avec ses 3 lacs artificiels, un parcours sportif et une aire de jeux. Un sentier de 2,5 km se partage entre piétons, cyclistes et rollers. Une grande variété d'oiseaux introduits s'est acclimatée. D'autres espèces sauvages en provenance de plans d'eau naturels environnants s'y sont progressivement et naturellement installées créant une zone ornithologique intéressante.

AU SOLEIL MONGOL €€

Route d'Argelès-sur-Mer

SORÈDE

✆ 04 68 95 44 15

Yourtes de 2 à 4 pers. à partir de 95 € la nuit avec petit déj. Chèque Vacances. Animaux acceptés (uniquement en gîte).

Au pied des Albères, dans une forêt de chênes lièges, le Mas Soule, mas catalan typique, offre un gîte de charme, mais aussi, pour une nuit, un week-end ou un séjour, trois ravissantes yourtes mongoles par lesquelles on se laisse également séduire. Ces hébergements insolites de 27 m² (2 à 4 personnes) dissimulés dans le parc sont décorés dans le plus pur style mongol et sont dotés de tout le confort avec une salle de bains privative et un chauffage en hiver. On profite de la piscine en été et des VTT gracieusement mis à disposition.

FANTASSIA

Lieu-dit La Traversa, route du lycée agricole - **THÉZA**

✆ 04 68 22 45 79

www.fantassia.fr

Parc ouvert d'avril à octobre. Horaires disponibles sur le site Internet. Adulte 11 €, enfant 9 €. Boutique.

Le parc de loisirs Fantassia, à 6 km de Perpignan, est une balade enchantée dédiée à la féerie et adaptée à toute la famille. Dans un environnement botanique exceptionnel et typiquement méditerranéen, dans une contrée que l'on imagine inexplorée par l'homme, là où la nature est encore préservée, fées, lutins, dragons, pixies et licornes ont édifié leur petit paradis. On murmure que ces petits êtres se réveilleraient la nuit… Mais les visites se font de jour ! Entrez dans la légende, donnez vie à vos rêves, prononcez le mot magique «Quiwandas», le parc Fantassia vous ouvre ses portes à la découverte de 9 activités. Il y a le Magic Circus, une collection unique d'automates du cirque, Gulliver chez les Lillifeeries, un monde en miniature, la Forêt Enchantée avec des scènes contées et un jeu de piste géant, le Labyrinthe des Illusions, un labyrinthe magique, l'Antre du Dragon, gardien du trésor, le parcours botanique de plantes méditerranéennes, L'Île des Pirates et bien d'autres découvertes... Le parc propose des jeux d'observation, des énigmes et des jeux de piste qui vous entraîneront dans de drôles d'aventures. C'est à la fois ludique et didactique, mais c'est à vous de jouer ! Comptez deux bonnes heures pour une visite complète et ceci sans jamais vous ennuyer. Sur place, vous trouverez une boutique, des boissons et des glaces à déguster sous la pagode, une sandwicherie (ouverte uniquement en juillet et août) et une aire de pique-nique. Vraiment tout ce qu'il faut pour une journée de détente et de féerie en famille.

MUSÉE DE TAUTAVEL - CENTRE EUROPÉEN DE PRÉHISTOIRE ★★★

Avenue Léon-Jean-Grégory - **TAUTAVEL**
✆ 04 68 29 07 76 - www.450000ans.com
Ouvert toute l'année, non stop en juillet-août de 10h à 19h et le reste de l'année de 10h à 12h30 et de 14h à 18h.

Le musée de la Préhistoire de Tautavel est un complexe construit autour de... l'Homme de Tautavel. Il présente toute l'histoire de l'humanité en Europe depuis les premiers Européens jusqu'aux portes de l'Histoire. Tautavel est le site où ont été découverts les plus vieux restes humains de France 560 000 ans. Les animations et les activités pour la famille sont incontestablement un plus à la visite du musée. Ce site archéologique est un des plus riches du monde et, la collection présentée au musée reflète cette richesse, mise en valeur par de nombreuses reconstitutions spectaculaires. Pendant les vacances scolaires de la zone académique, les après-midi, des ateliers et des activités ludiques et culturelles permettent de donner vie à la préhistoire, et de créer une expérience propice à l'immersion de tous à la rencontre de nos ancêtres préhistoriques. Le musée propose tout au long de l'année un programme culturel (animations, rencontres, expositions...) qui place l'expérience du visiteur au cœur de l'action. Programme détaillé sur le site web du musée. Des panneaux et de fiches en plusieurs langues (anglais, allemand, néerlandais, espagnol et catalan) permettent l'accessibilité au public venu du monde entier. La grotte se visite toute l'année uniquement sur réservation pour les groupes, et l'été des visites accompagnées au départ du musée pour les individuels. Accès par un sentier très escarpé impossible pour les personnes à mobilité réduite et enfants de moins de 7 ans.

© SITE ARCHÉOLOGIQUE, PHOTO DENIS DAINAT, CERPT

LE TRAIN JAUNE ★★★

VILLEFRANCHE-DE-CONFLENT
✆ 04 68 96 63 62
https://www.ter.sncf.com/occitanie/loisirs/patrimoine-culture/train-jaune
Horaires en fonction des saisons. Tarifs selon votre gare de destination.

Emblème de la région, le train jaune sillonne la montagne des Pyrénées-Orientales depuis un siècle : 1 000 m de dénivelé et 63 km, entre Villefranche-de-Conflent et Latour-de-Carol, au cœur d'un environnement exceptionnel. Sur votre parcours, vous passerez par Bolquère, la gare la plus haute de France, à 1 593 m d'altitude ! Côtoyez le vide avant de traverser les vallées de la Têt et d'Eyne au pied du massif du Canigou. Profitez des panoramas uniques depuis le Viaduc et le Pont Gisclard, dernier pont ferroviaire suspendu de France.

ELFE D'AQUÍ

6, allée des Lavandes
VILLENEUVE-DE-LA-RAHO
✆ 06 84 43 93 35
Livraison possible.

Elfe d'aquí c'est Sylvie et ses confitures et confits traditionnels ou inédits, de saisons, élaborés avec les fruits, les plantes et les fleurs locales. On aime ses gelées de fleurs de sureau ou de pissenlits, la touche de thym, romarin ou serpolet sauvages qui parfument ses confitures. Si elle pratique la cueillette sauvage, elle se fournit aussi auprès des producteurs locaux, en vins doux par exemple, pour ses confits de muscat ou de banyuls. Et ses confitures de banane ou de mangue sont agrémentées d'un ingrédient local tout de même... De la poésie en pot.

1930 SPORT VINTAGE

D616 KM 1
VILLENEUVE-LA-RIVIÈRE
✆ 06 38 77 56 35
www.1930sportvintage.fr

Cette entreprise peu banale, basée à Villeneuve-la-Rivière, a été créée en 2011 par Philippe Manzano, un amateur de rugby. 1930 Sport Vintage a développé un concept original associé aux valeurs sportives. La société fabrique de manière artisanale des ballons de rugby, mais aussi de football ou de handball, en cuir de buffle d'aspect vintage. Ceux-ci peuvent être personnalisés avec la gravure d'une inscription. Ils sont fixés sur un socle de bois massif. Les ballons de 1930 Sport Vintage font des cadeaux parfaits pour les amateurs de sport.

TARN

Bienvenue dans un territoire gourmand, festif, convivial, mais aussi sportif où l'on s'adonne avec bonheur aux loisirs de plein air, version terre, eau et air. On se mesure au vent et aux eaux vives ou calmes en canoë, paddle, voiliers, planches à voile... Entre autres perles, il y a ce formidable et insolite restaurant-bibliothèque, la Bibilotéca (Saint-Pierre-de-Trivisy) à savourer et le fabuleux Jardins des Martels (Giroussens) à ne pas manquer. Au patrimoine local, d'anciennes fabriques gardent la mémoire du travail du cuir et celle des toiles tissées. S'ajoutent, entre autres visites passionnantes, celle du musée de la broderie et celle du musée dédié au sucre et au chocolat dont on fait des œuvres d'art. La nature a également produit ses merveilles dont les étonnants rochers du Sidobre. Quant à dormir, étonnez-vous avec une bulle ouverte sur le ciel, une caravane *Airdream*, un pod, un wigwam amérindien...

LA FERME DES ÂNES D'AUTAN €€

La Métairie Neuve
AIGUEFONDE
✆ 05 63 58 78 20
www.lesanesdautan.com
Repas 25 € par personne. Sur réservation.

Dans une combe de la Montagne noire, à 10 km de Mazamet, Myriam Dereix a repris en 2018 l'entreprise de cosmétiques biologiques et éthiques à base de lait d'ânesse créée en 2004 par Martine et Nathalie. Elle met depuis en œuvre le savoir-faire du métier d'ânière transmis par les anciennes propriétaires et depuis 2019 développe une activité d'agrotourisme dans laquelle s'inscrit sa table d'hôtes. Une escale écotouristique parfaite. Boutique. Salon de thé. Balade avec les ânes.

ALBIRONDACK LODGE ET SPA €€

31, allée de la Piscine - **ALBI** ✆ 05 63 60 37 06 - www.albirondack.fr
Ouvert toute l'année. Camping de 17 à 31 €. Cabanes dans les arbres : à partir de 150 € la nuit. Chèque Vacances.

Albirondack est un complexe lodge et spa haut de gamme qui a ouvert ses portes en 2010 à Albi, comprenant plusieurs châlets de standing, mobil-homes, cabanes perchées et caravanes Airstream dans un cadre champêtre sous des arbres centenaires. C'est à la fois un camping agréable d'une soixantaine d'emplacements, un lodge, un restaurant et un spa. D'inspiration américaine, le concept reprend le modèle des parcs nationaux des Etats-Unis et une tête d'élan du Canada orne le restaurant. Une piscine chauffée à l'année et balnéo complètent ces prestations.

ATMOSPH'AIR MONTGOLFIÈRES OCCITANES

87, chemin de Caynac - **ALBI**
✆ 07 86 45 59 95
www.atmosphair-montgolfieres.fr
Ouvert tous les jours. Suivant les conditions météo. Vol solo : 205 €. Vol duo : 195 €/pers.

Fidèle à ses rêves d'enfant, l'Albigeois Laurent Pailhous propose des sorties en montgolfière. Cinq points de décollage dans le département : Albi, Cordes, Gaillac, Lautrec et Lavaur. Un départ est aussi proposé depuis les lacs du Levezou en Aveyron. Choisissez le vol qui vous convient : Découverte, Duo, en groupe, Exclusif, XL, Petit Loup... Comptez en moyenne 3h d'animation, gonflage du ballon compris. Le vol en silence, poussé par les vents, offre à vos yeux un panorama à 360°.

L'ÉCHAPPÉE VERTE D'ALBI

Palais de la Berbie – Place Sainte-Cécile
ALBI
✆ 05 63 49 48 80
www.albi-tourisme.fr
Ouvert toute l'année.

Une rando urbaine à Albi. La nature en ville, c'est possible. La preuve avec ces trois sentiers aménagés le long du Tarn et du Caussels. Vous êtes au cœur de la ville et évoluez dans un cadre champêtre préservé et entretenu sur plus de 4 kilomètres. Le sentier des Berges relie d'abord le parking de la cathédrale à l'embouchure du ruisseau du Caussels, puis laisse place au Sentier sauvage, entre le Pont-Neuf et l'avenue du Loirat. C'est enfin le sentier de la Mouline qui termine la boucle, en s'étirant jusqu'au parking des Planques.

FRANÇOISE CARAYOL, LA FERME DE L'AIL ET DU PASTEL

A Lautrec, Françoise Carayol vous accueille à la Ferme au village, boutique où elle décline ses deux passions en rose et en bleu. Rose pour l'ail rose qui enjolive la cuisine et réjouit la santé. Bleu pour le pastel dont on teint les tissus. Et pour les deux, elle concocte recettes et potions. Françoise a ouvert sa boutique au début des années 2000 pour développer une activité artisanale autour de produits et des savoir-faire locaux. Elle s'est tout d'abord lancée dans la fabrication de condiments valorisant l'ail rose de Lautrec. Le succès fut au rendez-vous notamment avec son Mesclou de sorcière, condiment sucré et vinaigré. «Mesclou» signifie «petit mélange» en occitan et sorcière fait référence à ses talents pour les mélanges envoutants. Françoise s'emploie également à teindre des vêtements dans des tons bleus plus ou moins soutenus. Les tissus plongés plusieurs fois dans les cuves de teinture ressortent jaunes, deviennent verts, puis l'oxydation de l'air leur donne leur couleur bleue : « Notre méthode de teinture se fait à base de fermentation végétale et naturelle. La fermentation permet la réduction de l'indigo de Pastel, pigment récupéré sur les feuilles fraîches, elle est réalisée dans une cuve ancestrale à la cocagne où les feuilles de pastel sont broyées et fermentées. Seuls 2 ateliers dans la région l'utilise. » Il y eut jusqu'à 7 moulins à pastel à Lautrec. Aujourd'hui la Ferme au village c'est 2 boutiques, un restaurant-salon de thé et un atelier de teinture. www.lafermeauvillage.fr

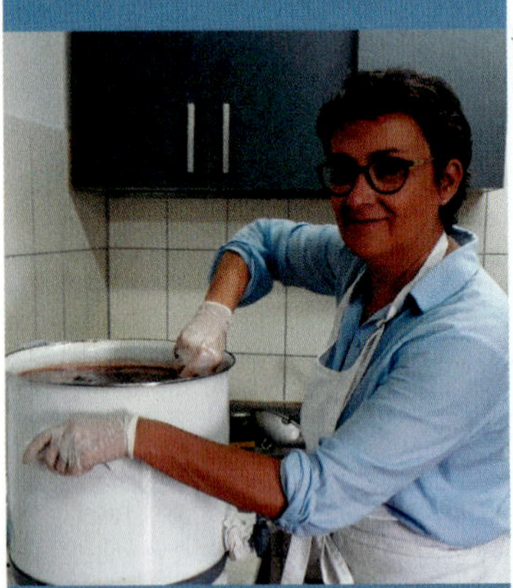

© ALPHÉE

FABUL'HOUSE GITE URBAIN D'ETAPE €

61, avenue du Maréchal-Foch - **ALBI**
✆ 06 52 03 90 89
www.fabulhouse.fr
Gîte ouvert en été. Gîte (privatisé pour 15 personnes : 265 €/nuit. Chambre pour 1 pers. 30 €/nuit, 2 pers. 40 €...

Une solution d'hébergement abordable et originale. Dans un cadre urbain et moderne, ce gîte reste proche du centre-ville, de la basilique et de la cité. Vous profitez d'une ambiance sympathique et d'une formule mi-hôtel et mi-chambre d'hôtes qui satisfait un large public. En été les touristes y croisent les résidents en déplacement professionnel. Pas de petits déjeuners, mais la possibilité de vous servir des appareils ménagers disponibles dans la grande cuisine équipée.

MUSÉE TOULOUSE-LAUTREC ★★★

Place Sainte-Cécile - ALBI
✆ 05 63 49 48 70
www.musee-toulouse-lautrec.com

Au pied de la cathédrale d'Albi, le Palais de la Berbie domine le Tarn avec majesté. C'est dans l'enceinte de cet édifice du XIIe siècle que le musée Toulouse-Lautrec s'est installé en 1922, réunissant la collection la plus importante au monde de ce peintre albigeois. Il accueille plus de 1 000 œuvres, tableaux, lithographies et dessins, ainsi que les 31 affiches qui ont fait la renommée de l'artiste. Cette collection exceptionnelle retrace toute son œuvre, depuis ses tableaux de jeunesse jusqu'à son ultime toile, en passant par les années montmartroises.

LA PRESQU'ILE D'AMBIALET

AMBIALET

C'est un paysage insolite et une jolie surprise. Entre Albi et les gorges du Tarn, ce village s'est développé sur un site unique, réputé l'isthme le plus étroit d'Europe. Ici, la vallée dessine une boucle de 3 km qui forme une impressionnante presqu'île rocailleuse. Cette situation géographique intéressa puissants et stratèges au cours des siècles. Leur influence reste visible à travers les vestiges d'une forteresse, du prieuré, de la chapelle... Sur les hauteurs du prieuré, splendide panorama qui révèle toute la beauté d'Ambialet.

CHÂTEAU-MUSÉE DU CAYLA

Château-musée du Cayla
ANDILLAC
✆ 05 63 33 01 68
musees-departementaux.tarn.fr
Ouvert toute l'année. Gratuit jusqu'à 18 ans. Adulte : 3 € (5€ avec visite et animation).

Sur une propriété vigneronne de 27 ha se dresse la maison natale du poète romantique Maurice de Guérin, gentilhommière traditionnelle du Languedoc des XVe et XVIIIe siècles. De nos jours, elle abrite un musée départemental dédié à sa vie et à son œuvre tourmentées. Le journal de sa sœur Eugénie évoque le quotidien rural dans le Tarn au XIXe siècle. Chaque année, des manifestations culturelles autour de la poésie, de la littérature et des arts ont lieu au sein du château. Une salle de documentation est ouverte aux chercheurs. Visites guidées. Boutique.

MUSÉE-MINE DÉPARTEMENTAL ★

20, avenue Saint-Sernin - **CAGNAC-LES-MINES**
✆ 05 63 53 91 70
musees-departementaux.tarn.fr
Fermé de fin décembre à mi-février. Ouvert tous les jours. Adulte 7 €, enfant 4 €.

La meilleure façon de comprendre l'histoire, c'est d'en être acteur ! Et le Conseil Général du Tarn l'a bien compris puisqu'il est le gérant de cet étonnant espace de découverte. Située à Cagnac, cette ancienne mine active s'étend sur 350 m de galeries souterraines et reprend vie à l'aide d'effets spéciaux, de simulations de coup de grisou, de cage d'ascenseur de descente, etc. Au cours du circuit de 1h, un guide vous conte le quotidien du mineur, ainsi que l'histoire minière, industrielle et humaine du Carmausin. Port du casque obligatoire. Boutique.

PARC RÉSIDENTIEL DE LOISIRS DOMAINE DE MIRAVAL €€

La Pêche - **BELLESERRE** ✆ 05 63 73 13 61
www.domaine-de-miraval.com
La Clef Verte. Terrain de 8 ha. Bungalow : de 319 à 790 €/semaine. Chèque Vacances. Bain bouillonnant.

Au milieu d'un parc de 8 ha se déploie un parc résidentiel de loisirs 4 étoiles composé de 8 chalets en bois, 9 mobil-homes, une piscine, un espace détente avec bains à bulles et salles de massage, des salles de réception et des jeux (terrain de pétanque, balançoires, badminton). La Montagne noire apporte sa fraîcheur pour vos pique-niques. Chacun des logements bénéficie d'un aménagement de qualité avec salon de jardin, barbecue, terrasse et espace détente autour du chalet.

CAMPING LE SOLEIL DES BASTIDES €€

Route de Cordes - **CAHUZAC-SUR-VÈRE**
✆ 05 63 33 91 94
www.camping-le-soleil-des-bastides.fr
D'avril à octobre. Lodge Safari (4/5 pers.) : de 240 à 510€.

Ce camping 3-étoiles, au cœur du triangle d'or (Albi, Gaillac, Cordes-sur-Ciel), est un havre de nature et de convivialité tranquille. Le camping abrite une belle piscine avec un espace spa et propose à la location plusieurs logements insolites, des lodges (safari ou Victoria), des cabanes suédoises, des kotas finlandais, des tentes, une cabane et même des caravanes relookées. On apprécie le barbecue collectif et l'ambiance toute particulière de ce camping pas comme les autres.

Parc Résidentiel de loisirs Domaine de Miraval.

LES FERMIERS OCCITANS

59, route de Toulouse
CASTRES
✆ 05 63 71 09 71
www.fermiers-occitans.com
Ouvert du lundi au samedi de 9h à 12h30 et de 14h30 à 19h.

Depuis 1964, les Fermiers occitans (90 éleveurs aujourd'hui) regroupés offrent leurs produits de qualité et de tradition sous la marque Secrets d'Éleveurs. Leur travail de transformation est régulièrement récompensé par des médailles au Concours Général Agricole de Paris. Labellisés Saveur Terroir Sud-Ouest, du lapin au canard, sans oublier les spécialités du Sud-Ouest (cassoulet, terrines, rillettes, etc.), les produits en rayon feront votre bonheur dans la boutique de Castres, mais aussi d'Albi, de Labruguière ou de Lescure-d'Albigeois.

RAIL MINIATURE CASTRAIS

CASTRES
✆ 05 63 71 23 16
www.trainminiature.free.fr
Ouvert toute l'année. Le samedi de 14h30 à 18h. Accès libre et gratuit au réseau et au Petit Musée.

Avec presque 150 m de voies, le réseau peut accueillir 14 petits trains électriques. Toutefois, par souci de réalisme, les animateurs limitent à une demi-douzaine le nombre de convois en circulation lors des périodes de présentation au public. Reproduction de scènes amusantes, tout en faisant preuve de rigueur et de réalisme de certains sites, tels que le moulin de Lautrec ou le lavoir de Gourjade. Quant au musée du Chemin de fer, il témoigne de l'histoire de l'activité ferroviaire de la région et rend hommage aux cheminots.

L'ESCUELLE DES CHEVALIERS €€

87, Grande-Rue Raymond-VII - **CORDES-SUR-CIEL**
✆ 05 63 53 14 40
www.lescuelledeschevaliers.fr
Ouvert tous les jours pour les clients en demi-pension et les groupes (sur réservation). Menus de 20 € à 25 €.

Oyez, oyez, gentes dames et gentils *escuyers*, voici un restaurant médiéval au cœur de la cité. Messire Michel et Dame Claude Arquey vous reçoivent en tenue moyenâgeuse. Bannière, heaume et épées ornent les murs et une musique médiévale est diffusée. Vous êtes à Cordes au XIVe ou au XVe siècle. Les plats sont à l'avenant à partir de recettes médiévales. On peut manger avec les doigts ! Et si l'époque vous plait, des chambres d'hôtes vous attendent à l'étage.

LES ROCHERS DU SIDOBRE

CASTRES

Saisissant ! Ce plateau granitique de 100 km^2, perché à 650 m d'altitude au-dessus de Castres, offre un paysage unique avec ses chaos, rivières de rochers, gigantesques boules de granit émergeant de terrains sablonneux couverts d'une végétation variée. Peyro Clabado, roc de l'Oie, rocher tremblant de Sept Faux, Chapeau du Curé, Trois-Fromages, Fauteuil du Diable nous interrogent... Il faut remonter 300 millions d'années en arrière pour trouver l'explication géologique de ce paysage surprenant. Un magma liquide de roches en fusion était alors enfoui à plusieurs dizaines de kilomètres de profondeur sous une énorme montagne - la chaîne hercynienne - dont il ne subsiste aujourd'hui que le Massif central, incluant la Montagne noire et le Sidobre. Le magma s'est peu à peu refroidi pour former une roche cristalline composée de mica, de quartz et de feldspath. Le Sidobre est ainsi un bloc de granit de 10 km d'épaisseur dont la surface serait fissurée. Les eaux de pluie, d'écoulement et de ruissellement créent dans le sol une perpétuelle circulation. En s'infiltrant dans les fissures, l'eau érode la roche et détache des minéraux qui se décomposent en sable en formant des boules géantes. C'est le dégagement de celles-ci par les eaux de ruissellement qui révèle ensuite des formes extraordinaires. On les découvre autour des villages de Burlats, Lacrouzette, Ferrières, Guior-le-Bez ou Saint-Salvy-de-la-Balme. Site unique, le plateau du Sidobre est aujourd'hui l'un des plus grands centres de transformation de granit du monde.

LE JARDIN DES PARADIS ★★

Place du Théron
CORDES-SUR-CIEL
✆ 07 67 83 09 67
www.jardindesparadis.jimdo.com
Fermé d'octobre à avril. Visite libre uniquement : 3 €. Restauration. Salle d'exposition.

C'est le paradis vert de Cordes-sur-Ciel, luxuriant et pédagogique, pour une promenade insolite sur d'anciennes terrasses enchâssées dans la ville basse. Créé en 1999 par Éric Ossart et Arnaud Maurières, il regroupe plantes orientales et médiévales, ainsi que des variétés plus contemporaines en de subtils mélanges de couleurs et de senteurs. Ce jardin est composé d'une succession d'enclos, chacun marqué par une ambiance, matière ou couleur particulière : enclos de fleurs et fontaines bruissantes, pavillon persan, potager, miroir aux nymphéas...

MUSÉE DE LA BRODERIE

4, rue de la Gaudane - **CORDES-SUR-CIEL**
✆ 05 63 53 09 82
www.cordessurciel.fr

Ouvert de dévbut avril à fin octobre sur rendez-vous. Participation libre. Visite guidée.

Ville d'artisanat, Cordes fut un centre de broderie à son apogée de 1880 à 1930. Construit en 1881, le bâtiment La Gaudane, ancienne fabrique, abritait 26 métiers à broder. Des décorations pour les vêtements aux insignes pour l'armée, de nombreux éléments furent brodés dans la cité dont le célèbre crocodile des vêtements Lacoste ! Dans le musée privé de la broderie créé par Jacques Roquefere, vous aurez le plaisir de découvrir de belles pièces et de la documentation anciennes. Aujourd'hui l'usine abrite aussi de très beaux appartements où l'on peut séjourner.

MUSÉE LES ARTS DU SUCRE ET DU CHOCOLAT ★

33, Grande-Rue Raymond-VII
CORDES-SUR-CIEL

Ouvert tous les jours. Gratuit jusqu'à 6 ans. Adulte : 5,50 €. Ateliers. Visite guidée. Boutique. Animations.

Ici, les disciples du célèbre Yves Thuriès travaillent le sucre avec noblesse, le sculptent, l'étirent, le soufflent, le coulent. Ce musée rassemble une centaine d'œuvres d'art en sucre, d'une époustouflante finesse : sucre-rocher, pastillage, scènes médiévales, des légendes, la mythologie, forment des fleurs, des personnages, évoquent l'amour… Avec plus de 15 000 visiteurs par an, ce musée est, après le musée Toulouse-Lautrec d'Albi, le plus visité du Tarn.

LE SECRET DU CHAT €€

12, Le Planol - **CORDES-SUR-CIEL** ✆ 06 95 48 18 10
www.chambres-cordes-tarn-charme-lesecretdu-chat.com

1 chambre + 1 gîte. Petit-déjeuner inclus. Suite de luxe avec sauna 169 €. Gîte : à partir de 595 €. Restauration.

Mais que cache ce fichu chat qui se balade nonchalant dans les murs de cet ancien atelier de broderie, caché au cœur de la cité médiévale ? Tout simplement un lieu mystérieux et plein de charme, une maison d'hôtes blottie contre les remparts sud du village, la halte idéale pour un séjour loin de tout. Restauré avec élégance et raffinement, tout en conservant minutieusement son charme d'origine. Marie vous accueille en toute sympathie dans sa maison, où elle offre aux voyageurs un séjour raffiné avec tout le confort des bastides bourgeoises.

LA CABANE DU VIGNERON €€

Pérayrols - **DONNAZAC**
✆ 05 63 48 83 01
www.gites-tarn.com/fiche-G280.html

Gîtes de France (3 épis). Ouvert toute l'année. De 43 à 70 € la nuit. Excursions.

Vous logez dans une ancienne cabane de vigne. Les propriétaires l'ont réhabilitée, avec tout le confort et à base de matériaux écologiques, pour y accueillir des hôtes. Dans ce nid pour deux, situé à proximité de leur propre maison, vous êtes au milieu des vignes, dans un environnement calme et profitez d'une cuisine aménagée. A l'extérieur, vous disposez d'un salon de jardin, d'un barbecue et de grands parasols. Installée à quelques kilomètres de Cordes et Gaillac, cette cabane est un bon camp de base pour de nombreuses balades et découvertes.

Le Jardin des Paradis.

LE POUMPET, FEUILLETÉ AU CITRON ET À LA BERGAMOTE.

Dans le sud du Tarn, on confectionne un dessert nommé poumpet, pompet, soualais ou feuillât. Le poumpet – de pompa «fête» en occitan - est une spécialité revendiquée par les villages de Soual et Sémalens. La recette aurait été importée par les Sarrasins au VIIIe siècle. Le poumpet consiste en un grand gâteau de forme rectangulaire, assez plat, réalisé à base de pâte feuilletée, sucré, parfumé au citron et à la bergamote. Il était traditionnellement élaboré à partir de saindoux ou de graisse d'oie. On le prépare aujourd'hui au beurre. Sa technique de fabrication ressemble à celle du pastis gascon.

La recette simplifiée suppose pour 6 personnes de prévoir 4 à 5 gros citrons jaunes mûrs et non traités, 150 g de sucre et 1 cuillère à soupe de sucre, 2 rouleaux de pâte feuilletée (ou à faire soi-même). Préchauffez votre four à 180°C/thermostat 6. Pendant ce temps-là, prélevez les zestes de citrons, puis mélangez les zestes avec le sucre jusqu'à l'obtention d'un mélange pâteux. Déroulez une pâte feuilleté et déposez-y la préparation sans piquer la pâte au préalable. Recouvrez de la seconde pâte, en repliant bien les bords et piquez la pâte sur le dessus. Saupoudrez la préparation d'une cuillère à soupe de sucre. Enfournez-la pendant 20 à 30 minutes. Servez tiède ou froid. Cette pâtisserie se conserve plus d'une semaine au frais - mais pas au frigo - et se transporte facilement. Vous n'avez pas de four ? Achetez votre poumpet tout fait chez Dominique Andrieux à Soual, maison où l'on fait le poumpet depuis 1894.

LA ROULOTTE CHAMPÊTRE €€

Vinelle - **FONTRIEU**

Ouvert toute l'année. Nuitée de 70 à 90 €, week-end de 120 à 160 €, semaine de 245 à 385 €, selon saison.

Au cœur d'une forêt, dans le Parc Naturel Régional du Haut-Languedoc, cette adorable roulotte de bois massif dans sa clairière vous offre un espace paisible et confortable en pleine nature. Un camp de base pour partir, panier au bras, à la cueillette des champignons ou de fruits rouges ou avec votre besace à la pêche à la ligne. Apéro-grillades et siestes au soleil au menu ! Venez avec votre compagnon à 4 pattes qui peut évoluer dans le grand terrain clôturé. Et si vous le souhaitez, vous pourrez accueillir vos amis pour camper dans le jardin.

BRASSERIE LA BERLUE

90, avenue Flandres Dunkerque

GAILLAC

✆ 06 24 59 29 62

www.brasserie-laberlue.com

Ouvert du lundi au vendredi de 10h à 18h.

Imaginez un entrepôt au milieu des champs où l'on brasse de la bière artisanalement et où l'équipe propose de superbes animations. Vous avez le choix entre une dizaine de bières pression brassées sur place. Taquine, désinvolte, lunatique, au poivre, au seigle, sauvage, éphémère... : la gamme est variée. Également une carte de superbes burgers (y compris végétariens), des concerts, des apéro-concerts, une super terrasse, un terrain de pétanque et des jeux pour enfants... Vente en bouteilles ou en fûts. Location de tireuse et un site pluriel à découvrir.

VIGNE EN FOULE €€

80, place de la Libération - **GAILLAC**

✆ 05 63 41 79 08

www.vigneenfoule.fr

Fermeture le dimanche. Réservation recommandée. Menus de 28 € à 32 €. Formule du midi : 18 €. Vin au verre.

Au fil des ans, l'adresse conserve sa qualité et son statut d'immanquable autour d'un concept original. Sur le bar, on admire la grappothèque. Les étagères alignent les nectars à consommer sur place ou emporter. Et le chef met son talent au service d'une carte savoureuse autour des produits du Grand Sud. Au menu : tête de veau snackée, joue de bœuf confite au vin rouge, Baba au Mauzac Rose et les fromages de la fromagerie Saint-Pierre Gaillac. S'ajoutent une série de grignotages, jambon Arrosagaray, croquettes de pieds de cochon, bocadillos chèvre-chorizo...

TANIS, PAYSAN BRASSEUR

lieu dit Préliès

GARRIGUES

✆ 06 33 82 56 59

Ouvert du lundi au vendredi de 9h à 12h et de 14h à 17h. Vente directe à la brasserie.

Arnaud, paysan brasseur, vous propose ses bières artisanales bio fabriquées à la ferme, à Garrigues, à partir de céréales et houblons cultivés en agriculture biologique. Il y a la blonde Cascade, la brune Pic de Nore, une brune aux arômes de cacao et de café, la Nuit noire, l'IPA Pépite, la blanche Grésigne et d'autres éphémères. Une nouvelle activité, depuis 2019, pour cette famille d'agriculteurs producteurs, depuis trois générations, de blé, d'orge, de soja, des lentilles, de pois chiches qui cultive également 5 ha de vignes.

LA COLOC €€

1, rue de l'artisanat

GRAULHET

✆ 06 18 89 89 10

Ouvert du mercredi au lundi. Dès 8h du matin en semaine, 11h du matin le week-end. Menu du jour autour de 14 €.

Une adresse dans l'air du temps. Vintage et atelier détourné pour la décoration. Le recyclage participe à créer une ambiance chaleureuse et originale très appréciée de la clientèle qui a rapidement trouvé ses marques à la Coloc. Dans un esprit écolo, ta table propose des produits de terroir et de saison. Au menu, une cuisine traditionnelle toutefois épicée d'inspirations exotiques. Voici un lieu convivial, conjuguant au bar comme au restaurant des produits de qualité et le plus souvent locavore. Atmosphère branchée, tapas et petits prix à la clé. On aime !

L'AFTERWORK DU MÉGISSIER

33, rue Saint-Jean - **GRAULHET**

✆ 08 05 40 08 28

Quelques visites guidées en été, se renseigner sur les dates. Adulte : 6 €.

Parmi les visites guidées de l'office de tourisme, celle du mégissier costumé est particulièrement originale. Vous suivez le mégissier à la fin de sa journée de labeur dans cet ancien fief du travail du cuir. Il vous contera l'industrie de la capitale du cuir au début du XXe siècle, les savoir-faire, les richesses patrimoniales au bord du Dadou. Et vous apprendrez que son travail consistait à préparer les peaux de mouton et autres peaux délicates. Il ne travaillait qu'avec les petites tailles contrairement au tanneur qui transformait de grandes peaux de vache.

JARDINS DES MARTELS ★★

Les Martels
GIROUSSENS
✆ 05 63 41 61 42
www.jardinsdesmartels.com

De mars à novembre, jours et horaires variables. Adulte à partir de 8,5 €, enfant de 5,50 €. Chèque Vacances.

L'histoire commence en 1969, lorsque Marie-Thérèse et André Reynier quittent leur Aveyron natal pour venir s'installer à Giroussens afin de relancer une ferme et c'est la passion des fleurs qui l'emporte et changera leur destin et celui de ce site. Leur fils Frédéric poursuivra l'aventure florale et s'engagera dans l'agrandissement et l'embellissement des jardins. Les Jardins des Martels ouvrent au public en 1994 et c'est un succès grandissant d'année en année. Ce parc floral est aujourd'hui classé parmi les plus beaux de France. Il se déploie sur plus de 35 000 m² avec jardins, serre exotique aquatique, belvédère, bananeraie, mini-ferme, mares, gloriettes. Quelque 2 500 variétés végétales des cinq continents sont recensées ici, faisant évoluer au gré des saisons et des floraisons des expositions temporaires : jacinthes, tulipes, magnolias, prunus, iris, rosiers anciens, hibiscus, cannas, lotus, sauges ou feuillages d'automne font leur festival. Une balade agréable au milieu de jardins en cascade, de plans d'eau remplis de nénuphars ou dans la serre exotique aquatique vous permettra de les découvrir. Les enfants apprécient la présence des animaux vivant en semi-liberté dans une mini-ferme avec ses daims, ses moutons d'Ouessant, ses canards d'ornement et un bassin paysager de 150 m² où vivent poissons et tortues. S'ajoutent un labyrinthe de bambous et des aires de pique-nique. Chaque année apporte ses nouveautés. En 2021, c'est la construction d'un petit temple chinois dans le jardin indonésien...

LA MAISON DES MÉTIERS DU CUIR 🏛 ★★★

33, rue Saint-Jean
GRAULHET
✆ 05 63 42 16 04
www.ville-graulhet.fr/maison-des-metiers-du-cuir
Adulte 5 €, enfant 2,5 €.

La ville de Graulhet est associée depuis le Moyen Âge au travail du cuir et reste un grand centre de la mégisserie, tannage des petites peaux. Une ancienne usine des rives du Dadou abrite la Maison des Métiers du Cuir dédiée à la transformation de la peau en cuir depuis le lavage de la peau à la rivière. Vous irez au laboratoire, aux galetas de séchage, aux ateliers de corroierie et de finition, à l'atelier de la maroquinerie. Animations et ateliers.

MUSÉE DÉPARTEMENTAL DU TEXTILE 🏛 ★

1, rue de la Rive
LABASTIDE-ROUAIROUX
✆ 05 63 98 08 60
Ouvert de mars à décembre, tous les jours. Entrée : 5 €. Visite guidée. Boutique.

Dans les bâtiments de l'ancienne manufacture textile Armengaud de 1880, cet espace présente le savoir-faire traditionnel, du XIXe siècle à nos jours, en matière d'industrie textile. On découvre la chaîne de fabrication, du fil au tissu. Démonstrations sur cadre à échantillonner et métiers à tisser, matériel ancien toujours en fonctionnement, expositions temporaires et ateliers créatifs complètent le parcours à travers la découverte de techniques de tissage du monde entier.

LA MAISON DE LA CHARCUTERIE 🏛

3, rue de Biarnès - **LACAUNE** ✆ 05 63 37 46 31
www.tourisme-montsetlacsenhautlanguedoc.com
Visite libre du 15 juin au 15 septembre, du lundi au samedi de 14h à 18h. Adulte 3 €. Jeu de piste (à partir de 7 ans).

Capitale de la charcuterie, il manquait à Lacaune un temple dédié à ce savoir-faire et à l'artisanat. Cette maison-musée comble ce manque. On y découvre les techniques d'antan et les modernes, les outils du passé et les actuels, les labels, démarches qualité, innovations... Et au centre de cet espace, le temps est laissé à la découverte de l'élevage des cochons et du *masèl*. La visite de la maison se conclut par une dégustation des spécialités de Lacaune, dont ses fameux jambons.

CATHÉDRALE SAINT-ALAIN DE LAVAUR ★★

3, place Saint-Alain - **LAVAUR**
✆ 05 63 58 06 37
lavaur.catholique.fr
Ouvert du lundi au vendredi de 9h à 12h et de 14h à 17h. Accès libre. Visite guidée.

Édifiée sur les ruines d'une église et d'un couvent détruit par les croisés de Simon de Montfort en 1211, cette église fut érigée en cathédrale par le pape Jean XXI quand il créa l'évêché de Lavaur en 1317. Le monument de style gothique méridional, souvent qualifiée de « petite sœur de la cathédrale Sainte-Cécile », présente l'originalité d'un jacquemart en chêne massif qui est le seul visible dans le Sud-Ouest, coiffé d'un bonnet phrygien et égrenant les heures au sommet d'une tour latérale. Avec la promotion de la ville au rang d'évêché en 1318, la bâtisse a connu une série d'embellissements : abside côté est en 1332, chapelles nord et sud entre le XIVe et le XVIe siècle, clocher-tour et portail monumental à l'ouest au XVe siècle. On peut admirer à l'intérieur un maître-autel polychrome, de l'école de Moissac, ainsi qu'un superbe orgue Cavaillé-Coll au buffet polychrome, chef-d'œuvre de la Renaissance du Midi. Son clocher-porche – dont le tympan sculpté représente une Vierge à l'enfant entourée de saint Joseph et des Rois Mages – participe à faire de Saint-Alain le joyau du patrimoine local. En février 2019, une tentative d'incendie criminel a calciné l'une des chapelles de la cathédrale remise en état depuis.

La cathédrale Saint-Alain a fait l'objet d'une restauration complète entre 2013 et 2018 pour un coût avoisinant les 2 millions d'euros. Elle est actuellement le deuxième monument le plus visité du département après la cathédrale Sainte-Cécile d'Albi.

L'ŒUF DE COQ €

1, place Pasteur
LAVAUR
✆ 05 63 34 66 58

Réservation recommandée. Menus de 38 € à 70 €. Formule du midi : 20 €. Vin au verre.

L'Œuf de Coq a éclos dans les rues de Lavaur en 2017. Depuis, c'est le rendez-vous gastronomique de la petite ville tarnaise. Derrière les fourneaux, Mathieu Lacaze met son talent au service d'une cuisine à base de produits de qualité. La carte est courte pour garantir la fraîcheur des produits : poissons de ligne, légumes de saison, aromates cueillis dans la nature... A midi c'est à l'ardoise. Exemples : lieu jaune, poireau, sésame, épinard et émulsion à l'estragon, ou filet de canette, chou rouge, purée de carotte à l'orange, tartelette aux poires et à l'anis…

CANTINA CHEZ ETCHE €€

15, place Paul-Saissac - LISLE-SUR-TARN
✆ 05 63 40 31 50
www.restaurant-cantinachezetche.com

Fermé lundi et mardi. Vin au verre. A midi menu du jour autour de 14 €. Terrasse. Partenaire Gourmet Bag.

La Cantina Chez Etche, c'est l'enclave basque du Tarn. Dans une ambiance familiale et conviviale, Sandrine, Christophe et leur équipe régalent les alentours avec leur joie de vivre et des assiettes généreuses. Hors saison, la carte propose des pizzas aux garnitures variées. C'est leur grande qualité qui a conféré à l'établissement ses lettres de noblesse. Ingrédients de qualité et originalité font la différence. Aux beaux jours, la Cantina propose une carte enrichie de spécialités basques, régionales et de plats d'horizons divers.

CHEZ LES ENFANTS DU MEUNIER €€

410, route du barrage
LE BEZ
✆ 05 63 73 02 88

Ouvert toute l'année. Week-end 130 €, semaine à partir de 380 €.

Un gîte de pêche dans un moulin au fond d'une vallée verte et sauvage. Cet ancien moulin seigneurial a été remis en service avec une turbine hydroélectrique pour produire de l'électricité verte. Gabriele et Jean-Pierre proposent des gîtes confortables et éco-responsables. Taquinez la truite en bas du gîte (mars-sept). Visite commentée du Moulin offerte durant votre séjour. Et Jean-Pierre est intarissable sur l'histoire locale, la croisade des Albigeois, les guerres des Religion.

LES JARDINS DE MAZAMET €€

6, rue Henri Gardet - MAZAMET ✆ 05 63 61 26 97
www.jardinsdemazamet.fr

Gîtes de France (5 épis). 5 chambres. Chambre double 90 €. Petit déjeuner inclus. Lit supplémentaire : 30 €.

Cette bâtisse du XIXe siècle avait été érigée par des industriels du délainage et de la mégisserie. Aujourd'hui, elle est tenue par Marie et Franck, un duo magique et dynamique qui facilitera séjours et sorties. Leur villa, constituée de quatre niveaux sur 800 m², garantit une liberté maximale et un refuge luxueux. En plus de la chambre familiale, des deux chambres spacieuses et des deux suites élégantes, la demeure possède un grand salon climatisé au rez-de-chaussée qui invite à la détente. De nombreuses formules complètes bien-être et romantiques sont proposées.

CIRCUIT D'ALBI

Le Séquestre - LE SEQUESTRE ✆ 05 63 43 04 04
www.circuit-albi.fr

Ouvert toute l'année. Grand prix d'Albi à partir de 15 € en prévente. Spécificité trackdays GT/Tourisme : 250 €.

Depuis sa création, à l'entrée de la capitale tarnaise, sa fréquentation n'a eu de cesse d'augmenter. Près de 80 000 spectateurs par an viennent assister à des courses de motos, d'autos ou de camions. Au Grand Prix d'Albi s'ajoutent des rencontres tout au long de l'année : académie de drift, stage de pilotage (pour les entreprises), rassemblement de véhicules anciens, etc. Vous pouvez même y conduire votre propre voiture homologuée sur route lors de journées de roulage. Lors de ces journées trackdays vous partagez la piste avec d'autres voitures de même catégorie.

LAC'CRO PARC

Base de loisirs du Lac des Montagnès
MAZAMET
✆ 07 83 19 04 55
laccroparc.com

De mars à octobre. Tarifs : adulte 20€, ados (-16 ans) 18€, enfants entre 8 et 17€.

Les amateurs d'adrénaline apprécient ce parc accrobranche sur la base de loisirs du Lac de Montagnès. A quelques minutes de Mazamet, le parc possède de nombreux ateliers, adaptés aux niveaux de chacun. Chacun d'entre eux permettra de découvrir la région sous un nouvel angle. Au total, Lac'cro Parc abrite 15 parcours sécurisés, 25 tyroliennes dont une « méga » de 200 m ! Toute la famille pourra donc s'amuser sur des tracés variés et adaptés à la taille et à la difficulté demandée. En périphérie du parc, des hébergements sont disponibles à la location.

LA MONTAGNE NOIRE

MAZAMET

La légende raconte qu'elle serait née d'un formidable coup d'épée de la fée Nore, au secours de ses amis les gnomes Taur, Bug et Arach, qui tentaient de dresser de leurs mains un rempart de pierres pour se protéger des vents du Nord. Dernier bastion du Massif central, la Montagne noire rejoint les plaines du Tarn, de l'Hérault et de l'Aude. Forêts et pierres façonnées, vallées et plateaux s'y succèdent. Au plus haut se dresse le pic de Nore (1 214 m), et au plus profond coule l'eau que détourna Pierre-Paul Riquet au XVIIe siècle pour alimenter le Canal du Midi. L'eau contribua à l'essor de l'industrie dans la vallée du Thoré, fournissant l'énergie pour transformer la laine, le bois, la pierre et le cuir. Jadis, on s'installait sur les plateaux, comme en témoignent le village médiéval d'Hautpoul, l'oppidum de Berniquaut ou les forges romaines des Martys, puis les villes se sont développées au pied de la montagne. Durfort, bastion des dinandiers, Dourgne et ses monastères, Sorèze et son abbaye-école, Labruguière, patrie d'Arthur Batut, l'inventeur de la photographie aérienne en cerf-volant. Proche de la mer, la Montagne noire veille sur les Pyrénées tout en glissant vers Toulouse et la riche plaine du Lauragais. Ici les artisans ont travaillé le verre, forgé le métal, tissé la laine, sculpté le bois, taillé la pierre, et la tradition qui perdure... La Montagne noire, ce sont aussi, bien entendu, des espaces naturels, des producteurs fermiers, des accueils touristiques et tout un patrimoine attractif.

LES TOILES DE LA MONTAGNE NOIRE

15, lieu dit La Richarde
MAZAMET
✆ 05 63 61 11 08
www.lestoilesdelamontagnenoire.com

Livraison possible (ventes en ligne). Linge de maison à l'ancienne et Made in France.

Du 100 % *made in* Tarn, de la création à la fabrication des tissus, l'intégralité du processus de fabrication est situé en France, et ils ont bien raison de le revendiquer ! Trois boutiques (à Albi, Mazamet et Labastide-Rouairoux) proposent ces toiles tissées dans le Tarn, à partir de laines du pays et de produits naturels, tel le pastel. Nappes, serviettes, tabliers, plaids, sacs, toile au mètre... Toute une gamme de produits est proposée à la vente.

DOMAINE LES CLOTS €€

Les Clots - MIRANDOL-BOURGNOUNAC
✆ 05 63 80 72 15
www.domaineslesclots.nl

Fermé de septembre à mai. Location HLL/ Bungalow semaine, de 490 à 995 €, tente équipée, de 350 à 435 €.

Au cœur d'une nature luxuriante et en bordure du Viaur, ce camping propose des emplacements spacieux et ombragés. S'ajoutent, à la location, des tentes équipées, des caravanes, des bungalows toilés, une cabane en bambou, des chalets, des gîtes. Le domaine abrite une grande piscine, un golf miniature, une aire de jeux et même un terrain de pétanque. Dans une ambiance conviviale et familiale, un ressourcement vous sera garanti. Et pour ceux qui souhaitent l'isolement complet, des emplacements ont été aménagés au milieu du bois.

LES MIRLIFLORES

52, rue de la Guillemette
MONTANS
✆ 05 63 53 47 74
https://lesmirliflores.fr

Fabrication artisanale. Possibilité de biscuits personnalisés.

Découvrez la première collection de biscuits historiques. Leur recette ? Des matières premières locales et des connaissances historiques. Aux fourneaux : Élisa et Gwenaëlle, installées dans une ancienne ferme. Leur biscuiterie des Mirliflores produit des gourmandises Moyen Age, Renaissance ou XVIIIe siècle : boules de poilus, à la noisette et à la fleur d'oranger, massepains au chocolat, brivadeaux à la violette, biscuits de la joie, à la farine d'épeautre, cannelle et éclats d'amande. Et dans la boîte, il y a un livret sur la pâtisserie à travers les siècles.

PLANÈTE TARN ★

Route de Lacaune - MONTREDON-LABESSONNIÉ
✆ 05 63 75 63 12
www.planetarn.com

Ouvert toute l'année. Fermeture annuelle en décembre. Animations à partir de 5,50 €. Label Tourisme & Handicap.

C'est ici que le premier observatoire de France a été créé. Initié par Guillaume le Nautonier, astronome et géographe d'Henri IV, c'est un vestige. De nos jours, ils sont une poignée de passionnés à animer cet observatoire-planetarium privé : leur but, vous permettre d'observer, de rêver et de mieux comprendre l'univers. Avec eux, vous aurez la tête dans les étoiles ! Formidables animations pour les enfants qui peuvent participer à des spectacles vivants, construire ou tirer des fusées à eau sous pression. Utilisation d'un télescope, dès l'âge de 10 ans !

GOUTTE D'Ô €

Payrac
NAGES
✆ 05 63 37 12 29

Disponible du 1er avril au 31 octobre. 12 € par personne.

Une initiative d'une collectivité territoriale qui mérite d'être dévoilée. Pour une immersion complète dans la nature et très abordable, venez séjourner en moyenne montagne dans un environnement paisible et préservé. Suspendue à trois beaux hêtres, cette bulle insolite que l'on rejoint par une petite passerelle offre un hébergement original. Semi-vitré, celui-ci offre une vue plongeante sur la forêt et un éclairage au clair de lune et un lit double confortable. Une réalisation de la Communauté de Communes des Monts de Lacaune et de la Montagne du Haut-Languedoc.

LE FER À CHEVAL €€

Lieu-dit La Bourrelié - PAULINET
✆ 05 63 55 84 57
www.auferacheval.com

Bienvenue à la Ferme. Ouvert toute l'année. Restauration.

Cette belle ferme pédagogique et de séjour vous accueille à 600 m d'altitude. De la classe découverte aux vacances en famille en passant par les formations, les prestations sont variées. Les petits s'occupent des animaux. Les ados partent en rando à vélo, s'initient à l'escalade ou au canoë, en itinérance style trappeur. On apprend à faire du pain et des confitures, à jardiner ou utiliser une boussole. Le grand gîte accueille jusqu'à 60 personnes. S'ajoutent les cabanons en toile du camping nature sans électricité, mais des livraisons avec un âne.

BASE DE LOISIRS D'AIGUELÈZE

Mairie de Rivières
RIVIÈRES
✆ 05 63 41 72 65

Haute saison : ouvert tous les jours de 14h30 à 19h.

Sur les rives du Tarn, l'Espace Loisirs d'Aiguelèze (tennis, golf, VTT, activités nautiques, etc.) s'étend sur 60 ha de nature. Le golf et le minigolf sont ouverts toute l'année. On peut choisir une balade sympathique à pied ou en vélo le long du Tarn ou en gabarre jusqu'à Albi. Canoë, bateau à pédales, barque de pêche, école de voile, ski nautique, jeux gonflables, aire de jeux au menu. En été, accès à la piscine naturelle : les activités sont multiples, encadrées ou libres.

LE FAMILY POD ET SPA €€

4, rue laperouse - RIVIÈRES ✆ 06 09 99 93 44
www.terrassesaigueleze.fr

Ouvert toute l'année. Pod pour 4 personnes : 115-125 €/nuit 210-230 €/week-end. Planche de tapas : 15 € par personne.

A deux pas du port de plaisance, du centre de loisirs et de nautisme, entre calme et nature sauvage, au rythme paisible de la rivière, les Terrasses d'Aiguelèze proposent des chambres d'hôtes et avec le family pod, un hébergement Insolite. Il s'agit d'une cabane totalement construite en bois, aux formes arrondies, petit nid douillet pour accueillir 2 adultes et 2 enfants. Le family pod dispose de sa terrasse privée sous tente toute l'année. Vous avez accès à l'espace détente avec la piscine, la paillote et le bain à remous… Un superbe petit déjeuner est inclus.

FERME DE SÉJOUR D'EN RIVES

D85
SAINT-AMANCET
✆ 33 6 76 46 62 46
www.enrives.webnode.fr

Ouvert toute l'année.

Dans cette ferme de séjour, en pierre et aux volets bleus, Bernadette et Patrick Rossignol vous accueillent sur deux tableaux. A la fois agriculteurs et amateurs de sports de plein air, ils vous racontent la ferme et vous guident dans des activités telles que canyon, VTT, randonnée, dessin, spéléo, trekking, parcours dans les arbres, orientation et escalade. En hiver, vous pourrez même faire des raquettes ! Parfait pour ceux qui veulent passer des vacances actives.

LE MUSÉE DU SAUT-DU-TARN ★

2, impasse des Aciéries - SAINT-JUÉRY
✆ 05 63 45 91 01
www.musee-saut-du-tarn.com

De fin mars à début novembre. Adulte 4 €, enfant 2 €.

Ouvert en 1995 par d'anciens ouvriers de l'usine métallurgique, dans le bâtiment de la première centrale hydroélectrique, le musée fait revivre deux siècles d'histoire industrielle et sociale, à travers de nombreuses maquettes animées évoquant l'époque de la Société des Hauts-Fourneaux, forges et aciéries du Saut-du-Tarn. La visite dure une heure et demie environ et se termine par un spectacle audiovisuel agrémenté d'une maquette géante de 23 m, simulant les crues spectaculaires de la rivière Tarn. De nombreuses animations culturelles y sont programmées.

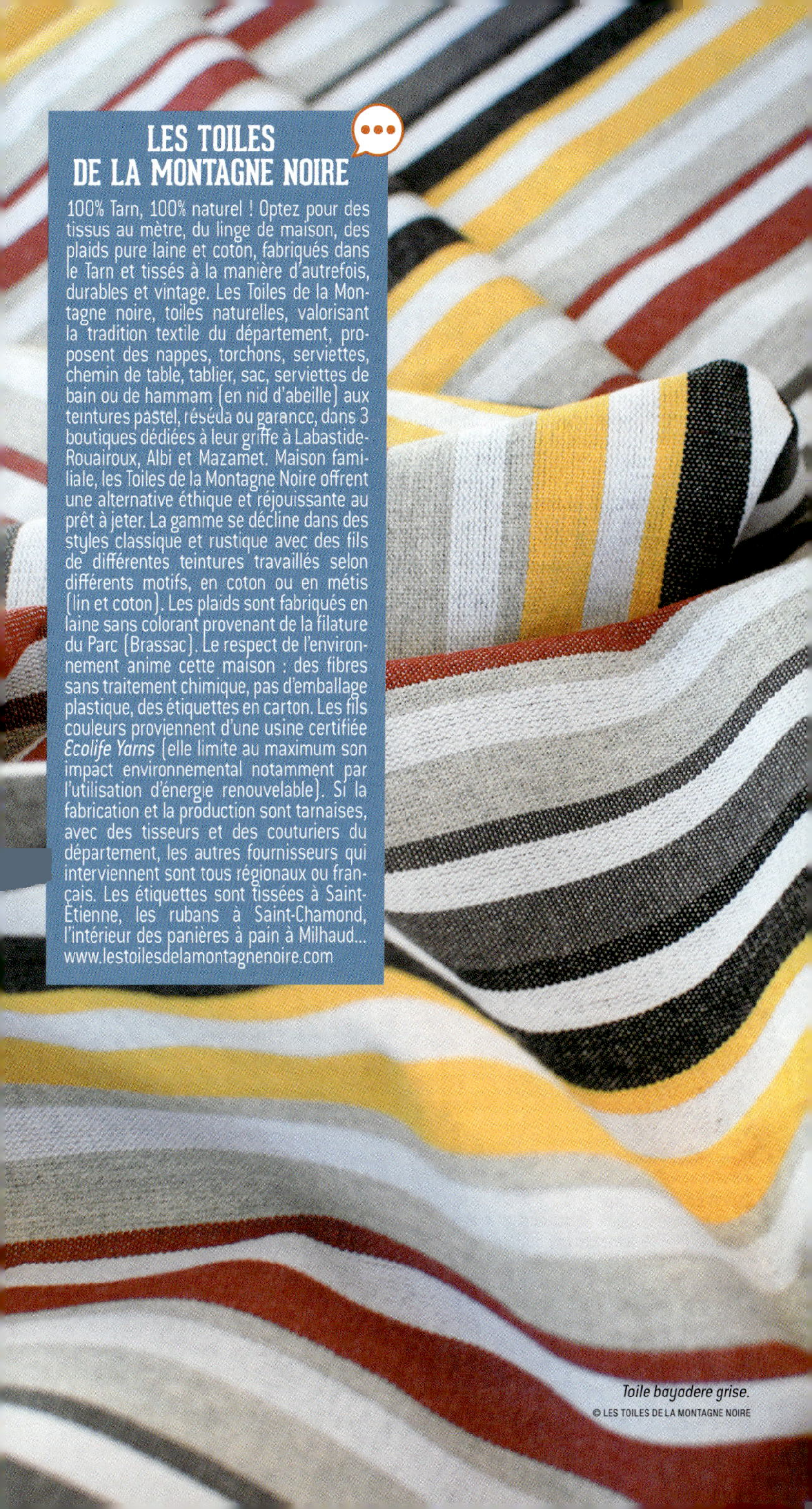

LES TOILES DE LA MONTAGNE NOIRE

100% Tarn, 100% naturel ! Optez pour des tissus au mètre, du linge de maison, des plaids pure laine et coton, fabriqués dans le Tarn et tissés à la manière d'autrefois, durables et vintage. Les Toiles de la Montagne noire, toiles naturelles, valorisant la tradition textile du département, proposent des nappes, torchons, serviettes, chemin de table, tablier, sac, serviettes de bain ou de hammam (en nid d'abeille) aux teintures pastel, réséda ou garance, dans 3 boutiques dédiées à leur griffe à Labastide-Rouairoux, Albi et Mazamet. Maison familiale, les Toiles de la Montagne Noire offrent une alternative éthique et réjouissante au prêt à jeter. La gamme se décline dans des styles classique et rustique avec des fils de différentes teintures travaillés selon différents motifs, en coton ou en métis (lin et coton). Les plaids sont fabriqués en laine sans colorant provenant de la filature du Parc (Brassac). Le respect de l'environnement anime cette maison : des fibres sans traitement chimique, pas d'emballage plastique, des étiquettes en carton. Les fils couleurs proviennent d'une usine certifiée *Ecolife Yarns* (elle limite au maximum son impact environnemental notamment par l'utilisation d'énergie renouvelable). Si la fabrication et la production sont tarnaises, avec des tisseurs et des couturiers du département, les autres fournisseurs qui interviennent sont tous régionaux ou français. Les étiquettes sont tissées à Saint-Étienne, les rubans à Saint-Chamond, l'intérieur des panières à pain à Milhaud...
www.lestoilesdelamontagnenoire.com

Toile bayadere grise.

LE WIGWAM DU FASSAC €€

1134, route de Puechassaut
SAINT-JULIEN-DU-PUY
✆ 06 50 93 87 24

Ouvert de mi-février à début novembre. De 75 € à 115 € la nuit pour 2 avec petit déjeuner.

Sylvie et J.-C. vous accueillent dans leur ferme pédagogique, dans la campagne calme et verdoyante de Saint-Julien-du-Puy. Invitation à vivre l'expérience de dormir sous les étoiles dans un cocon douillet. Au cœur du domaine, cette tente amérindienne à armatures de bois, avec une toile en PVC, est idéale pour une nuit sous les étoiles que vous pourrez observer grâce à un télescope. Vous avez la possibilité de mettre une capote de protection sur votre tente en cas de pluie ou de vent. Cabanon sanitaire privé avec douche à effet de pluie et toilettes sèches.

LA GUINGUETTE €€

Lac Les Sourigous
SALVAGNAC
✆ 05 63 58 69 84

Ouvert toute l'année. Fermeture mardi et mercredi. Chèque Vacances, Chèque Restaurant. Terrasse. Animations.

Avec ce nom évocateur, vous ne serez pas surpris de découvrir sur les rives du lac Les Sourigous une adresse animée et conviviale. Les pieds dans l'eau, La Guinguette est l'établissement idéal pour un moment de détente bucolique. On s'installe sur la terrasse sur pilotis ou dans la belle salle vitrée ouverte sur le lac pour grignoter pizzas et tapas ou un menu complet. Il y a des oiseaux qui chantent, des poissons qui sautent de temps en temps, des cavaliers au loin... Et les vendredis et samedis soir, à La Guinguette c'est *dance floor*.

LA BIBLIOTÈCA €€

2, avenue d'Albi - **SAINT-PIERRE-DE-TRIVISY**
✆ 05 63 50 42 22
www.labiblioteca.fr

Ouvert toute l'année. Du mardi au samedi le midi et le soir ; le dimanche midi. Carte : 26 € environ. Vin au verre.

C'est la première librairie-restaurant de France ! Un pôle culturel original et gastronomique au cœur du Sidorbe granitique qui anime le village à l'année. Une table conviviale et locavore pimentée de livres qui copinent avec la charcuterie de Saint-Jean-de-Jeannes, le canard des Délices d'Auzan, la viande aubrac Miss Aubrac, les fromages de brebis des Paulinetoises, le chocolat Michel Cluzel. Osez les pieds de porc en carpaccio sauce ravigote, le foie gras aux châtaignes, pain d'épices et compotée de fruits secs, sans négliger le cassoulet maison aux 3 viandes.

CHÂTEAU DE MAURIAC

Lieu-dit de Mauriac - **SENOUILLAC**
✆ 05 63 41 71 18
www.chateaudemauriac.com

De Pâques à Toussaint. Adulte 9 €, enfants 4 €. Classé monument historique. Visite guidée. Chambres d'hôte de standing.

Situé sur la route historique du Pastel, cette forteresse du XIVe siècle attire l'œil par son imposante architecture : de grosses tours rondes, une superbe cour Renaissance à laquelle Bernard Bistes, peintre et actuel propriétaire du château, a rendu son luxe. Une quarantaine de pièces ont été restaurées et revisitées par leur hôte, agrémentées au rez-de-chaussée par une exposition permanente de ses œuvres. Vous pouvez aussi séjourner dans l'une des 5 magnifiques chambres d'hôtes du château et dormir dans un somptueux lit à baldaquin.

LE CARPODROME DU TARN-AGOUT

Base de loisirs de Ludolac
SAINT-SULPICE
✆ 05 63 35 55 56

Ouvert toute l'année. Carte : 10 €, sans limite de validité.

Qu'est-ce qu'un carpodrome ? Il s'agit d'un lieu principalement dédié à la pêche à la carpe. Depuis 2007, le département du Tarn dispose de son carpodrome à l'initiative de la Communauté de communes Tarn-Agout, propriétaire des lieux. Celui-ci est organisé autour un étang de plus de 10 ha. On y pêche principalement à la canne au coup, à l'anglaise. On y accède toute l'année par le grand portail de l'entrée principale, au moyen d'une carte perforée.

L'ABBAYE-ÉCOLE DE SORÈZE ★★★

Rue Saint-Martin - **SORÈZE** ✆ 05 63 50 86 38
www.abbayeecoledesoreze.com

Fermé en janvier. Fermé le mardi sauf en été. Adulte 8 €, famille 17€. Visite guidée.

Créée en 754 par Pépin le Bref, l'abbaye devient, sous Louis XVI, l'une des douze écoles royales militaires de France. En 1854, le père Henri-Dominique Lacordaire en prend la direction et lui donne un nouveau souffle et une renommée internationale. Nombre de militaires, écrivains, philosophes, artistes y ont été formés jusqu'à sa fermeture en 1991, dont Hugues Auffray et Claude Nougaro. Magnifique salle des bustes des illustres et un parcours muséographique sur l'éducation des jeunes Soréziens du XIXe siècle. En juillet, festival «Musiques des Lumières».

TARN-ET-GARONNE

Au pays du Tarn et de la Garonne, les sites de charme ne manquent pas. Le Port canal de Montauban, à l'embouchure du Tarn ; un lieu bucolique à l'ambiance port de plaisance à deux pas de la ville par la voie douce qui mène jusqu'au musée Ingres devenu Ingres Bourdelle en hommage aux deux artistes montalbanais. Ce territoire invite à observer les oiseaux à la longue-vue et les étoiles au télescope, à suivre les voies vertes des anciens chemins de halage le long des canaux à pied ou à vélo et déguster les plats du terroir. Vous avez une double raison de faire une escale à Caussade, capitale du diamant noir et cité des chapeaux de paille riche de son épopée chapelière. Retour à Montauban pour découvrir la route du *street art* et le Musée des jouets. Quelques hébergements de charme vous attendent, bulles sous les étoiles, cabanes dans les arbres, roulottes ou yourtes. Reprenez des forces, il reste beaucoup d'expériences insolites à vivre !

LE CHÊNE D'HENRI IV À MERLES

Merles
AUVILLAR

Petit village traversé par la Garonne, Merles abrite avec le chêne dit d'Henri IV une vraie curiosité dotée de sa légende. On dit que le vendredi 10 juillet 1579 au matin, Henri de Navarre, escorté de 44 cavaliers, accompagné de son épouse la reine Margot et d'une suite de belles dames et de charmants gentilshommes, s'arrêta à l'ombre du chêne qui porte aujourd'hui son nom. Une escale alors qu'il se rendait de Nérac à Montauban. On dit que la noble compagnie avait dévoré la veille, à Auvillar, pas moins de 92 livres de bœuf, 138 livres de mouton, 58 livres de veau, 76 poulets, 1 chevreau, 1 paon, 2 levrauts, 2 lapins, 2 fressures de mouton, 1 fressure de veau, 1 quarteron d'œufs, 33 livres de lard, 12 pièces de four et une grande quantité de fruiterie. Bien entendu le festin avait été arrosé et ce furent deux barriques de vin clair et une barrique de vin blanc versées dans les chopines. On sait que le Navarrais raffolait de la cuisine au beurre, que le soleil estival dardait ses rayons démocratiques sur l'inestimable cortège. Sous l'arbre qui allait devenir célèbre, l'auguste gosier chercha à apaiser une soif inextinguible. Il y avait, à quelques toises du chêne vénérable, une fontaine d'eau fraîche et limpide. Le roi demanda à son valet Joachim d'aller quérir une coupe de ce rafraîchissant breuvage… Légende ou pas, il est toujours agréable de faire une halte auprès de ce magnifique chêne multi-centenaire qui garde la mémoire d'une royale histoire.

LE PETIT CHATEAU ARGOUMBAT €€€

Lieu-dit Argoumbat - **BEAUMONT-DE-LOMAGNE**
✆ 05 63 64 66 81
www.argoumbat.com

Gîtes de 4 à 10 personnes de 793 € à 3 213 € la semaine selon taille et saison. Table d'hôtes 35 €.

On le surnomme le château bio. L'écologie est au cœur de ce domaine de 40 ha. Les propriétaires ont quitté l'Allemagne pour vivre en Gascogne et s'engager dans ce projet cohérent. La piscine est naturelle, on y fait du cheval, du vélo, on flâne dans les bois et on mange bio. Cette demeure du XVIIIe siècle, site historique des seigneurs d'Argombat, abrite 3 gîtes de caractère : manoir, pigeonnier et écurie. Mais le must c'est l'accueil chaleureux de Mirjam Volp, la maîtresse des lieux.

LES CABANES DE BRASSAC €€

BRASSAC
✆ 05 63 05 13 91
lescabanesdebrassac.fr/

Toute l'année. Dès 490 € le week-end, le gîte/6 places. Cabanes Dès 110 € la nuit, la cabane/2 pers. Piscine. Spa.

Adossé au plateau calcaire, au-dessus d'un vallon riant d'où naissent plusieurs sources, le domaine où nous convie Laura est enchanteur. Trois cabanes - Amour, Chant de la Nature et Céleste - ont été construites sur des chênes centenaires, en épousant leurs courbes végétales. Elles évoquent les cabanes de notre enfance, mais avec tout le confort et les équipements nécessaires (piscine, spa), dans le plus grand respect de l'environnement. Le Gite «esprit cabane» offre lui aussi tout le charme d'un séjour arboré ! Un esprit un brin «hobbit».

© DR

Abri-Niquel.

L'ABRI-NIQUEL €

Rue de la Fontaine - **BRUNIQUEL**

✆ 05 63 24 15 26 - http://abriniquel.blogspot.com

Chambre double de 36 € à 50 €. Petit déjeuner inclus. Chambre familiale 95 €. Location d'ânes bâtés, accueil cavaliers.

Autour de la fontaine-lavoir s'est constitué un petit faubourg au pied du village. On y retrouve l'Abri-Niquel, vaste maison aux allures de gîte étape avec plusieurs chambres d'hôtes, un dortoir, et deux gîtes ruraux. Walter Artusi, débonnaire et sympathique maître des lieux, est un sacré personnage, très apprécié des randonneurs et cavaliers de passage. Sur place vous aurez la possibilité de louer des ânes bâtés pour un périple dans la forêt de la Grésigne toute proche et les cavaliers trouveront ici une halte aussi sympathique pour eux que pour leur monture.

MAISON POUSSOU

Rue du Trauc

BRUNIQUEL

✆ 05 63 67 25 23

www.maison-poussou.fr.ht

Tous les après-midi l'été. Le dimanche après-midi hors saison.

C'est un décor de cinéma. Du moins un décor apprécié des réalisateurs qui veulent tourner au Moyen Age. Il a fallu 40 ans de travaux à monsieur Poussu pour remonter cette monumentale bâtisse selon des plans historiques. Un chantier débuté en 1978 pour édifier pierre après pierre cette demeure mitoyenne de la plus ancienne du village. Défenseur de la culture, monsieur Poussu a fait de cette bâtisse un lieu dédié à l'art vivant qui accueille les artistes de la région qui y exposent dans la galerie du rez-de-chaussée. A découvrir, au cœur du village ancien.

CAMPEMENT PRÉHISTORIQUE

Travers Grand-Escourat

BRUNIQUEL

✆ 05 63 24 24 00

campementprehisto.wixsite.com/terremere

Tarifs selon activités.

L'association Terre Mère anime ce campement sur le site de la grotte ornée des Meyrières, véritable petit Lascaux départemental, sur une zone déjà occupée par l'Homme il y a 80 000 ans. Outre la visite de la grotte, différents ateliers découvertes, tels que la taille du silex, l'allumage du feu, la chasse ou le travail des archéologues, sont programmés. Pour une journée pique-nique, ludique et instructive, en famille. Avec « l'Homme Préhistorique de Bruniquel », l'association se déplace dans toute la France pour faire découvrir cet univers d'un autre âge.

MANOIR DES CHANTERELLES €€€

2170, route de Castelsarrasin - **CASTELSARRASIN**

✆ 05 63 24 60 70 - manoirdeschanterelles.com

Gîtes de France (5 épis). 5 chambres. Chambre double 90 € la nuit avec petit dej.

Une escale au paradis ! Le manoir des Chanterelles est situé au pied du village de Lafrançaise, parmi les vergers. Près des berges du Tarn et de Montauban, cette adresse de charme vous promet un séjour vraiment agréable. La bâtisse bourgeoise a beaucoup de cachet et offre tout le confort attendu : hauteur de plafond, pièces spacieuses, parc et piscine. Chaque chambre est dotée d'une décoration personnalisée, exotique et orientale ou zen et épurée. Vous apprécierez également l'espace bien-être avec la possibilité de massages et de soins esthétiques.

CAUSSADE CITÉ DE PAILLE

4, place du Général de Gaulle
CAUSSADE
✆ 05 63 93 10 45
www.mairie-caussade.fr

Capitale du chapeau de paille, Caussade bénéficie d'une belle renommée de cité chapelière. On retrouve des traces de cet artisanat un peu partout dans la ville. Caussade c'est aussi un très beau marché authentique qui se tient tous les lundis autour d'une halle ouverte récemment rénovée. Dans les ruelles de la vieille ville, les stands s'étendent pour le plus grand plaisir des badauds qui retrouvent ici la saveur des marchés paysans d'autrefois. A Caussade on peut encore acheter de la volaille vivante ou encore en hiver faire son marché au gras !

CHAPELLERIE WILLY'S PARIS

63, avenue Général-Leclerc
CAUSSADE
✆ 05 63 93 09 96
Adulte : 3 € (durée 1 heure). Visite organisée par l'Office de Tourisme sur réservation.

Cette chapellerie a été fondée en 1824. La visite permet de découvrir un savoir-faire qui perdure depuis six générations. Les chapeaux sont fabriqués avec des machines à coudre spécifiques pour la couture de la paille datant du début du XXe siècle, des formes en aluminium des années 1950 et des presses. L'entreprise perpétue ainsi les procédés traditionnels. L'atelier arbore le label «Entreprise du Patrimoine Vivant». Au magasin d'usine vérifiez si vous avez une tête à chapeau...

CERF-VOLANT ET CIE

17, avenue du père Huc
CAYLUS
✆ 06 30 00 45 23
Atelier à partir de 15 € par personne.

Trés original ! Caylus abrite une école de cerf-volant. Cette cité médiévale pittoresque de la Vallée de la Bonnette, qui connut un développement important au Moyen Âge vous invite à découvrir une activité empreinte de poésie dans le cadre d'ateliers et d'animations itinérants. Au menu, des cours de pilotage, des stages de fabrication, des vols spectaculaires, des vols nocturnes, des expositions de cerfs-volants du monde. Une activité ancestrale ouverte à tous qui réjouit les petits comme les grands. Une variété infinie et le bonheur au bout d'un fil !

AURÉLIEN LAFARGUE ET SES BLONDES D'AQUITAINE

Agriculteur et éleveur à Montfermier dans les Coteaux du Quercy, dans le Tarn-et-Garonne, Aurélien Lafargue a repris une partie de l'exploitation de ses parents. Tout d'abord, il fut salarié durant quatorze ans en tant que technicien à la chambre d'agriculture tout en travaillant comme éleveur sur l'exploitation familiale. En 2017, à l'âge de 35 ans, il a choisi de faire le pas et de se consacrer entièrement à la ferme qu'il exploite désormais seul. Il mène avec passion son troupeau de vingt-cinq Blondes d'Aquitaine qui lui donnent chaque année une vingtaine de veaux. C'est un paysan qui travaille en cohérence et en harmonie. Aurélien Lafargue garde quelques femelles et vend ses broutards dans le respect de ses animaux et de l'environnement : « Mes pâturages ont toujours été cultivés de façon naturelle, mais j'ai décidé de m'engager plus encore. Ma famille s'est toujours contentée de l'utilisation de très peu d'engrais. Le passage au tout bio fut donc pour moi tout à fait naturel. Je possède une trentaine d'hectares. Les bêtes sont nourries au pâturage le plus longtemps possible, leur fumier a remplacé le peu de produits phytosanitaires que j'employais. L'hiver, elles sont nourries avec mes fourrages et mes céréales, un mélange de pois et de triticale. Cultivés eux aussi sans engrais ni désherbant. » Une façon de travailler et une viande 100 % bio, tout comme sa nouvelle production : l'ail, très demandé par les consommateurs.

ICI, ON CULTIVE ET ON FÊTE LA NOISETTE

La culture du noisetier est un secteur en plein essor, avec une croissance de 10% par an. Le département du Tarn-et-Garonne est le 2ème département producteur de noisette en France et Lavit-de-Lomagne, la ville préférée des écureuils. Dans ce village on cultive, on récolte, on presse et on cuisine la noisette pour en faire une huile divine et des gâteaux délicieux. Sur ce territoire propice, les producteurs entretiennent des hectares de noisetiers. Lavit abrite aussi une Confrérie de la noisette. Mieux, on y célèbre ce petit fruit à coque chaque année en octobre, lors de la Fête de la noisette, un belle fête gourmande, populaire et sportive. A cette occasion, se tient le championnat du monde de lancer de noisette à la sarbacane.

La production de noisette qui ne manque pas d'atouts est tout à fait bien adaptée aux coteaux de la Lomagne. Deux traitements par an suffisent à lutter contre les ravageurs. Un arrosage au goutte à goutte lui convient et sa culture avec des rangs enherbés stabilise les sols et lutte ainsi contre l'érosion. Enfin, les noisetiers restent productifs sans qu'il faille les replanter pendant une quarantaine d'années. Et comme la noix ou la châtaigne, la noisette est un trésor de bienfaits pour la santé. Source d'énergie, la noisette est riche en acides gras insaturés et en fibres alimentaires, source de fer, de magnésium, de zinc, de calcium, de manganèse, cuivre, phosphore et potassium, vitamine B1, B6, B9, E. Tout cela méritait bien une fête de la noisette !

VILLAGE BORD DE CIEL €€

Chemin de l'escapade - **CAYLUS**
✆ 0674665889
www.village-vacances-a-caylus.fr

Ouvert toute l'année. Basse saison : de 57 € à 157 €. Haute saison : de 135 € à 185 €. Semaine de 259 à 1036 €.

Perché sur les hauteurs, face à Caylus, au milieu de bois, ce village de vacances vient d'être rénové par un couple sympathique. Sur place, tout est conçu pour vous offrir des moments de détente et de divertissement. En saison, des animations sont programmées chaque jour. Le village Bord se compose de 40 maisonnettes organisées autour d'une place centrale comme un village, pouvant recevoir selon leur configuration de 5 à 8 personnes. L'atmosphère est familiale et vous pouvez profiter de la nature autour. Animations, épicerie, salle de jeux

MUSÉE DU CORBILLARD ET DE L'ATTELAGE

Restaurant Yvan Quercy
CAZES-MONDENARD
✆ 05 63 95 84 02

Ouvert toute l'année. Adulte : 7 €. Enfant : 2,50 €. Visite guidée et dégustation de produits régionaux. Restauration.

Original et pointu ! Plus de 150 corbillards du XVIIIe au XXe siècle et 60 autres voitures hippomobiles sont à découvrir. Voilà donc un endroit plus qu'insolite, œuvre du défunt collectionneur Yvan Quercy. Ce musée bénéficie d'un très bel environnement et vous avez sur place un restaurant (réserver). Les camping-caristes sont les bienvenus, l'établissement faisant partie du réseau France Passion. Yvan fils présente désormais sa collection de motos anciennes.

THE HAPPY HAMLET €€

Lieu-dit Gary - **FAUROUX** ✆ 07 71 73 94 36
thehappyhamlet.com

Ouvert toute l'année. 5 chambres. Chambre double de 110 € à 125 €. Toute la propriété à partir de 550 € / nuit / 10 ers.

Au nombre des 50 plus beaux hôtels d'Europe sélectionnés par *Geo* pour 2021. Un couple finlando-tchèque et français engagé dans le respect de la nature anime cette ancienne ferme multicentenaire de pierres blanches du Quercy, située dans un environnement de 13 ha de prairie, forêt et bambouseraie. Produits maison, récolte du potager, chèvre débroussailleuse, tri sélectif, économie d'énergie, bassin de nage naturel... Un cadre dépaysant et serein, des prestations au top pour un séjour aux petits oignons ! Table d'hôtes, panier pique-nique, escape game en forêt.

ABBAYE DE BELLEPERCHE MUSÉE DES ARTS DE LA TABLE

121, route de Belleperche
CORDES-TOLOSANNES
✆ 05 63 95 62 75
www.musee-arts-de-la-table.fr
De mars à décembre. Gratuit jusqu'à 18 ans. Adulte : 2 €. Visite guidée.

Au XIIIe siècle, Belleperche était l'une des trois plus grandes et plus riches abbayes cisterciennes du Midi. Affiliée à Clairvaux en 1143, elle contribua au développement économique de la région. Désormais propriété du Département, elle a été peu à peu restaurée et réhabilitée pour accueillir un musée présentant une collection liée aux arts de la table. Ainsi l'ancienne abbaye de Belleperche est-elle devenue depuis 2002 un centre d'histoire et d'illustration de l'art de la table. On découvre les salles et galeries voûtées de l'abbaye salle de réception des hôtes du XVIIIe siècle, réfectoire des moines, salles d'histoire, parc à allées de tilleuls, majestueux escalier d'honneur, vaste grenier à grain à trois vaisseaux, cloître de brique… Dans l'ancienne hôtellerie restaurée, l'exposition « La terre et le thé » est une étape majeure dans l'évolution du musée. Cette collection compte plusieurs centaines d'objets liés à la consommation du thé, essentiellement fabriqués en Chine pour le marché intérieur et pour l'exportation, ainsi qu'au Japon et en Europe. Couvrant la période du VIIe au XXe siècle, avec un ensemble en grès de Yixing daté de la période Ming, cette collection est unique en Occident, voire au monde en raison de la présence d'une théière réalisée et signée en écriture libre de l'illustre potier Shi Dabin, unique exemplaire conservé à ce jour. Chaque été, une exposition originale se tient dans le grenier, ainsi que des animations culturelles insolites.

CAMPEMENT À LA FERME €

LABARTHE
✆ 06 27 51 71 09
www.lafermesaintmartin.fr
Printemps et été. Adulte 18 € la nuit, enfant 12 € avec accès aux activités de la ferme.

Un campement sous les étoiles chez de vrais paysans, isolé en pleine nature. La vue est belle, l'environnement préservé, vous pouvez camper ou choisir entre : vaste tente igloo panoramique en toile blanche, yourte dans la clairière, yourte rouge aux allures mongoles, tente trappeur ossature bois et toile, grand tipi à l'indienne. Pour ce bivouac : toilettes sèches, réchaud, tables de pique-nique, barbecue, feu de camp. A la ferme : des sanitaires et un coin cuisine. Vous amenez duvet et lampe de poche. Sur place œufs et volaille de la ferme, et produits locaux.

PELLA ROCA €€

Lieu dit Limougne - **LABASTIDE-DE-PENNE**
✆ 09 54 46 28 28
www.pella-roca.com
2 cabanes perchées avec Spa et Sauna privatifs,. Chambre double à partir de 220 €.

Dans ce domaine de charme, vous trouverez vos cabanes dans les arbres décorées avec soin et prêtes à vous faire profiter d'un séjour détente et nature. Avec une approche écologique et artistique, vous vivrez ici une expérience différente chic et nature. Chaque cabane dispose de bains bouillonnants en bois, écologiques (l'eau est chauffée au feu de bois), très élégants et très confortables. À vous d'allumer le feu afin de profiter d'un bain chaud en toute saison avec les étoiles comme témoin ! Les petits déjeuners et paniers-repas vous sont livrés directement.

«CHEZ GABRIEL» RESTO-GUINGUETTE €

1570, Chemin de Mortarieu
LACOURT-SAINT-PIERRE ✆ 05 63 66 76 39
chez-gabriel-resto-guinguette.business.site/
Du mardi au dimanche midi ; du jeudi au samedi midi et soir. Réservation recommandée. Formule du midi : 13,5€

Au bord du canal des Deux-Mers, dans un cadre idyllique et arboré, Gabriel Cappo est tombé sous le charme de la maison éclusière située à mi-chemin entre Montauban et Montech. Après deux ans de travaux, Gabriel propose dans sa guinguette une carte à l'esprit bistrot avec plats du jour et pièces de bœuf. Une cuisine familiale d'ici et d'ailleurs, faite maison, composée de produits locaux et de saison. Pour les passionnés de musique, une programmation musicale est prévue les week-ends.

PLAGE DE LAGUÉPIE

rue du Viaur
LAGUÉPIE
Baignade surveillée en été.

Venez vous baigner dans le Viaur et profiter de sports nautiques en rivière dans un site insolite et de toute beauté, aménagé dans le respect de l'environnement. Vous profitez du charme particulier de Laguépie, labellisée Station Verte, à la confluence de l'Aveyron et du Viaur. Un lieu incontournable pour des vacances inoubliables en bord de rivière avec accès totalement gratuit. Cet espace sécurisé et surveillé durant les mois de juillet et août, offre une espace idéal pour les familles pour partager les plaisirs aquatiques en rivière.

ADODANE

LAUZERTE ✆ 06 74 36 99 40

www.adodane.jimdo.com

Pendant les vacances scolaires. Sur réservation. 2h, 35 €, 1/2 journée, 50 €, journée, 70 €. CB non acceptée.

Cheminer avec votre âne en liberté, prendre le temps de découvrir la nature, approcher la faune sauvage, faire apprécier la marche de façon ludique aux enfants, c'est ce que propose Adodane à Lauzerte, étape sur le chemin de Compostelle. Créée en 2017, l'association a pour objectif d'accueillir des ânes en souffrance, de les remettre en état et les rééduquer, pour les proposer à la location. Cette année, des randonnées à thème accompagnées permettront de découvrir par exemple les bienfaits du jeûne durant 2 à 3 jours. Location possible d'une charrette à 3 roues.

DOMAINE EQUESTRE DE LAUZERTE €€€

Les Boutes - LAUZERTE ✆ 05 63 94 63 46

www.domaine-de-lauzerte.fr

Ouvert toute l'année. 150 € la nuit en tente-lodge + 25 € avec les repas. Animaux acceptés (accueil chevaux).

Venez avec votre cheval ! Ambiance ranch de luxe pour ce domaine équestre avec un gîte dans une dépendance doté d'un spa, des camps organisés pour les enfants et les ados autour du cheval et de la nature, mais aussi un tout nouveau campement dans un bois, le campement Ingalls composé de tente-loge, un écolodge en pleine nature où vous vivez de manière responsable en réduisant votre impact sur l'environnement. Ce camp peut recevoir 28 personnes. Rando, piscine, VTT, équitation, tennis.

JARDIN DU PÈLERIN

LAUZERTE

✆ 05 63 94 61 94

www.tourisme-tarnetgaronne.fr/offre/le-jardin-du-pelerin-lauzerte-fr-2352566

Ouvert toute l'année. Accès libre.

Au pied de l'ancien rempart, ce jardin d'une grande beauté est unique pour abriter un jeu de l'oie grandeur nature autour des chemins de Saint-Jacques-de-Compostelle. Lancez vos dés. Les joueurs se déplacent sur un sentier jalonné de cases numérotées et de panneaux illustrés. Selon les règles du traditionnel jeu de l'oie, le cheminement est rythmé par des bonds en avant, arrêts, retours en arrière... il faut traverser l'eau, la prison est après l'auberge, le pont avant le puits, la mort guette à la case 31, on finit case n° 36 au Paradis.

CABANE PERCHÉE MAS DE SAILLAC €€

Saillac - LAVAURETTE

✆ 05 63 27 26 35

www.masdesaillac.com

Exemple de tarif : 288 € les deux nuits pour 2 pers dans la cabane Jurassic avec piscine privée et espace bien-être.

Dans les Gorges de l'Aveyron, à 1h de Toulouse et 1/2h de Montauban, Corinne et Olivier vous ouvrent leur Mas de Saillac, ancienne ferme devenue demeure de charme, et vous propose trois hébergements insolites et très différents les uns des autres, chacun avec leur piscine privée. Il y a la Maison des Hobbits, le Pigeonnier secret et la Cabane Perchée Jurassic dont les appellations vous laissent déjà imaginer le style d'habitat que vous allez trouver.

CABANE ET SPA €€€

1434, lieu-Dit Viminies - MIRABEL

✆ 07 85 15 70 78

www.cabane-spa.com

De 185 € à 315 € la nuit pour 2 personnes selon cabane et saision.

Cabane et Spa vous propose de vivre un séjour d'exception dans l'une de ses cabanes de luxe. Vous avez le choix entre une habitation pittoresque montée sur pilotis et un logement perché dans les arbres tout confort, avec spa intégré. Il est possible, avec un supplément, de profiter de prestations haut de gamme et personnalisées : accueil avec champagne et pétales de rose, apéritif raffiné aux chandelles avec foie gras, dîner sur mesure, brunch gourmand et même produits et accessoires à votre nom. Tout est fait pour rendre votre séjour inoubliable.

GÎTE D'ÉTAPE ULTREIA €

45, avenue Pierre-Chabrié - MOISSAC

✆ 05 63 05 15 06

www.ultreiamoissac.com

Gite d'Étape 22€ avec petit déjeuner ; demi-pension 36 €, Chambre d'hôtes petit déjeuners inclus 2 personnes 62€.

L'hospitalité irlandaise, vous connaissez ? C'est le moment où jamais d'essayer avec Ultreia Moissac ! Au cœur de la ville, non loin de l'abbatiale, on goûte au repos et à des produits frais du jardin dans un endroit à petit prix parfaitement situé sur le chemin de Saint-Jacques-de-Compostelle. Vous trouverez 17 places en gîte d'étape (chaque dortoir possède ses propres toilettes, sa salle d'eau avec douche, un adapté aux personnes à mobilité réduite) et trois chambres d'hôtes dans une belle maison du XIXe siècle pour compléter une offre sympathique.

LE CLOÎTRE ET LE TYMPAN DE L'ABBATIALE ★★★★

Place Durand-de-Bredon
MOISSAC
✆ 05 63 04 01 85

Ce cloître est considéré comme un chef-d'œuvre de l'art roman. Dès l'entrée il s'impose avec le déploiement de ses quatre galeries soutenues par 116 colonnes de marbre alternativement simples et géminées, surmontées de 76 chapiteaux décoratifs ou historiés. Une véritable splendeur. Le cycle ornemental reprend les thèmes traditionnels de feuilles d'acanthe, palmettes, fleurs, fleurons, rosaces et autres entrelacs... tandis que sur les corbeilles et tailloirs se déploie un bestiaire fantastique où chimères, griffons et autres basilics rencontrent des chiens étranges et des chevaux ailés. On pourrait passer des heures à observer les détails de cette décoration fantasmagorique ! Et les appareils photo zooment et crépitent ! L'intérêt le plus exceptionnel réside cependant dans le cycle historié. 46 des chapiteaux illustrent des épisodes tirés de l'Ecriture sainte et des légendes de la vie des saints. Sur les piliers des angles recouverts de marbre, les effigies des apôtres viennent compléter l'extraordinaire richesse iconographique de ce cloître unique et passionnant. Le cloître se visite durant les horaires d'ouverture de l'office de tourisme (payant). A l'extérieur, donnant sur le parvis avec ses faux airs d'agora, on ne manquera pas d'admirer le formidable tympan de l'abbatiale Saint-Pierre et son christ en majesté, dominant les 24 vieillards de l'Apocalypse. Renversant ! Une visite à ne pas manquer particulièrement agréable en dehors des heures d'affluence touristique.

PONT-CANAL DU CACOR ★

1263, chemin de la Rhode
MOISSAC

Du port de Moissac, prenez rive droite le chemin de halage le long du canal jusqu'au pont-canal du Cacor, où le canal de Garonne bifurque et passe le Tarn sur les 15 arches d'un ouvrage majestueux en pierre du Quercy et brique toulousaine, liaison symbolique entre Quercy et Gascogne. Il a également servi après la crue de 1930 au chemin de fer. Se croisaient sur le pont péniches et locomotives... Aujourd'hui, ce sont cyclistes, joggeurs et promeneurs qui croisent et regardent les skieurs nautiques en contrebas sur le Tarn. Toute une atmosphère.

LES CABANES DU PORT €€

125, rue des Oules
MONTAUBAN
Du 30 avril au 30 septembre. Bar ouvert de 9h à minuit.

Pour profiter d'une ambiance guinguette et plaisance, ce bar bucolique en plein air, dans un cadre magnifique au bord du fleuve, invite à une escale en toute décontraction. Les Cabanes du Port constituent un spot parfait pour profiter de l'ambiance de Port Canal en prenant une simple consommation ou en dégustant l'une des spécialités des partenaires des Cabanes proposant une restauration simple, mais fraîche et variée autour de pizzas, burgers, tapas, salades, glaces, fruits de mer. De nombreux événements festifs sont organisés au fil de la saison.

LULU LA NANTAISE

46, rue de la République
MONTAUBAN
✆ 05 63 63 00 99
Ouvert du lundi au mercredi et le samedi de 8h à 16h ; le jeudi jusqu´à 22h ; le vendredi de 8h à 0h. Concerts.

Ceux qui n'ont pas vu *Les Tontons flingueurs* de Blier ne comprendront pas la référence. Les autres en rient d'avance ! C'est le lieu branché de la ville. En face du tribunal, sur la belle place du Coq avec terrasse sympa en saison. L'accueil est chaleureux, on y mange très correctement le midi. Le soir c'est tapas. Et le vendredi soir la fête avec du mix en live jusqu'à bien tard dans la nuit, beaucoup de monde et une ambiance torride. L'établissement fait partie du collectif Bar-Bars, réseau de bars musicaux. Festival chaque année en novembre.

MUSÉE DES JOUETS

770, boulevard Blaise Doumec - **MONTAUBAN**
✆ 05 63 20 27 06
www.lemuseedesjouets.fr
Ouvert toute l'année. Adulte 5 €, enfant 3 €, famille 15 €. Boutique. Animations. Atelier mécano.

Un nouveau joyau de la capitale du Tarn-et-Garonne. Récemment créé par l'association de La Cité des Enfants, ce musée déployé sur plus de 700 m² est exceptionnel. Ne pas se laisser tromper par la petite porte d'entrée c'est un immense musée que l'on découvre fort de nombreux espaces ! Le musée des jouets fait la joie des enfants, mais sans aucun doute, des plus grands également. Son plus bel attrait consiste en un réseau de voies ferrées, de trains et de gares à faire rêver tous les amoureux de la vie du rail. Autre ambiance réjouissante dans l'espace qui est dédié au Tour de France dans ses différentes expressions depuis 1950. Il y a également un bassin avec de la vraie eau pour faire naviguer les bateaux « pop-pop ». Autre clou du musée le fabuleux Mécano dont une immense grue dont l'assemblage a nécessité pas moins de 1 100 boulons. Voici le cirque Pinder avec son grand chapiteau rouge et jaune de 8 m², ses véhicules et ses animaux du temps où les cirques avaient encore leur ménagerie. Les amoureux de reconstitutions des batailles admireront les 250 kg de figurines en plomb qui retracent les grandes batailles de l'histoire. Plus loin une magnifique collection de machines à coudre côtoie des jouets en bois de différents âges, des jeux de société vintage, des voitures anciennes... bien d'autres merveilles. Il y a même un espace de jeu aménagé pour les petits, mais que les grands apprécient aussi parce qu'il s'y trouve un théâtre de Guignol équipé de marionnettes qui fait rire et rêver toutes les générations.

OLYMPE CROISIÈRES FLUVIALES

MONTAUBAN
D'avril à novembre du mardi au dimanche. 8 € par personne.

Embarquez à bord de la vedette *Olympe*, bateau historique de 1961, pour une promenade au fil du Tarn ou du Canal de Montech. Vous profiterez de paysages splendides, de plusieurs passages d'écluses et pourrez observer le spectacle offert par les oiseaux de la rivière (héron, aigrette, martin pêcheur...). Un service de boissons fraîches est disponible à bord en supplément. La vedette *Olympe* peut accueillir jusqu'à 75 personnes. Un périple apprécié par toute la famille.

MUSÉE INGRES-BOURDELLE ★★★

19, rue de l'Hôtel-de-Ville - **MONTAUBAN**
✆ 05 63 22 12 91
museeingresbourdelle.com
Ouvert toute l'année. Tous les jours. Gratuit jusqu'à 18 ans. Adulte : 8 €. Le billet donne accès au Museum.

Le joyau, dans le domaine de l'art, de Montauban et du département du Tarn-et-Garonne. Ce musée a été fondé en 1820. Mais c'est en 1867, à la mort d'Ingres, que l'établissement prend son identité et son essor en héritant de l'ensemble des œuvres d'atelier du célèbre peintre montalbanais. Il prend alors le nom de Musée Ingres. Jean-Auguste-Dominique Ingres (1780-1867) n'est plus le seul a y être honoré. Désormais Emile-Antoine Bourdelle (1861-1929), autre enfant prodige de la ville, l'a rejoint dans l'enceinte de l'ancien palais épiscopal, magnifique édifice du XVIIe siècle. Le peintre et le sculpteur ont offert à la ville de très riches collections qui sont exposées dans ce musée qui porte désormais leur double nom. Après trois ans de rénovation, le musée Ingres Bourdelle a ouvert de nouveau ses portes aux visiteurs fin 2019. Toute la scénographie a été repensée et modernisée afin de mettre en valeur les œuvres d'art qui ont bénéficié d'une restauration. Aux côtés de ses dessins et peintures, vous pourrez admirer le fameux violon d'Ingres, celui qui donna corps à l'expression bien célèbre de violon d'Ingres pour désigner une passion. Le musée présente plus de 4 500 dessins d'Ingres et une soixantaine de ses peintures. Aujourd'hui, le musée présente un ensemble de plus de 70 sculptures d'Émile-Antoine Bourdelle, artiste qui était né quelques années avant la mort d'Ingres, à quelques pas du musée. Le billet d'entrée au musée Ingres-Boudelle donne également accès du Muséum d'histoire naturelle de Montauban.

PÉNICHE GAÏA HÔTEL ET CROISIÈRES €€

125, rue des Oules
MONTAUBAN
✆ 06 71 07 42 24
39 € par personne la nuit. Jusqu'à 9 personnes en hébergement / 12 personnes en navigation.

Ancienne péniche de fret hollandais de 1927, la péniche Gaïa vous accueille, le temps d'une nuit, d'une promenade, d'une croisière repas, voire d'une croisière de plusieurs jours, afin de vous faire découvrir le Tarn et le canal des deux mers dans des conditions privilégiées. A bord, vous aurez à votre disposition un grand salon cuisine, deux salles de bain, un spacieux pont-terrasse ombragé et protégé offrant une vue à 360°. Une expérience unique à Montauban.

LA FORÊT D'AGRE

MONTECH

Si on exclut la Grésigne, très largement tarnaise, la forêt d'Agre est la plus grande du département. Elle fut propriété des moines de Moissac, puis des comtes de Toulouse avant de devenir domaine royal. Bien que sévèrement amputée il y a quelques années par le tracé de l'A62, cette forêt gérée par l'Office National des Forêts garde de beaux restes. Charmes, chênes, pins maritimes ou sylvestres se partagent les 1 500 ha sillonnés d'itinéraires à vélo ou à pied. On peut randonner, pique-niquer et découvrir un beau parcours d'accrobranche ouvert à la belle saison.

Le musée Ingres de Montauban.

LES ESTIVALES DU CHAPEAU

C'est en juillet, à Caussade, capitale autoproclamée et tout à la fois légitime du chapeau de paille, un rendez-vous original. Les premières estivales eurent lieu du 9 au 12 juillet 1993, avec la mise en place d'une fabrique de chapeau de paille en plein air, un défilé de chevaux et de voitures anciennes et le premier concours international du chapeau. Malgré la pluie, l'évènement rencontra un grand succès. Les éditions suivantes consolidèrent sa popularité autour de démonstrations de fabrication de chapeaux, témoignages historiques sur les communes ayant accueilli des ouvriers de chapellerie, bandas, orchestres, concours…

En 1998, ce fut le premier Rendez-vous européen de la paille avec la participation de 14 villes et toujours des démonstration en direct de fabrication de chapeaux, accessoires, vêtements et nombreux objets de décoration en paille. En 2000, le rendez-vous du chapeau devint mondial avec 150 chapeaux sélectionnés pour le concours. Chaque année, ils sont entre 50 et 70 modistes, venus du Japon, de Corée, du Canada, de Russie et d'Europe à participer aux Estivales du chapeau de Caussade, donnant une coloration internationale à la ville. Le point d'orgue de l'évènement reste la soirée de prestige du grand défilé des chapeaux du concours. Chaque année, de grands noms de la chapellerie apportent leur soutient aux Estivales de Caussade. Au programme : de beaux défilés, un village de modistes, des expositions, des concerts et autres spectacles. www.chapeau-caussade.fashion

Fabrication d'un chapeau.

LE PORT CANAL - PORT FLUVIAL

125, rue de Oules
MONTAUBAN
✆ 05 63 66 78 60
Ouvert toute l'année. Gratuit. Boutique. Animations.

Depuis le centre-ville de Montauban, à peine à 15 min à pied ou avec le petit train touristique suffisent à rejoindre ce site bucolique et dépaysant au bord du canal à l'embouchure du Tarn et à deux pas de la gare. On y profite d'une ambiance port de plaisance de charme à proximité de la ville, très appréciée des habitants de Montauban. Ici se croisent plaisanciers, riverains et visiteurs en toute convivialité. Ce lieu apaisant et vivant à la fois voit s'amarrer les bateaux de plaisance (32 anneaux). Grâce aux aménagements réalisés par le Grand Montauban, les bateaux disposent désormais de tout l'équipement pour jeter les amarres confortablement. Il n'est pas nécessaire de naviguer pour profiter des plaisirs qu'offre l'environnement du port canal. Le site est aussi le départ de belles promenades à vélo ou à pied le long de la «vélo voie verte», qui longe le canal reliant même le musée Ingres. Vous pouvez aussi partir en croisière depuis ce port à bord de deux bateaux pour une heure ou une journée. D'ailleurs, pour les amoureux de la navigation, le port canal est un lieu d'apprentissage puisqu'il abrite l'Ecole de Navigation Atlantique Méditerranée qui dispense des formations aux différents permis bateaux, certifiantes et diplômantes. Vous pouvez aussi faire escale aux Cabanes du Port, un bar façon guinguette où l'on trouve aussi des *food trucks*. Le Grand Montauban a réussi son objectif de faire de ce site un lieu privilégié, particulier et très apprécié.

LA PENTE D'EAU DE MONTECH

Centre-ville
MONTECH
Ouvert toute l'année. Gratuit.

Inaugurée en 1974, la pente d'eau de Montech est un ascenseur à bateaux situé sur le canal latéral de la Garonne. Il est actuellement géré par les Voies Navigables de France et a été conçu pour remplacer un ensemble de cinq écluses successives, représentant à l'époque une belle économie de temps. Hors-service depuis 2009, cet ouvrage d'art comme son homologue situé à Fonseranne, hors-service aussi, sont uniques au monde. Une machinerie vraiment hors du commun.

SREET ART MONTAUBAN

MONTAUBAN
Plan à l'office de tourisme. Visites guidées.

Le street art, art de la rue connu pour les œuvres plus ou moins décriées des graffeurs, est désormais entré dans la légalité voire fait l'objet de commandes publiques, de festivals, d'évènements culturels et... de visites guidées. Il donne, à Montauban, l'occasion, d'une manière ludique, de découvrir la ville sous un angle différent. Les réalisations de nombreux artistes connus dont Invader ou Julien de Casabianca ont investi la ville avec des mosaïques ou des collages. Les graffeurs apportent également leur contribution dont Miss Tic. A l'angle des rues du Vieux Poids et des Rondelles, l'artiste a revisité la célèbre peinture d'Ingres *La Baigneuse Valpinçon* à travers un graff en noir et blanc du plus bel effet dans les rues tortueuses du centre-ville. Un autre graff très apprécié, en noir et blanc, est celui que l'on débusque dans la rue Sadi Carnot, sur le mur du cinéma CGR Le Paris. Celui-ci représente Charlie Chaplin avec un enfant. De jeunes artistes locaux ont investi la rue Porte du Moustier pour peindre des façades de magasins abandonnés. Et n'oublions pas d'aller admirer de traditionnels trompe-l'œil dont l'objectif est de masquer des espaces peu esthétiques en nous... trompant l'œil. Ainsi avec cette représentation de Jean-Auguste-Dominique Ingres à une fenêtre au croisement de la rue d'Ellie et de la rue Fourchue. Ou celui qui représente la vie le long du canal de Montech avec ses oiseaux, ses pêcheurs et ses randonneurs sur une façade de maison le long de la route de Lacourt à Montbeton.

LES GOUTTES D'EAU €€€

Lieu-dit Pradiès - **MONTPEZAT-DE-QUERCY**
✆ 05 63 30 39 10
www.lesgouttesdeau.com
A partir de 140 € pour deux personnes avec petit déjeuner. Si dîner en plus : 185 €.

Ces dômes surplombent les vallons du Tarn et Garonne. Faites l'expérience d'une nuit comme à la belle étoile avec tout le confort d'une chambre d'hôte. Vous dormez dans une goutte d'eau sous la Voie lactée, dans un environnement sublime. Tout en rondeur : votre bulle translucide - « bubble »-, le lit central et l'emplacement à mi-pente d'un cirque sauvage. Les petits déjeuners et repas, de produits locaux et circuits courts, sont livrés en voiturette électrique. Une bulle abrite un spa en accès libre. En plus : apéritif romantique, massage, soins du visage, etc.

LE COUVENT DE NEUVIALE €€

Mark Merckpoel - Lieve Vervaet - **PARISOT**
✆ 05 63 24 29 90
www.lecouventdeneuviale.fr

Chambre simple 90 € ; double de 90 € à 100 €. Petit déjeuner inclus. Animaux non autorisés. Table d'hôtes 16 à 29 €.

A la fin du XIXe siècle, le curé du village construit « Le Couvent » pour y installer une école de filles tenue par des sœurs dominicaines. Étonnante et belle idée que celle des propriétaires Mark Merckpoel et Lieve Vervaet de faire de cet endroit à la chaude façade de pierres un lieu d'hébergement. Ils lui ont rendu son style à la fois classique et cosy, et pour aller jusqu'au bout de l'histoire, ils ont donné aux quatre chambres le nom des sœurs ayant jadis vécu au couvent. Ici tout n'est que calme et repos, on se sent bien dans le jardin et à l'intérieur.

OTANTIC €€

233, chemin de Rivals
RÉALVILLE
✆ 05 63 31 08 88

Bienvenue à la Ferme. Réservation recommandée. 90 € la nuitée et 400 € la semaine. Chèque Vacances.

Un chalet, oui, mais à 8 m du sol dans un chêne vénérable. Georges Delcassé, personnage singulier a réalisé son rêve de cabane en bois perchée. On retrouve dans ce petit nid de quoi cuisiner, se laver (une douche), se chauffer, et bien sûr dormir, pour 2 personnes. Des toilettes sèches sont disponibles au sol. Le must reste la petite terrasse aménagée dans l'arbre, avec une vue imprenable sur les champs alentour avec au loin l'oppidum de Montalzat.La belle propriété de Georges abrite quelques hectares de truffières. Réservez à l'avance !

LA ROULOTTE DE ROCQUECOR

ROQUECOR
✆ 05 63 04 80 87
www.gites-grandpre.com

Roulotte à partir de 80 € la nuit.

Vous êtes sur le domaine de Grand POré qui propose des gîtes et un hébergement insolite avec la Roulotte Lisette pour un séjour de détente en couple ou en famille. Cet habitat confortable et insolite basé dans un champ offre calme, charme et ambiance bucolique. Vous y serez seul et tranquille avec une roulotte et un lieu rien que pour vous. Sur place, vous pourrez bénéficier de la grande piscine, de jeux dans la grange en pierre et du charmant village de Roquecor. Randonnées nombreuses aux alentours et sensation de grande liberté sont assurées.

ATMO'SPHÈRE €€

Les Granges - **SAINT-ANTONIN-NOBLE-VAL**
✆ 06 29 54 60 69
www.bulles82.com

Ouvert toute l'année. 200 € la nuitée pour 2 personnes avec petit déjeuner et accès illimité au bain nordique privatif.

Venez buller ! Atmo'sphère propose un gîte de charme doté d'un bain bouillonnant extérieur accessible toute l'année. Pour vivre une expérience insolite et romantique proche de la nature, trois autres hébergements dans des bulles transparentes sont proposés. Le Dôme Perché à 5 m de haut au cœur d'un bois est un joyau vitré de luxe pour une expérience unique. Les deux autres sont installés au niveau du sol, l'un d'entre eux est équipé d'un spa privatif. Il est possible de s'offrir un massage détente et un dîner gourmand au champagne pour un tête-à-tête amoureux.

CAP CANOË AVEYRON

Chemin du Lavoir - **SAINT-ANTONIN-NOBLE-VAL**
✆ 06 32 03 94 06
cap-canoe.com

Ouvert en haute saison. Location canoë une heure demi-journée 10 km à partir de 19 €. Location paddle à partir de 10€.

Cap Canoë propose une navigation sur l'Aveyron avec des circuits à la carte de Saint-Antonin à Cazals, de Saint-Antonin à Penne, de Lexos à Penne, ou une découverte d'une heure sur place. La descente de l'Aveyron est accessible à tous à partir de 5 ans. Le renversement du bateau ne pouvant être totalement exclu, il est recommandé de savoir nager et d'être en bonne condition physique. À la fin de la descente, une navette assure le retour vers Saint-Antonin. Une activité inoubliable pour découvrir la nature différemment avec de magnifiques paysages.

LE REFUGE AUX ÉTOILES €€

Lieu dit Fouyt - **SAINT-ANTONIN-NOBLE-VAL**
✆ 06 01 80 39 26 - www.lerefugeauxetoiles.com

De Pâques à Toussaint ; Chambre d'hôte dès 55 € la nuit pour 2 pers avec petit dej. Gîte pour 5 dès 100 € la nuit.

Loin des lumières parasites qui gênent la vision du ciel nocturne, ce gîte-chambres d'hôtes est géré par un couple de passionnés d'astronomie férus de lunettes, de télescopes et de vulgarisation de l'observation. Le site a été choisi pour ses qualités astronomiques. Des soirées d'observation sont comprises dans le prix de l'hébergement. Les hôtes disposent d'une lunette de 130 mm de diamètre. Des prestations plus techniques sont payantes dont l'observation du Soleil ou de formations spécifiques. Réservez vite avant que les astronomes prennent l'adresse d'assaut.

FLOWER CAMPING DES GORGES DE L'AVEYRON €€

Marsac Bas
SAINT-ANTONIN-NOBLE-VAL
✆ 05 63 30 69 76
www.camping-gorges-aveyron.com

Du 1er avril au 30 septembre. Camping de 12 € à 34 € (2 campeurs). Eco lodges 5 pers de 269 € à 1 000 €.

Séverine et Philippe vous accueillent pour un séjour sport et nature dans ce camping superbe ! Vous profitez d'un site ombragé et des nombreuses activités qu'offre la rivière : canoë-kayak, pêche, spéléologie... S'ajoutent randonnée, accrobranches ou parapente à proximité. Sur place, piscine chauffée avec toboggan aquatique, terrain de pétanque, terrain de sports, salle de jeux et snack. Sans oublier le marché nocturne hebdomadaire des artisans locaux. Spectacles et concerts.

OBSERVATOIRE ORNITHOLOGIQUE

SAINT-NICOLAS-DE-LA-GRAVE
✆ 07 68 27 77 29
www.ssntg82.com

Ouvert toute l'année. Visite guidée.

La Société des sciences naturelles départementale gère cette réserve ornithologique. Le site est reconnu pour ses qualités d'hivernage pour les oiseaux aquatiques, pour la nidification d'espèces patrimoniales (sterne pierregarn, héron bihoreau), et le passage de migrations. La visite guidée au départ du port de la base de loisirs vous éclaire sur la biodiversité du site, sa flore et sa faune, longue vue à la clé. Un sentier balisé permet également d'accéder à l'observatoire.

FERME DE LACONTAL

Ferme de Lacontal Earl - Lieu-dit Lacontal
TOUFFAILLES
✆ 09 64 19 68 44
www.lavande-quercy.fr

Les terres de la ferme de Lacontal, sur la commune de Touffailles, ont retrouvé, en 2006, une coloration bleu lavande. La culture de la lavande, délaissée depuis les années 1970, a été relancée par Hélène Lafon et Xavier Leplaideur. En agriculture bio, comme autrefois, ils assurent le désherbage à la main avant de récolter et distiller sur place pour fabriquer des huiles essentielles. Les deux paysans commercialisent aussi d'autres produits dérivés de la lavande : savons, bougies parfumées et même des meringues, bonbons ou fleurs de lavande à grignoter.

LE PETIT-PARIS - PARC DE LA MINIATURE

VAISSAC
✆ 05 63 64 24 80
www.petitparisparc.com

Ouvert toute l'année, tous les jours en été, le week-end le reste du temps. Adulte : 7 €. Enfant : 5 €. Boutique.

Paris au 1/130e au cœur des collines boisées du Quercy... Un site insolite, œuvre de Gérard Brion, un passionné de modélisme et de chanson française. Un quinzaine d'années furent nécessaires pour réaliser ce joyau. Tout commença par la réalisation de la tour Effeil dans le jardin familial, puis Notre-Dame, la Seine et ses ponts... De fil en aiguille c'est tout Paris ou presque en miniature que vous découvrez dans un bel environnement. Un détour s'impose.

LE JARDIN DU CONTRÔLEUR

Lieu-dit Ferroux
VALENCE
✆ 06 60 44 58 04

Ouvert 7/7 de 11h à 14 h et de 16hs 30 à 19 h de juin a fin septembre. Accueil vélo.

La maison du Contrôleur a été investie par une plasticienne qui en a fait un espace artistique, culturel et touristique en aménageant les abords de la maison et son atelier avec des pièces originales, deux bornes à livre... Par ailleurs, elle a créé « le jardin du contrôleur », espace public dédié à la détente avec buvette associative sans alcool, avec des sirops maison, eau florale et infusion à froid, cocktail de fruits et légumes frais et petite restauration. S'y ajoutent une aire de pique-nique et une salle d'exposition. Convivial et atypique.

CAMPING LE CAMP €€€

VAREN
✆ 06 04 40 06 27
www.lecamp.co.uk

De 180 € à 365 € la nuit selon tente et saison.

Domaine luxueux, ancré dans une nature préservée, à proximité des gorges de l'Aveyron, le Camp vous propose de vivre une expérience originale dans une des tentes safari, inspirées par les somptueux lodges africains. Installées sur une plateforme en bois, éco-conçues, espacées sur un domaine boisé de 2,5 ha, invite au ressourcement et à la paix. A votre disposition : une grande piscine naturelle. Equipé de panneaux solaires pour l'éclairage et le chauffage, Le Camp est très impliqué dans le tourisme durable et respectueux de l'environnement.

LA VIERTA DU TZIGANE

1125, Route de Verlhac Tescou
VARENNES
✆ 05 63 30 01 21
www.la-vierta-du-zigane.com

Ouvert toute l'année. Vendredi soir, samedi et dimanche. Deux menus à 26 et 29 €.

Une ambiance chaleureuse et typée réveille Varennes en fin de semaine. Charly et Danielle vous accueillent dans leur restaurant-grill pour des soirées à thème et des soirées dansantes sur des musiques latinos. Piste de danse, terrasse d'été exotique, grillades de viandes et de poissons au feu de bois sur barbecue géant. Une ambiance tzigane, une cuisine riche de goût et de caractère suffisent à notre bonheur. Tous les vendredis soir un spectacle musical ou équestre anime la soirée de ce restaurant cabaret atypique, idéal pour les soirées d'été.

LA GRANGE €€

15, rue du Pays-de-Serres - **VAZERAC**
✆ 05 63 30 33 71
www.restaurant-lagrange82.fr

Ouvert toute l'année. Formule du midi : 17 € (quart de vin compris). Chèque Restaurant.

Dans le charmant petit village de Vazérac, la Grange, adresse cosy et conviviale, avec sa belle cheminée et ses couleurs vives, et invite à la détente. Le chef, de son côté, propose une cuisine inventive, qui évolue au gré du marché. La spécialité maison ce sont les grillades de bœuf de l'Aubrac, les volailles cuites à la cheminée et les poissons à la plancha. Au menu et à la carte par exemple : longe de porc grillée et pommes de terre à la cendre, faux-filet à l'os, escalope de saumon à la plancha, brochette de gambas et noix de Saint-Jacques...

INDEX

«CHEZ GABRIEL» RESTO-GUINGUETTE 179
«MMMMH ! « INSTALLATION ARTISTIQUE 75
1930 SPORT VINTAGE 160
70TH CHOCOLATE PARK 149

A

À LA FERME DU BARRY 142
ABBAYE CISTERCIENNE SAINTE-MARIE DE BOULAUR 65
ABBAYE CISTERCIENNE 45
ABBAYE DE BELLEPERCHE MUSÉE DES ARTS DE LA TABLE 179
ABBAYE DE FONTFROIDE 28
ABBAYE SAINTE-FOY DE CONQUES 33
ABÎME DE BRAMABIAU ET RIVIÈRE SOUTERRAINE 58
ADODANE 180
AEROSCOPIA 77
AIR GLOBE 40
ALBIRONDACK LODGE ET SPA 161
ALGUES ALGOSUD 112
ALTIPYR 155
ANCHOIS ROQUE 150
ANCIEN CARMEL DE CONDOM 66
ANIMAPARC 79
AP'HACHE 77
AQUA-TURTLE 104
AQUA LOISIRS 138
AQUARIUM ONIRIA - CANET-EN-ROUSSILLON 149
ARBRAKABANE 80
ARBRE SCULPTÉ 111
ARTS ET GALETS 46
ASCENSEUR DE ROCAMADOUR 130
ASINERIE D'AMBAZAC 69
ATELIER DU CAFÉ 59
ATMO'SPHÈRE 186
ATMOSPH'AIR MONTGOLFIÈRES OCCITANES 161
AU BOIS D'ESCOUMOS 78
AU COIN DES GRANGES 119
AU CREUX DE MON ARBRE 69
AU PAYS DES TRACES 16
AU SOLEIL MONGOL 159
AUBERGE DE PANTOUQUET 22
AUBERGE LA BORIE 55
AUDE À LA CABANE 26
AUX LODGES DU MAS DE NADAL 131

B

BABOU MARINE 120
BAINS DE DORRES 150
BALNÉA CENTRE THERMOLUDIQUE 93
BARNS 55
BASE DE LOISIRS D'AIGUELÈZE 172
BASE DE LOISIRS DU COL DE LA LLOSE 152
BASE DE PLEIN AIR DU SALAGOU 107
BASE NAUTIQUE DE CAIX 127
BATEAU L'IRIS 47
BATEAU PROMENADE BLEU MARIN 105
BATEAUX PROMENADE DE VILLENEUVE 62
BBT BRASSEUR TOULOUSAIN 78
BIODIVERSARIUM 148
BISTROT LA NAUTIQUE 26
BIVOUAC NATURE 58
BLEU DE LECTOURE 71
BOIS DES ARESQUIERS 117
BOUCHERIE DE L'ABATTOIR 63
BOUTIQUE DE LA FERME DE LACASSAGNE 74
BRASSERIE GALEMYS 15
BRASSERIE LA BERLUE 167
BULLES ET DÔMES À L'ASTRONARIUM 104
BURON DE CAP COMBATTUT 139

C

CABANE DE JOUCLA 18
CABANE DE LUXE DU CLOS SAINT-AMAND 105
CABANE ET SPA 180
CABANE PERCHÉE MAS DE SAILLAC 180
CABANES À LA FERME DE TRENCALLI 91
CABANES DE CAMON 6
CABANES DES PLAGES 22
CABANES ET BULLES 58
CABANES PERCHÉES DES FUMADES 22
CABANES PERCHÉES DES PYRÉNÉES 89
CABANES PERCHÉES ET CABANE FLOTTANTE DE TRENCALLI 92
CACTUS PARK 104
CAMARGUE AUTREMENT 54
CAMP DE SIÈGE MÉDIÉVAL 69
CAMPEMENT À LA FERME 179
CAMPEMENT DES 5 YOURTES 90
CAMPEMENT PRÉHISTORIQUE 176
CAMPING DES TILLEULS 92
CAMPING DES VIGNES 6
CAMPING DOMAINE DE LA SERRE 4
CAMPING ECOLODGE LES CIGALES 115
CAMPING HUTTOPIA MILLAU 38
CAMPING LA FALAISE - TOHAPI 29
CAMPING LE CAMP 188
CAMPING LE SOLEIL DES BASTIDES 163
CAMPING PECH IBERT 119
CANOE AU MOULIN DE LA MALÈNE 136
CANOË COLLIAS 51
CANOË EN GASCOGNE 73
CANTINA CHEZ ETCHE 170
CANYONS DES TERRES CATALANES 149
CAP CANOË AVEYRON 186
CAP NATURE 130
CARRIÈRE DE MARBRE ROUGE 21
CARRIÈRE DE TALC DE TRIMOUNS 11
CASA ILICIA -MAISON D'HÔTES 151
CASA MAURICIO 4
CASCADE DE GLACE 93
CASCADES DU SAUTADET 53
CATAMARAN NAVIVOILE 149
CATHÉDRALE SAINT-ALAIN DE LAVAUR 169
CATHÉDRALE SAINTE-MARIE 71
CAUSSADE CITÉ DE PAILLE 177
CAVE PAPILLON 43
CÉMOI 156
CERF-VOLANT ET CIE 177
CHALET ANA 152
CHALETS DE LA GAZONNE 44
CHAMBRE D'HÔTES ET GÎTE ATYPIQUES 119
CHAMBRES D'HÔTES BELLIETTE 66
CHAPELLE NOTRE DAME DE LA GOUTTE 13
CHAPELLERIE WILLY'S PARIS 177
CHARCUTERIE FONTÈS 12
CHARCUTERIE ROUCH 6
CHÂTEAU-MUSÉE DU CAYLA 163
CHÂTEAU AUZIAS - CAVEAU 19
CHÂTEAU D'EAU 69
CHÂTEAU DE CAUMONT 66
CHÂTEAU DE COMBIS 74
CHÂTEAU DE FLAUGERGUES 113
CHÂTEAU DE HAUTE-SERRE 123
CHÂTEAU DE LA TREYNE 127
CHÂTEAU DE LASTOURS 29
CHÂTEAU DE MAURIAC 174
CHÂTEAU DE MERCUÈS 128
CHÂTEAU DE NAJAC 41
CHÂTEAU DE PEYREPERTUSE 23
CHÂTEAU DES DUCS DE JOYEUSE 22
CHÂTEAU EUGÉNIE 118
CHÂTEAU GARREAU - ÉCOMUSÉE DE L'ARMAGNAC 72
CHEMIN DES ANGES 123
CHEVAL RANDO 154
CHEVAUX DE LA TRAMONTANE 152
CHÈVRERIE COMBEBELLE 18
CHÈVRERIE SORÈNE 142
CHEZ BEBELLE 28
CHEZ LES ENFANTS DU MEUNIER 170
CHEZ LES PAYSANS 133
CHEZ TINTIN 134
CHOCOLATERIE DE L'ABBAYE DE BONNEVAL 36
CIMETIÈRE MARIN ET CHAPELLE NOTRE-DAME-DES-AUZILS 24
CIRCUIT D'ALBI 170
CIRCUIT DU PÔLE MÉCANIQUE ALÈS CÉVENNES 58
CIRCUIT PAUL ARMAGNAC 73
CIRQUE DE BOZOULS 32
CIRQUE DE NAVACELLES 50
CITÉ DE L'ESPACE 85
COL DU TOURMALET 95
COMPTOIR DE LA RÉGORDANE 136
COOPERATIVE DU HARICOT TARBAIS 102
COPEYRE CANOË 131
COUTELLERIE ET FORGE OCCITANIE 36
COUVENT DES JACOBINS 84
CROC & MIAM ! 67
CROISIÈRE DE CAMARGUE - PÉNICHES ISLES DE STEL 47
CROISIÈRES MUSICALES 117
CUEILL'HEUREUSE 132

D / E

DANS LES PAS D'ARISTIDE 148
DESCENTE DES CARDELLES EN CANOË 33
DEVAL'CABLE 89
DOMAINE D'ÉPIDAURE 74
DOMAINE DE CAMPRAS 30
DOMAINE DE LA BRETTE 66
DOMAINE DE LA VIALETTE 136
DOMAINE DE LA VITARELLE 30
DOMAINE DES OISEAUX 12
DOMAINE EQUESTRE DE LAUZERTE 180
DOMAINE LES CLOTS 171
DROMASUD 104
DU THÉ ET DES LAINES 114
EASY BOAT PALAVAS 114
ÉCLUSE DE VIC 77
ECO-CAMPING DE LA DONZELENCHE 145
ECO-CAMPING LA TIÈRE 133
ÉCO-LOGIS D'ENSARNAUT 69
ECO BIKE 155
ÉCOASIS 124
ECOGITE DU MAS DE TRAPE 146
ÉCOGÎTES DE BAUGNAC 88
ÉCOLE OLIVIER BAJARD 156
ÉGLISE NOTRE-DAME-DES-ANGES 150
ÉGLISE RUPESTRE DE VALS 16
ELASTIC JUMP 80
ELFE D'AQUÍ 160
ÉQUI-COACHING 68
EQUISUD 152
ERMITAGE DE PEYRELEAU - TROU D'ART 40
ESCAPEGAME.LOL - ESCAPE GAME MONTPELLIER 113
ESPRIT FOIE GRAS 73
EXPLORARÔME D'ASQUALI 79
EXTÉRIEUR NATURE - BASE EAUX VIVES 154

F

FABRIQUE DE PEIGNES EN CORNE 9
FABUL'HOUSE GITE URBAIN D'ETAPE 162
FANTASSIA 159
FARIBORNE 142
FERME-AUBERGE DU LAC 99
FERME-JARDIN CÉVENOLE 145
FERME DE CINQUANTE 81
FERME DE GREOULOU 11
FERME DE LACONTAL 187
FERME DE LANCIZOLLE 143
FERME DE SÉJOUR D'EN RIVES 172
FERME DES ALIX 130
FERME DES REPTILES 9
FIGEAC PARC AVENTURES 123
FILATURE DE NIAUX 13
FLOCONS D'ARIÈGE 14
FLOWER CAMPING DES GORGES DE L'AVEYRON 187
FOIX CANOË KAYAK EAU VIVE 6
FORGES DE PYRÈNE - VILLAGE INOUBLIÉ 13
FRIENDLY AUBERGE 78
FROMAGERIE CAL ROUS 158

G

GABARE LE SOLAL 29
GÎT'ANES RANDO 43
GÎTE À LA SOURCE 102
GÎTE CHEZ CÉLIA 124
GÎTE D'ÉTAPE ULTREIA 180
GÎTE EQUISUD 154
GÎTE LA JEANNE 38
GÎTE LA TERRASSE FLEURIE 130
GITES ET ROULOTTES DU GRAND PUITS 58
GLOUGLOU 113
GOUFFRE DE PADIRAC 129
GOUFFRE GÉANT DE CABRESPINE 20
GOUTTE D'Ô 172
GRAFF TOUR 84
GROTTE DE DARGILAN 139
GROTTE DE LA SALAMANDRE 55
GROTTE DE LOMBRIVES 17
GROTTE DE NIAUX 13
GROTTE ET MUSÉE DU MAS D'AZIL 11
GROTTES DE BETHARRAM 100

H / J

H2O CHAMBRES D'HÔTES 29
H2O VIVES 77
HALLE DE GRENADE 78

HORIZON YOURTE 145
HÔTEL-RESTAURANT LE GRILLON 5
HÔTEL DE LA CITÉ 19
HOUS'TALET CONCEPT-STORE 42
HUÎTRES CAUMEIL 112
JARDIN DU PÈLERIN 180
JARDIN JAPONAIS 86
JARDIN MÉDIÉVAL 59, 122
JARDINS DE LA POTERIE HILLEN 102
JARDINS DES MARTELS 168
JARDINS DU CHÂTEAU DE BOURNAZEL 32
JLC LOCATIONS DE BATEAUX BY STELLA MARINA 116
JOE LE COOKER 116
JOYAUX CATALANS - MANUFACTURE DU GRENAT 158

K / L

KARTHORS KARTING DE CAHORS 121
KAYAK DE MER ALÉOUTES 148
KENTUCKY RANCH 146
L'ABBAYE-ÉCOLE DE SORÈZE 174
L'ABRI-NIQUEL 176
L'ACCROBRANCHE DU LAC 63
L'AFTERWORK DU MÉGISSIER 167
L'ALLÉE DES VIGNES 122
L'ATELIER D'ESCLARMONDE 12
L'ATELIER DE CUISINE EN GASCOGNE 63
L'ATELIER DE CUISINE GOURMANDE 78
L'ATELIER DE LA PELUCHE 113
L'ATELIER DE LA TRUFFE 19
L'ATELIER FOIE GRAS DE PIERRE DUBARRY 68
L'AVEN ARMAND 135
L'ÉCHAPPÉE VERTE D'ALBI 161
L'ÉCLUSE RONDE 103
L'ECOLE DU VIN DU SIEUR D'ARQUES 26
L'ENVOL DES PIONNIERS 84
L'ESCUELLE DES CHEVALIERS 164
L'ESTIVAL 33
L'IVRE LIVRE BOUQUINISTE CHEZ GÉGÉ 8
L'ODYSSÉE DE L'OLIVIER 19
L'ŒUF DE COQ 170
L'OFFICINE 39
L'OLID'OC 107
L'OLT 36
L'OUSTAOU DE JOSÉPHINE 145
LA BAMBOUSERAIE EN CÉVENNES 53
LA BIBLIOTÈCA 174
LA BONBONNIERE 84
LA BOUTIQUE DE LA FERME 4
LA CABANE DES TERROIRS 76
LA CABANE DU CHÂTEAU DE CANTECOR 118
LA CABANE DU VIGNERON 165
LA CABANE SARRIETTE 53
LA CACHETTE 42
LA CANTINE DU CURÉ 21
LA CASCADE TUFFIÈRE 15
LA CHAPELLE ORTHODOXE 44
LA CHÈVRERIE DES FELGES 132
LA CITÉ DE PIERRES
(CHAOS DE MONTPELLIER-LE-VIEUX) 38
LA COLOC 167
LA COMBETTE 143
LA FERME AUX BISONS 9
LA FERME AUX BUFFLES 63
LA FERME CAUSSENARDE D'AUTREFOIS 135
LA FERME D'OULAN BÂT 76
LA FERME DE CORNADEL 49
LA FERME DE SIRAN 127
LA FERME DES ÂNES D'AUTAN 161
LA FERME DES ÉTOILES 72
LA FILATURE DES CALQUIÈRES 138
LA FORÊT D'AGRE 183
LA GRANDE CORDÉE 5
LA GRANGE AU THÉ 141
LA GRANGE 188
LA GUINGUETTE À FADY 104
LA GUINGUETTE 174
LA HALLE DE LA MACHINE 86
LA LIMONADE DE FONTESTORBES 5
LA LUNE Ô COLLINES 54
LA MAGNANERIE DE LA ROQUE 141
LA MAISON DE L'AMANDE 53
LA MAISON DE LA CHARCUTERIE 169
LA MAISON DE LA TRUFFE D'OCCITANIE 30
LA MAISON DE LA VIOLETTE 86
LA MAISON DES CAILLOUX 95
LA MAISON DES CHAMEAUX 92
LA MAISON DES CONSULS 12
LA MAISON DES MÉTIERS DU CUIR 169
LA MAISON DES VAUTOURS 144
LA MAISON DU BOUTIS LES CORDELLES 51
LA MARGERIDE À LA FOLIE 142
LA MER DES ROCHERS 59
LA MONTAGNE NOIRE 171
LA MOUNTAIN LUGE 95
LA PENTE D'EAU DE MONTECH 185
LA PETITE ÉCOLE 72
LA PETITE ROUL'HOTTE 33
LA PORTE DES FÉES 138
LA PRESQU'ILE D'AMBIALET 162
LA RÉBENNE 8
LA RÉSERVE NATURELLE DU BAGNAS 111
LA ROULOTTE CHAMPÊTRE 167
LA ROULOTTE D'ÉDOUARD - LA VILLA DES PINS 46
LA ROULOTTE DE ROCQUECOR 186
LA ROULOTTE LA VERONIE 102
LA SAINTE TOMBE 146
LA TABLE D'OLIVIER 74
LA TERRASSE DU MIMOSA 114
LA TRUITE DU MONT LOZÈRE (GAEC) 145
LA VIERTA DU TZIGANE 188
LAC'CRO PARC 170
LANCE TA HACHE 105
LE 107 136
LE BLEU 24
LE BOIS DE FARAL 127
LE BOTANIC 107
LE CAFÉ DE LA PLACE – CHEZ CHANTAL 42
LE CANAL DE LA ROBINE 20
LE CARPODROME DU TARN-AGOUT 174
LE CASTILLET ET LE MUSÉE CASA PAÏRAL 156
LE CHALET, RÉSIDENCE ÉPICERIE BAR 90
LE CHÂTEAU D'AYRES 139
LE CHÂTEAU ROYAL 150
LE CHÊNE D'HENRI IV À MERLES 175
LE CIRQUE DE GAVARNIE ET SA GRANDE CASCADE 94
LE CLOÎTRE ET LE TYMPAN DE L'ABBATIALE 181
LE CLOS D'AUDIO 115
LE COUVENT DE NEUVIALE 186
LE DAHU ARIÉGEOIS 16
LE DIABLOTIN GOURMAND 49
LE FAMILY POD ET SPA 172
LE FER À CHEVAL 172
LE FOUR SOLAIRE DE MONT-LOUIS 155
LE GARDON 51
LE GRAND BISON 11
LE GRAND MARCHÉ 86
LE JARDIN DES BÊTES 39
LE JARDIN DES PARADIS 164
LE JARDIN DU CONTRÔLEUR 188
LE LAC DU SALAGOU 109
LE MAS CABANIDS 155
LE MAS DES COLOMBES 155
LE MAS DES GÎTES DE LILOU 158
LE MONASTERE DE SOLAN 53
LE MONT AIGOUAL 60
LE MOULIN À HUILE DE NOIX 128
LE MOULIN À PAPIER 18
LE MOUTON GIVRÉ 122
LE MUSÉE DE LA MAGIE 14
LE MUSÉE DU LIÈGE 155
LE MUSÉE DU SAUT-DU-TARN 172
LE PARC ANIMALIER DES ANGLES 154
LE PARC AUSTRALIEN 21
LE PARC DE PÉTRARQUE 72
LE PESCADOU 152
LE PETIT-PARIS - PARC DE LA MINIATURE 187
LE PETIT CHATEAU ARGOUMBAT 175
LE PETIT CHOU 35
LE PIC DU JER ET SON FUNICULAIRE 97
LE PIC DU MIDI DE BIGORRE 96
LE POINT SUBLIME 139
LE PONT D'ESPAGNE 92
LE PONT DU DIABLE 115
LE PONT DU GARD 61
LE PORT CANAL - PORT FLUVIAL 185
LE REFUGE AUX ÉTOILES 186
LE RELAIS DE POCHE 16
LE RINCE-QUENOTTES 70
LE ROC DE L'AIGLE 132
LE SALIN DE GRUISSAN 25
LE SECRET DU CHAT 165
LE SITE CLASSÉ DE L'ANSE DE PAULILLES 158
LE SOULIO 138
LE TRACTEUR 59
LE TRAIN JAUNE 160
LE TRAIN ROUGE DU PAYS CATHARE
ET DU FENOUILLÈDES 18
LE TROUVE TOUT DU LIVRE 26
LE VALLON DU VILLARET 141
LE VILLAGE GAULOIS - L'ARCHÉOSITE 82
LE WIGWAM DU FASSAC 174
LES ÂNES DE MONÉDIÈS 32
LES ASTROBULLES 72
LES AUROCHS DU GIRALDES 132
LES BATEAUX ÉLECTRIQUES GRUISSANAIS 22
LES BATEAUX TOULOUSAINS 83
LES BATELIERS DES GORGES DU TARN 136
LES BATELIERS DU VIADUC 35
LES BRASSEURS DE LA JONTE 134
LES CABANES CARACOLE 46
LES CABANES DANS LES BOIS 30
LES CABANES DE BRASSAC 175
LES CABANES DE L'ARBOUSIER 107
LES CABANES DE L'ÉTANG 117
LES CABANES DE PAYOLLE 90
LES CABANES DU PORT 182
LES CABANES JACQUOISES 95
LES CABANES MAGIQUES DES ENCATADAS 9
LES CANALOUS 128
LES CASCATELLES 5
LES CHALETS D'ARRENS 89
LES CHALETS DES MOUSQUETAIRES 73
LES CHAMBRES DE LUMIÈRE 35
LES CHAMBRES DU PRESBYTÈRE 38
LES CHIPS DE L'AVEYRON 43
LES CONCLUSES DE LUSSAN 54
LES CROISIÈRES DE SAINT-CIRQ-LAPOPIE 119
LES CROISIÈRES FÉNELON 121
LES DÉLICES D'ALIÉNOR – CROUSTAD'OC 68
LES ÉTOILES DE MORPHÉE 76
LES FERMIERS OCCITANS 164
LES FOSSES DE FOURNÈS 51
LES GITES DE MIREPOIX - LE PRESBYTÈRE 12
LES GOUTTES D'EAU 185
LES GRANDES HALLES SAINT VOLUSIEN 6
LES HALLES DE L'AVEYRON 40
LES HALLES DE SÈTE 116
LES HALLES 56
LES HAUTS D'ALBAS 118
LES IFERS, LES ARBRES DE L'AVENTURE 43
LES ILOTS DE GRUISSAN 22
LES IRIS DE LAYMONT 70
LES JARDINS DE MAZAMET 170
LES JARDINS DE NANIE 15
LES KASALAS 136
LES LODGES SAINT-PIERRE 111
LES LOUPS DU GÉVAUDAN 143
LES MIRLIFLORES 171
LES MONTS 138
LES MOULINS DU ROC DE GACHONE 51
LES NEUF ÉCLUSES DE FONSERANES 106
LES PETITS FERMIERS 111
LES POINTS DE VUE DU VIADUC 39
LES ROBINSONADES 84
LES ROCHERS DU SIDOBRE 164
LES ROULOTTES D'ENCAZEAUX 69
LES ROULOTTES OCCITANES 82
LES SABOTS DE BETHMALE 4
LES SAVEURS D'AUTRE FOIE 138
LES SENTEURS DU QUERCY 123
LES STEAKERS 8
LES TOILES DE LA MONTAGNE NOIRE 171
LES VISITES ÉPIQUES 29
LES VISITES EXTRAORDINAIRES 88
LOCABOAT HOLIDAY NAVIGUER SUR LE LOT 121
LODGES MÉDITERRANÉE 117
LOT & BIKE 122
LULU LA NANTAISE 182
LUZ TYROLINE 98

M

MA P'TITE CABANE EN LOZÈRE 145
MA POMME - PESCATOURISME 117
MAISON DE LA FIGUE 62
MAISON DE LA NATURE ET DE L'ENVIRONNEMENT
65- GÎTE 100
MAISON NOUGARO 86
MAISON POUSSOU 176
MAISON ROUGE -
MUSÉE DES VALLÉES CÉVENOLES 58
MAISONS BULLES 56
MAMA SHELTER 86
MAMMA ROMA 124
MANADE JULLIAN 48
MANOIR DES CHANTERELLES 176
MARCHÉ AU GRAS - LES MATIN'HALLES 74
MARCHÉ AUX BESTIAUX 38
MARIE AMÉLIE - TERRE ET MER 108
MAS DE LUNÈS - VIGNOBLES JEANJEAN 103
MAS DES MIRABELLES 60
MAS ULTRA MARINE 112
MATERNITÉ SUISSE D'ELNE -
CHÂTEAU D'EN BARDOU 151
MATOU 87
MEDUZ : BRASSERIE ARTISANALE 60
MELONS BONS 148
MILLARIS - MUSÉE DECOUVERTE 93
MONASTÈRE NOTRE-DAME DES DOULEURS 39
MONTURES EMPELT 42
MOULIN À HUILE DE LA CHARTREUSE 62
MOULIN À VENT BÉNAZETH 30
MOULIN D'ENCOR 75
MOULIN FORTIFIÉ DE COUGNAGUET 122
MUSÉE-MINE DÉPARTEMENTAL 163
MUSÉE ARCHÉOLOGIQUE DE JAVOLS 142
MUSÉE CHAMPOLLION -

EDITION

Directeurs de collection et auteurs : Dominique AUZIAS et Jean-Paul LABOURDETTE

Auteurs : Corine LACRAMPE, Jean-Paul LABOURDETTE, Dominique AUZIAS et alter

Directeur Editorial : Stéphan SZEREMETA

Rédaction France : Elisabeth COL, Tony DE SOUSA, Mélanie COTTARD, Audrey VEDOVOTTO

Rédaction Monde : Caroline MICHELOT, Morgane VESLIN, Pierre-Yves SOUCHET, Natalia COLLIER, Laureen DUCHESNE

FABRICATION

Responsable Studio : Sophie LECHERTIER assistée de Romain AUDREN

Maquette et Montage : Julie BORDES, Delphine PAGANO

Iconographie et Cartographie : Anne DIOT assistée de Julien DOUCET

WEB ET NUMERIQUE

Directeur Web : Louis GENEAU DE LAMARLIERE

Développeurs : Adeline CAUX et Kiril PAVELEK

Intégrateur Web : Mickael LATTES

Webdesigner : Caroline LAFFAITEUR

Community Traffic Manager : Alice BARBIER, Mariana BURLAMAQUI et Vincent PHAM

DIRECTION COMMERCIALE

Directeur commercial : Guillaume VORBURGER assisté de Manon GUERIN

Responsable Régies locales : Michel GRANSEIGNE

Responsables Développement régie inter : Jean-Marc FARAGUET et Guillaume LABOUREUR

Chefs de Publicité : Camille ESMIEU

Chefs de Publicité Régie nationale : Caroline AUBRY, François BRIANCON-MARJOLLET, Perrine DE CARNE MARCEIN

DIFFUSION ET PROMOTION

Directrice des Ventes : Bénédicte MOULET assistée d'Aissatou DIOP

Responsable des ventes : Jean-Pierre GHEZ assisté de Nelly BRION

Relations Presse-Partenariats : Jean-Mary MARCHAL

ADMINISTRATION

Président : Jean-Paul LABOURDETTE

Directrice des Ressources Humaines : Dina BOURDEAU assistée de Sandra DOS REIS et Eva BAELEN

Directrice Administrative et Financière : Valérie DECOTTIGNIES

Comptabilité : Jeannine DEMIRDJIAN et Adrien PRIGENT

Recouvrement : Fabien BONNAN assisté de Sandra BRIJLALL et Vinoth SAGUERRE

Responsable informatique : Elie NZUZI-LEBA

PETIT FUTÉ OCCITANIE INSOLITE

LES NOUVELLES EDITIONS DE L'UNIVERSITE
18, rue des Volontaires - 75015 Paris.
✆ 01 53 69 70 00 - Fax 01 42 73 15 24
Internet : www.petitfute.com
SAS au capital de 1 000 000 € - RC PARIS B 309 769 966
Couverture : © H.ARGENCE - OT Collioure
Impression : CORLET IMPRIMEUR - 14110 Condé-en-Normandie
Achevé d'imprimer : octobre 2021
Dépôt légal : 03/06/2021
ISBN : 9782305057415

Pour nous contacter par email, indiquez le nom de famille en minuscule suivi de @petitfute.com
Pour le courrier des lecteurs : info@petitfute.com

IMPRIMÉ EN FRANCE

LES ÉCRITURES DU MONDE 124
MUSÉE D'ART SACRÉ DU GARD 56
MUSÉE D'HISTOIRE DE LA MÉDECINE ET DES INSTRUMENTS 87
MUSÉE DE L'AÉRONAUTIQUE LÉON ELISSALDE 76
MUSÉE DE L'AUTOMATE 131
MUSEE DE L'INSOLITE 120
MUSÉE DE LA BRODERIE 165
MUSÉE DE LA CLOCHE ET DE LA SONNAILLE 108
MUSÉE DE LA MINE 32
MUSÉE DE LA SOIE 56
MUSÉE DE TAUTAVEL - CENTRE EUROPÉEN DE PRÉHISTOIRE 160
MUSÉE DÉPARTEMENTAL DU TEXTILE 169
MUSÉE DES BEAUX-ARTS – HYACINTHE RIGAUD 156
MUSÉE DES DINOSAURES 112
MUSÉE DES JOUETS 182
MUSÉE DU CORBILLARD ET DE L'ATTELAGE 178
MUSÉE DU SCAPHANDRE 36
MUSÉE ÉCLATÉ 122
MUSÉE ICHNOSPACE 128
MUSÉE INGRES-BOURDELLE 183
MUSÉE INTERNATIONAL DES ARTS MODESTES (MIAM) 116
MUSÉE LES ARTS DU SUCRE ET DU CHOCOLAT 165
MUSÉE SOULAGES 43
MUSÉUM DE TOULOUSE 87

N / O / P

NÎMOTEL 56
NOCT'EN BULLES 120
NUIT EN CABANE 89
NUITS INSOLITES AU DOMAINE D'ESCAPA 67
O PADDLE D'OLT 44
OBSERVATOIRE DE LA MONTAGNE 14
OBSERVATOIRE MÉTÉOROLOGIQUE DU MONT AIGOUAL 60
OBSERVATOIRE ORNITHOLOGIQUE 187
OH LES BEAUX JOURS 8
OLYMPE CROISIÈRES FLUVIALES 182
OSHO VIPASSANA 8
OTANTIC 186
OZONE 3 151

P

PADDLE SUR LE LAC DE CASTÉRA-VERDUZAN 65
PALAIS DES ÉVÊQUES - NOTRE-DAME-DE-LA-SÈDE 15
PALAIS DES ROIS DE MAJORQUE 157
PALÉOSITE ET SENTIER PALÉONTOLOGIQUE DE SANSAN 75
PALMERAIE DU SARTHOU 65
PAPETERIE LÉON MARTIN 6
PARC ACCROBRANCHE DEBRANCHE TOUT 98
PARC ACROBATIQUE FORESTIER DE L'AYA 91
PARC ANIMALIER DE CASTEIL 149
PARC ANIMALIER DES PYRÉNÉES 90
PARC DE LA DEMI-LUNE 97
PARC DE LA PRADE 159
PARC DE LA PRÉHISTOIRE 16
PARC DURANDAL 130
PARC FLORAL DE LA PRAIRIE 49
PARC RÉSIDENTIEL DE LOISIRS DOMAINE DE MIRAVAL 163
PARC ZOOLOGIQUE DU LUNARET 114
PARC ZOOLOGIQUE PADIPARC 128
PÂTISSERIE MAZAS 8
PÊCHEURS DE SABLE 87
PELLA ROCA 179
PÉNICHE BEL'IMPORT 87
PÉNICHE D'HÔTES KAPADOKYA 26
PÉNICHE DIDASCALIE 81
PÉNICHE EPICIÈRE TAMATA 26
PÉNICHE GAÏA HÔTEL ET CROISIÈRES 183
PÉNICHE HARICOT NOIR 78
PÉNICHE MIRAGE 21
PÉNICHE SOLÉÏADO 81
PESCATORE - ATELIER LIGUORI 116
PHOSPHATIERES DU CLOUP D'AURAL 118
PLAGE DE LAGUÉPIE 179
PLAN D'EAU VIVE DE LA BAÏSE 66
PLANET OCEAN MONTPELLIER 114
PLANÈTE TARN 171
PLANTE INFUSE 144
PONT-CANAL DU CACOR 182
PRÉHISTO-DINO PARC 127
PUMPTRACK 74

Q / R

QUAI DES SAVOIRS 87
RAIL MINIATURE CASTRAIS 164
RANDO ET CHARIOT 156
RANDONNÉE PALMÉE - ÉTANG DE THAU 116
REFUGE D'EN BEYS 14
REFUGE D'ESPINGO (FFCAM) 79
RELAIS DE MIREPOIX 12
RÉSERVE AFRICAINE SIGEAN 31
RÉSERVE DES BISONS D'EUROPE 144
RÉSERVE NATURELLE DE NÉOUVIELLE 101
RESTAURANT LA BERGERIE CHEZ ROSETTE 102
RESTAURANT LA PAILLOTE 149
RESTAURANT MOURGUES 130
RIVIÈRE SOUTERRAINE DE LABOUICHE 5
ROQUEFORT GABRIEL COULET 43
ROULOTTE PETIT GOUFFRE 128
ROULOTTES MONTAGNE 99

S

SALIN D'AIGUES MORTES 48
SANCTUAIRE DE NOTRE-DAME- DE-GARAISON 100
SANCTUAIRE NOTRE-DAME- DE-LOURDES 98
SAUT À L'ÉLASTIQUE AU PONT NAPOLÉON 99
SAVEURS GOUR'MENDE 139
SAVONNERIE DE LODÈVE 112
SÉJOURS BASTIDE 141
SENTIER SOUS-MARIN 111
SITE CLASSÉ DE L'ESPIGUETTE 54
SOIGNEUR D'UN JOUR 124
SOMN'EN BULLE 39
SORTIES ESCAPEO 115
SOULEYOURT 107
SOURCE ET MUSÉE PERRIER 62
SREET ART MONTAUBAN 185
STAGE DE COUTELLERIE - BENOIT L'ARTISAN 36
STATION D'ERR PUIGMAL 150
SUITE DE PAN, ITINÉRAIRE ARTISTIQUE 67
SUR LES RAILS DU LARZAC 44

T

TANIS, PAYSAN BRASSEUR 167
TAPISSERIE DE BASSE LISSE 35
TEMPLE BOUDDHISTE LÉRAB LING 115
TÉPACAP TOULOUSE 82
TERRA OLT 44
TERRA VINEA 30
TERRE DE PASTEL 79
THE COACH HOUSE BUS 21
THE HAPPY HAMLET 178
TIELLES CIANNI MARCOS 117
TIPIS INDIENS 93
TOULOUSE GREETERS 88
TRAMONTÂNE 143
TROTT'UP 25
TROTTINETTES TOUT-TERRAIN 97
TROUVAILLES EN QUERCY 131
TRUITE DES PYRENEES – PARC DU LUTIN PECHEUR 97
TYROVOL 158

U / V

UNITED NOTHING 142
USINE D'EMBOUTEILLAGE QUEZAC 134
UTOPIX – LES IGLOOS DU SAUVETERRE 135
VERT TEA JEU 44
VIGLAMO GLAMPING 25
VIGNE EN FOULE 167
VIGNES TOQUÉES 56
VILLA MAZARIN 48
VILLAGE BORD DE CIEL 178
VILLAGE D'AUTOIRE 120
VILLAGE DE GÎTES CHANAC 133
VILLAGE DE GÎTES GRAND-VABRE NATURE 35
VILLAGE NORDIQUE ANGAKA 11
VINS DES SABLES DE CAMARGUE 48
VISIT'INSOLITE 114
VOIE VERTE DE L'ARMAGNAC 67
VOIE VERTE DES BERGES DU GERS 65
VOILIER LIMNOREIA 29

W / Y / Z

WINDSURF PARK 54
YANÉ, LAND ART 75
YOURTES ET GÎTE LES MASADES 55
YOURTES LA VOIX DU RUISSEAU 108
ZACKARY TIPIS 133
ZOO AFRICAN SAFARI 80
ZOOBREW 107